A book for You

赤本バックナンバーのご

赤本バックナンバーを1年単位で印刷製本しお届けします！

弊社発行の「**高校別入試対策シリーズ（赤本）**」の収録から外れた古い年度の過去問を1年単位でご購入いただくことができます。

「**赤本バックナンバー**」はamazon（アマゾン）の****プリント・オン・デマンドサービス**によりご提供いたします。

定評のあるくわしい解答解説はもちろん赤本そのまま，解答用紙も付けてあります。

志望校の受験対策をさらに万全なものにするために，「**赤本バックナンバー**」をぜひご活用ください。

⚠ *プリント・オン・デマンドサービスとは，ご注文に応じて1冊から印刷製本し，お客様にお届けするサービスです。

ご購入の流れ

① 英俊社のウェブサイト https://book.eisyun.jp/ にアクセス

② トップページの「高校受験」 赤本バックナンバー をクリック

③ ご希望の学校・年度をクリックすると，amazon（アマゾン）のウェブサイトの該当書籍のページにジャンプ

④ amazon（アマゾン）のウェブサイトでご購入

⚠ 納期や配送，お支払い等，購入に関するお問い合わせは，amazon（アマゾン）のウェブサイトにてご確認ください。

⚠ 書籍の内容についてのお問い合わせは英俊社（06−7712−4373）まで。

国私立高校・高専 バックナンバー

⚠ 表中の×印の学校・年度は，著作権上の事情等により発刊いたしません。あしからずご了承ください。

（アイウエオ順）

※価格はすべて税込表示

学校名	2019年 実施問題	2018年 実施問題	2017年 実施問題	2016年 実施問題	2015年 実施問題	2014年 実施問題	2013年 実施問題	2012年 実施問題	2011年 実施問題	2010年 実施問題	2009年 実施問題	2008年 実施問題	2007年 実施問題	2006年 実施問題	2005年 実施問題	2004年 実施問題	2003年 実施問題
大阪教育大附高池田校舎	1,540円 66頁	1,430円 60頁	1,430円 62頁	1,430円 60頁	1,430円 60頁	1,430円 58頁	1,430円 58頁	1,430円 60頁	1,430円 58頁	1,430円 56頁	1,430円 54頁	1,320円 50頁	1,320円 52頁	1,320円 52頁	1,320円 48頁	1,320円 48頁	
大阪星光学院高	1,320円 48頁	1,320円 44頁	1,210円 42頁	1,210円 34頁	×	1,210円 36頁	1,210円 30頁	1,210円 32頁	1,650円 88頁	1,650円 84頁	1,650円 84頁	1,650円 80頁	1,650円 86頁	1,650円 80頁	1,650円 82頁	1,320円 52頁	1,430円 54頁
大阪桐蔭高	1,540円 74頁	1,540円 66頁	1,540円 68頁	1,540円 66頁	1,540円 66頁	1,430円 64頁	1,540円 68頁	1,430円 62頁	1,430円 62頁	1,540円 68頁	1,430円 62頁	1,430円 62頁	1,430円 60頁	1,430円 62頁	1,430円 58頁		
関西大学高	1,430円 56頁	1,430円 56頁	1,430円 58頁	1,430円 54頁	1,320円 52頁	1,320円 52頁	1,430円 54頁	1,320円 50頁	1,320円 52頁	1,320円 50頁							
関西大学第一高	1,540円 66頁	1,430円 64頁	1,430円 64頁	1,430円 56頁	1,430円 62頁	1,430円 54頁	1,320円 48頁	1,430円 56頁	1,430円 56頁	1,430円 56頁	1,430円 56頁	1,320円 52頁	1,320円 52頁	1,320円 50頁	1,320円 46頁	1,320円 52頁	
関西大学北陽高	1,540円 68頁	1,540円 72頁	1,540円 70頁	1,430円 64頁	1,430円 62頁	1,430円 60頁	1,430円 60頁	1,430円 58頁	1,430円 58頁	1,430円 58頁	1,430円 56頁	1,430円 54頁					
関西学院高	1,210円 36頁	1,210円 36頁	1,210円 34頁	1,210円 34頁	1,210円 32頁	1,210円 32頁	1,210円 32頁	1,210円 32頁	1,210円 28頁	1,210円 30頁	1,210円 28頁	1,210円 30頁	×	1,210円 30頁	1,210円 28頁	×	1,210円 26頁
京都女子高	1,540円 66頁	1,430円 62頁	1,430円 60頁	1,430円 60頁	1,430円 60頁	1,430円 54頁	1,430円 56頁	1,430円 56頁	1,430円 56頁	1,430円 56頁	1,430円 56頁	1,430円 54頁	1,430円 54頁	1,320円 50頁	1,320円 50頁	1,320円 48頁	
近畿大学附属高	1,540円 72頁	1,540円 68頁	1,540円 68頁	1,540円 66頁	1,430円 64頁	1,430円 62頁	1,430円 58頁	1,430円 60頁	1,430円 58頁	1,430円 60頁	1,430円 54頁	1,430円 58頁	1,430円 56頁	1,430円 54頁	1,430円 56頁	1,320円 52頁	
久留米大学附設高	1,430円 64頁	1,430円 62頁	1,430円 58頁	1,430円 60頁	1,430円 58頁	1,430円 58頁	1,430円 58頁	1,430円 58頁	1,430円 56頁	1,430円 58頁	1,430円 54頁	×	1,430円 54頁	1,430円 54頁			
四天王寺高	1,540円 74頁	1,430円 62頁	1,430円 64頁	1,540円 66頁	1,210円 40頁	1,210円 40頁	1,430円 64頁	1,430円 64頁	1,430円 58頁	1,430円 62頁	1,430円 60頁	1,430円 60頁	1,430円 64頁	1,430円 58頁	1,430円 62頁	1,430円 58頁	
須磨学園高	1,210円 40頁	1,210円 40頁	1,210円 36頁	1,210円 42頁	1,210円 40頁	1,210円 40頁	1,210円 38頁	1,210円 38頁	1,320円 44頁	1,320円 48頁	1,320円 46頁	1,320円 48頁	1,320円 46頁	1,320円 44頁	1,210円 42頁		
清教学園高	1,540円 66頁	1,540円 66頁	1,430円 64頁	1,430円 56頁	1,320円 52頁	1,320円 50頁	1,320円 52頁	1,320円 48頁	1,320円 52頁	1,320円 50頁	1,320円 50頁	1,320円 46頁					
西南学院高	1,870円 102頁	1,760円 98頁	1,650円 82頁	1,980円 116頁	1,980円 112頁	1,980円 112頁	1,870円 110頁	1,870円 112頁	1,870円 106頁	1,540円 76頁	1,540円 76頁	1,540円 72頁	1,540円 72頁	1,540円 70頁			
清風高	1,430円 58頁	1,430円 54頁	1,430円 60頁	1,430円 60頁	1,430円 60頁	1,430円 60頁	1,430円 60頁	1,430円 60頁	1,430円 56頁	1,430円 58頁	×	1,430円 56頁	1,430円 58頁	1,430円 54頁	1,430円 54頁		

※価格はすべて税込表示

学校名	2019年 実施問題	2018年 実施問題	2017年 実施問題	2016年 実施問題	2015年 実施問題	2014年 実施問題	2013年 実施問題	2012年 実施問題	2011年 実施問題	2010年 実施問題	2009年 実施問題	2008年 実施問題	2007年 実施問題	2006年 実施問題	2005年 実施問題	2004年 実施問題	2003年 実施問題
清風南海高	1,430円 64頁	1,430円 64頁	1,430円 62頁	1,430円 60頁	1,430円 60頁	1,430円 58頁	1,430円 58頁	1,430円 60頁	1,430円 56頁	1,430円 56頁	1,430円 56頁	1,430円 56頁	1,430円 58頁	1,430円 58頁	1,320円 52頁	1,430円 54頁	
智辯学園和歌山高	1,320円 44頁	1,210円 42頁	1,210円 40頁	1,210円 40頁	1,210円 38頁	1,210円 38頁	1,210円 40頁	1,210円 38頁	1,210円 38頁	1,210円 40頁	1,210円 40頁	1,210円 38頁	1,210円 38頁	1,210円 38頁	1,210円 38頁	1,210円 38頁	
同志社高	1,430円 56頁	1,430円 56頁	1,430円 54頁	1,430円 54頁	1,430円 56頁	1,430円 54頁	1,320円 52頁	1,320円 52頁	1,320円 50頁	1,320円 48頁	1,320円 50頁	1,320円 50頁	1,320円 46頁	1,320円 48頁	1,320円 44頁	1,320円 48頁	1,320円 46頁
灘高	1,320円 52頁	1,320円 46頁	1,320円 48頁	1,320円 46頁	1,320円 46頁	1,320円 48頁	1,210円 42頁	1,320円 44頁	1,320円 50頁	1,320円 48頁	1,320円 46頁	1,320円 48頁	1,320円 48頁	1,320円 46頁	1,320円 44頁	1,320円 46頁	1,320円 46頁
西大和学園高	1,760円 98頁	1,760円 96頁	1,760円 90頁	1,540円 68頁	1,540円 66頁	1,430円 62頁	1,430円 62頁	1,430円 62頁	1,430円 64頁	1,430円 64頁	1,430円 62頁	1,430円 64頁	1,430円 64頁	1,430円 62頁	1,430円 60頁	1,430円 56頁	1,430円 58頁
福岡大学附属大濠高	2,310円 152頁	2,310円 148頁	2,200円 142頁	2,200円 144頁	2,090円 134頁	2,090円 132頁	2,090円 128頁	1,760円 96頁	1,760円 94頁	1,650円 88頁	1,650円 84頁	1,760円 88頁	1,760円 90頁	1,760円 92頁			
明星高	1,540円 76頁	1,540円 74頁	1,540円 68頁	1,430円 62頁	1,430円 62頁	1,430円 64頁	1,430円 64頁	1,430円 60頁	1,430円 58頁	1,430円 56頁	1,430円 56頁	1,430円 54頁	1,430円 54頁	1,430円 54頁	1,320円 52頁	1,320円 52頁	
桃山学院高	1,430円 64頁	1,430円 64頁	1,430円 62頁	1,430円 60頁	1,430円 58頁	1,430円 54頁	1,430円 56頁	1,430円 54頁	1,430円 58頁	1,430円 58頁	1,430円 56頁	1,320円 52頁	1,320円 52頁	1,320円 48頁	1,320円 46頁	1,320円 50頁	1,320円 50頁
洛南高	1,540円 66頁	1,430円 64頁	1,540円 66頁	1,540円 66頁	1,430円 62頁	1,430円 64頁	1,430円 62頁	1,430円 62頁	1,430円 62頁	1,430円 60頁	1,430円 58頁	1,430円 64頁	1,430円 60頁	1,430円 62頁	1,430円 58頁	1,430円 58頁	1,430円 60頁
ラ・サール高	1,540円 70頁	1,540円 66頁	1,430円 60頁	1,430円 62頁	1,430円 60頁	1,430円 58頁	1,430円 60頁	1,430円 60頁	1,430円 58頁	1,430円 54頁	1,430円 60頁	1,430円 54頁	1,430円 56頁	1,320円 50頁			
立命館高	1,760円 96頁	1,760円 94頁	1,870円 100頁	1,760円 96頁	1,870円 104頁	1,870円 102頁	1,870円 100頁	1,760円 92頁	1,650円 88頁	1,760円 94頁	1,650円 88頁	1,650円 86頁	1,320円 48頁	1,650円 80頁	1,430円 54頁		
立命館宇治高	1,430円 62頁	1,430円 60頁	1,430円 58頁	1,430円 58頁	1,430円 56頁	1,430円 54頁	1,430円 54頁	1,320円 52頁	1,320円 52頁	1,430円 54頁	1,430円 56頁	1,320円 52頁					
国立高専	1,650円 78頁	1,540円 74頁	1,540円 66頁	1,430円 64頁	1,430円 62頁	1,430円 62頁	1,430円 62頁	1,540円 68頁	1,540円 70頁	1,430円 64頁	1,430円 62頁	1,430円 62頁	1,430円 60頁	1,430円 58頁	1,430円 60頁	1,430円 56頁	1,430円 60頁

公立高校 バックナンバー

※価格はすべて税込表示

府県名・学校名	2019年 実施問題	2018年 実施問題	2017年 実施問題	2016年 実施問題	2015年 実施問題	2014年 実施問題	2013年 実施問題	2012年 実施問題	2011年 実施問題	2010年 実施問題	2009年 実施問題	2008年 実施問題	2007年 実施問題	2006年 実施問題	2005年 実施問題	2004年 実施問題	2003年 実施問題
岐阜県公立高	990円 64頁	990円 60頁	990円 60頁	990円 60頁	990円 58頁	990円 56頁	990円 58頁	990円 52頁	990円 54頁	990円 52頁	990円 52頁	990円 48頁	990円 50頁	990円 52頁			
静岡県公立高	990円 62頁	990円 58頁	990円 58頁	990円 60頁	990円 60頁	990円 56頁	990円 58頁	990円 58頁	990円 56頁	990円 54頁	990円 52頁	990円 54頁	990円 52頁	990円 52頁			
愛知県公立高	990円 126頁	990円 120頁	990円 114頁	990円 114頁	990円 114頁	990円 110頁	990円 112頁	990円 108頁	990円 108頁	990円 110頁	990円 102頁	990円 102頁	990円 102頁	990円 100頁	990円 100頁	990円 96頁	990円 96頁
三重県公立高	990円 72頁	990円 66頁	990円 66頁	990円 64頁	990円 66頁	990円 64頁	990円 66頁	990円 64頁	990円 62頁	990円 62頁	990円 58頁	990円 58頁	990円 52頁	990円 54頁			
滋賀県公立高	990円 66頁	990円 62頁	990円 60頁	990円 62頁	990円 62頁	990円 46頁	990円 48頁	990円 46頁	990円 48頁	990円 44頁	990円 44頁	990円 44頁	990円 46頁	990円 44頁	990円 44頁	990円 40頁	990円 42頁
京都府公立高(中期)	990円 60頁	990円 56頁	990円 54頁	990円 54頁	990円 56頁	990円 54頁	990円 56頁	990円 54頁	990円 56頁	990円 54頁	990円 52頁	990円 50頁	990円 50頁	990円 50頁	990円 46頁	990円 46頁	990円 48頁
京都府公立高(前期)	990円 40頁	990円 38頁	990円 40頁	990円 38頁	990円 38頁	990円 36頁											
京都市立堀川高 探究学科群	1,430円 64頁	1,540円 68頁	1,430円 60頁	1,430円 62頁	1,430円 64頁	1,430円 60頁	1,430円 60頁	1,430円 58頁	1,430円 58頁	1,430円 64頁	1,430円 54頁	1,320円 48頁	1,210円 42頁	1,210円 38頁	1,210円 36頁	1,210円 40頁	
京都市立西京高 エンタープライジング科	1,650円 82頁	1,540円 76頁	1,650円 80頁	1,540円 72頁	1,540円 72頁	1,540円 70頁	1,320円 46頁	1,320円 50頁	1,320円 46頁	1,320円 44頁	1,210円 42頁	1,210円 42頁	1,210円 38頁	1,210円 38頁	1,210円 40頁	1,210円 34頁	
京都府立嵯峨野高 京都こすもす科	1,540円 68頁	1,540円 66頁	1,540円 68頁	1,430円 64頁	1,430円 64頁	1,430円 62頁	1,210円 42頁	1,210円 42頁	1,320円 46頁	1,320円 44頁	1,210円 42頁	1,210円 40頁	1,210円 40頁	1,210円 36頁	1,210円 36頁	1,210円 34頁	
京都府立桃山高 自然科学科	1,320円 46頁	1,320円 46頁	1,210円 42頁	1,320円 44頁	1,320円 46頁	1,320円 44頁	1,210円 42頁	1,210円 38頁	1,210円 42頁	1,210円 40頁	1,210円 40頁	1,210円 38頁	1,210円 34頁	1,210円 34頁			

※価格はすべて税込表示

府県名・学校名	2019年 実施問題	2018年 実施問題	2017年 実施問題	2016年 実施問題	2015年 実施問題	2014年 実施問題	2013年 実施問題	2012年 実施問題	2011年 実施問題	2010年 実施問題	2009年 実施問題	2008年 実施問題	2007年 実施問題	2006年 実施問題	2005年 実施問題	2004年 実施問題	2003年 実施問題
大阪府公立高(一般)	990円 148頁	990円 140頁	990円 140頁	990円 122頁													
大阪府公立高(特別)	990円 78頁	990円 78頁	990円 74頁	990円 72頁													
大阪府公立高(前期)					990円 70頁	990円 68頁	990円 66頁	990円 72頁	990円 70頁	990円 60頁	990円 58頁	990円 56頁	990円 56頁	990円 54頁	990円 52頁	990円 52頁	990円 48頁
大阪府公立高(後期)					990円 82頁	990円 76頁	990円 72頁	990円 64頁	990円 64頁	990円 64頁	990円 62頁	990円 62頁	990円 62頁	990円 58頁	990円 56頁	990円 58頁	990円 56頁
兵庫県公立高	990円 74頁	990円 78頁	990円 74頁	990円 74頁	990円 74頁	990円 68頁	990円 66頁	990円 64頁	990円 60頁	990円 56頁	990円 58頁	990円 56頁	990円 58頁	990円 56頁	990円 56頁	990円 54頁	990円 52頁
奈良県公立高(一般)	990円 62頁	990円 50頁	990円 50頁	990円 52頁	990円 50頁	990円 52頁	990円 50頁	990円 48頁	990円 48頁	990円 48頁	990円 48頁	990円 48頁	×	990円 44頁	990円 46頁	990円 42頁	990円 44頁
奈良県公立高(特色)	990円 30頁	990円 38頁	990円 44頁	990円 46頁	990円 46頁	990円 44頁	990円 40頁	990円 40頁	990円 32頁	990円 32頁	990円 32頁	990円 32頁	990円 28頁	990円 28頁			
和歌山県公立高	990円 76頁	990円 70頁	990円 68頁	990円 64頁	990円 66頁	990円 64頁	990円 64頁	990円 62頁	990円 66頁	990円 62頁	990円 60頁	990円 60頁	990円 58頁	990円 56頁	990円 56頁	990円 56頁	990円 52頁
岡山県公立高(一般)	990円 66頁	990円 60頁	990円 58頁	990円 56頁	990円 58頁	990円 56頁	990円 58頁	990円 60頁	990円 56頁	990円 56頁	990円 52頁	990円 52頁	990円 50頁				
岡山県公立高(特別)	990円 38頁	990円 36頁	990円 34頁	990円 34頁	990円 34頁	990円 32頁											
広島県公立高	990円 68頁	990円 70頁	990円 74頁	990円 68頁	990円 60頁	990円 58頁	990円 54頁	990円 46頁	990円 48頁	990円 46頁	990円 46頁	990円 46頁	990円 44頁	990円 46頁	990円 44頁	990円 44頁	990円 44頁
山口県公立高	990円 86頁	990円 80頁	990円 82頁	990円 84頁	990円 76頁	990円 78頁	990円 76頁	990円 64頁	990円 62頁	990円 58頁	990円 58頁	990円 60頁	990円 56頁				
徳島県公立高	990円 88頁	990円 78頁	990円 86頁	990円 74頁	990円 76頁	990円 80頁	990円 64頁	990円 62頁	990円 60頁	990円 58頁	990円 60頁	990円 54頁	990円 52頁				
香川県公立高	990円 76頁	990円 74頁	990円 72頁	990円 74頁	990円 72頁	990円 68頁	990円 68頁	990円 66頁	990円 66頁	990円 62頁	990円 62頁	990円 60頁	990円 62頁				
愛媛県公立高	990円 72頁	990円 68頁	990円 66頁	990円 64頁	990円 68頁	990円 64頁	990円 62頁	990円 60頁	990円 62頁	990円 56頁	990円 58頁	990円 56頁	990円 54頁				
福岡県公立高	990円 66頁	990円 68頁	990円 68頁	990円 66頁	990円 60頁	990円 56頁	990円 56頁	990円 54頁	990円 56頁	990円 58頁	990円 52頁	990円 54頁	990円 52頁	990円 48頁			
長崎県公立高	990円 90頁	990円 86頁	990円 84頁	990円 84頁	990円 82頁	990円 80頁	990円 80頁	990円 82頁	990円 80頁	990円 80頁	990円 80頁	990円 78頁	990円 76頁				
熊本県公立高	990円 98頁	990円 92頁	990円 92頁	990円 92頁	990円 94頁	990円 74頁	990円 72頁	990円 70頁	990円 70頁	990円 68頁	990円 68頁	990円 64頁	990円 68頁				
大分県公立高	990円 84頁	990円 78頁	990円 80頁	990円 76頁	990円 80頁	990円 66頁	990円 62頁	990円 62頁	990円 62頁	990円 58頁	990円 58頁	990円 56頁	990円 58頁				
鹿児島県公立高	990円 66頁	990円 62頁	990円 60頁	990円 60頁	990円 60頁	990円 60頁	990円 60頁	990円 60頁	990円 60頁	990円 58頁	990円 58頁	990円 54頁	990円 58頁				

英語リスニング音声データのご案内

英語リスニング問題の音声データについて

赤本収録年度の音声データ　弊社発行の**「高校別入試対策シリーズ（赤本）」に収録している年度**の音声データは，以下の一覧の学校分を提供しています。希望の音声データをダウンロードし，赤本に掲載されている問題に取り組んでください。

赤本収録年度より古い年度の音声データ　**「高校別入試対策シリーズ（赤本）」に収録している年度よりも古い年度**の音声データは，6ページの国私立高と公立高を提供しています。赤本バックナンバー（1～3ページに掲載）と音声データの両方をご購入いただき，問題に取り組んでください。

ご購入の流れ

① 英俊社のウェブサイト https://book.eisyun.jp/ にアクセス
② トップページの「高校受験」 リスニング音声データ をクリック
③ ご希望の学校・年度をクリックすると，オーディオブック（audiobook.jp）のウェブサイトの該当ページにジャンプ
④ オーディオブック（audiobook.jp）のウェブサイトでご購入。※初回のみ会員登録（無料）が必要です。

⚠ ダウンロード方法やお支払い等，購入に関するお問い合わせは，オーディオブック（audiobook.jp）のウェブサイトにてご確認ください。

音声データを入手できる学校と年度

赤本収録年度の音声データ

ご希望の年度を1年分ずつ，もしくは赤本に収録している年度をすべてまとめてセットでご購入いただくことができます。セットでご購入いただくと，1年分の単価がお得になります。

⚠ ×印の年度は音声データをご提供しておりません。あしからずご了承ください。

国私立高（アイウエオ順）

※価格は税込表示

学校名	税込価格				
	2020年	2021年	2022年	2023年	2024年
アサンプション国際高	¥550	¥550	¥550	¥550	¥550
5か年セット	¥2,200				
育英西高	¥550	¥550	¥550	¥550	¥550
5か年セット	¥2,200				
大阪教育大附高池田校	¥550	¥550	¥550	¥550	¥550
5か年セット	¥2,200				
大阪薫英女学院高	¥550	¥550	¥550	¥550	×
4か年セット	¥1,760				
大阪国際高	¥550	¥550	¥550	¥550	¥550
5か年セット	¥2,200				
大阪信愛学院高	¥550	¥550	¥550	¥550	¥550
5か年セット	¥2,200				
大阪星光学院高	¥550	¥550	¥550	¥550	¥550
5か年セット	¥2,200				
大阪桐蔭高	¥550	¥550	¥550	¥550	¥550
5か年セット	¥2,200				
大谷高	×	×	×	¥550	¥550
2か年セット	¥880				
関西創価高	¥550	¥550	¥550	¥550	¥550
5か年セット	¥2,200				
京都先端科学大附高（特進・進学）	¥550	¥550	¥550	¥550	¥550
5か年セット	¥2,200				

※価格は税込表示

学校名	税込価格				
	2020年	2021年	2022年	2023年	2024年
京都先端科学大附高（国際）	¥550	¥550	¥550	¥550	¥550
5か年セット	¥2,200				
京都橘高	¥550	×	¥550	¥550	¥550
4か年セット	¥1,760				
京都両洋高	¥550	¥550	¥550	¥550	¥550
5か年セット	¥2,200				
久留米大附設高	×	¥550	¥550	¥550	¥550
4か年セット	¥1,760				
神戸星城高	¥550	¥550	¥550	¥550	¥550
5か年セット	¥2,200				
神戸山手グローバル高	×	×	×	¥550	¥550
2か年セット	¥880				
神戸龍谷高	¥550	¥550	¥550	¥550	¥550
5か年セット	¥2,200				
香里ヌヴェール学院高	¥550	¥550	¥550	¥550	¥550
5か年セット	¥2,200				
三田学園高	¥550	¥550	¥550	¥550	¥550
5か年セット	¥2,200				
滋賀学園高	¥550	¥550	¥550	¥550	¥550
5か年セット	¥2,200				
滋賀短期大学附高	¥550	¥550	¥550	¥550	¥550
5か年セット	¥2,200				

国私立高（アイウエオ順）

※価格は税込表示

学校名	税込価格				
	2020年	2021年	2022年	2023年	2024年
樟蔭高	¥550	¥550	¥550	¥550	¥550
5か年セット	¥2,200				
常翔学園高	¥550	¥550	¥550	¥550	¥550
5か年セット	¥2,200				
清教学園高	¥550	¥550	¥550	¥550	¥550
5か年セット	¥2,200				
西南学院高（専願）	¥550	¥550	¥550	¥550	¥550
5か年セット	¥2,200				
西南学院高（前期）	¥550	¥550	¥550	¥550	¥550
5か年セット	¥2,200				
園田学園高	¥550	¥550	¥550	¥550	¥550
5か年セット	¥2,200				
筑陽学園高（専願）	¥550	¥550	¥550	¥550	¥550
5か年セット	¥2,200				
筑陽学園高（前期）	¥550	¥550	¥550	¥550	¥550
5か年セット	¥2,200				
智辯学園高	¥550	¥550	¥550	¥550	¥550
5か年セット	¥2,200				
帝塚山高	¥550	¥550	¥550	¥550	¥550
5か年セット	¥2,200				
東海大付大阪仰星高	¥550	¥550	¥550	¥550	¥550
5か年セット	¥2,200				
同志社高	¥550	¥550	¥550	¥550	¥550
5か年セット	¥2,200				
中村学園女子高（前期）	×	¥550	¥550	¥550	¥550
4か年セット	¥1,760				
灘高	¥550	¥550	¥550	¥550	¥550
5か年セット	¥2,200				
奈良育英高	¥550	¥550	¥550	¥550	¥550
5か年セット	¥2,200				
奈良学園高	¥550	¥550	¥550	¥550	¥550
5か年セット	¥2,200				
奈良大附高	¥550	¥550	¥550	¥550	¥550
5か年セット	¥2,200				

※価格は税込表示

学校名	税込価格				
	2020年	2021年	2022年	2023年	2024年
西大和学園高	¥550	¥550	¥550	¥550	¥550
5か年セット	¥2,200				
梅花高	¥550	¥550	¥550	¥550	¥550
5か年セット	¥2,200				
白陵高	¥550	¥550	¥550	¥550	¥550
5か年セット	¥2,200				
初芝立命館高	×	×	×	×	¥550
東大谷高	×	×	¥550	¥550	¥550
3か年セット	¥1,320				
東山高	×	×	×	×	¥550
雲雀丘学園高	¥550	¥550	¥550	¥550	¥550
5か年セット	¥2,200				
福岡大附大濠高（専願）	¥550	¥550	¥550	¥550	¥550
5か年セット	¥2,200				
福岡大附大濠高（前期）	¥550	¥550	¥550	¥550	¥550
5か年セット	¥2,200				
福岡大附大濠高（後期）	¥550	¥550	¥550	¥550	¥550
5か年セット	¥2,200				
武庫川女子大附高	×	×	¥550	¥550	¥550
3か年セット	¥1,320				
明星高	¥550	¥550	¥550	¥550	¥550
5か年セット	¥2,200				
和歌山信愛高	¥550	¥550	¥550	¥550	¥550
5か年セット	¥2,200				

公立高

※価格は税込表示

学校名	税込価格				
	2020年	2021年	2022年	2023年	2024年
京都市立西京高（エンタープライジング科）	¥550	¥550	¥550	¥550	¥550
5か年セット	¥2,200				
京都市立堀川高（探究学科群）	¥550	¥550	¥550	¥550	¥550
5か年セット	¥2,200				
京都府立嵯峨野高（京都こすもす科）	¥550	¥550	¥550	¥550	¥550
5か年セット	¥2,200				

赤本収録年度より古い年度の音声データ

以下の音声データは,赤本に収録以前の年度ですので,赤本バックナンバー(P.1〜3に掲載)と合わせてご購入ください。
赤本バックナンバーは1年分が1冊の本になっていますので,音声データも1年分ずつの販売となります。

※価格は税込表示

国私立高（アイウエオ順）

学校名	税込価格																
	2003年	2004年	2005年	2006年	2007年	2008年	2009年	2010年	2011年	2012年	2013年	2014年	2015年	2016年	2017年	2018年	2019年
大阪教育大附高池田校		¥550	¥550	¥550	¥550	¥550	¥550	¥550	¥550	¥550	¥550	¥550	¥550	¥550	¥550	¥550	¥550
大阪星光学院高(1次)	¥550	¥550	¥550	¥550	¥550	¥550	¥550	¥550	¥550	¥550	×	¥550	×	¥550	¥550	¥550	¥550
大阪星光学院高(1.5次)			¥550	¥550	¥550	¥550	¥550	¥550	×	×	×	×	×	×	×	×	×
大阪桐蔭高						¥550	¥550	¥550	¥550	¥550	¥550	¥550	¥550	¥550	¥550	¥550	¥550
久留米大附設高				¥550	¥550	×	¥550	¥550	¥550	¥550	¥550	¥550	¥550	¥550	¥550	¥550	¥550
清教学園高														¥550	¥550	¥550	¥550
同志社高						¥550	¥550	¥550	¥550	¥550	¥550	¥550	¥550	¥550	¥550	¥550	¥550
灘高																¥550	¥550
西大和学園高				¥550	¥550	¥550	¥550	¥550	¥550	¥550	¥550	¥550	¥550	¥550	¥550	¥550	¥550
福岡大附大濠高(専願)											¥550	¥550	¥550	¥550	¥550	¥550	¥550
福岡大附大濠高(前期)				¥550	¥550	¥550	¥550	¥550	¥550	¥550	¥550	¥550	¥550	¥550	¥550	¥550	¥550
福岡大附大濠高(後期)				¥550	¥550	¥550	¥550	¥550	¥550	¥550	¥550	¥550	¥550	¥550	¥550	¥550	¥550
明星高															¥550	¥550	¥550
立命館高(前期)						¥550	¥550	¥550	¥550	¥550	¥550	¥550	¥550	×	×	×	×
立命館高(後期)						¥550	¥550	¥550	¥550	¥550	¥550	¥550	¥550	×	×	×	×
立命館宇治高										¥550	¥550	¥550	¥550	¥550	¥550	¥550	×

※価格は税込表示

公立高（府県順）

府県名・学校名	税込価格																
	2003年	2004年	2005年	2006年	2007年	2008年	2009年	2010年	2011年	2012年	2013年	2014年	2015年	2016年	2017年	2018年	2019年
岐阜県公立高				¥550	¥550	¥550	¥550	¥550	¥550	¥550	¥550	¥550	¥550	¥550	¥550	¥550	¥550
静岡県公立高				¥550	¥550	¥550	¥550	¥550	¥550	¥550	¥550	¥550	¥550	¥550	¥550	¥550	¥550
愛知県公立高(Aグループ)	¥550	¥550	¥550	¥550	¥550	¥550	¥550	¥550	¥550	¥550	¥550	¥550	¥550	¥550	¥550	¥550	¥550
愛知県公立高(Bグループ)	¥550	¥550	¥550	¥550	¥550	¥550	¥550	¥550	¥550	¥550	¥550	¥550	¥550	¥550	¥550	¥550	¥550
三重県公立高				¥550	¥550	¥550	¥550	¥550	¥550	¥550	¥550	¥550	¥550	¥550	¥550	¥550	¥550
滋賀県公立高	¥550	¥550	¥550	¥550	¥550	¥550	¥550	¥550	¥550	¥550	¥550	¥550	¥550	¥550	¥550	¥550	¥550
京都府公立高(中期選抜)	¥550	¥550	¥550	¥550	¥550	¥550	¥550	¥550	¥550	¥550	¥550	¥550	¥550	¥550	¥550	¥550	¥550
京都府公立高(前期選抜 共通学力検査)												¥550	¥550	¥550	¥550	¥550	¥550
京都市立西京高（エンタープライジング科）		¥550	¥550	¥550	¥550	¥550	¥550	¥550	¥550	¥550	¥550	¥550	¥550	¥550	¥550	¥550	¥550
京都市立堀川高（探究学科群）												¥550	¥550	¥550	¥550	¥550	¥550
京都府立嵯峨野高(京都こすもす科)		¥550	¥550	¥550	¥550	¥550	¥550	¥550	¥550	¥550	¥550	¥550	¥550	¥550	¥550	¥550	¥550
大阪府公立高(一般選抜)														¥550	¥550	¥550	¥550
大阪府公立高(特別選抜)														¥550	¥550	¥550	¥550
大阪府公立高(後期選抜)	¥550	¥550	¥550	¥550	¥550	¥550	¥550	¥550	¥550	¥550	¥550	¥550	¥550	×	×	×	×
大阪府公立高(前期選抜)	¥550	¥550	¥550	¥550	¥550	¥550	¥550	¥550	¥550	¥550	¥550	¥550	¥550	×	×	×	×
兵庫県公立高	¥550	¥550	¥550	¥550	¥550	¥550	¥550	¥550	¥550	¥550	¥550	¥550	¥550	¥550	¥550	¥550	¥550
奈良県公立高(一般選抜)	¥550	¥550	¥550	¥550	×	¥550	¥550	¥550	¥550	¥550	¥550	¥550	¥550	¥550	¥550	¥550	¥550
奈良県公立高(特色選抜)				¥550	¥550	¥550	¥550	¥550	¥550	¥550	¥550	¥550	¥550	¥550	¥550	¥550	¥550
和歌山県公立高	¥550	¥550	¥550	¥550	¥550	¥550	¥550	¥550	¥550	¥550	¥550	¥550	¥550	¥550	¥550	¥550	¥550
岡山県公立高(一般選抜)					¥550	¥550	¥550	¥550	¥550	¥550	¥550	¥550	¥550	¥550	¥550	¥550	¥550
岡山県公立高(特別選抜)												¥550	¥550	¥550	¥550	¥550	¥550
広島県公立高	¥550	¥550	¥550	¥550	¥550	¥550	¥550	¥550	¥550	¥550	¥550	¥550	¥550	¥550	¥550	¥550	¥550
山口県公立高					¥550	¥550	¥550	¥550	¥550	¥550	¥550	¥550	¥550	¥550	¥550	¥550	¥550
香川県公立高					¥550	¥550	¥550	¥550	¥550	¥550	¥550	¥550	¥550	¥550	¥550	¥550	¥550
愛媛県公立高					¥550	¥550	¥550	¥550	¥550	¥550	¥550	¥550	¥550	¥550	¥550	¥550	¥550
福岡県公立高				¥550	¥550	¥550	¥550	¥550	¥550	¥550	¥550	¥550	¥550	¥550	¥550	¥550	¥550
長崎県公立高					¥550	¥550	¥550	¥550	¥550	¥550	¥550	¥550	¥550	¥550	¥550	¥550	¥550
熊本県公立高(選択問題A)													¥550	¥550	¥550	¥550	¥550
熊本県公立高(選択問題B)													¥550	¥550	¥550	¥550	¥550
熊本県公立高(共通)					¥550	¥550	¥550	¥550	¥550	¥550	¥550	¥550	×	×	×	×	×
大分県公立高					¥550	¥550	¥550	¥550	¥550	¥550	¥550	¥550	¥550	¥550	¥550	¥550	¥550
鹿児島県公立高					¥550	¥550	¥550	¥550	¥550	¥550	¥550	¥550	¥550	¥550	¥550	¥550	¥550

受験生のみなさんへ

英俊社の高校入試対策問題集

各書籍のくわしい内容はこちら→

近畿の高校入試シリーズ

最新の近畿の入試問題から良問を精選。
私立・公立どちらにも対応できる定評ある問題集です。

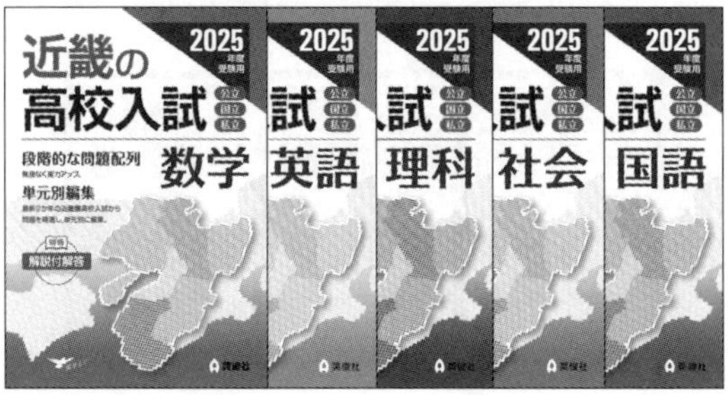

近畿の高校入試シリーズ

中1・2の復習

近畿の入試問題から1・2年生までの範囲で解ける良問を精選。
高校入試の基礎固めに最適な問題集です。

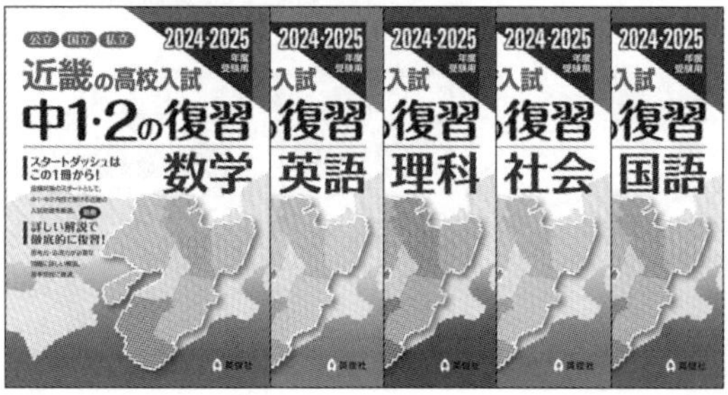

最難関高校シリーズ

最難関高校を志望する受験生諸君におすすめのハイレベル問題集。
灘、洛南、西大和学園、久留米大学附設、ラ・サールの最新７か年入試問題を単元別に分類して収録しています。

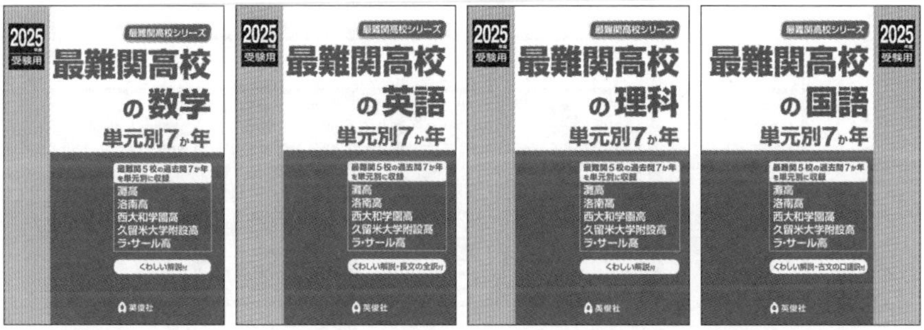

ニューウイングシリーズ　出題率

入試での出題率を徹底分析。出題率の高い単元、問題に集中して効率よく学習できます。

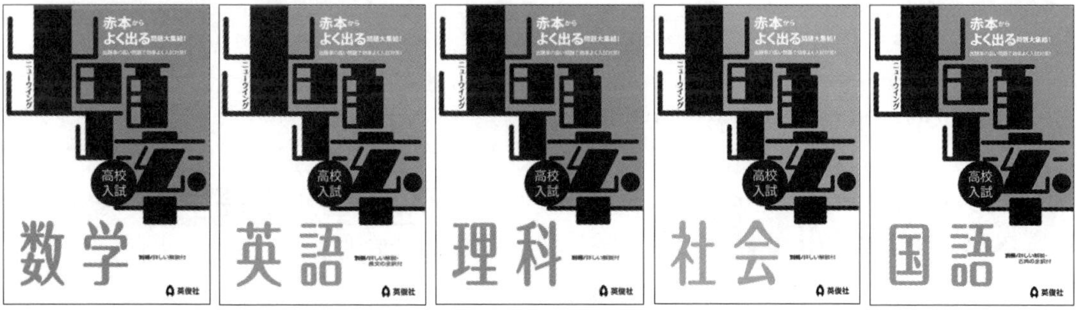

公立高校入試対策シリーズ 3025

❖もくじ

●公立入試はこうだ！

●過去５か年の公立高入試問題

（注）著作権の都合により，実際に使用された写真と異なる場合があります。　（編集部）

2020～2024年度のリスニング音声（書籍収録分すべて）は
英俊社ウェブサイト「**リスもん**」から再生できます。
https://book.eisyun.jp/products/listening/index/

リスもん
リスニング問題　音声再生ウェブページ

再生の際に必要な入力コード→ **64385792**
（コードの使用期限：2025年７月末日）

スマホはこちら ——→

※音声は英俊社で作成したものです。

❖滋賀県公立高校の入学者選抜について

① 一般選抜

●出願資格

(1) 2025年3月に中学校もしくはこれに準じる学校または中等教育学校の前期課程（以下，「中学校等」という）を卒業，または修了する見込みの者。

(2) 中学校等を卒業，または修了した者。

(3) 学校教育法施行規則第95条各号のいずれかに該当する者。

上記(1)〜(3)のいずれかに該当する者。

●出　願

(1) 出願は1人1校，1課程，1学科または1科限りとする。ただし，出願先の高校の同一の課程に2つ以上の学科または科が置かれている場合は，これを第2志望または第3志望とすることができる。

(2) 膳所高校，米原高校，草津東高校，栗東高校および高島高校および守山北高校においては，(1)の規定によらず，当該県立高校に設置する二つの学科を区別せずに出願（「学校出願」という）するものとし，二つの学科の両方またはいずれかを志望することができる。

(3) 出願後，1人1回に限り，志望する学校，課程，学科または科を変更することができる。

●提出書類

志願者は次の書類を中学校長を経て，出願先高等学校長に提出。

ア　入学願書

イ　学校出願をする志願者は，アに代えて学校出願入学願書

ウ　受検票

●選抜方法

(1) 学力検査実施教科は，国語，数学，社会，理科，英語の5教科を原則とする。英語については「聞き取りテスト」を含めて実施する。

(2) 面接，作文または実技検査のいずれかを課す場合がある。

＜学力検査時間割＞

1時限	9：00〜 9：10	一般注意
2時限	9：25〜10：15	国　語
3時限	10：35〜11：25	数　学
4時限	11：45〜12：35	社　会
5時限	13：20〜14：10	理　科
6時限	14：30〜15：20	英　語

(3) 各教科等の配点については，各高校ごとに定める。

(4) 上記(1)〜(3)の学力検査等の成績，および個人調査報告書を資料として選抜を行い，入学許可予定者を決定する。ただし，膳所高校，米原高校，草津東高校，栗東高校および高島高校および守山北高校については，志願者の志望に基づき専門学科（守山北高校はみらい共創科）を優先して入学許可予定者を決定し，次に普通科の入学許可予定者を決定する。

(5) 学力検査得点と個人調査報告書の比率は各高校ごとに定める。

※各学校の一般選抜の概要については，別表「**高等学校別入学者選抜一覧表(全日制の課程)**」(6・7ページ) を参照。

●**選抜日程**

出願期間…2025年2月19日(水)・2月20日(木)

出願変更期間…2025年2月26日(水)～2月28日(金)

検査実施…2025年3月5日(水)，実技検査等は検査終了後または翌日

入学許可予定者の発表…2025年3月12日(水)

② **推薦選抜**

●**実施校および募集枠**

別表「**高等学校別入学者選抜一覧表(全日制の課程)**」(6・7ページ参照)に示すとおり。

●**出願資格および推薦要件**

2025年3月に中学校等を卒業，または修了する見込みの者で，志願する動機が明白であり，出願先高等学校が示す推薦要件にふさわしく，適性，興味・関心および学習意欲を有する者のうち，中学校長の推薦を受けた者。

●**出　願**

出願は1人1校，1課程，1学科または1科限りとする。ただし，スポーツ・文化芸術推薦選抜の志願者は，出願先高等学校が実施する同一課程，同一学科または同一科の推薦選抜を併願することができる。

●**提出書類**

志願者は次の書類を中学校長を経て，出願先高等学校長に提出。

ア　推薦選抜入学願書

イ　推薦選抜受検票

●**選抜方法**

面接，作文または実技検査のうち，各学校が定める2つ以内の検査を実施。その結果に中学校長の推薦書と個人調査報告書等を合わせて総合的に判定し，入学許可予定者を決定する。各学校が定める検査内容は，別表「**高等学校別入学者選抜一覧表(全日制の課程)**」(6・7ページ) の推薦選抜の欄を参照。

●**選抜日程**

出願期間…2025年1月29日(水)・1月30日(木)

検査実施…2025年2月5日(水)

入学許可予定者の通知…2025年2月13日(木)

※推薦選抜の入学許可の通知を受けた者は，当該高校に入学するものとする。

推薦選抜に不合格の場合は，一般選抜に改めて出願することができる。

③ 特色選抜

●実施校および募集枠

別表「高等学校別入学者選抜一覧表（全日制の課程）」（6・7ページ参照）に示すとおり。

●出願資格

一般選抜の出願資格(1)～(3)のいずれかに該当し，志願する動機が明白であり，適性，興味・関心および学習意欲を有する者。

●出　願

出願は1人1校，1課程，1学科または1科限りとする。ただし，スポーツ・文化芸術推薦選抜の志願者は，出願先高等学校が実施する同一課程，同一学科または同一科の特色選抜を併願することができる。

●提出書類

志願者は次の書類を中学校長を経て，出願先高等学校長に提出。

ア　特色選抜入学願書

イ　特色選抜受検票

ウ　志願理由書

●選抜方法

口頭試問，小論文，総合問題または実技検査のうち，各学校が定める2つ以上の検査を実施。その結果に志願理由書および中学校からの個人調査報告書等を合わせて総合的に判定し，入学許可予定者を決定する。各学校が定める特色選抜の内容については，別表「高等学校別入学者選抜一覧表（全日制の課程）」（6・7ページ）の特色選抜の欄および「高等学校別特色選抜の概要一覧表（全日制の課程）」（8～10ページ）を参照。

●選抜日程

出願期間…2025年1月29日（水）・1月30日（木）

検査実施…2025年2月5日（水）

入学許可予定者の通知…2025年2月13日（木）

※特色選抜の入学許可の通知を受けた者は，当該高校に入学するものとする。

特色選抜に不合格の場合は，一般選抜に改めて出願することができる。

④ スポーツ・文化芸術推薦選抜

●実施校および募集枠

別表「高等学校別入学者選抜一覧表（全日制の課程）」（6・7ページ参照）に示すとおり。

●出願資格および推薦要件

2025年3月に中学校等を卒業，または修了する見込みの者で，志願する動機が明白であり，出願先高等学校が示す推薦要件を満たし，適性，興味・関心および学習意欲を有する者のうち，中学校長の推薦を受けた者。

●出　　願

出願は１人１校，１課程，１学科または１科限りとする。ただし，出願先高等学校が実施する同一課程，同一学科または同一科の推薦選抜または特色選抜を併願することができる。

●提出書類

志願者は次の書類を中学校長を経て，出願先高等学校長に提出。

ア　スポーツ・文化芸術推薦選抜入学願書

イ　スポーツ・文化芸術推薦選抜受検票

ウ　出願先高等学校長が求める書類

●選抜方法

実技検査を実施するとともに，面接，作文または小論文のうちから１つを課す。また，特色選抜実施校は，特色選抜の総合問題を併せて実施することができる。その結果に中学校長からの個人調査報告書とスポーツ・文化芸術推薦選抜推薦書等の内容を合わせて総合的に判定し，入学許可予定者を決定する。各学校が定める検査内容は，別表「**高等学校別入学者選抜一覧表（全日制の課程）**」（6・7ページ）のスポーツ・文化芸術推薦選抜の欄を参照。

なお，推薦選抜または特色選抜を併願する者については，スポーツ・文化芸術推薦選抜の検査に加え，推薦選抜または特色選抜と同じ内容の検査を課す。推薦選抜または特色選抜を併願する志願者がある場合，出願先高等学校長は，スポーツ・文化芸術推薦選抜の入学許可予定者を先に決定し，次に，推薦選抜または特色選抜の入学許可予定者を決定する。

●選抜日程

出願期間…2025年１月29日(水)・１月30日(木)

検査実施…2025年２月５日(水)・２月６日(木)のいずれか一日

入学許可予定者の通知…2025年２月13日(木)

※スポーツ・文化芸術推薦選抜の入学許可の通知を受けた者は，当該高校に入学するものとする。スポーツ・文化芸術推薦選抜に不合格の場合（推薦選抜または特色選抜を併願し，これに合格した者を除く）は，一般選抜に改めて出願することができる。

高等学校別入学者選抜一覧表（全日制の課程）

学校名	学科	推薦選抜				特色選抜						スポーツ・文化芸術推薦選抜								一般選抜									備考
		募集枠（%）	面接	作文	実技検査	募集枠（%）	検査				検査・個人調査報告書	募集枠（人）＊		検査						学力検査					面接	作文	実技検査	学力検査得点・個人調査報告書	
							口頭試問	小論文	実技検査	総合問題		スポーツ活動	文化芸術活動	面接	作文	実技検査	適性検査	小論文	総合問題	国語	数学	社会	理科	英語					
膳所	普通					30		○		○	7：3									100	100	100	100	100				7：3	
	理数					50		○		○	7：3									100	120	100	120	100				7：3	
堅田	普通	30	○									3		○		○				100	100	100	100	100				5：5	
東大津	普通					30		○		○	7：3									100	100	100	100	100				7：3	
北大津	普通	30	○																	100	100	100	100	100				5：5	
大津	普通					30		○		○	6：4	3		○		○			○	100	100	100	100	100				7：3	
	家庭	40	○	○								3		○		○				100	100	100	100	100				7：3	
石山	普通					30		○		○	7：3									100	100	100	100	100			※	7：3	
	音楽					75		○	○		7：3									100	100	100	100	100			100	7：3	
瀬田工業	工業	50	○		○															100	100	100	100	100				5：5	
大津商業	商業	50	○	○								17		○		○				100	100	100	100	100				6：4	
彦根東	普通					30		○		○	7：3									100	100	100	100	100				7：3	
河瀬	普通					30		○		○	7：3		3	○		○			○	100	100	100	100	100				7：3	
彦根工業	工業	50	○	○																100	100	100	100	100				5：5	
彦根翔西館	総合	40	○	○								19		○		○				100	100	100	100	100				7：3	
長浜北	普通					30		○		○	6：4	8				○		○	○	100	100	100	100	100				7：3	
虎姫	普通					30		○		○	6：4		3			○		○	○	100	100	100	100	100				7：3	
伊香	普通	30	○									8		○		○				100	100	100	100	100				5：5	
	森の探究	50	○	○																100	100	100	100	100				5：5	
長浜農業	農業	50	○	○																100	100	100	100	100				5：5	
長浜北星	総合	40	○	○								12		○		○				100	100	100	100	100				6：4	
八幡	普通	30	○	○																100	100	100	100	100				7：3	
八幡工業	工業	50	○	○								20		○		○				100	100	100	100	100				6：4	
八幡商業	商業	50	○									4		○		○				100	100	100	100	100				5：5	
草津東	普通					30		○		○	6：4									100	100	100	100	100				7：3	
	体育	85	○		○							26		○		○				100	100	100	100	100			100	6：4	
草津	普通	30	○	○																100	100	100	100	100				6：4	
玉川	普通					30		○		○	6：4									100	100	100	100	100				7：3	
湖南農業	農業	50	○																	100	100	100	100	100				5：5	
守山	普通					30		○		○	7：3									100	100	100	100	100				7：3	
守山北	普通	30	○	○																100	100	100	100	100				5：5	
	みらい共創	50	○	○																100	100	100	100	100				5：5	
栗東	普通	30	○									16		○		○				100	100	100	100	100				5：5	
	美術	75			○															100	100	100	100	100			100	6：4	
国際情報	総合	40	○	○																100	100	100	100	100				6：4	

注）・推薦選抜，および特色選抜の募集枠（%）には，スポーツ・文化芸術推薦選抜の募集人数を含む。
・学力検査得点と個人調査報告書の比率は，おおまかな「めやす」を示したものである。
・面接，作文，実技検査の欄の数字は，点数化している場合の満点を示している。

＊　次ページの【別表】を参照。

※　音楽科を第２志望とする者は，実技検査を受けなければならない。

学校名	学科	推薦選抜 募集枠（%）	推薦選抜 面接	推薦選抜 作文	推薦選抜 実技検査	特色選抜 募集枠（%）	特色選抜 検査 口頭試問	特色選抜 検査 小論文	特色選抜 検査 実技検査	特色選抜 検査 総合問題	特色選抜 検査：個人調査報告書	スポーツ・文化芸術推薦選抜 募集枠（人）＊ スポーツ活動	スポーツ・文化芸術推薦選抜 募集枠（人）＊ 文化芸術活動	スポーツ・文化芸術推薦選抜 検査 面接	検査 作文	検査 実技検査	検査 適性検査	検査 小論文	検査 総合問題	一般選抜 学力検査 国語	数学	社会	理科	英語	一般選抜 面接	一般選抜 作文	一般選抜 実技検査	学力検査得点：個人調査報告書	備考
水口	普通	30	○	○								7		○		○				100	100	100	100	100				6：4	
水口東	普通					30		○		○	5：5									100	100	100	100	100				7：3	
甲南	総合	40	○																	100	100	100	100	100				5：5	
信楽	総合	40	○																	100	100	100	100	100				5：5	
		☆	○	○																									
野洲	普通	30	○									10		○		○				100	100	100	100	100				5：5	
石部	普通	30	○																	100	100	100	100	100				5：5	
甲西	普通	30	○									6		○		○				100	100	100	100	100				6：4	
高島	普通	20	○	○																100	100	100	100	100				7：3	
	文理探究					50		○		○	7：3									100	100	100	100	100				7：3	
安曇川	総合	30	○																	100	100	100	100	100				6：4	
八日市	普通					30		○		○	7：3									100	100	100	100	100				7：3	
能登川（単位制）	普通	30	○																	100	100	100	100	100				6：4	
八日市南	農業	50	○									3		○		○				100	100	100	100	100				5：5	
伊吹	普通	30	○									10		○		○				100	100	100	100	100				5：5	
米原	普通					30		○		○	7：3									100	100	100	100	100				7：3	
	理数					50		○		○	7：3									100	100	100	100	100				7：3	
日野	総合	40	○									5		○		○				100	100	100	100	100				5：5	
愛知	普通	30	○																	100	100	100	100	100	100			5：5	

注）・推薦選抜，および特色選抜の募集枠（%）には，スポーツ・文化芸術推薦選抜の募集人数を含む。
・学力検査得点と個人調査報告書の比率は，おおまかな「めやす」を示したものである。
・面接，作文，実技検査の欄の数字は，点数化している場合の満点を示している。
＊　下の【別表】を参照。
☆　全国募集枠で５名を限度とする。

【別表】スポーツ・文化芸術推薦選抜における指定された競技・部門・種目と募集枠の詳細

学校名	学科	競技・部門・種目	募集枠
堅田	普通	ウエイトリフティング	男女３名以内
大津	普通	カヌー	男女２名以内
		ボート	女子１名以内
	家庭	カヌー	男女２名以内
		ボート	女子１名以内
大津商業	商業	陸上競技	男女10名以内
		ソフトボール	女子７名以内
河瀬	普通	吹奏楽	３名以内
彦根翔西館	総合	陸上競技	男女10名以内
		ハンドボール	男子３名以内
			女子３名以内
		バドミントン	男子３名以内
長浜北	普通	ソフトテニス	男子４名以内
			女子４名以内
虎姫	普通	英会話（ESS）	３名以内

学校名	学科	競技・部門・種目	募集枠
伊香	普通 森の探究	柔道	男子５名以内
			女子３名以内
長浜北星	総合	水球	男子７名以内
		相撲	男子５名以内
八幡工業	工業	剣道	男子５名以内
		バスケットボール	男子５名以内
		ラグビーフットボール	男子10名以内
八幡商業	商業	カヌー	男女２名以内
		サッカー	女子２名以内
草津東	体育	剣道	男子３名以内
			女子３名以内
		陸上競技	男女７名以内
		サッカー	男子７名以内
		水泳	男女３名以内
		バスケットボール	女子３名以内

学校名	学科	競技・部門・種目	募集枠
栗東	普通	体操	男女４名以内
		レスリング	男女４名以内
		ソフトボール	男子４名以内
		テニス	女子４名以内
水口	普通	ライフル射撃	男女２名以内
		ソフトボール	女子５名以内
野洲	普通	サッカー	男子10名以内
甲西	普通	ソフトテニス	女子６名以内
八日市南	農業	カヌー	男女３名以内
伊吹	普通	ホッケー	男子５名以内
			女子５名以内
日野	総合	レスリング	男女５名以内

高等学校別特色選抜の概要一覧表（全日制の課程）

学校名	学科	募集枠％	本校の特色	口頭試問	小論文	実技検査	総合問題
膳所	普通	30	国内外のよりよい未来の創造に貢献できるリーダーの育成を目指します。スーパーサイエンスハイスクールの指定を受け，生徒の主体的な活動や基礎基本を大切にした授業に加え，仲間と課題解決に取り組む探究活動など，将来を見据えた教育を実践しています。大学との連携にも積極的に取り組んでいます。		論理的思考力，表現力，記述力等をみる。		国語，社会，数学，理科，英語の内容をもとに読解力や思考力，判断力，表現力等をみる。
	理数	50	普通科の特色に加えて，連携する大学での特別授業により，最先端の研究に触れることができます。また，理数探究では数学や理科のグループ研究を行い，さらに発展的な学習を深め，科学的な探究能力を育成します。		論理的思考力，表現力，記述力等をみる。		国語，社会，数学，理科，英語の内容をもとに読解力や思考力，判断力，表現力等をみる。
東大津	普通	30	校訓の3F（Fight，Friendship，Fair play）に基づいて，日々の授業を大切にしながら大学との連携にも積極的に取り組み，生徒一人ひとりの進路実現をめざします。勉強と部活動を両立させて豊かな心と社会性を育み，変化の激しい社会を生き抜く力を身につけた，グローバル社会に貢献できる人材を育成します。		与えられた文章を理解する力，および自分の考えをまとめ，表現する力をみる。		国語，社会，数学，理科，英語の内容をもとに読解力，思考力，判断力，表現力等をみる。
大津	普通	30	SMILE教育の理念のもと，充実した学習活動（Study）と学校行事や部活動（Event）を通して礼儀作法（Manners），知性（Intelligence），愛・思いやる心（Love）をバランスよく育成します。また，分割授業やICTの積極的な活用などにより個々の進路希望の実現を目指します。		与えられたテーマに対する問題意識の程度を評価し，さらに論理的な思考力，また文章表現力をみる。		国語，社会，数学，理科，英語の内容をもとに読解力，思考力，判断力，表現力等をみる。
石山	普通	30	「高きを仰げ」をモットーに，自由な中にも規律のある校風のもと自主性を重んじる部活動や生徒会活動が活発に行われています。希望の進路を実現できる確かな学力を培いながら，豊かな感性を育むとともに，多様性を尊重して仲間と協働し課題解決に向かう力を身につけた人材の育成をめざします。		与えられた文章等を読み，それに対する考えを記述する問題。		国語，社会，数学，理科，英語の内容をもとに読解力，思考力，判断力，表現力等をみる。
	音楽	75	県内唯一の音楽科では，一流の音楽家による個人レッスンなどレベルの高い音楽教育を受けることで，音楽の専門家として必要な基礎力や広く音楽文化の創造発展に寄与する力を着実に身につけることができます。また「高きを仰げ」をモットーにした校風のもと，希望の進路を実現できる確かな学力を育成します。		与えられた文章等を読み，それに対する考えを記述する問題。	専門実技能力，および音楽基礎的能力をみる。	

学校名	学科	募集枠%	本校の特色	口頭試問	小論文	実技検査	総合問題
彦根東	普通	30	国宝の彦根城内にある学習環境の中で，生徒と教職員が力を合わせて楽しい学校を創り上げています。国から21年間連続で海外交流や科学技術教育の指定校に選ばれ，また彦根城周辺の充実したスポーツ・文化施設を活用し，生徒同士がお互いを尊重し思いやって，学業や部活動に挑戦しています。		与えられた文章を読み，問題設定能力や問題解決能力および表現力等をみる問題。		国語，社会，数学，理科，英語の内容をもとに読解力や思考力，判断力，表現力等をみる。
河瀬	普通	30	中高一貫教育校であり，中学生から高校生まで，お互いに仲間として，安心して高校生活を送ることができます。また，海外短期研修等の機会を生かして，海外事情や異文化理解を深めることができます。「一人ひとりの夢を実現させる活力ある進学校」として，きめ細かい学習指導を展開します。		与えられた資料や課題文等を読み，自分の考えをまとめ，適切に表現できる力等をみる。		国語，社会，数学，理科，英語の内容をもとに読解力，思考力，判断力，表現力等をみる。
長浜北	普通	30	本校では，英語教育に重点的に取り組み，少人数クラスでスピーチやプレゼンテーション，ディベートなどの活動を行うことで，英語を活用できる力を伸ばす授業を行います。また，全ての教科で生徒自らが「考え」そして「発信」する力が身につく授業を行います。さらに充実した学校行事や活気ある部活動で，魅力と活力のある学校づくりをめざします。		自己の考えを論理的にまとめ，適切に表現する力をみる問題。		国語，社会，数学，理科，英語の内容をもとに読解力，思考力，判断力，表現力等をみる。
虎姫	普通	30	本校では，国際バカロレア・ディプロマ・プログラムや，スーパーサイエンスハイスクールとして培った実験・実習を中心とした授業により，グローバルで探究的な学びに触れることができます。知の世紀をリードする人材の育成をめざし，生徒一人ひとりの個性や能力を最大限に伸ばす，きめ細かな学習指導を展開しています。		与えられた文章等を読み，自分の考えを論理的にまとめ，表現する力をみる問題。		国語，社会，数学，理科，英語の内容をもとに読解力や思考力，判断力，表現力等をみる。
草津東	普通	30	高校生活や将来に対する明確な目的意識をもち，英語・数学・国語等の教科学習に対する興味関心が旺盛で，「文武両道」をめざし，現役で４年制国公私立大学進学ができる，意欲的な生徒を育てます。		与えられた課題文を読んで，自分の考えや意見を適確に表現する力をみる問題。		国語，社会，数学，理科，英語の内容をもとに読解力や思考力，判断力，表現力等をみる。
玉川	普通	30	「自律・友愛・進取」の校訓のもと，人間性豊かで社会に貢献できる人材の育成を目指しています。わかりやすい授業と熱心な部活動指導で両立を応援するとともに，将来の進路が切り拓けるような丁寧な指導をします。考える力，表現する力を大切にし，これからの社会を生きていくための基礎力を培います。		与えられた課題文を読み取り，自分の考えをまとめ，表現する問題。		国語，社会，数学，理科，英語の内容をもとに読解力や思考力，判断力，表現力等をみる。

学校名	学科	募集枠%	本校の特色	口頭試問	小論文	実技検査	総合問題
守山	普通	30	新しい出会いと発見，感動とふれあいの中，共に学び語り合い，時に葛藤し友情を育みます。守山高校は，学習・部活動・特別活動すべてを大切にし，将来に向けた生き方を指導しています。次世代リーダーの育成を目指し，充実した進路指導で夢の実現をサポートします。		与えられた課題文を読み，自分の考えをまとめることにより論理的思考力，発想力，記述力等をみる。		国語，社会，数学，理科，英語の内容をもとに読解力や思考力，判断力，表現力等をみる。
水口東	普通	30	「われらに意気と誇りあり，われらに愛と誠あり，われらに信と力あり」の精神のもと，将来を力強く切り拓いていける人材の育成を目指します。自ら学ぶ姿勢を育むきめ細かな学習指導，若いエネルギーを思いっきり注げる部活動や自主活動，そして現役合格を目指した丁寧な進路指導で夢の実現をサポートします。		与えられた文章等を的確に読み取る力や自分の考えをまとめ，表現する力等をみる。		国語，社会，数学，理科，英語の内容をもとに読解力や思考力，判断力，表現力等をみる。
高島	文理探究	50	豊かな人間性を備え，調和のとれた人材を育成します。進学に特化したカリキュラムで難関大学を目指すとともに，グローバルな時代に主体的かつ柔軟に対応し，幅広い分野で活躍できる資質や能力を育成するため，文理の両面において，自ら課題を発見し，協働して探究活動に取り組む教育を実践します。		与えられた課題文を的確に読み取る力や，自分の考えを論理的にまとめ，適切に表現できる力をみる。		国語，社会，数学，理科，英語の内容をもとに読解力や思考力，判断力，表現力等をみる。
八日市	普通	30	「自彊不息（じきょうやまず）＊自ら努め励むこと」「自主協同」という2つの校訓に，本校の校風と伝統が集約されています。自由で伸びやかな雰囲気の中で学習活動と生徒会活動・部活動との両立を果たそうとする生徒に，確かな学力を身につける熱心な教科指導と一人ひとりの志望に応じた丁寧な進路指導を行っています。		中学校で学習した基礎的な内容について，論理的に自分の考えをまとめ，表現する力をみる。		国語，社会，数学，理科，英語の内容をもとに読解力や思考力，判断力，表現力等をみる。
米原	普通	30	「清純敦厚」の校訓のもと，授業や課外活動を通して，確かな学力と豊かな心を育みます。普通科には，「普通類型」と「英語コース」があります。「普通類型」は，文系にも理系にも対応した教育課程が特徴です。「英語コース」は，国際社会や大学進学に適応する高度な英語力を養成します。		文章や資料を的確に読み取り，論理的に思考し，適切に表現する力をみる。		国語，社会，数学，理科，英語の内容をもとに読解力や思考力，判断力，表現力等をみる。
	理数	50	県下初の理数科として設置され，多くの卒業生が科学技術者として活躍しています。充実した設備を利用して実験・実習・演習を中心とした授業を行い，自然科学を系統的に学べるように工夫しており，将来，科学技術系への進学をめざす人に最適です。理数科ならではの行事も豊富にあります。		文章や資料を的確に読み取り，論理的に思考し，適切に表現する力をみる。		国語，社会，数学，理科，英語の内容をもとに読解力や思考力，判断力，表現力等をみる。

❖2024年度一般選抜　募集人員と出願状況

（前年度倍率付）

【（県立）全日制】

学校名	学科	科	定員	学力検査定員	確定出願者数	2024年倍率	2023年倍率
膳　所	普	普　通	320	224	*350	*1.43	*1.61
	理	理　数	40	20			
堅　田	普	普　通	240	173	156	0.90	0.90
東大津	普	普　通	360	252	274	1.09	1.12
北大津	普	普　通	120	84	82	0.98	0.75
大　津	普	普　通	240	168	255	1.52	1.70
	家	家庭科学	80	48	68	1.42	1.25
石　山	普	普　通	320	224	343	1.53	1.52
	音	音　楽	40	10	0	0.00	0.00
瀬田工業	工	機　械	120	60	61	1.02	1.05
		電　気	120	60	57	0.95	1.05
		化学工業	40	21	20	0.95	0.84
大津商業	商	総合ビジネス	200	100	114	1.14	1.12
		情報システム	80	40	40	1.00	1.10
草津東	普	普　通	320	224	*338	*1.47	*1.13
	体	体　育	40	6			
草　津	普	普　通	240	168	198	1.18	1.32
玉　川	普	普　通	320	224	247	1.10	1.34
守　山	普	普　通	200	140	194	1.39	1.34
守山北	普	普　通	200	159	73	0.46	0.52
栗　東	普	普　通	160	125	*115	*0.85	*0.81
	美	美　術	40	10			
野　洲	普	普　通	160	139	113	0.81	0.55
湖南農業	農	農　業	80	40	50	1.25	0.96
		食　品	40	20	21	1.05	1.20
		花　緑	40	24	27	1.13	0.95
国際情報		総　合	240	144	178	1.24	1.15
水　口	普	普　通	200	140	142	1.01	1.04
水口東	普	普　通	120	84	81	0.96	1.17
甲　南		総　合	120	88	73	0.83	0.87
信　楽		総　合	80	61	31	0.51	0.79
石　部	普	普　通	120	90	91	1.01	0.80
甲　西	普	普　通	240	168	163	0.97	0.99
彦根東	普	普　通	320	224	257	1.15	1.13
河　瀬	普	普　通	120	84	103	1.23	1.02
八　幡	普	普　通	320	224	213	0.95	1.04
八日市	普	普　通	280	196	204	1.04	1.10
能登川	普	普　通	120	92	104	1.13	1.01
愛　知	普	普　通	120	88	76	0.86	0.92
八日市南	農	農　業	40	25	25	1.00	1.05
		食　品	40	22	29	1.32	1.04
		花緑デザイン	40	26	32	1.23	1.25
彦根工業	工	機　械	120	105	112	1.07	1.03
		電　気	80	45	45	1.00	1.18
		建　設	40	27	27	1.00	1.10
八幡工業	工	機　械	80	40	46	1.15	0.93
		電　気	80	40	44	1.10	1.22
		環境化学	40	30	29	0.97	0.85
八幡商業	商	商　業	160	80	83	1.04	0.95
		国際経済	40	20	19	0.95	1.00
		情報処理	40	22	20	0.91	1.00
彦根翔西館		総　合	320	192	207	1.08	1.00
日　野		総　合	160	130	118	0.91	1.05
長浜北	普	普　通	240	168	169	1.01	0.94
虎　姫	普	普　通	200	140	140	1.00	0.92
伊　香	普	普　通	120	98	70	0.71	0.70
伊　吹	普	普　通	120	84	75	0.89	0.94
米　原	普	普　通	200	140	*128	*0.80	*0.91
	理	理　数	40	20			
長浜農業	農	農　業	40	27	28	1.04	1.09
		食　品	40	20	17	0.85	1.00
		園　芸	40	28	30	1.07	1.05
長浜北星		総　合	200	140	139	0.99	1.01
高　島	普	普　通	160	128	*126	*0.85	*0.93
	文	文理探究	40	20			
安曇川		総　合	120	106	57	0.54	0.57

（注１）学力検査定員…推薦選抜，特色選抜およびスポーツ・文化芸術推薦選抜の入学許可予定者数を除いた定員。
（注２）出願者数，倍率の＊は，学校出願実施校のため学校全体の数で表している。

（参考）学校出願実施校の志望状況

学校名	志　望	出願確定時点での志望者数	
膳　所	理数科	0	
	理数科と普通科の両方	79	
	普通科	271	350
草津東	体育科	1	
	体育科と普通科の両方	12	
	普通科	325	338
栗　東	美術科	6	
	美術科と普通科の両方	9	
	普通科	100	115
米　原	理数科	1	
	理数科と普通科の両方	21	
	普通科	106	128
高　島	文理探究科	0	
	文理探究科と普通科の両方	9	
	普通科	117	126

❖2024年度特色選抜　募集人員と出願状況

学科名	校名	科名	募集定員（科）	募集枠※1			出願者数※2				出願倍率※2／※1
				%	人数			特色選抜出願者数		スポ文出願者数（C）	
						スポ文募集人数	(A)＋(C)－(B)	(A)	スポ文からの併願者数(B)		
普通	膳所		320	30	96		442	442			4.60
	東大津		360	30	108		282	282			2.61
	大津		240	30	72	3	278	276	1	3	3.86
	石山		320	30	96		437	437			4.55
	草津東		320	30	96		447	447			4.66
	玉川		320	30	96		259	259			2.70
	守山		200	30	60		256	256			4.27
	水口東		120	30	36		76	76			2.11
	彦根東		320	30	96		310	310			3.23
	河瀬		120	30	36	3	111	111	1	1	3.08
	八日市		280	30	84		225	225			2.68
	長浜北		240	30	72	8	140	133	1	8	1.94
	虎姫		200	30	60	3	152	152	4	4	2.53
	米原		200	30	60		105	105			1.75
理数	膳所	理数	40	50	20		66	66			3.30
	米原	理数	40	50	20		27	27			1.35
音楽	石山	音楽	40	75	30		30	30			1.00
文理探究	高島	文理探究	40	50	20		22	22			1.10

＊表中の「スポ文」は，スポーツ・文化芸術推薦選抜のことである。
※1は，特色選抜とスポーツ・文化芸術推薦選抜を合わせた募集枠。
※2は，特色選抜とスポーツ・文化芸術推薦選抜の出願者数を合わせた数。

❖傾向と対策〈数学〉

出題傾向

		数と式							方程式						関数					図形								資料の活用	
																									中3単元				
		数の計算	数の性質	平方根の計算	平方根の性質	文字式の利用	式の計算	式の展開・因数分解	一次方程式の計算	一次方程式の応用	連立方程式の計算	連立方程式の応用	二次方程式の計算	二次方程式の応用	比例・反比例	一次関数	関数 $y=ax^2$	いろいろな事象と関数	関数と図形	図形の性質	平面図形の計量	空間図形の計量	図形の証明	作図	相似	三平方の定理	円周角の定理	場合の数・確率	資料の分析と活用・標本調査
2024年度	一般選抜	○		○			○	○		○	○							○			○	○	○	○	○	○	○	○	○
2023年度	一般選抜	○		○			○	○			○						○				○	○	○	○	○	○		○	○
2022年度	一般選抜	○		○			○			○		○	○			○			○		○	○	○	○	○	○	○	○	○
2021年度	一般選抜	○		○			○				○		○				○	○			○	○	○	○	○	○	○	○	○
2020年度	一般選抜		○	○			○				○		○			○	○				○		○	○	○			○	○

出題分析

★数と式…………正負の数は，基礎計算に加え文章題としての出題も多い。文字式は，単項式・多項式の計算，式の展開などから出題されている。平方根は，四則計算や式の展開の利用，式の値などが出題されている。

★方程式…………連立方程式や2次方程式の計算問題に加え，解と定数に関する問題も見られる。また，方程式を使って解く文章題が，大問の中に含まれていることも多い。

★関　数…………放物線と直線を中心とした基本的な問題の他，旅行代金や点・図形の移動など，様々な事象を関数として捉える問題が出題されることも多い。問題文が長く複雑で，与えられた条件をもとに場合分けをしたり，状況を整理したりする必要がある。また，小問での出題もある。

★図　形…………点や図形の移動，展開図を利用する問題などから出題され，円の性質，合同，相似，三平方の定理などを組み合わせて解く内容となっている。他の領域と関連させて出題される場合もある。また，作図，証明問題が毎年出題されている。

★資料の活用……確率は，くじ，カード，さいころなどを題材にした問題が出題されている。資料の活用は，ヒストグラムや度数分布表を題材にした問題が出題されており，近年は説明を記述させる問題の出題もある。

来年度の対策

①基本事項をマスターすること！

中学校で学習する全領域から幅広く出題されているので，まずは全般にわたっての復習をし，基本事項をマスターしておこう。効率良く復習をしたい人は，出題率を分析し，入試でよく出る問題を集めて編集した「**ニューウイング 出題率 数学**」(英俊社) を活用してみよう。苦手単元がある人は，「**数学の近道問題シリーズ** (全５冊)」(英俊社) で克服しておくとよいだろう。また，問題文が長く，内容を読み取るのに手間取ることもあるので，時間配分には十分に気をつけ，解きやすい問題から手をつけていけるように意識をして問題に取り組もう。

②関数・図形問題に強くなること！

高得点を目指す人は，図形問題を中心に演習を多くしておくとよいだろう。また，記述問題が多く出題されるため，考え方や計算を簡潔に記述できるよう訓練をしておこう。単に形式に慣れるだけではなく，解答をするために必要な知識をしっかりと身に付けておくことも重要だ。

❖傾向と対策〈英語〉

出題傾向

		放送問題	語い	音声			英文法					英作文			読解		長文問題										
				語の発音	語のアクセント	文の区切り・強勢	語形変化	英文完成	同意文完成	指示による書きかえ	正誤判断	整序作文	和文英訳	その他の英作文	問答・応答	絵や表を見て答える問題	会話文	長文読解	長文総合	設問の内容							
																				音声・語い	文法事項	英文和訳	英作文	内容把握	文の整序・挿入	英問英答	要約
2024年度	一般選抜	○												○			○		○		○		○	○	○	○	○
2023年度	一般選抜	○												○			○		○		○		○	○		○	○
2022年度	一般選抜	○												○			○		○				○	○		○	
2021年度	一般選抜	○												○			○		○				○	○		○	
2020年度	一般選抜	○												○			○	○	○				○	○		○	

出題分析

★長文問題は標準的な分量であり，内容は身近な話題や社会的な問題が取り上げられている。記述式の解答が多く，英語を書く力が必要である。

★リスニングテストでは短い対話を聞いて内容に合う絵を選ぶ問題，英文の主題を選ぶ問題，長めの対話文を聞いて内容に関する質問の答えを英文で書く問題などが出題され，リスニングの配点が約3割を占めている。

来年度の対策

①長文になれておくこと！

日ごろからできるだけたくさんの長文を読み，大意をつかみながらスピードをあげて読めるようになっておきたい。会話上の決まり文句に強くなっておくことも大切である。「**英語の近道問題シリーズ**（全6冊）」（英俊社）で苦手単元の学習をしておくとよい。

②リスニングに慣れておくこと！

リスニングの配点の割合が高く，今後も実施されると思われるので，日頃からネイティブスピーカーの話す英語に慣れるように練習しておきたい。

③効率的な学習を心がけること！

日常ではもちろん，入試間近では，特に大切なことである。これにピッタリの問題集が「**ニューウイング 出題率 英語**」（英俊社）だ。過去の入試問題を詳しく分析し，出題される傾向が高い形式の問題を中心に編集してあるので，仕上げておけば心強い。

❖傾向と対策〈社会〉

出題傾向

		地理							歴史							公民										融合問題
		世界地理			日本地理			世界地理・日本地理総合	日本史					世界史	日本史・世界史総合	政治				経済				国際社会	公民総合	
		全域	地域別	地図・時差（単独）	全域	地域別	地形図（単独）		原始・古代	中世	近世	近代・現代	複数の時代			人権・憲法	国会・内閣・裁判所	選挙・地方自治	総合・その他	しくみ・企業	財政・金融	社会保障・労働・人口	総合・その他			
2024年度	一般選抜							○							○										○	
2023年度	一般選抜				○								○												○	
2022年度	一般選抜							○																	○	○
2021年度	一般選抜	○											○						○							
2020年度	一般選抜							○					○												○	

出題分析

地理的分野・歴史的分野・公民的分野それぞれの問題が計3題，出題されることが多い。試験時間は50分で，過去5年の小問数は24～27だが，短文を記述させて説明を求める問題も多いので時間配分には注意が必要。内容的には標準レベルだが，総合的な思考による判断を求めるような出題となっている。

①地理的分野

各年度とも地図・グラフ・統計表を読み取ったうえで解答させる問題が出題されている。資料が多いので，素早くどのような情報が必要かを判断しなければならないので難しい。

②歴史的分野

各年度とも各時代の代表的な事項について，人物名・王朝名・関連事項・時代の判断・用語・条約名・短文説明などが問われている。覚えたことがらの関係性をうまくつなげていけるかが解答のカギとなっている。

③公民的分野

各年度とも特定のテーマを基に政治・経済・現代社会（国際社会）の分野からの広い範囲にわたる出題となっている。ある程度，自分の意見なども取り入れて解答しなければならない問題もあるので，用語を覚えるだけといった学習はあまり役に立たない。

来年度の対策

①各分野とも基本的な用語・地名・人名などを整理しておくこと。また，資料にもよく目を通し，その扱いに慣れておくことが大切。

②**地理的分野**では，それぞれの地域について基本的事項に関連する都市・気候・資源・産業を地図・統計を用いて確認するとともに，他の地域との関わりを理解することが重要である。

③**歴史的分野**では，各時代の特色をつかむために，時代ごとの象徴的な事項を中心にしながら，前後の出来事についても関連させて理解するよう心がけることが大切。略年表にまとめたり各時代の特色を短い文にまとめてみるのもよい。

④**公民的分野**では，重要な日本国憲法の条文によく目を通し，三権や基本的人権について理解を深めておくこと。また，経済では用語の意味を十分理解すること。教科書にあるコラムの内容などにも要注意。

短文で説明する問題を苦手としていると，高得点は望めない。そこで，**社会の近道問題シリーズの「社会の応用問題―資料読解・記述―」**（英俊社）を使って，まずは文章を書く練習をしていこう。知識があっても表現できなければ得点にはならないので，書くことを恐れずに進もう。

❖傾向と対策〈理科〉

出題傾向

		物理					化学					生物					地学					環境問題
		光	音	力	電流の性質とその利用	運動とエネルギー	物質の性質	物質どうしの化学変化	酸素が関わる化学変化	いろいろな化学変化	酸・アルカリ	植物	動物	ヒトのからだのつくり	細胞・生殖・遺伝	生物のつながり	火山	地震	地層	天気とその変化	地球と宇宙	
2024年度	一般選抜			○					○				○							○		
2023年度	一般選抜				○					○		○					○		○			
2022年度	一般選抜	○						○							○			○				
2021年度	一般選抜				○	○	○								○					○		
2020年度	一般選抜				○						○			○							○	

出題分析

例年，物理・化学・生物・地学の各領域からほぼ均等に出題されている。

★物理的分野

実験図・グラフからの読み取りと計算により，物理分野での理解と思考力を問う内容になっている。

★化学的分野

化学変化を中心にした出題内容で，化学式，モデル図の見方，質量比の計算など，多様な形で出題されている。

★生物的分野

実験・観察の結果を通して，考察するものが多く，さまざまな単元から出題されている。

★地学的分野

観測図，表を中心に，動き・変化を考察する出題が多い。基礎をおさえて計算・応用ができる力が求められる。

来年度の対策

例年，文章記述の問題が出題されており，割合が非常に大きい。今後も，この傾向が続くと予想されるので，要注意。

①**物理→**思考力を必要とする電流，エネルギーなどの計算を含む問題が出題されている。単なる公式の丸暗記だけでは解答できないので，原理を確実に理解しておくこと。

②**化学→**教科書に出てくる実験について整理し総合的に把握しておくこと。モデル図，化学式，グラフに慣れておこう。

③**生物→**参考書のまとめなどを活用し，基本事項の復習をした上で，実験や観察の結果を考察する練習をしておくこと。

④**地学→**考察する問題が多いので，グラフ・図・表をもとに重要事項を理解しておくとよい。最近起こった事象にも要注意。今後は環境問題に関する出題にも注意しておきたい。

不得意分野は「**理科の近道問題シリーズ**(全6冊)」(英俊社)で強化しておこう。特に，文章記述の対策には，上記シリーズの「**理科記述**」(英俊社)がおすすめだ。仕上げには，出題頻度の高い問題を収録した「**ニューウイング 出題率 理科**」(英俊社)をぜひやっておいてほしい。

❖傾向と対策〈国語〉

出題傾向

		現代文の読解									国語の知識									作文		古文・漢文								
		内容把握	原因・理由	接続語	適語挿入	脱文挿入	段落の働き・論の展開	要旨・主題	心情把握・人物把握	表現把握	漢字の読み書き	漢字・熟語の知識	ことばの知識	慣用句・ことわざ・四字熟語	文法	敬語	文学史	韻文の知識	表現技法	課題作文・条件作文	短文作成・表現力	読解問題	主語・動作主把握	会話文・心中文	要旨・主題	古語の意味・口語訳	仮名遣い	文法・係り結び	返り点・書き下し文	古文・漢文・漢詩の知識
2024年度	一般選抜	○	○		○						○			○	○			○		○				○			○			
2023年度	一般選抜	○	○	○	○						○				○					○							○			
2022年度	一般選抜	○	○	○	○						○				○					○			○				○			
2021年度	一般選抜	○			○						○				○			○		○										
2020年度	一般選抜	○	○								○			○	○	○				○		○								

【出典】

2024年度　[1]論理的文章　幸田正典「魚にも自分がわかる――動物認知研究の最先端」
[2]論理的文章　神野紗希「俳句部，はじめました――さくら咲く一度っきりの今を詠む」
[3]国語の知識・和歌の鑑賞　滝沢武久「子どもの思考力」・防人歌（『万葉集』所収）・紀貫之（『古今和歌集』所収）

2023年度　[1]論理的文章　日髙敏隆「人間はどういう動物か」・清和研二「スギと広葉樹の混交林　蘇る生態系サービス」
[2]論理的文章　今野真二「大人になって困らない語彙力の鍛えかた」
[3]国語の知識　手塚治虫「ぼくのマンガ人生」・島崎藤村「初恋」（『若菜集』所収）

2022年度　[1]論理的文章　佐藤　卓「塑する思考」・高橋隆太「おはしのおはなし　自分の箸と出会うため」・松浦弥太郎「なくなったら困る100のしあわせ」
[2]文学的文章　栗木京子「短歌をつくろう」
[3]国語の知識　中村桂子「私のなかにある38億年の歴史――生命論的世界観で考える」（『科学は未来をひらく〈中学生からの大学講義〉3』所収）・「竹取物語」

2021年度　[1]文学的文章　若松英輔「読むと書く　見えない『おもい』をめぐって」・荻原昌好編「日本語を味わう名詩入門16　茨木のり子」
[2]論理的文章　小野明編「絵本の冒険　『絵』と『ことば』で楽しむ」

2020年度　[1]論理的文章　枝廣淳子「プラスチック汚染とは何か」
[2]論理的文章　平田オリザ「対話のレッスン」
[3]国語の知識　竹内照夫「新釈漢文大系　第12巻　韓非子（下）」

出題分析

★現代文…………内容把握を中心に，理由説明，適語挿入などが出題され，解答の形式は選択式，抜き出し式，記述式がある。字数の多い記述問題もあるので，設問の内容をしっかり理解することが求められる。

★文　法…………敬語，品詞や用法の識別などの出題がある。量は少ないものの，基本的なことがらについてはきちんとおさえておこう。

★漢　字…………書きとり，読みがなが5問ずつ出されている。日常学習の中で漢字力を養っておこう。

★作　文…………例年100～140字の記述式で，課題作文もしくは条件作文の形式で出題されている。ふだんから原稿用紙の正しい使い方やしっかりとした記述力を養っておく必要がある。

来年度の対策

出題形式は変わったが，基礎学力をみる傾向は変わっていない。しかし，問題は相当練られたものであるから，落ち着いてかからないと思わぬ間違いをすることがある。過去の問題に目を通し，設問の出され方，答え方に慣れておく必要がある。

身近なものでは，毎日，新聞に目をとおすのも国語力の向上につながる。社説・コラムなどを読んで要旨をまとめたり，それに対する考えを記述したりすることで，相当の読解力・記述力がつく。**課題作文**か**条件作文**が課せられているので，自分の考えを自分のことばで正確に表現する力をつけることも大切だ。日記を書くことも表現力の向上に有効なトレーニングである。

「**国語の近道問題シリーズ**（全5冊）」（英俊社）は，薄手ではあるが力がつく問題集である。入試直前トレーニングにもおすすめだ。また，仕上げに，出題率を分析して頻出問題を収録編集した「**ニューウイング 出題率 国語**」（英俊社）をやっておこう。

【写真協力】

As6673 ・Keicho-koban2・via Wikimedia・CC BY-SA ／ Tranplant-rice-tahiland.JPG・via Wikimedia・CC-SA ／ アフロ ／ ウッドワーク滋賀　堤木工所 ／ ピクスタ株式会社 ／ ヤマト運輸・宮崎交通 ／ 株式会社フォトライブラリー ／ 環境省 HP ／ 公益財団法人滋賀県スポーツ協会 ／ 滋賀県ホームページ ／ 読売新聞社

【地形図】

本書に掲載した地形図は，国土地理院発行の地形図・地勢図を使用したものです。

~MEMO~

滋賀県公立高等学校
(一般選抜)

2024年度
入学試験問題

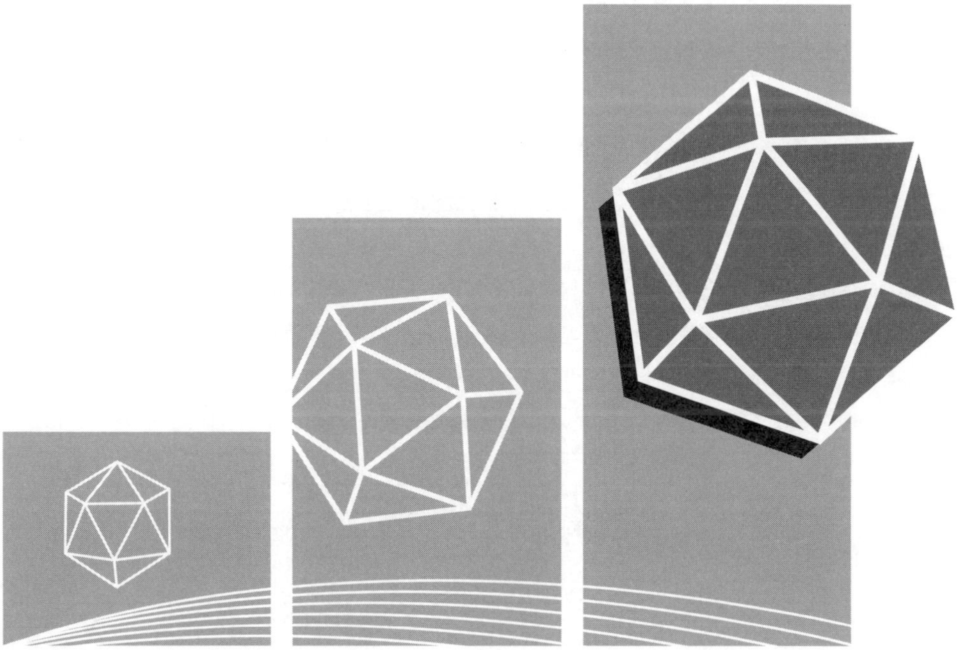

数学

時間　50分　　　　満点　100点

注意　1　解答は，最も簡単な形で表し，全て解答用紙に記入しなさい。

　　　2　答えに根号が含まれる場合は，根号を用いた形で表しなさい。

　　　3　円周率はπとします。

1　次の(1)から(9)までの各問いに答えなさい。

(1)　$3 \times (-4) + 7$ を計算しなさい。(　　　)

(2)　$\frac{1}{5}a - \frac{3}{2}a$ を計算しなさい。(　　　)

(3)　$(-3x)^2 \div \frac{6}{5}xy \times 4y^3$ を計算しなさい。(　　　)

(4)　次の連立方程式を解きなさい。(　　　　)

$$\begin{cases} 4x + 3y = -5 \\ 5x + 2y = 6 \end{cases}$$

(5)　$\sqrt{8}\,(4 - \sqrt{2})$ を計算しなさい。(　　　)

(6)　$x = \frac{2}{3}$ のとき，式 $(x+1)^2 - x(x-2)$ の値を求めなさい。(　　　)

図

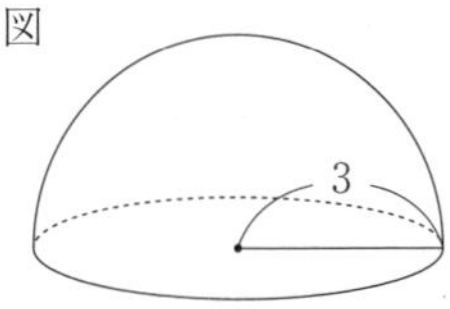

(7)　右の図は半径3の半球です。この半球の体積を求めなさい。(　　　)

(8)　Aさん，Bさん，Cさん，Dさん，Eさんの5人は，あるゲームをしました。5人がそれぞれ獲得した得点の平均点は，67点でした。下の表は，ある得点を基準とし，5人それぞれの得点から，基準としたある得点をひいた差を表しています。基準とした得点を求めなさい。(　　　点)

表

Aさん	Bさん	Cさん	Dさん	Eさん
＋7	－13	＋5	－9	＋20

(9)　ある時間帯において，X町のA地点，B地点の歩行者の人数を30日間調べました。A地点の箱ひげ図は，下の図のようになりました。後の表はB地点の最大値，範囲，第3四分位数，四分位範囲，中央値をまとめたものです。B地点の箱ひげ図をかきなさい。

図

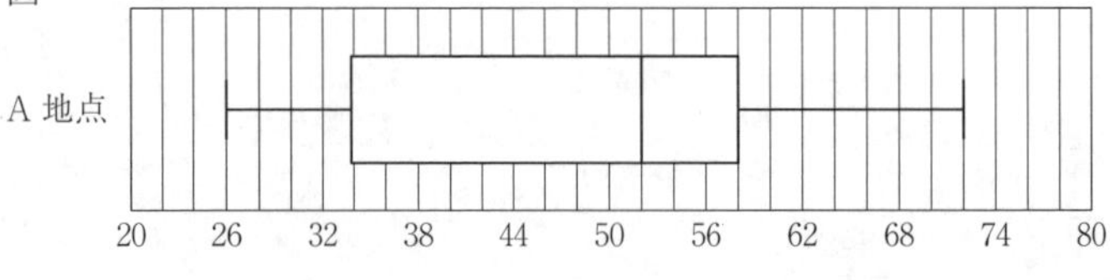

表

	最大値	範囲	第3四分位数	四分位範囲	中央値
B地点	76	48	62	20	54

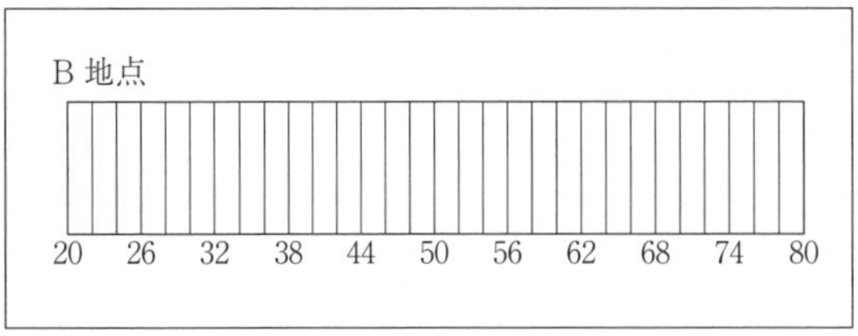

2　正多面体について，授業で学んだことをノートにまとめています。後の(1)から(4)までの各問いに答えなさい。

まとめ

へこみのない多面体のうち，［1］と［2］のどちらも成り立つものを，正多面体という。

［1］　すべての面が合同な正多角形である。

［2］　どの頂点に集まる面の数も同じである。

(1)　図1のような，2つの合同な正四面体があります。図2は，図1の2つの正四面体の底面にあたる，△BCDと△FGHを，頂点Bと頂点H，頂点Cと頂点G，頂点Dと頂点Fで重ねた六面体です。この六面体が正多面体でない理由を説明しなさい。

(　　)

図1

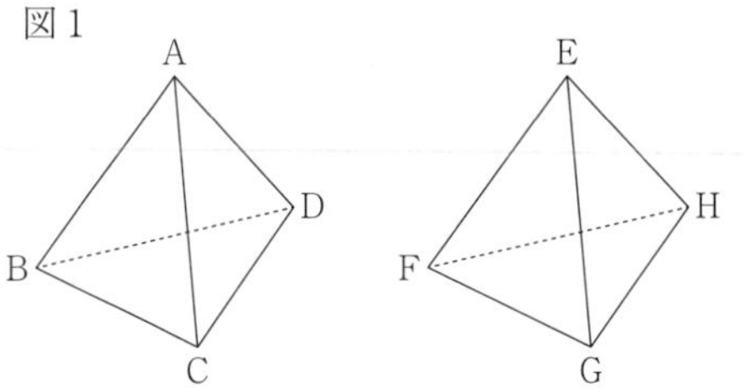

図2

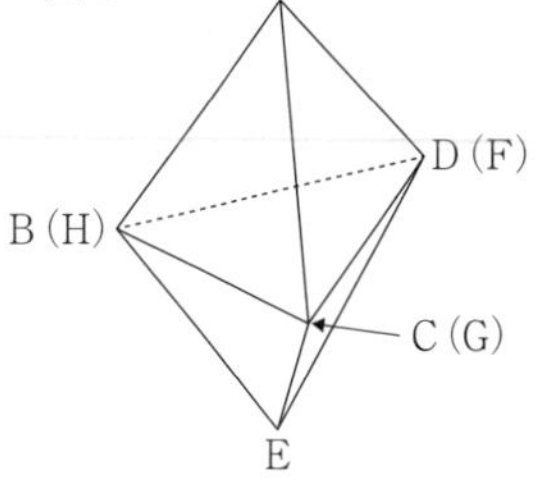

(2)　図3のような正四面体と，図4のような正六面体があります。図3の h，図4の h' は，これらの立体の高さとします。高さにあたる線分と底面は垂直な位置関係です。これより，直線と平面が垂直な位置関係であることについて考えます。図5のように，平面Pと直線 ℓ が交わる点をOとします。このとき，直線 ℓ が，点Oを通る □ と垂直であるとき，平面Pと直線 ℓ は垂直であるといえます。

□ にあてはまる言葉を書きなさい。(　　　　　　　　　　　　　　　　)

図3

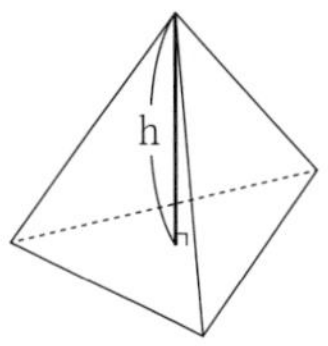

図4

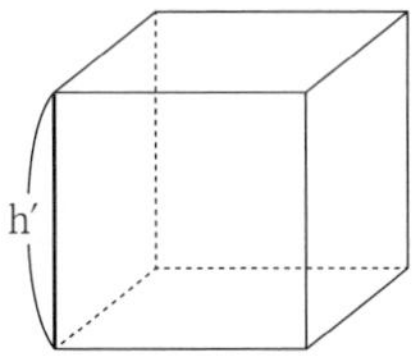

図5

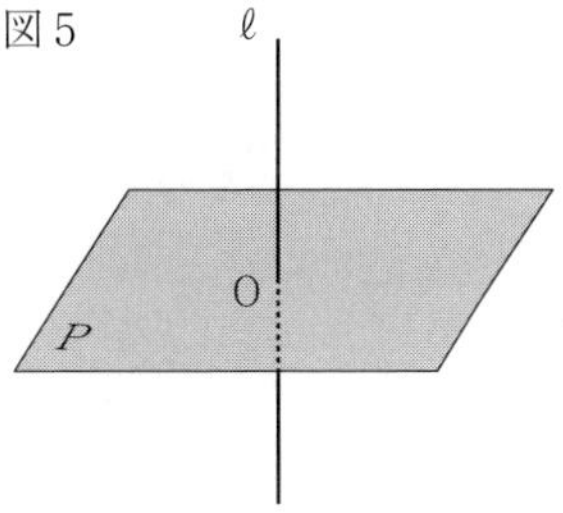

(3)　図6のような正八面体の表面積を求めなさい。ただし，1辺の長さを6とします。(　　　)

図6

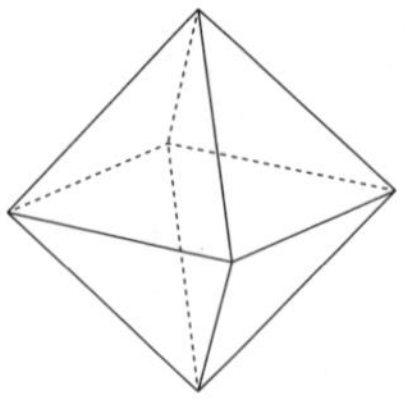

(4)　図7のような正四面体が3つと，図8のような正六面体が2つあります。3つの正四面体それぞれの各面には，1から4までの数字を1つずつ書き，2つの正六面体それぞれの各面には，1から6までの数字を1つずつ書きました。2つの正六面体を同時に投げたとき，上面に書かれた数の和が10以上になる確率は，$\frac{1}{6}$ になります。

図7

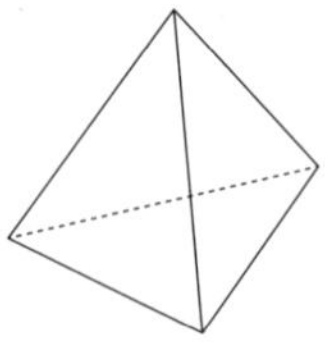

図8

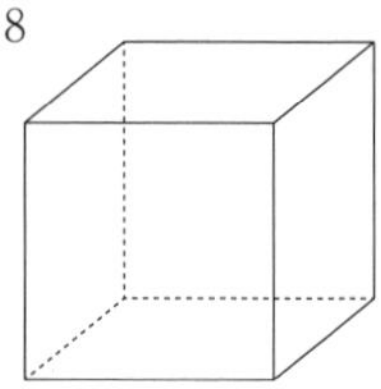

3つの正四面体を同時に投げたとき，底面に書かれた数の和が10以上になる確率も同じになるか調べます。ただし，どの数が出ることも同様に確からしいとします。

下線部の確率を求めなさい。また，2つの正六面体を同時に投げたとき，上面に書かれた数の和が10以上になる確率と，求めた下線部の確率について，次のアからウのうち，正しいものを1つ選んで，記号で書きなさい。確率(　　　)　記号(　　　)

ア　どちらの確率も同じである。

イ　2つの正六面体を同時に投げたとき，上面に書かれた数の和が10以上になる確率の方が高い。

ウ　3つの正四面体を同時に投げたとき，底面に書かれた数の和が10以上になる確率の方が高い。

3　A さんには，弟の B さんと，姉の C さんがいます。図 1 のように，家から西へ 800m 離れたところに駅があり，家から東へ 1600m 離れたところに公園があり，公園から東へ 300m 離れたところに図書館があります。ただし，駅，家，公園，図書館は，一直線の道沿いにあり，A さん，B さん，C さんは，それぞれこの道を移動することとします。後の(1)，(2)の各問いに答えなさい。

図 1

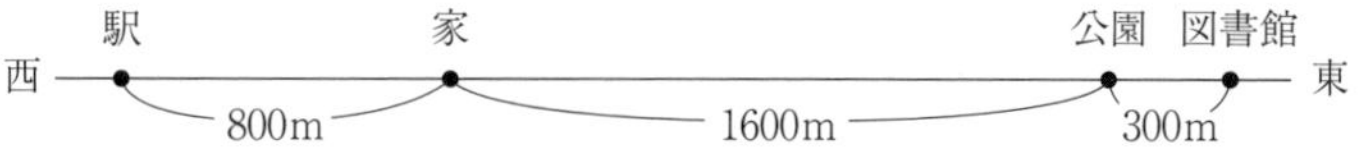

(1)　A さんは駅から公園に向かって歩きました。駅から家までは分速 x m で歩き，家から公園までは，駅から家まで歩いた速さの 0.8 倍の速さで歩いて，全部で 28 分かかりました。x の値を求めなさい。(　　　)

(2)　B さんは家から図書館に向かって歩きました。途中にある公園で友人と出会い，立ち止まって何分か話をした後，図書館に向かいました。図 2 は，B さんが家を出発してから図書館に着くまでの移動のようすについて，B さんが家を出発してから x 分後の家からの距離を y m として，x と y の関係をグラフに表したものです。ただし，B さんの家から公園まで歩いた速さ，公園から図書館まで歩いた速さは，それぞれ一定であるとします。後の①，②の各問いに答えなさい。

図 2

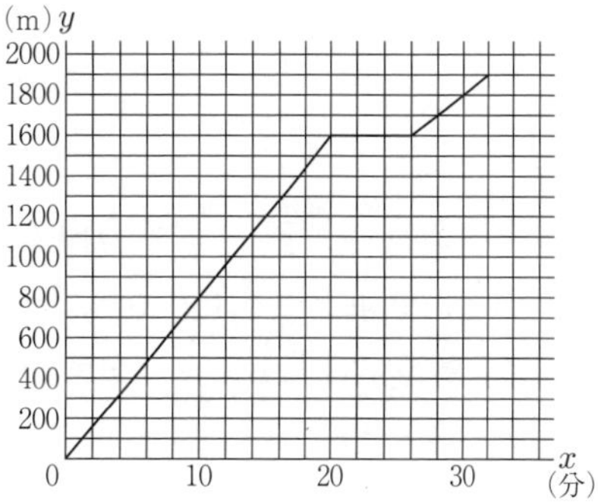

①　図 2 から，x の変域が $26 \leqq x \leqq 32$ のときの x と y の関係は，1 次関数であり，式 $y = ax + b$ と表せます。b の値を求めなさい。(　　　)

②　C さんは公園にいました。C さんは，借りていた本を返すために，公園から図書館に行くつもりでしたが，家に本を置いてきたことに気がついたので，家に本を取りに帰ることにしました。C さんは，B さんが家を出発してから 8 分後に公園を出発しました。C さんは，家に着いて何分か休憩した後，図書館に向かったところ，B さんが家を出発してから 30 分後に，図書館に着きました。C さんは，公園から家，家から図書館まで，それぞれ自転車で分速 250m で進みました。

C さんが公園を出発してから図書館に着くまでの移動のようすをグラフに表しなさい。

また，C さんが公園を出発してから家に着くまでの間で，B さんと C さんの距離が最も離れたのは，B さんが家を出発してから何分後か求めなさい。

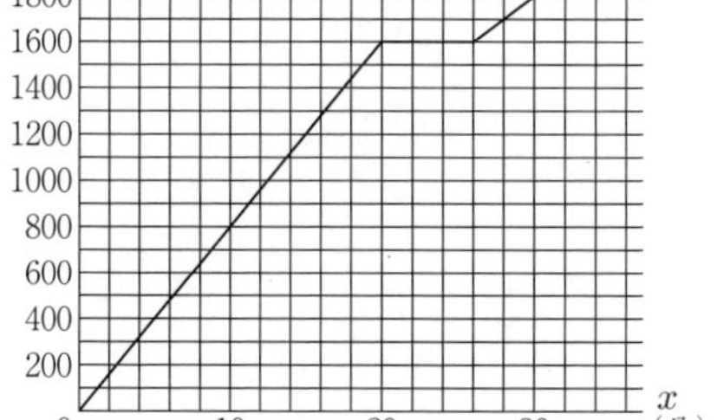

(　　　分後)

4　円Oと，円Oの外側にある点Pを通る直線について，次の(1)から(3)までの各問いに答えなさい。

(1)　図1のように，円Oと，この円の外側に点Pがあります。点Pを通る円Oの接線をコンパスと定規を使って1本作図しなさい。ただし，作図に用いた線は消さないこと。

図1

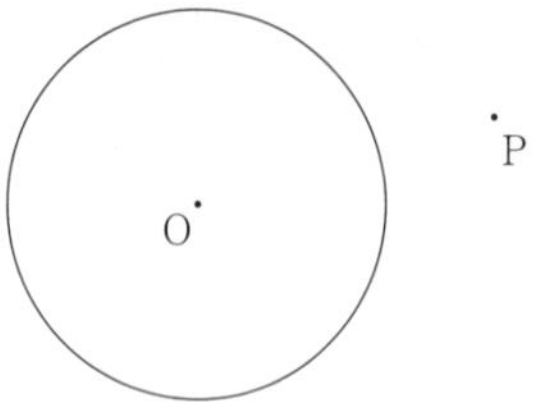

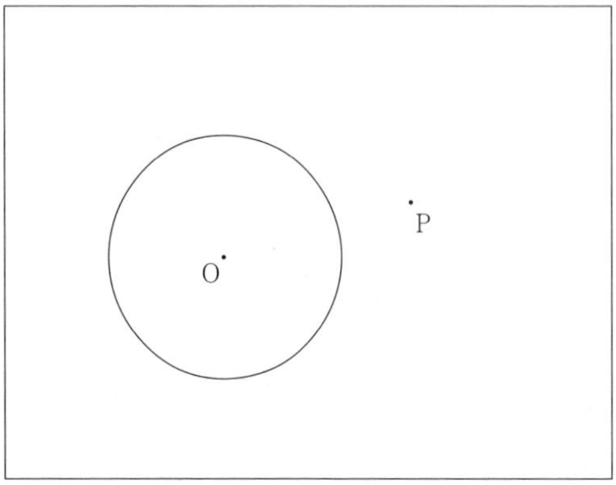

(2)　図2のように，点Pから円Oに交わる直線ℓ，mを引き，交点をそれぞれ点A，B，C，Dとします。また，線分ACとBDとの交点をEとします。$\overset{\frown}{AB}=\overset{\frown}{BC}$のとき，AE：BC ＝ ED：CDとなることを証明しなさい。

図2

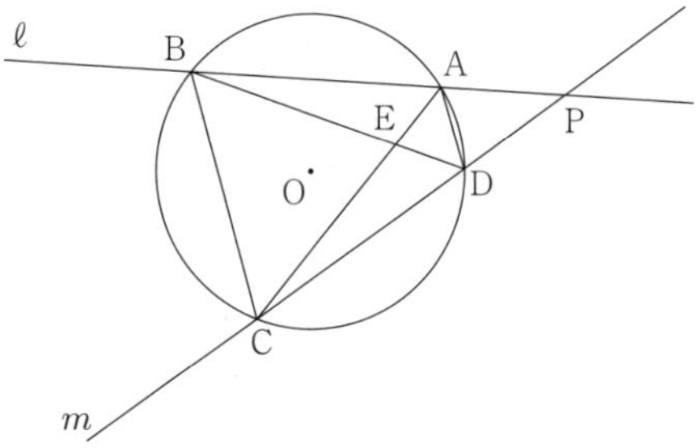

(3)　図3のように，円Oの円周上に2点S，Tをとります。点Pから点S，Tにそれぞれ線分を引くと，円周上にある点U，Vとそれぞれ交わります。三角形PSTが正三角形で，線分STが円Oの直径であるとき，点S，Tを含まない$\overset{\frown}{UV}$と線分VP，PUで囲まれた斜線部の面積を求めなさい。ただし，直径STの長さを8とします。(　　　)

図3

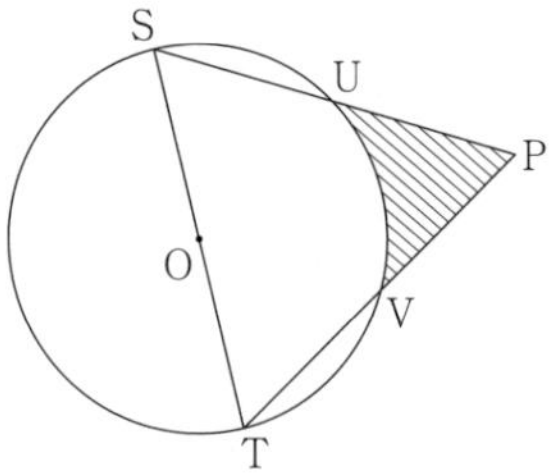

英語

時間　50分　　　　満点　100点

(編集部注)　放送問題の放送原稿は英語の末尾に掲載しています。
音声の再生についてはもくじをご覧ください。

1　放送を聞いて答えなさい。

《その1》　話される英語を聞いて，それぞれの後の質問に対する答えとして最も適当なものを，アからエまでの中からそれぞれ1つ選びなさい。1(　　)　2(　　)　3(　　)　4(　　)

1　ア　Math.　イ　English.　ウ　Math and English.　エ　Math and science.

2　ア　Ask Jack's phone number.　イ　Talk to Jack on the phone.
ウ　Tell Emma to call Jack.　エ　Send messages to Jack.

3
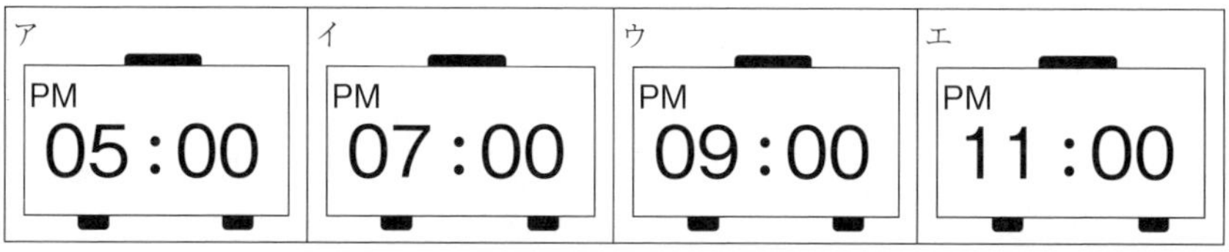

4
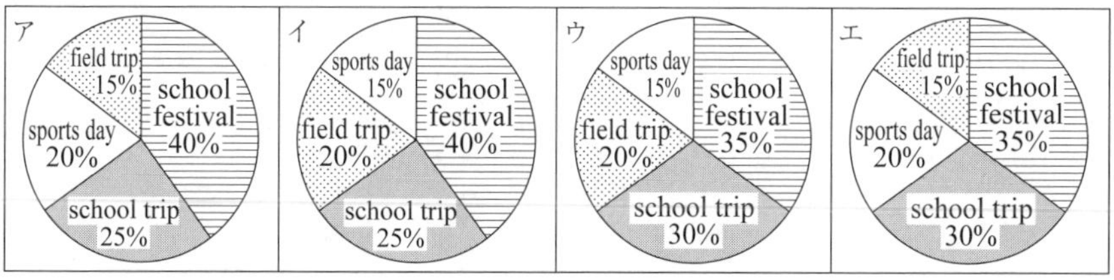

《その2》　ホワイト先生(Ms. White)は英語の授業で話をしています。ホワイト先生は何について話していますか。最も適当なものを，アからエまでの中から1つ選びなさい。(　　)

ア　How to remove bad chemicals of tea leaves.
イ　How to make delicious tea with local tea leaves.
ウ　How to use tea leaves after making tea with them.
エ　How to make tea leaves dry after using them once.

《その3》　友(Tomo)さんは，アメリカ合衆国のミシガン(Michigan)で過ごした夏休みの思い出について英語のブラウン先生(Mr. Brown)と話しています。放送を聞いて，会話の後の1から3までの質問に対する最も適当な答えを，アからエまでの中からそれぞれ1つ選びなさい。

また，あなたも二人と一緒に話しているとして，あなたなら最後の友さんの質問にどのように答えますか。友さんとブラウン先生のやり取りの内容をふまえて，4の解答欄に5語以上の英語で書きなさい。

1(　　)　2(　　)　3(　　)
4(　　　　　　　　　　　　　　　　　　　　　　　　　　　　)

1　ア　A car museum and a football stadium.

イ　A car museum and a football museum.

ウ　A car company and a football stadium.

エ　A car company and a football museum.

2　ア　The history of Michigan Stadium.　　イ　The meaning of “The Big House.”

ウ　The names of players.　　エ　The rules of football.

3　ア　In 1903.　　イ　In 1918.　　ウ　In 1927.　　エ　In 1980.

4　あなたも二人と一緒に話しているとして，あなたなら最後の友さんの質問にどのように答えますか。友さんとブラウン先生のやり取りの内容をふまえて，5語以上の英語で書きなさい。

2 ゆり(Yuri)さんは，あるイベントのチラシを見て，参加することにしました。【チラシ】【ゆりさんの原稿】【二人の会話】を読んで，後の１から７までの各問いに答えなさい。

【チラシ】

International Exchange Event for Students

If you want to learn about various cultures and meet people from different countries, please join our event. Students from Japan and from overseas will talk and learn together in English.

【Date】 Saturday, August 3
【Place】 Midori Hotel
【Fee】 ¥2,000 (Lunch is included.)
【Age】 13−18 years old

Time	Main Activity
9:00 a.m.	Leave Midori Station
9:30 a.m.	Arrive at Midori Hotel
10:00 a.m.−11:00 a.m.	Activity 1 : Introduce yourself and get to know each other
11:00 a.m.−12:00 p.m.	Activity 2 : Enjoy traditional Japanese music
12:00 p.m.−1:00 p.m.	Lunch break
1:00 p.m.−2:30 p.m.	Activity 3 : Make a speech about famous things of your country
2:40 p.m.− 4:00 p.m.	Activity 4 : Exchange opinions about the speeches in Activity 3
4:30 p.m.	Leave Midori Hotel
5:00 p.m.	Arrive at Midori Station

【Others】
・Please come to Midori Station by 8:50 a.m. on August 3.
・We will take a bus from Midori Station to Midori Hotel together.
・Please prepare your speech for Activity 3 before the event.
・If you want to join this event, please register on our website by July 31.

Shiga Company
Website https://www.event.shiga-company.com
＊If you have any questions, please call us.
Phone : 123-456-7890

(注) fee : 料金 get to know : 知り合う register : 登録する

1 【チラシ】について，次の(1)，(2)の質問に対する答えになるように，(　　)に入る適当な英語を(1)は３語以上，(2)は５語以上で書きなさい。

(1) Will students speak English in this event?
→(　　　　　　　　　　　　　　　　　　　　).

(2) What will students do in Activity 2?
→(　　　　　　　　　　　　　　　　　　　　).

2 【チラシ】の内容として合っているものを，次のアからエまでの中から１つ選びなさい。
(　　　)

ア It takes students one hour to move from Midori Station to Midori Hotel by bus.
イ This event will be held by Shiga Company on a weekday.
ウ Students have to bring their own lunch.
エ Students can share ideas about the speeches they make.

ゆりさんは午後のスピーチ発表に向けて，新幹線（the Shinkansen train）についての原稿を作成しました。なお，Ⅰから Ⅳはゆりさんが原稿につけた段落の番号を表しています。

【ゆりさんの原稿】

[　①　]

Ⅰ　Have you ever taken the Shinkansen train in Japan? I like taking pictures of the Shinkansen trains. I think it's one of the greatest Japanese inventions. The first Shinkansen train ran in 1964. I would like to tell you how the Shinkansen train has been improved since then.

Ⅱ　First, the Shinkansen train today runs faster than the first train. Originally, it took people about four hours to move from Osaka to Tokyo. Now, it takes only two hours and twenty-two minutes. Engineers are making efforts to create even (②) Shinkansen trains.

Ⅲ　Second, the latest Shinkansen train uses less electricity per trip than the original one. Today, lighter materials such as aluminum are used to make the body of the train, and this change helps the train save electricity.

Ⅳ　In addition, the Shinkansen train connects more cities. Thanks to the train, you can travel around Japan very easily. I hope you will take the Shinkansen train in the future.

（注）　per trip：1回の走行あたり　　material(s)：素材　　aluminum：アルミニウム　　body：車体

3　[①] には，【ゆりさんの原稿】のタイトルが入ります。最も適当なものを，次のアからエまでの中から1つ選びなさい。(　　　)

ア　Shinkansen Engineers in Japan　　イ　The Progress of the Shinkansen Train

ウ　Various Japanese Inventions　　エ　The Technology of the First Shinkansen Train

4　(②) に入る適当な1語を，【ゆりさんの原稿】のⅡの段落から抜き出して書きなさい。

(　　　)

ゆりさんの発表を聞いた台湾出身のジョン（John）さんが話しかけてきました。

【二人の会話】

John：　Yuri, I enjoyed your speech. I took the Shinkansen train from Tokyo last week, and I was impressed with the workers cleaning the seats and the floors in the train. [　③　]. So they completed their job in only seven minutes!

Yuri：　They are amazing, aren't they?

John：　Actually, some foreign visitors to Japan write about those workers on their blogs.

Yuri：　Really? I want to read them.

John：　Taiwan has high-speed trains, too. They look like the Shinkansen trains in Japan.

Yuri：　I would like to see them. [　④　]?

John： Sure. I have some of them on my smartphone. Here you are.

Yuri： Oh, this is a nice picture. The colors are different, but the shapes are similar.

John： That's right. The technology of the Japanese Shinkansen train was used to create our high-speed trains.

Yuri： Oh, I didn't know that. It ⑤【to / me / learn / for / interesting / is】 not only about other countries, but also about my country. I am glad that I have come here.

（注） high-speed：高速の

5 ［ ③ ］に入る最も適当なものを，次のアからエまでの中から1つ選びなさい。（　　）

ア They took breaks　イ They didn't have any skills　ウ They wasted no time

エ They worked slowly

6 ［ ④ ］に入る適当な英語を，4語以上で書きなさい。

（　　　　　　　　　　　　　　　　　　　　　　　　　　）

7 ⑤【　】内の語を，意味が通るように並べかえなさい。

（　　　　　　　　　　　　　　　　　　　　　　　　　　）

3　優斗（Yuto）さんは，スピーチコンテストで琵《び》琶《わ》湖に生育するヨシ（reed）について発表しました。スピーチを聞いて，大和（Yamato）さんはコメントを書きました。【優斗さんのスピーチ】【大和さんのコメント】を読んで，後の１から８までの各問いに答えなさい。

【優斗さんのスピーチ】

Do you know the plants called reeds? They are called *Yoshi* in Japanese. They grow in water and on land. We can see them around Lake Biwa. As the season changes, we can see green reeds in summer and brown ones in winter. These reeds and Lake Biwa together provide beautiful scenery. Today, I would like to share what I have learned about these plants, and tell you that we have to protect the natural beauty of Lake Biwa together.

First, let me tell you the history of our relationship with reeds. 〈　あ　〉 In the past, people used reeds in many ways in their daily lives. 〈　い　〉 Also, products like *sudare* and *shoji* made with reeds were very popular especially in summer. However, plastic products became common, and also cheaper products began to be imported. [①], the use of reeds from Lake Biwa decreased. In 1992, Shiga made some rules to encourage people to think of effective ways to use reeds. Today, we see various new products such as towels made from reeds. 〈　う　〉 Some people have even made recipes for reed cookies! 〈　え　〉

In January, I joined a volunteer activity to take care of reeds. There were many people in my group. When I arrived at Lake Biwa, I was surprised to find that the reeds were very tall. First, Mr. Inoue, the group leader, gave us some information about reeds. He told us that cutting reeds in winter is necessary because it helps new reeds grow in the field in spring. He also told us that reeds purify the water. Then, we started cutting reeds. There were so many of them that it took us a long time to finish ② the work. After that, we gathered them and made them dry. It was not an easy task, but I felt good after working hard.

At the end of the activity, Mr. Inoue played the flute made of reeds for us. The sound was beautiful. I enjoyed the music very much. He also gave us a piece of paper made from reeds as a gift and told us that we need to understand the value of Lake Biwa and nature. This piece of paper reminds me of his message.

Thanks to people like Mr. Inoue, the natural beauty of Lake Biwa is protected. If no one took care of the reeds today, [③] such beautiful scenery. I would like to join the activity again next year. I hope more people will work together to pass on this beautiful lake to the future generations.

(注) *sudare*：すだれ　*shoji*：障子《しょうじ》　purify：浄化する　flute：笛

【大和さんのコメント】

Thank you for the interesting speech. I have also learned reeds are homes of some animals living around Lake Biwa. In the museum of Lake Biwa, I saw some cute mice called *Kayanezumi*. They live in fields of reeds. The number of these mice is decreasing because human activities have destroyed ④their habitats. This is just one of the environmental problems of Lake Biwa. There are many other environmental problems Lake Biwa is facing now. I want to do something to protect the environment of the lake, but I don't know what to do. ⑤Please tell me what I can do.

(注) *Kayanezumi*：カヤネズミ　mice：mouse（ネズミ）の複数形

1 ［ ① ］に入る最も適当なものを，次のアからエまでの中から１つ選びなさい。(　　)

ア At first　イ For another　ウ As a result　エ By the way

2 次の英文を入れるのに最も適当な場所を，【優斗さんのスピーチ】の〈 あ 〉から〈 え 〉までの中から１つ選びなさい。(　　)

For example, they made roofs of buildings with reeds.

3 下線部②と同じ内容を表す英語を，【優斗さんのスピーチ】から２語で抜き出して書きなさい。

(　　　)

4 【優斗さんのスピーチ】の内容として合っているものを，次のアからエまでの中から１つ選びなさい。(　　)

ア Yuto was amazed because the reeds were quite tall.

イ Only a few people joined the volunteer activity.

ウ Mr. Inoue gave Yuto a reed flute as a gift.

エ Yuto joined the volunteer activity in spring.

5 ［ ③ ］に入る最も適当なものを，次のアからエまでの中から１つ選びなさい。(　　)

ア we don't enjoy　イ we can't enjoy　ウ we didn't enjoy　エ we couldn't enjoy

6 【優斗さんのスピーチ】の構成を示したものとして，最も適当なものを次のアからエまでの中から１つ選びなさい。(　　)

ア

1 The meaning of *Yoshi*
2 Our relationship with Lake Biwa
3 What Yuto experienced in the volunteer activity
4 A gift and a message from Mr. Inoue
5 Yuto's message

イ

1　The meaning of *Yoshi*
2　Our relationship with Lake Biwa
3　Goals to protect the environment for reeds
4　Comments about the flute performance
5　Yuto's message

ウ

1　Introducing plants called reeds
2　Ways to use reeds in the past and today
3　What Yuto experienced in the volunteer activity
4　A gift and a message from Mr. Inoue
5　Yuto's message

エ

1　Introducing plants called reeds
2　Ways to use reeds in the past and today
3　Goals to protect the environment for reeds
4　Comments about the flute performance
5　Yuto's message

7　下線部④と同じ内容を表す英語を，【大和さんのコメント】から3語で抜き出して書きなさい。
（　　　　　　　　　）

8　下線部⑤について，あなたならどのように答えますか。7語以上の英語で書きなさい。
（　　　　　　　　　　　　　　　　　　　　　　　　　　　　）

4　次の問いに答えなさい。

次の英文は，英語のジョーンズ先生（Mr. Jones）が問いかけた内容です。これを読んで，あなた自身の考えとその理由を，20語以上35語以内の英語で書きなさい。2文以上になってもかまいません。

【ジョーンズ先生の問いかけ】

I like watching movies at home, but my friend likes watching movies in a theater. How about you?

（　　　　　　　　　　　　　　　　　　　　　　　　　　　　）

〈放送原稿〉

注意：〔　　〕内は音声として入れない。

ただいまから，2024 年度滋賀県公立高等学校入学試験英語の聞き取りテストを行います。問題は《その 1》から《その 3》まであります。聞いている間にメモをとってもかまいません。

まず，《その 1》から始めます。これから話される英語を聞いて，それぞれの後の質問に対する答えとして最も適当なものを，問題用紙に示されたアからエまでの中からそれぞれ 1 つ選びなさい。英語は，それぞれ 2 回放送します。それでは，始めます。〔間 2 秒〕

No.1　A：　I really have to study math tonight. How about you, Ken?

B：　Me, too. I also have to study science.

Question：What will Ken study tonight?〔間 3 秒〕

繰り返します。〔間 2 秒〕〔英文をもう一度読む。〕〔間 4 秒〕

No.2　A：　Hello. This is Jack. May I speak to Emma?

B：　This is Kate. I'm her mother. She's out right now.

A：　Can you tell her to call me when she comes back? She knows my phone number.

B：　OK. I will do that.

Question：What will Emma's mother do?〔間 3 秒〕

繰り返します。〔間 2 秒〕〔英文をもう一度読む。〕〔間 4 秒〕

No.3　A：　Tom, it's already 9:00 p.m. Stop playing that game. You have lots of homework today.

B：　I know, Mom, but this game is fun.

A：　You have to stop it now. You have been playing it for two hours.

B：　OK.

Question：What time did Tom start playing the game?〔間 3 秒〕

繰り返します。〔間 2 秒〕〔英文をもう一度読む。〕〔間 4 秒〕

No.4　A：　Mike, look at this graph I made. It's about the favorite school events of my classmates.

B：　Let me see. The school festival is the most popular, and one quarter of students chose the school trip.

A：　Right. Also, the sports day is not as popular as the field trip.

B：　I thought it was the most popular.

Question：Which graph are they looking at?〔間 3 秒〕

繰り返します。〔間 2 秒〕〔英文をもう一度読む。〕〔間 4 秒〕

次に，《その 2》に入ります。ホワイト先生（Ms. White）は英語の授業で話をしています。ホワイト先生は何について話していますか。最も適当なものを，問題用紙に示されたアからエまでの中から 1 つ選びなさい。英語は，2 回放送します。それでは，始めます。〔間 2 秒〕

Many people drink tea. What do you do with the tea leaves after drinking tea? Actually, they're useful. For example, you can use the tea leaves for cleaning some things. They can be used when you clean the tables or tatami mats. They don't have bad chemicals which damage the environment. Before wasting the tea leaves, think about ways to use them.〔間 4 秒〕

繰り返します。〔間 2 秒〕〔英文をもう一度読む。〕〔間 4 秒〕

次に，《その 3》に入ります。友（Tomo）さんは，アメリカ合衆国のミシガン（Michigan）で過ごした夏休みの思い出について英語のブラウン先生（Mr. Brown）と話しています。放送を聞いて，会話の後の 1 から 3 までの質問に対する最も適当な答えを，問題用紙に示されたアからエまでの中からそれぞれ 1 つ選びなさい。また，あなたも二人と一緒に話しているとして，あなたなら最後の友さんの質問にどのように答えますか。友さんとブラウン先生のやり取りの内容をふまえて，4 の解答欄に 5 語以上の英語で書きなさい。会話と質問は通して 2 回放送します。それでは，始めます。〔間 2 秒〕

A：　Hi, Tomo. How was your summer vacation?

B：　I visited Michigan and stayed with a host family.

A：　What did you do there?

B：　I visited a museum of cars with them. I learned Michigan has many car companies.

A：　You're right. Michigan is famous for the car industry. One of the most famous car companies in the world started there in 1903. Did you visit other places?

B：　I also visited Michigan Stadium to watch a football game.

A：　Great. How was the game?

B：　Well, I didn't know anything about football, but my host father explained the rules to me. So I enjoyed the game very much.

A：　I'm glad that you had a good time. Do you know Michigan Stadium has a long history? It was built in 1927.

B：　Wow, that's about one hundred years ago. Also, I was impressed with the size. I learned it's the largest football stadium in the U.S.

A：　That's right. Because of the size, in the 1980s, people started calling it "The Big House."

B：　That's interesting. I had such a great time there. Next time, I hope to go to different countries. Why don't you come with me? Which country do you want to visit?〔間 2 秒〕

Question 1：Where did Tomo visit in Michigan?〔間 4 秒〕

Question 2：What did Tomo's host father teach her?〔間 4 秒〕

Question 3：When was Michigan Stadium built?〔間 4 秒〕

繰り返します。〔間 2 秒〕〔英文をもう一度読む。〕〔間 7 秒〕

以上で，聞き取りテストの放送を終わります。

社会

時間　50分　　　　満点　100点

1　大豆の生産や貿易について，資料や略地図をみて，後の１から５までの各問いに答えなさい。

資料１　大豆の国内生産割合（2021 年）

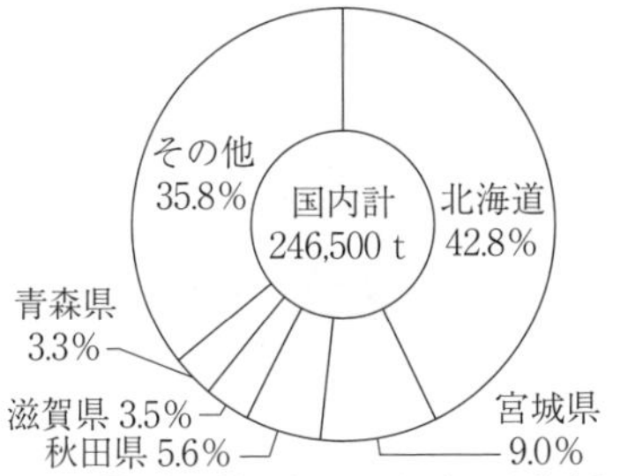

［「日本国勢図会 2022／23」より作成］

資料２　大豆の国別生産割合（2021 年）

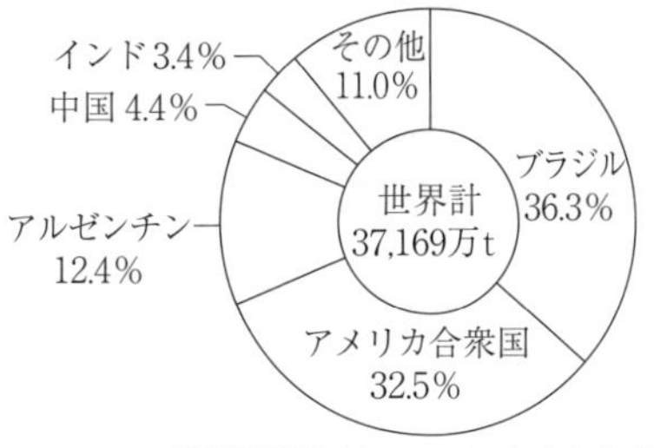

［「世界国勢図会 2023／24」より作成］

略地図１

：資料１の上位５道県

略地図２

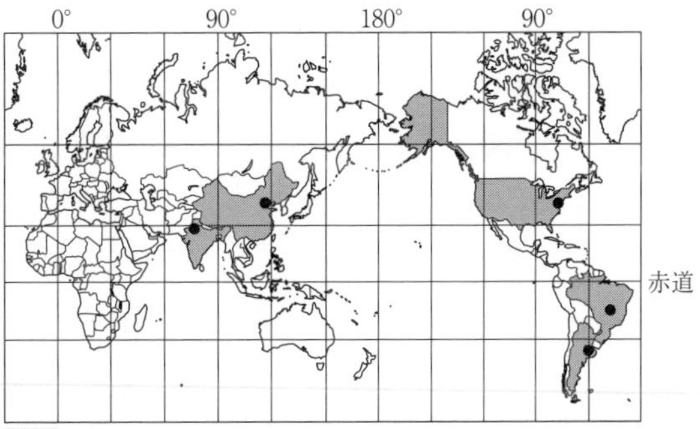

：資料２の上位５か国　●：資料２の上位５か国の首都

1　資料１，資料２，略地図１，略地図２から読み取れることとして適切なものはどれか。次のアからエまでの中から１つ選び，記号で書きなさい。（　　　）

ア　国内の大豆の生産上位５道県で，国内の大豆の生産量の 80 ％以上をしめている。

イ　国内の大豆の生産上位５道県のうち，東北地方の３県は日本海に面している。

ウ　国内の大豆の生産量は，世界の大豆の生産量の１％より多い。

エ　世界の大豆の生産上位３か国の首都は，経度が西経で表される西半球に位置している。

2　次の文は，略地図１に▨で示した地域について説明したものです。この文について，後の⑴，⑵の問いに答えなさい。

この地域に広がる（　　）は日本有数の畑作地帯です。多くの農家では，耕地をいくつかの区画に分けて，同じ場所で栽培する作物を年ごとに変えることで，地力の低下を防ぐ工夫をしています。

⑴　文の（　　）にあてはまる語句を，次のアからエまでの中から１つ選び，記号で書きなさい。

（　　　）

ア　仙台平野　　イ　石狩平野　　ウ　十勝平野　　エ　津軽平野

⑵　文の下線部を何というか。漢字２字で書きなさい。（　　　）

3　資料3は，資料1の北海道，秋田県，青森県における農業産出額を示したものです。資料3のA，B，Cは，北海道，秋田県，青森県のいずれかです。3道県の組み合わせとして正しいものを，後のアからカまでの中から1つ選び，記号で書きなさい。(　　　)

資料3　農業産出額の割合（2021年）

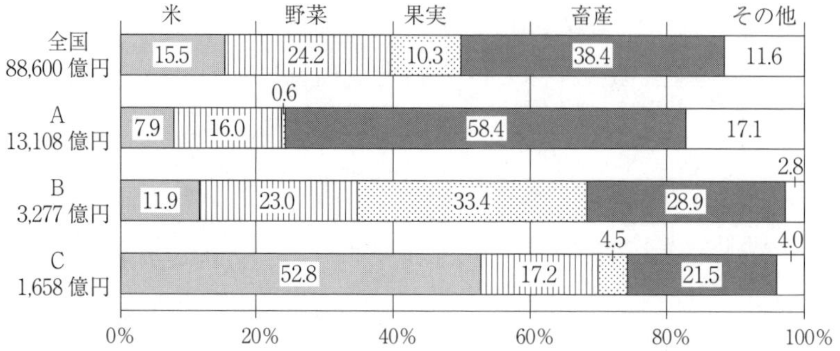

［農林水産省ホームページより作成］

ア　A：北海道　　B：秋田県　　C：青森県

イ　A：北海道　　B：青森県　　C：秋田県

ウ　A：秋田県　　B：北海道　　C：青森県

エ　A：秋田県　　B：青森県　　C：北海道

オ　A：青森県　　B：北海道　　C：秋田県

カ　A：青森県　　B：秋田県　　C：北海道

4　資料2のブラジルとアメリカ合衆国について，次の(1)，(2)の問いに答えなさい。

(1)　資料4は，ブラジル，アメリカ合衆国，日本の3か国について，国土面積と，領海と排他的経済水域をあわせた面積の比率を示したものです。資料4のD，E，Fは，ブラジル，アメリカ合衆国，日本のいずれかです。3か国の組み合わせとして正しいものを，次のアからカまでの中から1つ選び，記号で書きなさい。(　　　)

資料4

国	国土面積：領海と排他的経済水域をあわせた面積
D	1：11.8
E	1：0.8
F	1：0.4

［国土交通省資料などより作成］

ア　D：ブラジル　　E：アメリカ合衆国　　F：日本

イ　D：ブラジル　　E：日本　　F：アメリカ合衆国

ウ　D：アメリカ合衆国　　E：ブラジル　　F：日本

エ　D：アメリカ合衆国　　E：日本　　F：ブラジル

オ　D：日本　　E：ブラジル　　F：アメリカ合衆国

カ　D：日本　　E：アメリカ合衆国　　F：ブラジル

(2)　資料5は，ブラジルとアメリカ合衆国のおもな輸出品と輸出額を示したものです。資料5のアからエは，ブラジルの1965年，ブラジルの2017年，アメリカ合衆国の1965年，アメリカ合衆国の2017年のいずれかです。ブラジルの1965年と，ブラジルの2017年はどれか。資料5のアからエまでの中からそれぞれ1つずつ選び，記号で書きなさい。

ブラジルの1965年(　　　)　ブラジルの2017年(　　　)

資料 5

順位	ア		イ		ウ		エ	
	輸出品	輸出額（百万ドル）	輸出品	輸出額（百万ドル）	輸出品	輸出額（百万ドル）	輸出品	輸出額（百万ドル）
第 1 位	機械類	384,541	コーヒー豆	707	機械類	6,743	大豆	25,718
第 2 位	自動車	125,737	鉄鉱石	103	自動車	1,980	鉄鉱石	19,199
第 3 位	石油製品	83,403	綿花	96	航空機	1,096	機械類	17,609
	輸出額の合計	1,545,609	輸出額の合計	1,595	輸出額の合計	27,346	輸出額の合計	217,739

［「数字でみる日本の 100 年」より作成］

5　資料 2 のブラジルと中国について，資料 6，資料 7，表をみて，後の(1)，(2)の問いに答えなさい。

資料 6　ブラジルと中国の大豆の生産量と貿易量の推移

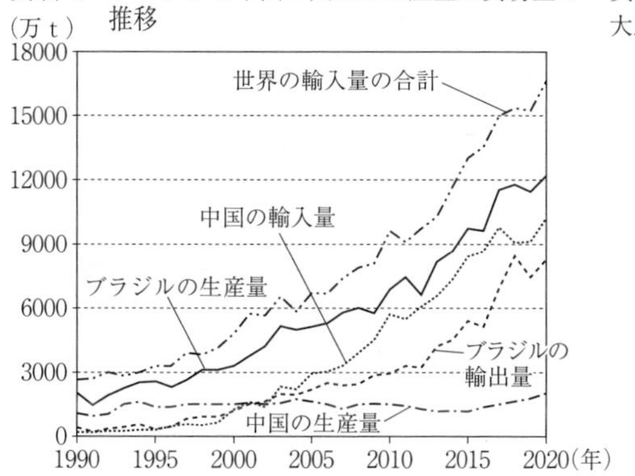

［「世界国勢図会 2023／24」などより作成］

資料 7　中国の大豆油，牛肉，ぶた肉の生産量の推移

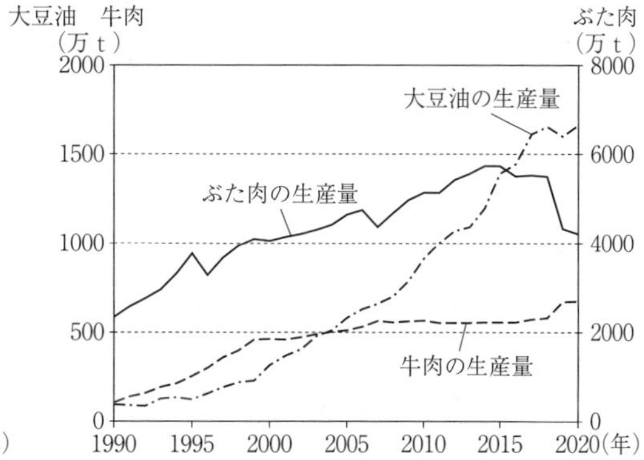

［「世界国勢図会 2023／24」などより作成］

表　ブラジルと中国における 1990 年以降の大豆の生産と貿易の比較

国	ブラジル	中国
大豆の生産と貿易	世界における大豆の需要が高まり，（ G ）。	大豆の生産量は少し増加しているが，（ H ）。

(1)　表の（ G ）にあてはまる適切な内容を，資料 6 を参考にして，次のアからエまでの中から 1 つ選び，記号で書きなさい。(　　　)

ア　大豆の生産量が増え，輸出量も増えていった

イ　大豆の生産量が増え，輸出量は減っていった

ウ　大豆の生産量が減り，輸出量は増えていった

エ　大豆の生産量が減り，輸出量も減っていった

(2)　表の（ H ）にあてはまる適切な内容を，資料 6 と資料 7 を参考にして考え，「需要」という語句を用いて，25 字以上，40 字以内で書きなさい。

2 「日本の歴史上のできごと」と「滋賀県の文化財や史跡」についてまとめた表，略地図１をみて，後の１から８までの各問いに答えなさい。

表

時代区分	日本の歴史上のできごと	関連する滋賀県の文化財や史跡（略地図１）
古代	ヤマト王権（大和政権）の統一が進む	［古保利（こほり）古墳群］ ①前方後円墳など 130 を超える古墳群
	大宝律令が定められる	［近江国府（庁）跡］ ②近江国の役所の跡
（ A ）	鎌倉幕府や室町幕府が成立する	［沙沙貴（ささき）神社］ 近江国の③守護ゆかりの神社
	戦国大名が争う	［小谷（おだに）城跡］ ④戦国大名である浅井氏の城の跡
（ B ）	織田信長が全国統一をめざす	［⑤安土城跡・長浜城跡・坂本城跡・大溝（おおみぞ）城跡］ 織田信長らが築いた城の跡
	江戸幕府が成立する	［⑥彦根城］ 彦根藩主（大名）による独自の政治が行われた城
（ C ）	明治政府（明治新政府）による改革が進む	［滋賀県庁舎］ ⑦滋賀県の政治の中心として建てられた庁舎

略地図１

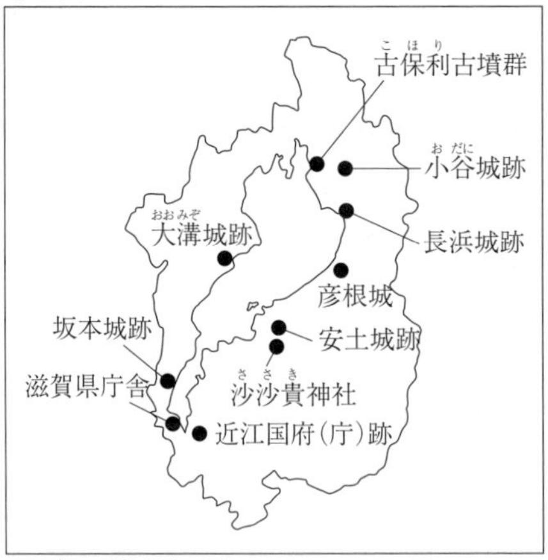

※現在の滋賀県を示す

1　表の（ A ）から（ C ）にあてはまる時代区分の組み合わせとして正しいものを，次のアからカまでの中から１つ選び，記号で書きなさい。(　　　)

ア　A：近世　　B：近代　　C：中世　　イ　A：近世　　B：中世　　C：近代

ウ　A：中世　　B：近代　　C：近世　　エ　A：中世　　B：近世　　C：近代

オ　A：近代　　B：中世　　C：近世　　カ　A：近代　　B：近世　　C：中世

2　表の下線部①に関連して，前方後円墳などの古墳がさかんに造られた３世紀後半から６世紀の世界のできごととして正しいものを，次のアからエまでの中から１つ選び，記号で書きなさい。

(　　　)

ア　オランダがスペインから独立した。　　イ　朝鮮半島で高句麗・百済・新羅が争った。

ウ　ナポレオンがヨーロッパの大部分を支配した。　　エ　秦の始皇帝が中国を統一した。

3　表の下線部②に関連して，この頃の地方の役人について正しく説明したものを，次のアからエまでの中から1つ選び，記号で書きなさい。(　　　)

ア　国司は都から派遣され，郡司は地方豪族が任命された。

イ　国司と郡司は都から派遣された。

ウ　郡司は都から派遣され，国司は地方豪族が任命された。

エ　国司と郡司は地方豪族が任命された。

4　表の下線部③に関連して，次の文は鎌倉幕府と室町幕府のしくみについてまとめたものです。文には，誤っている語句が1つあります。誤っている語句を下線部アからウまでの中から1つ選び，記号と正しい語句を書きなさい。誤っている語句の記号(　　　)　正しい語句(　　　)

鎌倉幕府ではア執権がおかれ，北条氏がその地位につきました。国ごとにおかれた守護が，イ御家人を京都の警備にあたらせるなどの役割を担いました。

室町幕府では将軍の補佐としてウ老中がおかれました。守護の中には国内の武士を家来として支配する者も現れました。

5　表の下線部④に関連して，資料1は，ある戦国大名が定めた分国法の一部です。資料1を定めた戦国大名とその支配領域（略地図2のaまたはb）の組み合わせとして正しいものを，後のアからエまでの中から1つ選び，記号で書きなさい。(　　　)

資料1　戦国大名が定めた分国法

一　当家の館の他に，国内に城を構えてはいけない。領地をもつ者は，一乗谷に引っ越し，それぞれの領地には代官をおくこと。

(一部要約)

略地図2

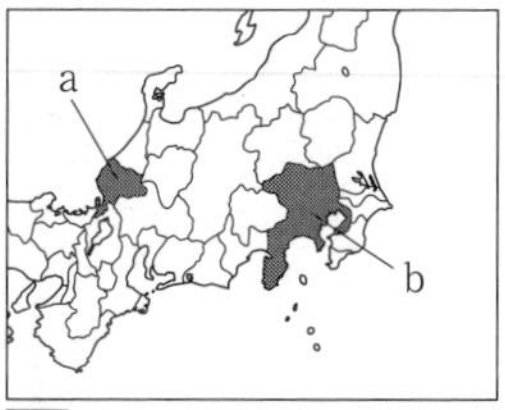

■：1560年頃の支配領域

ア　北条氏―a　　イ　北条氏―b　　ウ　朝倉氏―a　　エ　朝倉氏―b

6　表の下線部⑤に関連して，ノート1，ノート2をみて，後の(1)，(2)の問いに答えなさい。

ノート1　〈安土城に関するノート〉

資料2　安土城に関する宣教師の記録

城の真ん中には塔があり，ヨーロッパの塔より気品があり，壮大な建物です。この塔は，内部，外部ともに驚くほど見事な建築技術によって造営されています。

[ルイス・フロイス「日本史」より一部要約]

資料3　姫路城

資料2・3のメモ

安土城には資料2に説明されているような(　X　)が築かれ，のちに姫路城などにも築かれました。

ノート2　〈4つの城に関するノート〉

略地図1をみると，4つの城は，安土などの(　Y　)にあることがわかります。これは，(　Y　)に築くことで，水運や防衛上の利点を活かすためと考えられています。

(1)　ノート1の（ X ）にあてはまる語句を書きなさい。(　　　)

(2)　ノート2の（ Y ）にあてはまる，4つの城が築かれた場所の特徴を10字以内で書きなさい。

7　表の下線部⑥の彦根城は，世界遺産登録をめざしています。略地図3のアからエは，世界遺産に登録された，古代文明に関する遺跡の場所を示しています。また，ノート3は古代文明の文字についてまとめたものです。ノート3の（ Z ）にあてはまる場所を，略地図3のアからエまでの中から1つ選び，記号で書きなさい。(　　　)

略地図3

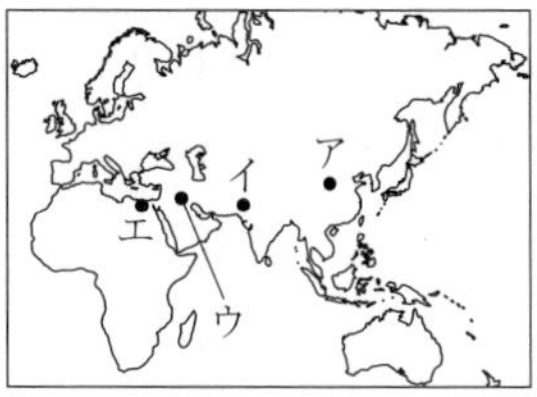

ノート3 〈古代文明の文字に関するノート〉

資料4

資料4のメモ

・資料4の印には文字が書かれています。
・今から 4000 年以上前，略地図 3 の（ Z ）に，建物や水路が計画的に配置された都市を中心に文明が生まれ，資料4の文字が使われたとされています。

8　表の下線部⑦に関連して，略年表と資料5をみて，後の(1)，(2)の問いに答えなさい。

略年表

年	滋賀県のおもなできごと
1871 年	廃藩置県が行われ，いくつかの県が置かれる
1872 年	ほぼ現在の形の滋賀県が誕生する 初代の県令が政府から派遣される
1888 年	滋賀県庁舎が現在の場所に移される
1939 年	現在の滋賀県庁舎本館が完成する
↕	
2022 年	滋賀県政 150 周年をむかえる

資料5　廃藩置県を命じた詔

藩を廃止し，県とする。これは，政策や法令がばらばらになることがないようにするためである。

[「法令全書」より一部要約]

(1)　略年表の下線部に関連して，廃藩置県による地方の政治の変化について，表，略年表，資料5を参考にして考え，「国家」という語句を用いて，45字以上，60字以内で説明しなさい。

(2)　略年表の矢印で示した期間におこった次のアからウまでのできごとを，年代の古い順に，記号でならべかえなさい。(　　→　　→　　)

ア　第1回滋賀県知事選挙が行われた。

イ　滋賀県と中華人民共和国の湖南省が友好提携を結んだ。

ウ　滋賀県内を通る東海道新幹線が開通した。

3 地方自治について，次の１から３までの各問いに答えなさい。

1 資料１をみて，次の(1)，(2)の問いに答えなさい。

資料１ 滋賀県情報公開条例

(前文の一部)

地方分権による真の①自治を確立するためにも，県民と県の相互の信頼関係をより確かなものにし，県民主役の県政を進めていく必要があり，そのためにますます②情報公開の重要性が高まってきている。

[滋賀県ホームページより作成]

(1) 資料１の下線部①について，地方自治は，地域の人々が直接に参加しながら地域のことを合意で決めていく経験を積めることから，何とよばれているか。７字で書きなさい。(　　　)

(2) 資料１の下線部②について，現代社会では情報化が進展しています。情報化の進展にともない，日本国憲法を根拠にして保障されるようになった新しい人権について正しく説明しているものを，次のアからエまでの中から１つ選び，記号で書きなさい。(　　　)

ア 裁判所に法律上の権利の実現を求める「裁判を受ける権利」

イ 労働者が雇用者と対等な立場で交渉できる「団体交渉権」

ウ 国に対して人間らしい生活を求めることができる「生存権」

エ 私生活が他人から干渉されない「プライバシーの権利」

2 資料２，資料３，メモをみて，後の(1)から(3)までの問いに答えなさい。

資料２ 日本の地方自治のしくみ

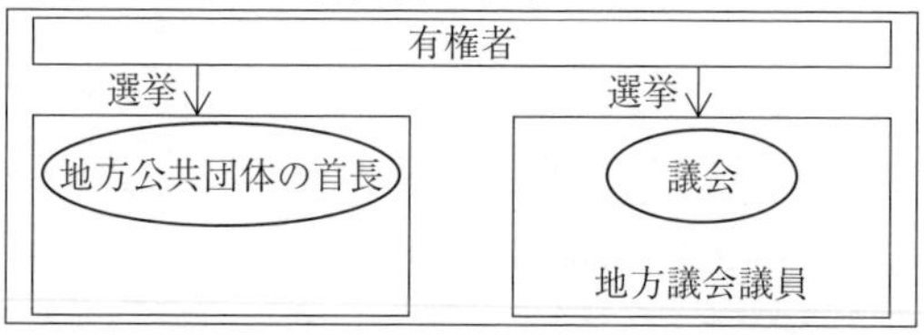

メモ

日本の地方公共団体の首長と，国政における内閣総理大臣の選び方は異なっている。

・地方公共団体の首長は，(　　　　　)。
・内閣総理大臣は，議院内閣制の下で選ばれる。

資料３ 法律ができるまで（衆議院が先議の場合）

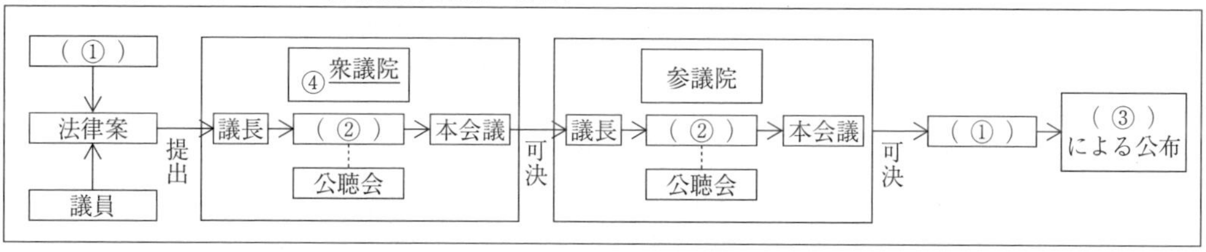

(1) メモの（　　）にあてはまる適切な内容を，資料２を参考にして，次のアからエまでの中から１つ選び，記号で書きなさい。(　　　)

ア 有権者が選挙により地方公務員を選び，地方公務員の中から選ばれる

イ 有権者が選挙により選んだ地方議会議員の中から，地方議会で選ばれる

ウ 有権者による選挙で，直接選ばれる

エ 有権者が選挙により選んだ国会議員の中から，話し合いで選ばれる

(2) 資料３の（ ① ）から（ ③ ）にあてはまる語句を，次のアからオまでの中からそれぞれ１つずつ選び，記号で書きなさい。①(　　　) ②(　　　) ③(　　　)

ア 天皇　　イ 委員会　　ウ 省庁　　エ 裁判所　　オ 内閣

(3) 資料３の下線部④について，正しく説明しているものを，次のアからエまでの中から１つ選び，記号で書きなさい。(　　　)

ア　衆議院だけが，不適任だと思われる裁判官がいれば弾劾裁判を行うことができる。

イ　衆議院は，予算の議決において参議院より優先されることが認められている。

ウ　衆議院は，天皇の国事行為に対して助言と承認を与えることができるが，参議院はできない。

エ　衆議院だけが，法律などに憲法違反がないか判断することができる。

3　資料４から資料７，ノートをみて，後の(1)から(3)までの問いに答えなさい。

資料４　滋賀県の歳入とその内訳（2020 年度）

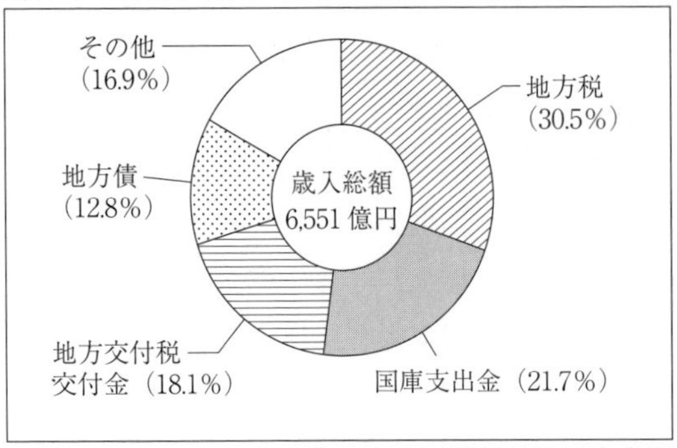

[「データでみる県勢 2023」より作成]

資料５　所得税の税率

課税される所得金額			税率
1,000 円	～	1,949,000 円まで	5%
1,950,000 円	～	3,299,000 円まで	10%
3,300,000 円	～	6,949,000 円まで	20%
6,950,000 円	～	8,999,000 円まで	23%
9,000,000 円	～	17,999,000 円まで	33%
18,000,000 円	～	39,999,000 円まで	40%
40,000,000 円以上			45%

※課税される所得金額は，1,000 円未満の端数《はすう》金額を切り捨てた後の金額

※(参照例) 課税対象になる所得が 300 万円の場合，所得税は，195 万円 ×0.05＋(300 万円－195 万円)×0.1＝20 万 2,500 円

[国税庁ホームページより作成]

資料６　滋賀県グリーン購入基本方針

(「1　基本的な考え方」の一部)

グリーン購入の推進に当たっての基本的な考え方は以下のとおりとし，県は率先してグリーン購入を実行し，関係事業者等にも協力を求めるとともに，県民，事業者による広範な取組の普及を図ります。

(例)　・物品等の総量を節減する。・物品等の必要数量を計画的に調達する。

・物品等の調達に当たっては，資源採取から廃棄に至るライフサイクル全体を考慮する。

[滋賀県ホームページなどより作成]

資料７　商品選択のめやすとなるマーク

ノート　〈グリーン購入についてまとめたノート〉

(自立した消費者となるために，私たちにできること)

・マイバッグ，マイボトルを活用する。

・容器や包装が少なくゴミの出にくいもの，リユース，リサイクルできるものを選ぶ。

・商品を購入する際は，資料７のようなマークがついているものを参考にして選ぶ。

(1)　資料４について，正しく説明しているものを，次のアからエまでの中から１つ選び，記号で書きなさい。(　　　)

ア　地方税と国庫支出金の金額の差は，700 億円以上である。

イ　最も多い財源である地方税には，間接税である相続税が含まれている。

ウ　国から支払われ，使いみちが特定される財源は歳入総額の 20 %以上である。

エ　地方債は国から地方へ配分される財源であり，地方交付税交付金より少ない。

(2)　次の文は，日本の税の公平性について説明したものです。文の（ A ），（ B ）にあてはまる語句の組み合わせとして正しいものを，後のアからエまでの中から１つ選び，記号で書きなさい。(　　　)

日本の所得税では，税負担の公平性を保つため，資料5のようなしくみがとられています。例えば，このしくみで課税対象になる所得が600万円の人の所得税を計算すると，90万円より（ A ）金額となります。

また，消費税は，所得が異なる人でも消費額に応じて同じ割合で税を負担するものです。消費税は，所得が（ B ）人ほど税負担が重くなるという逆進性をもっています。

ア　A：高い　B：高い　イ　A：高い　B：低い　ウ　A：低い　B：高い
エ　A：低い　B：低い

(3)　次の文は，滋賀県が取り組んでいるグリーン購入の目的を説明したものです。文の（　）にあてはまる適切な内容を，資料6，資料7，ノートを参考にして考え，「環境」という語句を用いて，15字以上，25字以内で書きなさい。

滋賀県が取り組んでいるグリーン購入の目的

滋賀県が率先して（　　　　）により，社会全体で環境の保全が進むことを目的としています。また，商品を供給する企業にもグリーン購入の目的に合った製品の開発を促すことで，経済活動全体を変えていくことも目的としています。

理科

時間　50分　　　　満点　100点

（編集部注）膳所高校の理数科は120点満点に換算する。

1　動物の分類について調べるため，調べ学習を行いました。後の1から5までの各問いに答えなさい。

【調べ学習1】

図1は，滋賀県に生息している背骨がある動物です。また，表1と表2は，図1の動物をそれぞれ別の観点（特徴）で分類したものです。

図1

表1

体温調節	
イシガメ ニゴロブナ オオサンショウウオ	カヤネズミ カイツブリ

表2

子のうまれ方	
イシガメ ニゴロブナ カイツブリ オオサンショウウオ	カヤネズミ

〈わかったこと〉

観点によって分類の結果が異なる。

1　図1の動物のうち，うまれたばかりの子がえらで呼吸する動物はどれですか。次のアからオまでの中からすべて選びなさい。(　　　)

ア　イシガメ　　イ　カヤネズミ　　ウ　ニゴロブナ　　エ　カイツブリ

オ　オオサンショウウオ

2　表2について，カヤネズミは，ある程度母親の体内で育ってから子がうまれます。このような子のうまれ方を何といいますか。書きなさい。(　　　)

【調べ学習2】

図2は，滋賀県に生息している背骨がない動物です。また，表3は，図2の動物を体のつくりで分類したものです。

図2

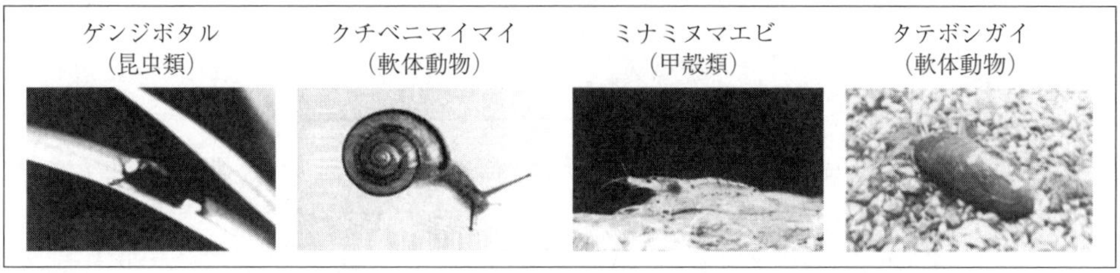

〈わかったこと〉

背骨がない動物についても，観点によって分類することができる。

表3

体のつくり	
ゲンジボタル ミナミヌマエビ	クチベニマイマイ タテボシガイ

3　表3で，ゲンジボタルとミナミヌマエビに共通する体のつくりを，「節」という語を使って，15字以上，30字以内で説明しなさい。

【調べ学習3】

図3は，コウモリの翼，クジラのひれ，ヒトのうでについて調べたものです。

〈わかったこと〉

コウモリは翼，クジラはひれ，ヒトはうでというように，前あしの形やはたらきは異なっているが，骨格の基本的なつくりには共通点がある。

このことは，生物が共通の祖先から進化した証拠と考えられる。

図3

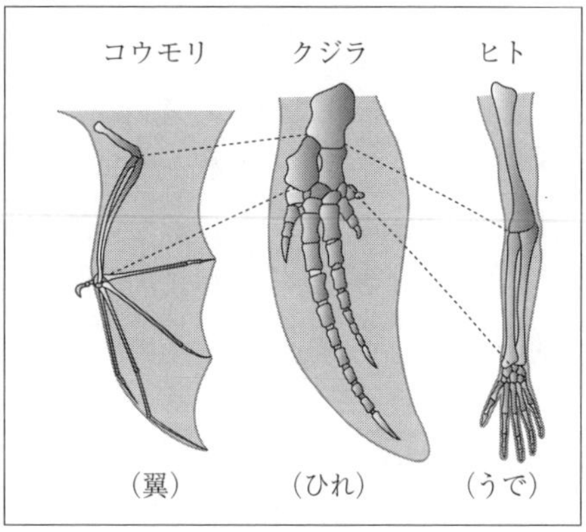

4　下線部のように，現在の形やはたらきは異なるが，起源が同じものであったと考えられる器官を何といいますか。書きなさい。(　　　)

5　図3のように，前あしの形やはたらきのちがいが生じたのはなぜですか。「遺伝子」「環境」という2つの語を使って，40字以上，60字以内で説明しなさい。

2　日本付近を通過した台風について調べ学習を行いました。後の1から5までの各問いに答えなさい。

【調べ学習1】

図1は，9月3日9時の天気図を示したものです。図2は，図1の台風を拡大したものです。

図1

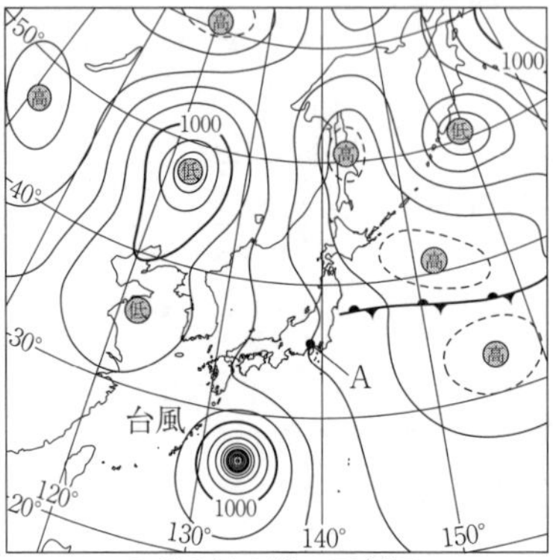

9月3日9時の天気図

図2

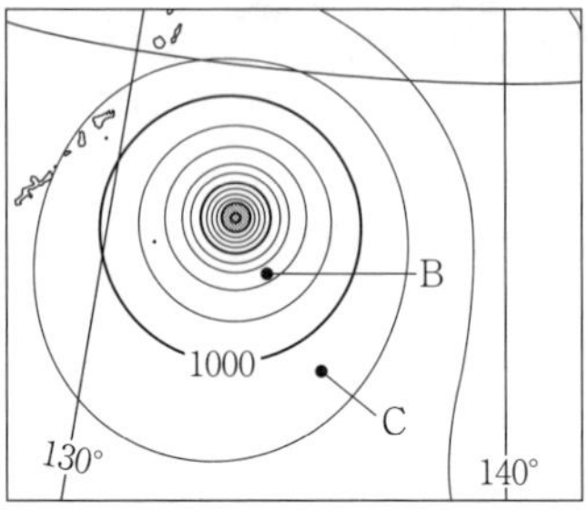

1　図1で，地点Aを通る等圧線が表す気圧は何hPaですか。次のアからエまでの中から1つ選びなさい。(　　　)

ア　988hPa　　イ　994hPa　　ウ　1006hPa　　エ　1012hPa

2　図2の地点Bと地点Cで，風が強く吹いているのはどちらですか。風の強さについて正しく説明しているものを，次のアからエまでの中から1つ選びなさい。(　　　)

ア　地点Bの方が，等圧線の間隔が狭く，同じ距離間の気圧の差が大きいため風は強い。

イ　地点Bの方が，等圧線の間隔が狭く，同じ距離間の気圧の差が小さいため風は強い。

ウ　地点Cの方が，等圧線の間隔が広く，同じ距離間の気圧の差が大きいため風は強い。

エ　地点Cの方が，等圧線の間隔が広く，同じ距離間の気圧の差が小さいため風は強い。

【調べ学習2】

9月4日に，図1の台風は，近畿地方を通過し日本海上へ進みました。図3は，この日に滋賀県内のある地点で観測された1時間ごとの風向，気圧，湿度，気温のデータをまとめたものです。

図3

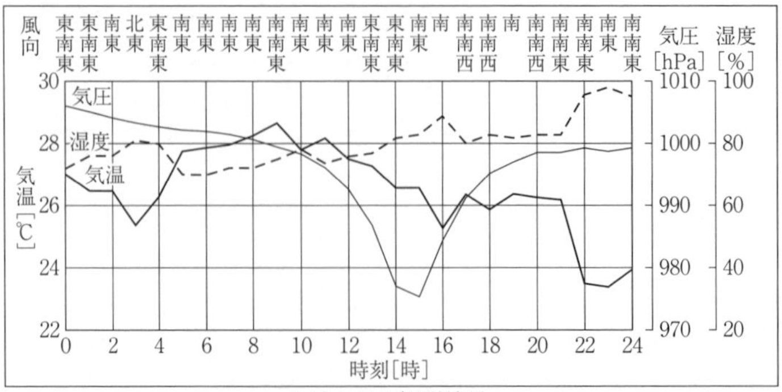

9月4日の観測結果

3　図3の，9月4日の9時の天気は雨，風向は南南東，風力は5でした。このときの天気，風向，風力を天気図記号で表しなさい。

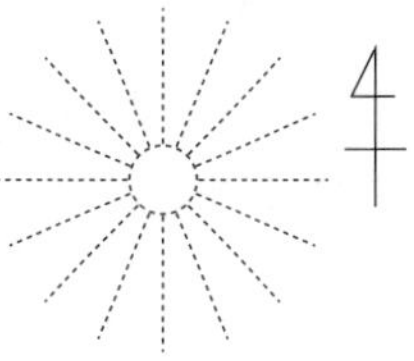

4　図3から，14時から16時の間に，台風の中心は観測した地点に最も近づき，西側を通過したと考えられます。そのように考えられる理由を，35字以上，50字以内で説明しなさい。

5　図4は，調べ学習1と同じ年の7月のある日の天気図です。図4の台風は，このあと日本列島を通過せずに北西に進みユーラシア大陸へ進んでいきました。図4の台風の進路が，図1の台風の進路と異なったのはなぜですか。図1と図4を比較し，説明しなさい。

(　　　　　　　　　　　　　　　　　　　　　　　　　)

図4

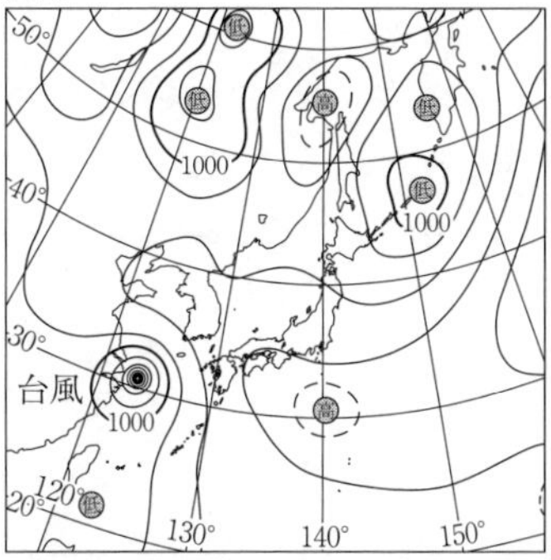

調べ学習1と同じ年の7月のある日の天気図

③　ばねにはたらく力について調べる実験を行いました。後の１から５までの各問いに答えなさい。ただし，100g の物体にはたらく重力の大きさを１N とします。

【実験１】

〈方法〉

①　図１のように，装置を組み立て，ばねをつるす。

②　ばねに指標をとりつけ，指標の位置にものさしの 0 cm の位置を合わせる。

③　同じ質量のおもりを３個使って，つるすおもりの数をふやしながら，ばねののびをはかる。

図１

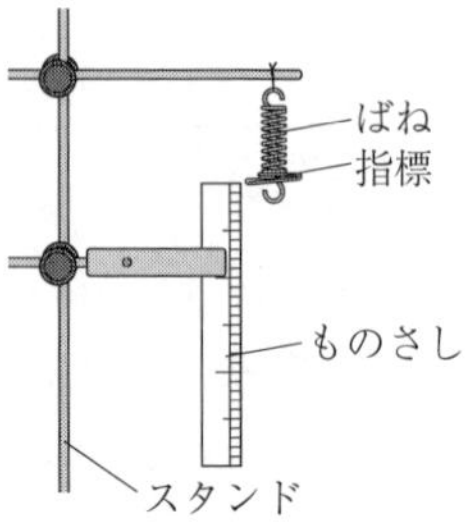

〈結果〉

表１は，③の結果をまとめたものである。

表１

おもりの数〔個〕	0	1	2	3
ばねののび〔cm〕	0	2.0	4.0	6.0

1　実験１で，おもりの数とばねののびには，どのような関係がありますか。書きなさい。(　　　)

2　実験１で，おもり３個をつるしたとき，ばねを引く力の大きさは何N ですか。ただし，おもり１個の質量を 200g とします。(　　　N)

3　図２のように，糸を使ってばねに 300g の物体をつるして静止させました。このとき，物体にはたらく力を，力の表し方にしたがって矢印で作図しなさい。ただし，1 N の力の大きさを１目盛りとして作図すること。

図２

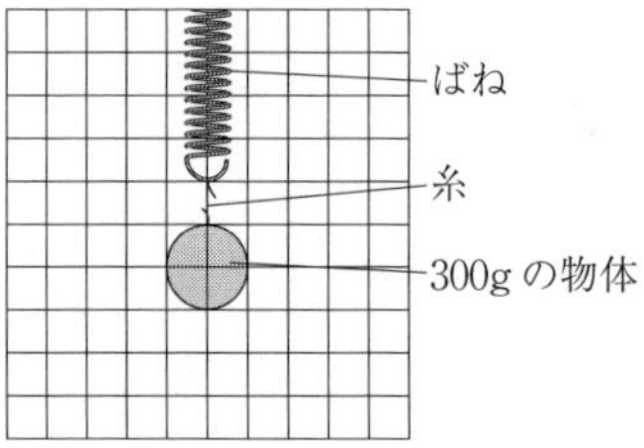

【実験２】

〈方法〉

①　木の板に記録用紙を貼り，ばねの一方をくぎで固定する。リングに３本の糸を結び，その内の１本をばねのもう一方にとりつける。残りの２本の糸を２つのばねばかりにとりつける。点 O の位置を決め，記録用紙上に印をつけておく。

②　図３のように，リングの中心が点 O と重なるように２つのばねばかりを引く。

③　角度 a，b が 30° のとき，ばねばかりの示す値を記録する。

図３

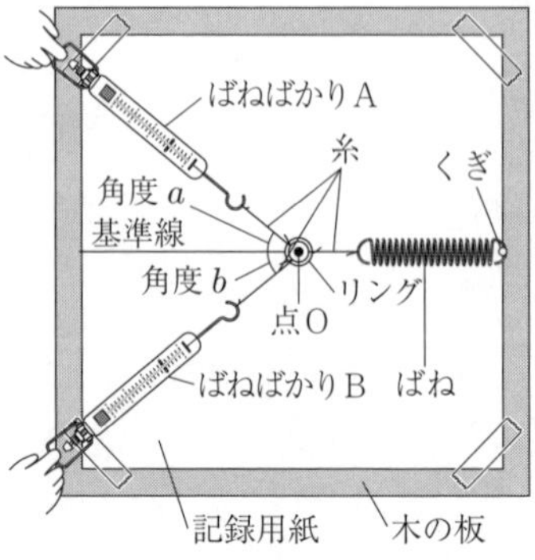

④　角度 a, b が 45° のとき，ばねばかりの示す値を記録する。

⑤　角度 a, b が 60° のとき，ばねばかりの示す値を記録する。

〈結果〉

表 2 は，角度 a, b と，ばねばかり A，B の示す値をまとめたものである。

表 2

角度 a	角度 b	ばねばかり A の示す値〔N〕	ばねばかり B の示す値〔N〕
30°	30°	5.8	5.8
45°	45°	7.1	7.1
60°	60°	10	10

4　実験 2 で，リングの中心が点 O と重なるとき，ばねがリングを引く力の大きさは何 N ですか。整数で書きなさい。(　　　N)

5　図 4 は，ばねばかりで引く力を基準線の方向と基準線に直交する方向に分解したものです。図 4 から考えて，表 2 で，角度が大きくなると，ばねばかりの示す値が大きくなるのはなぜですか。解答欄の「角度が大きくなると，」という書き出しに続けて，60 字以上，75 字以内で説明しなさい。

角度が大きくなると，

図 4

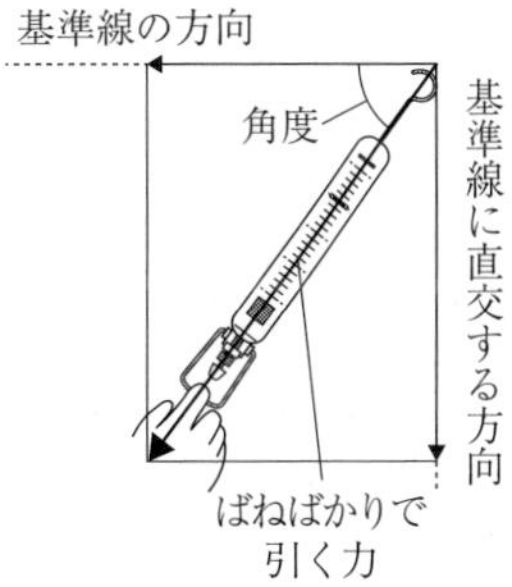

4　物質を加熱したときの変化について調べるため，実験を行いました。後の1から5までの各問いに答えなさい。

【実験】

〈方法〉

①　図1のように，酸化銅1.0gと炭素粉末0.3gの混合物を試験管に入れてガスバーナーで加熱する。

②　気体が発生しなくなったら，石灰水からガラス管をとり出し加熱をやめ，ピンチコックでゴム管を閉じて，試験管をよく冷ます。

③　試験管内にある固体の質量を測定し，加熱前の酸化銅と炭素粉末の混合物の質量から，加熱後の試験管内にある固体の質量を引いて，発生した気体の質量を求める。

④　炭素粉末の質量は0.3gのまま変えずに，試験管に入れる酸化銅の質量を2.0g，3.0g，4.0g，5.0g，6.0gと変えて同様の操作を行い，発生した気体の質量を求める。

図1

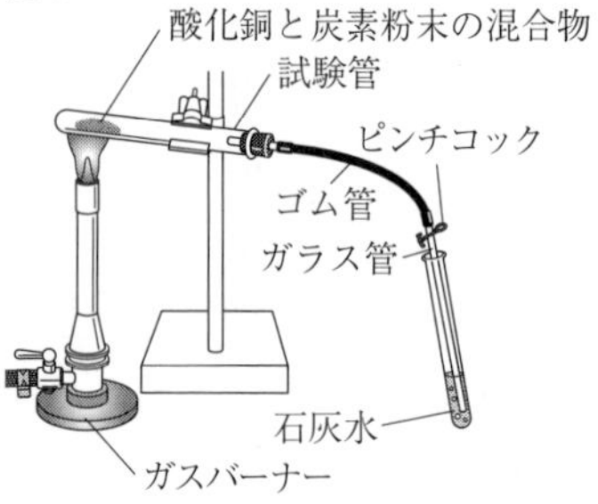

〈結果〉

①の結果，化学変化が起こり，気体が発生して石灰水が白くにごった。また，試験管内に赤色の物質ができた。

図2は，③，④の結果をグラフに表したものである。

図2

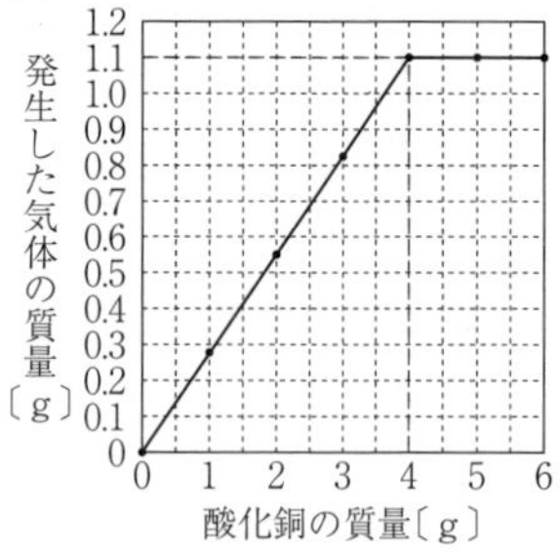

1　実験で，酸化銅と炭素を混合して加熱したときの化学変化を化学反応式で書きなさい。

(　　　　　　　　　　)

2　実験で，赤色の物質が金属であることを確認するために，どのような性質を調べればよいですか。1つ書きなさい。(　　　　　　　　　　)

3　方法の②で，加熱をやめた後に，ピンチコックでゴム管を閉じるのはなぜですか。25字以上，35字以内で説明しなさい。

4　方法の③で，下線部のようにして発生した気体の質量を求めることができるのはなぜですか。「原子」「質量」という2つの語を使って，35字以上，45字以内で説明しなさい。

5　実験で，酸化銅5.0gと炭素粉末0.3gの混合物を気体が発生しなくなるまで加熱したとき，次の(1)，(2)の問いに答えなさい。ただし，化学変化は酸化銅と炭素の間でのみ起こるものとします。

(1) 加熱後の試験管内にある固体は何であると考えられますか。次のアからエまでの中から１つ選びなさい。(　　　)

ア　銅と酸化銅と炭素　　イ　銅と酸化銅　　ウ　銅と炭素　　エ　銅のみ

(2) 加熱後の試験管内にある固体の質量は何 g ですか。求めなさい。(　　　g)

さい。(　　)

③ 【和歌】A・Bの説明として最も適切なものを、次のアからエまでの中から一つ選び、記号で答えなさい。(　　)

ア　Aは、故郷への切実な思いを素直に詠み出しているのに対して、Bは人と自然の風物を対比させながら、遠回しに自身の意図を表現している。

イ　Aは、故郷にいる両親の長寿を願う思いが詠まれているのに対して、Bは昔からの知り合いにも忘れられてしまう人の世の辛さを詠んでいる。

ウ　Aは、幸せだった頃の記憶と現在を対比させて詠んでいるのに対して、Bは人と自然を対比させて、梅の花の香りのかぐわしさを詠んでいる。

エ　Aは、自身の過去の記憶をもとに歌が作られているのに対して、Bは、他人の過去の体験について聞いたことをもとにして歌が作られている。

3　次の1から4までの各問いに答えなさい。

1　次の①から⑤までの文中の——線部のカタカナを漢字に直して書きなさい。

① イチョウ薬を飲む。（　　　）
② サイバン所を見学する。（　　　）
③ 文化祭のマクが開く。（　　　）
④ 学問をオサめる。（　　　める）
⑤ 新セイヒンを開発する。（　　　）

2　次の①から⑤までの文中の——線部の漢字の正しい読みをひらがなで書きなさい。

① 砂が海に堆積する。（　　　）
② クラスの優勝に貢献する。（　　　）
③ 雨の滴が落ちてくる。（　　　）
④ 兄のように慕う。（　　　う）
⑤ 曖昧な答えを返す。（　　　）

3　次の文章を読んで、後の①と②の各問いに答えなさい。

いま、子どもがたまたま発音できるようになった「コップ」ということばを発したとする。すると□、母親がそこにあったコップをさして、「そうね。コップ」という。子どもはこのコップという発音に興味を持ち、もう一度、「コップ」という。

このやりとりで大切なのは、前半部である。そこでは母親が子どものことばをまねており、しかも子どもに模倣することを促している。Aところがふつう、この部分は無視され、後半部だけが注目されやすく、子どもが母親のことばをまねる活動として母親に印象づけられる。Bそして子どもが母親のことばをまねしながら、ことばを覚えていくものだと思い込んでしまうこととなる。しかし実は、母親が子どものことばにたえず注意を向けて、子どもの発音したことば——Cつまり発音できるようになったことば——を、母親自身が機会あるごとにまねしてみせているからこそ、子どもが母親のことばを模倣することとなるのである。Dだから、母親が自己本位的で、子どもが現在どんな発音をしたがっているかを考慮しないで、一方的に子どもにことばをかけるだけだったら、子どもはほとんどまねることはない。せいぜい母親のことばに動作で応答するにとどまる。

（滝沢武久《たきざわたけひさ》「子どもの思考力」より）

① ——線部AからDまでの語について、語と接続の種類の組み合わせが**適切でないもの**を次のアからエまでの中から一つ選び、記号で答えなさい。（　　　）

ア　A—逆接　　イ　B—並立・累加
ウ　C—転換　　エ　D—順接

② 文章中の空欄□にあてはまる言葉として最も適切なものを、次のアからエまでの中から一つ選び、記号で答えなさい。（　　　）

ア　たまらず　　イ　すかさず　　ウ　おもわず　　エ　たゆまず

4　次の【和歌】を読んで、後の①から③までの各問いに答えなさい。

【和歌】

A　父母が頭かき撫《な》で幸《さ》くあれて言ひし言葉《けとば》ぜ忘れかねつる
防人歌《さきもりのうた》（「万葉集」より）

B　人はいさ心も知らずふるさとは花ぞ昔の香ににほひける
紀貫之《きのつらゆき》（「古今和歌集」より）

① 【和歌】Aから、発言部分を抜き出して書きなさい。（　　　）

② 【和歌】Bの——線部を**現代仮名遣い**に直し、ひらがなで書きな

なあ。

いずみさん：でも、「その日その瞬間に起きたことを順番に並べただけで、教室の風景をそっくり写し取ることもできる」というけれど、やっぱり季語の知識がないと、こう上手には作れないよね。

やまとさん：そうだね。【本の一部】の――線部②に「歳時記の言葉と現実の風景がつながるとき、世界の解像度がぐっと上がります」とあるけれど、これも、［Ⅲ］ということだね。

かずささん：季語以外でも、今まで知らなかった言葉を人から聞いたり、本で読んだりすることで、世界が違って見えることってあるね。【本の一部】の筆者が――線部③で言っているのも、そういうことかもしれないね。

1　【本の一部】の――線部①について、春の季語である「風光る」と、冬の季語である「風冴ゆる」とは、どのような点で異なりますか。**五十字以内**で違いが分かるように書きなさい。

2　【話し合いの一部】の空欄［Ⅰ］にあてはまる適切な語を書きなさい。（　　）

3　【話し合いの一部】の空欄［Ⅱ］にあてはまる適切な季節を**漢字一字**で書きなさい。（　　）

4　【話し合いの一部】の空欄［Ⅲ］にあてはまる内容として最も適切なものを、次のアからエまでの中から一つ選び、記号で答えなさい。（　　）

ア　季語によって示される風景とまったく同じ風景を目にすることで、自分を取りまく世界を深く理解して新たな俳句を生み出せる

イ　季語が持つイメージどおりに周囲の風景を俳句で表現することで、自分を取りまく世界を好ましく思ってより美しく感じられる

ウ　季語によって示される風景が現実における体験不足を補うことで、自分を取りまく世界をより深く理解できて感情が豊かになる

エ　季語が持つイメージと実際の体験とが結びつく経験をすることで、自分を取りまく世界に対する見方がより細やかなものになる

5　【話し合いの一部】の══線部について、あなたがある言葉を人から聞いたり本で読んだりして知ったことで、ものごとの見方や考え方が変わった経験を、次の条件1と条件2にしたがって書きなさい。

条件1　**具体的な言葉の例**を挙げ、どのような経験をしたかを書くこと。ただし、【本の一部】や【話し合いの一部】に出ている具体例以外を用いること。

条件2　原稿用紙の正しい使い方にしたがい、**百字以上、百四十字以内**で書くこと。

100字

140字

の竹のさまを「竹の秋」というのだそうです。そういえば、通学途中にいつも通り過ぎる竹やぶの竹が、春に黄ばんではらはらと散っていました。そうか、あれは「竹の秋」なのか。逆に、秋には新しい葉が茂りはじめるので「竹の春」。②歳時記の言葉と現実の風景がつながるとき、世界の解像度がぐっと上がります。

ある俳人の先輩は、かつて「名もなき草」というフレーズを俳句に使ったとき、先生から「名もなき草はありません。あなたが知らないだけです」と指摘されたそうです。風も竹も、木々も草花も、みなそれぞれに名前をもって、生きているのです。

苦手な授業も、俳句を考える時間だと思えば、楽しいものです。教室の風景も、句材＝俳句の材料になります。黒板、机の落書き、窓の青葉、先生のネクタイの柄、風の踊り場、クラスメートの半袖……想像をふくらませてはこっそりノートにメモします。さてさて、次は数学の授業。はじまりの合図に、クラス委員が号令をかけます。「起立、礼、着席」。あ、これ、俳句のリズムにはまりそう。メモしたそのとき、一陣の風が、開け放たれた窓の右から左へ、さあっと抜けてゆきました。

起立礼着席青葉風過ぎた　　神野紗希《こうのさき》

『星の地図』

「青葉風」とは、みずみずしい青葉を吹き渡る夏の風のこと。その日その瞬間に起きたことを順番に並べただけで、教室の風景をそっくり写し取ることもできるのです。歳時記を読んでいなかったら「青葉風」という言葉も出てこなかったでしょう。

歳時記の中には、世界が、いや宇宙が詰まっています。同じことの繰り返しだと思っていたグレーな日々も、季語を知るほどに「今日は何に出会えるだろう」とわくわくします。昨日は凍っていた水たまりが、今日は暖かくぬかるんでいるかもしれない。今日はつぼみだったすみれが、明日は咲いているかもしれない。春になれば、雪が解け水があふれ、星や月はうるみます。俳句という眼鏡をかければ、季語に彩《いろど》られた世界が、きらきらと輝きはじめます。③ありきたりの日常が、一度きりの瞬間として、カラフルに目の前で動き出すのです。

（神野紗希《こうのさき》「俳句部、はじめました――さくら咲く一度っきりの今を詠む」より）

（注）言いとめた…ものごとの様子を言葉で表した。

【話し合いの一部】

やまとさん：俳句は、授業で習ったね。季語を入れるというのが決まりだったけれど、確か、季語以外にも、俳句によく使われる表現があったよね。

かずささん：ああ、[Ⅰ]だったよね。「いくたびも雪の深さを尋ねけり」や「万緑の中や吾子《あこ》の歯生え初《そ》むる」に用いられているね。句全体のリズムを調整したり、作者の感動の中心を示したりするという働きをするんだったね。

いずみさん：そうだったね。ところで、昔の人の感覚は鋭いね。【本の一部】に「竹の秋」という季語が出ているけど、私が竹林をイメージするなら緑の竹林で、それ以上のイメージは出てこなかったなあ。

かずささん：「竹の秋」に似た季語で、「麦の秋」、「麦秋」もあるよね。あれは[Ⅱ]の季語だったね。同じような考え方だよね。

やまとさん：この【本の一部】で一番印象に残ったのは、数学の授業のところかな。こんなにスッと俳句が作れたら、楽しいだろう

　　　～　　　と考えること。

3 【本の一部】の――線部②について、【図】のAからDまでを【本の一部】の実験においてチンパンジーが見せた行動の順に並べ替えたものとして最も適切なものを、次のアからエまでの中から一つ選び、記号で答えなさい。ただし、一つだけ無関係な図が入っています。（　　）

ア　C→B→A　　イ　B→D→A
ウ　D→A→C　　エ　A→B→D

4 【本の一部】の――線部③について、このように一〇日間鏡を見せた理由を、**四十字以内**で書きなさい。

5 【本の一部】の――線部④について、このように言える理由を、**百字以内**で書きなさい。

2　やまとさんたちは、国語の時間に、俳句について学んでいます。次は、その時に読んだ【本の一部】と、その時の【話し合いの一部】です。これらを読んで、後の1から5までの各問いに答えなさい。

【本の一部】

俳句をはじめるとき、母から歳時記をもらいました。歳時記は、季語の辞典です。季節を表す言葉が春夏秋冬に分類され、解説のあとに過去の名句が例として載っています。季語には、桜や水着、紅葉やおでんのようによく知っている身近なものもあれば、初めて出会う言葉もたくさんありました。

たとえば、春の季語である「風光る」もその一つでした。輝く日差しに、見えるはずのない風までまばゆく感じる、春の光量を言いとめた季語です。風光る、風光る、と唱えながら自転車を漕《こ》ぐと、町のビルもお堀の柳も、にぎやかに光りはじめます。「風」つながりでいくと、夏は「風死す」。ぱたりと風がやみ、息苦しい暑さです。ああ風よ、復活せよ、汗だらだらで入道雲を目指します。秋は「色なき風」。スマホの写真機能で、セピア色の加工を加えたイメージです。冬は「風冴《さ》ゆる」。大気が澄んでさえざえと吹き渡る風です。寒い寒いと耐える通学も〈風冴ゆる坂を一直線に漕げ〉と詠《よ》めばまるでヒーローのよう。

風一つとっても、①季語の多様な表現を知れば、季節によってまったく違う表情が見えてきます。今、みなさんのまわりには、どんな風が吹いていますか？　色は？　匂いは？　きっとその風にも、名前があるはずです。

また別の日、歳時記の春のページに「竹の秋」という季語を見つけました。春なのに秋だなんて変だなあ、と思って解説を読むと、竹は春から夏にかけ黄葉・落葉するため、他の木々にとっての秋のようだから、春

いる。つまり、鏡像が自分だと認識していることが示されたことになるのだ。

　これだけのことであるが、この動きは鏡像が自分であると認識してはじめてできる行動であり、自己認識の証拠になる。印が鏡の中の個体についていると認識したのなら、自分の額ではなく鏡像の印を触ろうとするはずだ。迷わず自分の額を触るのは、鏡像は自分であると認識している、つまり鏡像自己認知している証拠である。

　ギャラップ教授は、若くて鏡を見たことのないチンパンジー四個体を対象にこの実験を行った。四頭ともはじめは鏡像に威嚇したり、大声をあげたり、攻撃的であったが、やがてどうやら自分だと認識できるようになったようだ。鏡を覗き込んで自分を観察している。③鏡を見せて一〇日が過ぎ、いよいよ実験を行った。教授はこれらのチンパンジーに麻酔をし、額に赤い印をつけた。目覚めた彼らを観察しても、彼らは額の印に気づいておらず、印を触ることは一切なかった。そこで、いよいよ最終実験である。彼らに鏡を見せたのだ。彼らは鏡が何かを知っており、鏡を見てももう大騒ぎはしない。鏡を覗き込んだあと、なんと四頭すべてが自分の額の印を触ったのである。これは、動物が自分を認識できることを、正確に示すことができた歴史的な瞬間であった。赤い印をつけたこの方法は「マークテスト」や「ルージュテスト」と呼ばれている。

　さらに、触った指先をじっと見つめて鼻に近づけ、指についた印の匂いまで嗅ごうとした。これは、自分の額に赤い何かがついており、それを擦《こす》って指についた赤いものが何かを調べているのである。④この結果は、チンパンジーが鏡に映る姿が自分であることを正しく認識していることを、はっきりと示している。

（幸《こう》田《だ》正典《まさのり》「魚にも自分がわかる――動物認知研究の最先端」より）

（注）認知研究…人間などが自分の外側にあるものをどのように認識したり理解したりするかについての研究。
ギャラップ教授…アメリカ合衆国の心理学者。

【図】

1 【本の一部】の空欄［　　］にあてはまる四字熟語として最も適切なものを、次のアからエまでの中から一つ選び、記号で答えなさい。（　　）

ア 自問自答　イ 東奔西走　ウ 四苦八苦　エ 試行錯誤

2 【本の一部】の――線部①について、これはどのようにするということですか。解答欄の「と考えること。」につながるように、【本の一部】から**三十五字**で抜き出し、**最初と最後の四字**を書きなさい。

国語

時間　五〇分
満点　一〇〇点

1　次の【本の一部】を読んで、後の1から5までの各問いに答えなさい。

【本の一部】

鏡に映る姿を自分だと認識できるかどうかを確かめるのは、自己認識ができるかどうかを調べる重要な方法のひとつである。

鏡の姿が自分だとわかること（あるいはわかる能力）である鏡像自己認知の検証を行うときは、ヒトを研究対象とするならば、質問して言葉で答えてもらえばいい。だが、動物ではそうはいかない。動物が認識したのかどうかは、彼らの動きや反応、ときには表情などを注意深く観察し、「行動で返事をさせる」うまい実験を組むしかない。対象個体に感情移入をして、「きっとこう感じている、思っている」のだろう、というのでは説得的でないし科学的ではない。認知研究であっても、きちんと対照実験を行い、疑問の余地のない結果の提示が重要である。

動物を対象とした鏡像自己認知の観察は、古くから行われている。実はダーウィンも行っていた。動物園で飼育されているオランウータンに鏡を見せ、その反応を見るあたりはさすがである。さらに自分の幼児にも鏡を見せ、ヒトの子供がどのように自己認識するかも考察している。しかし観察の記載はあるが、さすがに実験まではしていない。動物の鏡への反応も、しっかり見ればおおよその推測はできる。しかし、鏡像自己認知は、言葉を話さない動物の場合、①擬人化して解釈できても、客観的に評価することは難しい。動物ではじめて説得的な実験により、客観的証拠を示した人物が、これからたびたび登場するギャラップ教授である。先にも述べたように、②この画期的な実験がなされたのは一九七〇年のことで、対象はチンパンジーであった。

チンパンジーにはじめて鏡を見せると、彼らは鏡の中に知らないチンパンジーがいるかのような威嚇や攻撃的な振る舞いをする。鏡の中に他個体がいると勘違いしているのだ。しかし、しばらくすると、鏡に向かって腕を振ったり体を揺すったりなどと、普段はしない不自然な行動をとる。それと同時あるいはしばらく後に、鏡に向かって自分の口を開いて中を調べたり、普段は見えない股間などを調べたりする。ギャラップ教授はこのとき、チンパンジーは不自然な行動をすることで、鏡像と自分との動きの随伴性（＝同調性）を調べ、そして鏡像そのものを自分だと認識していると確信したようだ。しかし、この観察だけでは、研究者がそう思っているだけだと言われれば反論できず、説得力は弱い。

動物が鏡に映る姿を自分だと認識していることを示す方法は何かないか、とギャラップ教授は考えた。（中略）ギャラップ教授が考え出した方法は、そんなことなら私でも考えると思わず言いそうなほど、簡単な方法である。

チンパンジーをイメージしながら考えてみよう。重要なので詳しく説明すると、まずはチンパンジーに、鏡像自己認知ができたと思われるまで、長時間鏡を見せる。次に、気づかれないように本人には直接見えない額に印をつける。本人には額は見えないので、印は見えない。印には匂いも刺激もないので、本人は鏡を見ないと額の印はわからない。印をつけ終わってから、実験個体が額の印に気がつかないことを確認する。確認後、このチンパンジーにもう一度鏡を見せるのである。もし本人が鏡を覗《のぞ》き込んで、［　　］することなく自分の額の印を触ったのなら、自分の額にこれまでなかった変なものがついていると認識したことを示して

2024年度／解答

数学

1 【解き方】(1) 与式 $= -12 + 7 = -5$

(2) 与式 $= \dfrac{2}{10}a - \dfrac{15}{10}a = -\dfrac{13}{10}a$

(3) 与式 $= \dfrac{9x^2 \times 5 \times 4y^3}{6xy} = 30xy^2$

(4) 与式を順に①，②とする。①× 2 －②× 3 より，$-7x = -28$ だから，$x = 4$　これを①に代入して，$4 \times 4 + 3y = -5$ より，$3y = -21$　よって，$y = -7$

(5) 与式 $= 2\sqrt{2}(4 - \sqrt{2}) = 8\sqrt{2} - 4$

(6) 与式 $= x^2 + 2x + 1 - x^2 + 2x = 4x + 1 = 4 \times \dfrac{2}{3} + 1 = \dfrac{11}{3}$

(7) $\dfrac{4}{3} \times \pi \times 3^3 \times \dfrac{1}{2} = 18\pi$

(8) 基準とした得点を x 点とすると，$5x + (7 - 13 + 5 - 9 + 20) = 67 \times 5$ より，$5x + 10 = 67 \times 5$　両辺を 5 で割って，$x + 2 = 67$ より，$x = 65$

(9) 最小値は，$76 - 48 = 28$，第 1 四分位数は，$62 - 20 = 42$　よって，箱ひげ図は右図のようになる。

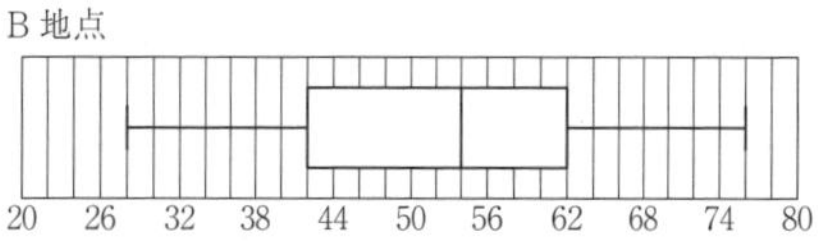

【答】(1) -5　(2) $-\dfrac{13}{10}a$　(3) $30xy^2$　(4) $x = 4$，$y = -7$

(5) $8\sqrt{2} - 4$　(6) $\dfrac{11}{3}$　(7) 18π　(8) 65（点）　(9)（前図）

2 【解き方】(3) 正八面体の面は正三角形である。正三角形の高さは，$6 \times \dfrac{\sqrt{3}}{2} = 3\sqrt{3}$ であるから，面積は，$\dfrac{1}{2} \times 6 \times 3\sqrt{3} = 9\sqrt{3}$　よって，正八面体の表面積は，$9\sqrt{3} \times 8 = 72\sqrt{3}$

(4) 3 つの正四面体の底面に書かれた数の出方は全部で，$4 \times 4 \times 4 = 64$（通り）　底面に書かれた数の和が 10 以上になるのは，(2, 4, 4)，(3, 3, 4)，(3, 4, 3)，(3, 4, 4)，(4, 2, 4)，(4, 3, 3)，(4, 3, 4)，(4, 4, 2)，(4, 4, 3)，(4, 4, 4)の 10 通り。よって，求める確率は，$\dfrac{10}{64} = \dfrac{5}{32}$　$\dfrac{1}{6} > \dfrac{5}{32}$ より，正しいのはイ。

【答】(1) 頂点 A に集まる面の数は 3 であるのに対して，頂点 C に集まる面の数は 4 であり等しくないから。

(2) 平面 P 上の 2 つの直線　(3) $72\sqrt{3}$　(4)（確率）$\dfrac{5}{32}$　（記号）イ

3 【解き方】(1) 家から公園までは分速 $0.8x$ m で歩くから，時間について，$\dfrac{800}{x} + \dfrac{1600}{0.8x} = 28$ が成り立つ。両辺に x をかけて，$800 + 2000 = 28x$ より，$x = 100$

(2) ① グラフは，2 点(26, 1600)，(32, 1900)を通るから，傾きは，$a = \dfrac{1900 - 1600}{32 - 26} = 50$　したがって，$y = 50x + b$ に $x = 26$，$y = 1600$ を代入すると，$1600 = 50 \times 26 + b$ より，$b = 300$　② C さんは 8 分後に公園を出発し，2 分たった，$8 + 2 = 10$（分後）のとき，

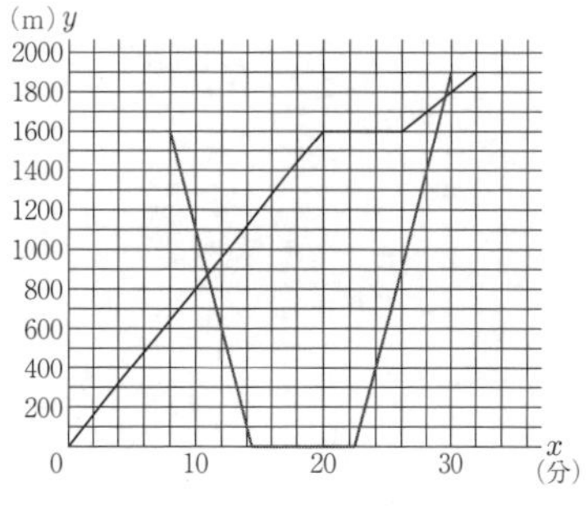

家まで，$1600-250\times2=1100$ (m)のところを進んで，$8+1600\div250=\dfrac{72}{5}$ (分後)に家に着く。したがって，(8，1600)から，(10，1100)を通り，$\left(\dfrac{72}{5},\ 0\right)$までの線分をひく。次に，30分後に図書館に着き，その2分前である，$30-2=28$ (分後)のとき，家から，$1900-250\times2=1400$ (m)のところを進んでいて，家を出発していたのは，$30-1900\div250=\dfrac{112}{5}$ (分後)　したがって，(30，1900)から，(28，1400)を通り，$\left(\dfrac{112}{5},\ 0\right)$までの線分をひく。最後に，$\left(\dfrac{72}{5},\ 0\right)$，$\left(\dfrac{112}{5},\ 0\right)$も線分で結べばよい。Cさんが公園を出発してから家に着くまでの間，BさんとCさんの距離はだんだん近づき，すれ違った後はだんだん離れるから，2人の距離が最も離れてたのは，Cさんが公園を出発したときか，家に着いたときのどちらかである。Bさんが家から公園まで歩いた速さは分速，$\dfrac{1600}{20}=80$ (m)だから，Cさんが公園を出発したときの2人の距離は，$1600-80\times8=960$ (m)，Cさんが家に着いたときの2人の距離は，$80\times\dfrac{72}{5}=1152$ (m)　よって，2人の距離が最も離れたのは，Bさんが家を出発してから$\dfrac{72}{5}$分後。

【答】 (1) 100　(2) ① 300　② (グラフ) (前図)　$\dfrac{72}{5}$ (分後)

4 **【解き方】** (1) 点Pを通る円Oの接線と円Oとの接点をQとすると，$\angle OQP=90°$であるから，点Qは線分OPを直径とする円周上にある。よって，右図Ⅰのように，線分OPの垂直二等分線と線分OPとの交点をR，半径ROの円と円Oの交点をQとして，点Pと点Qを通る直線をひけばよい。

図Ⅰ
(例)

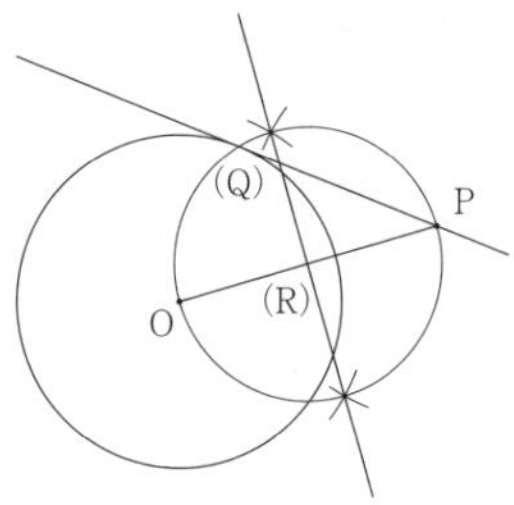

(3) 右図Ⅱのように，線分OU，OV，UVをひく。$\angle OSU=60°$，$OS=OU$より，$\triangle OSU$は正三角形である。同様に，$\triangle OTV$も正三角形であるから，$\triangle PST$は$\triangle OSU$と合同な4つの正三角形に分けられる。正三角形OSUの高さは，$4\times\dfrac{\sqrt{3}}{2}=2\sqrt{3}$であるから，面積は，$\dfrac{1}{2}\times4\times2\sqrt{3}=4\sqrt{3}$　おうぎ形OUVの面積は，$\pi\times4^2\times\dfrac{60}{360}=\dfrac{8}{3}\pi$　よって，求める斜線部の面積は，$4\sqrt{3}\times2-\dfrac{8}{3}\pi=8\sqrt{3}-\dfrac{8}{3}\pi$

図Ⅱ

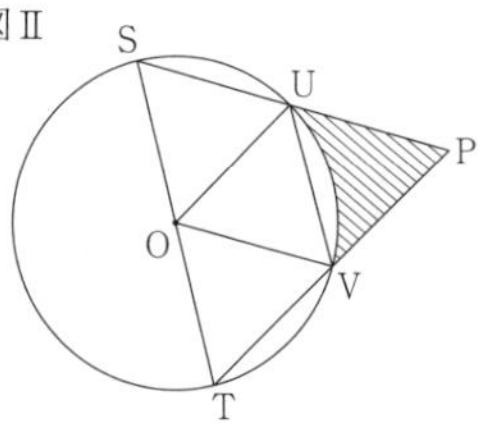

【答】 (1) (前図Ⅰ)

(2) $\triangle ADE$と$\triangle BDC$において，$\overset{\frown}{AB}=\overset{\frown}{BC}$であり，等しい弧に対する円周角は等しいので，$\angle ADE=\angle BDC$……①　また，$\overset{\frown}{CD}$に対する円周角は等しいので，$\angle DAE=\angle DBC$……②　①，②より，2組の角がそれぞれ等しいので，$\triangle ADE\backsim\triangle BDC$　よって，対応する辺の比はそれぞれ等しいので，AE：BC＝ED：CD

(3) $8\sqrt{3}-\dfrac{8}{3}\pi$

英　語

1 【解き方】《その1》1.「私は今夜，本当に数学を勉強しなければならない。あなたはどうですか？」というせりふに対して，ケンが「僕もだ。僕は理科も勉強しなければならない」と言っている。2. ジャックの「彼女が戻ってきたら，僕に電話するよう彼女に伝えていただけますか？」というせりふに対して，エマの母親が「そのようにする」と言っている。3. 現在時刻は午後9時。母親が「あなたはそれを2時間し続けている」と言っている。4.「文化祭が一番人気があり，生徒の4分の1が修学旅行を選んだ」,「運動会は校外学習ほど人気がない」というせりふに合ったグラフを選ぶ。

《その2》お茶を飲んだあとの茶葉の使い道について話している。

《その3》1. 友が訪れたのは自動車博物館とフットボールの試合を見たミシガンスタジアム。2. スタジアムで，ホストファーザーは友にフットボールのルールを説明してくれた。3. ミシガンスタジアムが建設されたのは1927年。4.「あなたはどの国を訪れたいですか？」という質問に対する返答。「私は～を訪れたい」= I want to visit ～。

【答】《その1》1. エ　2. ウ　3. イ　4. イ　《その2》ウ

《その3》1. ア　2. エ　3. ウ　4.（例）I want to visit Canada.

◀全訳▶　《その1》

No.1.

A：私は今夜，本当に数学を勉強しなければなりません。あなたはどうですか，ケン？

B：僕もです。僕は理科も勉強しなければなりません。

質問：今夜，ケンは何を勉強するでしょう？

No.2.

A：もしもし。ジャックです。エマとお話できますか？

B：ケイトです。私は彼女の母親です。今，彼女は外出中です。

A：彼女が戻ってきたら，僕に電話するよう彼女に伝えていただけますか？　彼女は僕の電話番号を知っています。

B：わかりました。そのようにします。

質問：エマの母親は何をするでしょう？

No.3.

A：トム，もう午後9時よ。そのゲームをするのをやめなさい。あなたは今日，たくさんの宿題があるのよ。

B：わかっているよ，お母さん，でもこのゲームは楽しいんだ。

A：あなたは今それをやめなければなりません。あなたはそれを2時間し続けているのよ。

B：わかったよ。

質問：トムは何時にそのゲームをし始めましたか？

No.4.

A：マイク，私が作ったこのグラフを見てください。それは私のクラスメートの大好きな学校行事に関するものです。

B：どれどれ。文化祭が一番人気があり，生徒の4分の1が修学旅行を選んだのですね。

A：そうです。それに，運動会は校外学習ほど人気がありません。

B：僕はそれが一番人気があると思っていました。

質問：彼らはどのグラフを見ていますか？

《その2》多くの人々がお茶を飲みます。あなたたちはお茶を飲んだあと，茶葉をどうしますか？　実は，それらは役に立つのです。例えば，あなたたちはいくつかのものをきれいにするために茶葉を利用することができます。それらはあなたたちがテーブルや畳を掃除するときに使えます。それらは環境を損なう悪い化学物質を含んでいません。茶葉を無駄にする前に，それらの使い道について考えてください。

《その 3》

A：こんにちは，友。あなたの夏休みはどうでしたか？

B：私はミシガンを訪れてホストファミリーのところに滞在しました。

A：あなたはそこで何をしたのですか？

B：私は彼らと自動車博物館を訪れました。私はミシガンに多くの自動車会社があることを学びました。

A：その通りです。ミシガンは自動車産業で有名です。世界で最も有名な自動車会社の 1 つは 1903 年にそこで始まりました。あなたは他の場所を訪れましたか？

B：私はフットボールの試合を見るためミシガンスタジアムも訪れました。

A：素晴らしいですね。試合はどうでしたか？

B：実は，私はフットボールについて何も知らなかったのですが，ホストファーザーが私にルールを説明してくれました。それで私は試合をとても楽しみました。

A：あなたが楽しい時間を過ごして私はうれしいです。あなたはミシガンスタジアムに長い歴史があることを知っていますか？　それは 1927 年に建設されました。

B：まあ，それは約 100 年前ですね。私はその大きさにも感銘を受けました。私はそれがアメリカ最大のフットボールスタジアムであることを知りました。

A：その通りです。その大きさのために，1980 年代，人々はそれを「ザ・ビッグハウス」と呼び始めました。

B：それは興味深いです。私はそこで本当に素晴らしい時間を過ごしました。次回，私は違う国々に行けたらいいなと思っています。私と一緒に来ませんか？　あなたはどの国を訪れたいですか？

質問 1. 友はミシガンのどこを訪れましたか？

質問 2. 友のホストファーザーは彼女に何を教えましたか？

質問 3. ミシガンスタジアムはいつ建設されましたか？

2 **【解き方】** 1. (1) 質問は「生徒たちはこのイベントで英語を話しますか？」。チラシの最初の部分に「日本や海外の生徒たちが一緒に英語で話し，学ぶ」と述べられている。(2) 質問は「生徒たちは活動 2 で何をしますか？」。チラシの中の活動 2 を見る。「伝統的な日本の音楽を楽しむ」と述べられている。

2. ア．ミドリ駅からミドリホテルまでバスで 30 分かかる。イ．【日にち】を見る。このイベントは土曜に開催される。ウ．【料金】を見る。料金に昼食が含まれているので，生徒たちは自分で昼食を持っていく必要はない。エ．「生徒たちは彼らが行うスピーチについて考えを共有することができる」。「活動 4」に「活動 3 のスピーチについて意見を交換する」と述べられている。内容に合っている。

3. ゆりのスピーチは「新幹線の進歩」についての内容である。

4. 直前の「人々が大阪から東京まで移動するのに約 4 時間かかった」，「今は，たった 2 時間 22 分しかかからない」という 2 文から，「技術者たちはさらに速い新幹線を作るために努力している」という文になることがわかる。「さらに速い」= even faster。

5. 直後の「だから彼らはたった 7 分で仕事を完了した！」という文に着目する。ウの「彼らは全く時間を無駄にしませんでした」が適切。

6. 直後にジョンがスマートフォンの写真をゆりに見せていることに着目する。「あなたは写真を持っていますか？」などの文が入る。

7. 「A にとって〜することは…だ」= It is … for A to 〜。

【答】 1. (例) (1) Yes, they will.　(2) They will enjoy traditional Japanese music.　2. エ　3. イ　4. faster
5. ウ　6. (例) Do you have any pictures　7. is interesting for me to learn

◀全訳▶　**【チラシ】**

生徒のための国際交流イベント

もしあなたが様々な文化について学び，様々な国の人々と出会いたいのであれば，私たちのイベントに参加してください。日本や海外の生徒たちが一緒に英語で話し，学びます。

【日にち】8月3日，土曜日

【場所】　ミドリホテル

【料金】　2,000円（昼食が含まれています）

【年齢】　13歳から18歳

時間	主な活動
午前9時	ミドリ駅出発
午前9時30分	ミドリホテル到着
午前10時 — 午前11時	活動1：自己紹介とお互いのことを知り合う
午前11時 — 午前12時	活動2：伝統的な日本の音楽を楽しむ
午前12時 — 午後1時	昼食休憩
午後1時 — 午後2時30分	活動3：自国の有名なものについてスピーチをする
午後2時40分 — 午後4時	活動4：活動3のスピーチについて意見を交換する
午後4時30分	ミドリホテル出発
午後5時	ミドリ駅到着

【その他】

・8月3日の午前8時50分までにミドリ駅に来てください。

・私たちはミドリ駅からミドリホテルまで一緒にバスに乗っていきます。

・イベント前に活動3のためのスピーチを準備しておいてください。

・あなたがこのイベントに参加希望の場合，7月31日までに当ウェブサイトにて登録してください。

	ウェブサイト　https://www.event.shiga-company.com
滋賀カンパニー	＊何か質問がありましたら，私たちにお電話ください。
	電話：123-456-7890

【ゆりさんの原稿】

【新幹線の進歩】

Ⅰ あなたたちは今までに日本で新幹線に乗ったことがありますか？　私は新幹線の写真を撮るのが好きです。私はそれが最も素晴らしい日本の発明の1つだと思います。最初の新幹線は1964年に走りました。そのとき以来，新幹線がどのように進歩してきたのか，私はあなたたちにお話ししたいと思います。

Ⅱ まず，今日の新幹線は最初の列車より速く走ります。もともと，人々が大阪から東京まで移動するのに約4時間かかりました。今は，たった2時間22分しかかかりません。技術者たちはさらに速い新幹線を作るために努力しています。

Ⅲ 2つ目に，最新の新幹線は初代の新幹線よりも1回の走行あたりに使用する電力がより少なくなっています。今日では，車体を作るためにアルミニウムのようなより軽い素材が使われていて，この変化は列車が電力を節約するのに役立っています。

Ⅳ さらに，新幹線はより多くの都市をつないでいます。その列車のおかげで，あなたたちはとても簡単に日本中を旅することができます。私はあなたたちに将来新幹線に乗ってほしいと思っています。

【二人の会話】

ジョン：ゆり，僕はあなたのスピーチを楽しみました。僕は先週，東京から新幹線に乗り，列車内の座席や床を掃除している作業員に感銘を受けました。彼らは全く時間を無駄にしませんでした。だから彼らはたった7分で仕事を完了しました！

ゆり　：彼らは素晴らしいでしょう？

ジョン：実は，日本を訪れた外国人の中には，ブログでそれらの作業員のことを書いている人がいます。

ゆり　：本当ですか？　私はそれらを読みたいです。

ジョン：台湾にも高速鉄道があります。それらは日本の新幹線のように見えます。

ゆり　：私はそれらを見たいです。あなたは何枚か写真を持っていますか？

ジョン：もちろんです。僕はスマートフォンにそれらの何枚かを保存しています。はいどうぞ。

ゆり　：まあ，これは素敵な写真です。色は違いますが，形が似ています。

ジョン：その通りです。日本の新幹線の科学技術が僕たちの高速鉄道を作るために使われました。

ゆり　：へえ，私はそのことを知りませんでした。私にとって他の国だけでなく自分の国についても学ぶことは興味深いです。私はここに来てうれしいです。

③【解き方】1. 直前の「しかし，プラスチック製品が普及し，より安価な製品も輸入され始めた」という文と，直後の「琵琶湖のヨシの利用が減少した」という文の関係に着目する。as a result =「その結果」。

2.「例えば，彼らはヨシで建物の屋根を作りました」という意味の文。「昔，人々は日常生活の中でヨシを様々な方法で利用していた」という文の直後の〈い〉に入る。

3.「その作業」は直前の文中にある「ヨシを刈ること」を指している。

4. ア.「優斗はヨシがとても高かったので驚いた」。第3段落の3文目の内容に合っている。イ. 第3段落の2文目を見る。ボランティア活動にはたくさんの人々が参加した。ウ. 第4段落の4文目を見る。イノウエさんが優斗に渡したのはヨシで作られた紙。エ. 第3段落の最初の文を見る。優斗がボランティアに参加したのは1月。

5.「もし今日誰もヨシの手入れをしなかったら，私たちはあれほど美しい景色を楽しむことができなかったでしょう」という仮定法の文。「もしAが～だったら，私たちは…できなかっただろう」=〈If ＋ A ＋動詞の過去形, we ＋ couldn't ＋動詞の原形〉。

6. 第1段落はヨシとよばれる植物の紹介，第2段落は昔と今のヨシの利用法，第3段落はボランティア活動で優斗が経験したこと，第4段落はイノウエさんからの贈り物とメッセージ，第5段落は優斗のメッセージ，という構成になっている。

7. their habitats =「彼らの生息地」。直前の文中にある「ヨシ原」を指している。

8.「私に何ができるか教えてください」という質問に対する返答。解答例は「あなたは琵琶湖周辺の浜を掃除することができる」。

【答】1. ウ　2.〈い〉　3. cutting reeds　4. ア　5. エ　6. ウ　7. fields of reeds

8.（例）You can clean the beaches around Lake Biwa.

◀全訳▶　【優斗さんのスピーチ】

あなたたちはヨシと呼ばれる植物を知っていますか？　それらは日本語でヨシと呼ばれています。それらは水中や陸上で育ちます。私たちは琵琶湖の周辺でそれらを見ることができます。季節が変わるにつれて，夏には緑色のヨシを，冬には茶色のヨシを見ることができます。これらのヨシと琵琶湖が共に美しい景色を提供してくれます。今日，これらの植物について私が学んだことを共有し，私たちが一緒に琵琶湖の自然の美しさを保護しなければならないことをあなたたちに伝えたいと思います。

まず，ヨシと私たちの関係の歴史について話させてください。昔，人々は日常生活の中でヨシを様々な方法で利用していました。例えば，彼らはヨシで建物の屋根を作りました。また，ヨシで作られたすだれや障子のような製品は特に夏にとても人気がありました。しかし，プラスチック製品が普及し，より安価な製品も輸入され始めました。その結果，琵琶湖のヨシの利用が減少しました。1992年，滋賀は人々にヨシの効果的な利用方法を考えることを奨励するためのいくつかの条例を作りました。現在，私たちはヨシで作られたタオルなどの様々な新しい製品を目にします。ヨシのクッキーのレシピを作った人までいます！

1月に，私はヨシの手入れをするボランティア活動に参加しました。私のグループにはたくさんの人々がいました。琵琶湖に着いたとき，私はヨシがとても高いことに気がついて驚きました。まず，グループリーダーのイノウエさんが私たちにヨシに関する情報を与えてくれました。春に新しいヨシが野原で育つのを助けるから冬にヨシを刈ることが必要だと彼は私たちに言いました。彼はまた私たちに，ヨシは水を浄化するとも言いました。それから，私たちはヨシを刈り始めました。それらはとてもたくさんあったため，私たちがその作業を終えるのに長い時間がかかりました。そのあと，私たちはそれらを集めて乾燥させました。それは簡単な仕事ではありませんでしたが，一生懸命働いたあとで私は気持ちよく感じました。

活動の最後に，イノウエさんはヨシで作られた笛を私たちのために吹いてくれました。その音は美しかったです。私はその音楽をとても楽しみました。彼はまた，ヨシで作られた一枚の紙を贈り物として私たちにくれ，私たちは琵琶湖と自然の価値を理解する必要があると私たちに言いました。この紙は彼のメッセージを私に思い出させてくれます。

イノウエさんのような人々のおかげで，琵琶湖の自然の美しさが保護されています。もし今日誰もヨシの手入れをしなかったら，私たちはあれほど美しい景色を楽しむことができなかったでしょう。私は来年もまた活動に参加したいと思います。私はこの美しい湖を将来の世代に引き継いでいくため，より多くの人々が協力してくれることを願っています。

【大和さんのコメント】

興味深いスピーチをありがとうございます。私はヨシが琵琶湖の周辺に住んでいる動物たちのすみかであることも知りました。琵琶湖博物館で，私はカヤネズミと呼ばれるかわいいネズミを見ました。彼らはヨシ原に住んでいます。人間の活動が彼らの生息地を破壊してきたため，これらのネズミの数は減少しています。これは琵琶湖の環境問題の1つに過ぎません。琵琶湖が今直面している環境問題は他にもたくさんあります。私は湖の環境を保護するために何かしたいのですが，何をしたらいいのかわかりません。私に何ができるのか教えてください。

4 **【解き方】** ジョーンズ先生の問いかけは「私は家で映画を見るのが好きですが，私の友人は劇場で映画を見るのが好きです。あなたはどうですか？」。自分はどちらの方が好きなのかということと，その理由などについて述べる。解答例1は「私は劇場で映画を見るのが好きです。劇場に行けば，最新の映画を楽しむことができます。それに，私はそこで力強い音を楽しむこともできます」。解答例2は「私は家で映画を見るのが好きです。私は暇なときにインターネットで大好きな映画を見ることができます。それに，家で映画を見る方がより安価です」。

【答】 (例1) I like watching movies in a theater. When I go to the theater, I can enjoy the latest movie. Also, I can enjoy the powerful sound there. (27語)

(例2) I like watching movies at home. I can watch my favorite movies on the internet in my free time. Also, watching movies at home is cheaper. (26語)

社　会

1 【解き方】1. ア. 生産上位5道県を合わせた割合は64.2％であり，80％に達していない。イ.「東北地方の3県」は宮城県・秋田県・青森県。宮城県は日本海に面していない。ウ. 世界の大豆の生産量の1％は，約372万tであり，日本の大豆の生産量24万6500tより多い。

2. ⑴ アは宮城県，エは青森県に位置する平野。イは北海道最大の平野で，大規模な水田地帯。⑵ 十勝平野では，小麦やてんさい，じゃがいも，豆類などが，年ごとに畑を変えて栽培されている。

3. Aは「畜産」，Bは「果実」，Cは「米」の農業産出額の割合が最も高いことから考える。

4. ⑴ 排他的経済水域の面積は，海岸線の形や離島の有無などで大きく異なり，島国の日本では国土面積よりも広い。⑵ ブラジルは，コーヒー豆の輸出に依存したモノカルチャー経済の国であったが，近年は大豆や機械類などの輸出品の多角化に成功している。アメリカ合衆国の1965年はウ，アメリカ合衆国の2017年はアにあたる。

5. ⑴ ブラジルでは，土壌の改良などで大規模な大豆の栽培が可能になり，近年は大豆が主要な輸出品になっている。⑵ 中国では，家畜や養殖で育てる魚の飼料として，大豆が多く使用されている。

【答】1. エ　2. ⑴ ウ　⑵ 輪作　3. イ　4. ⑴ カ　⑵ (ブラジルの1965年) イ　(ブラジルの2017年) エ

5. ⑴ ア　⑵ 大豆油や飼料にするために，大豆の需要が高まり，輸入量が増えていった (33字) (同意可)

2 【解き方】1. 社会の仕組みの特徴によって，時代を大きく区切っている。

2. アは16世紀，ウは19世紀，エは紀元前3世紀のできごと。

3. 国司の任期は4年と決められていた。

4.「老中」は江戸幕府が設置した役職。

5. 朝倉氏は，越前 (現在の福井県) を支配した戦国大名。分国法は，戦国大名が領地を支配するため独自に定めた法令。

6. ⑴ 城の本丸に築かれた，最も高い物見やぐらのこと。⑵ 荘園から徴収された年貢米などが，びわ湖の水運を利用して運ばれていた。

7. インダス文明に関する遺跡がある場所を選ぶ。アは中国文明，ウはメソポタミア文明，エはエジプト文明に関する遺跡の場所。

8. ⑴ 廃藩置県を行い，各県に県令，東京・大阪・京都には府知事を中央から派遣することで，新政府の政策や法令が地方に行きわたるようになった。⑵ アは1947年，イは1983年，ウは1964年のできごと。

【答】1. エ　2. イ　3. ア　4. (誤っている語句の記号) ウ　(正しい語句) 管領　5. ウ

6. ⑴ 天守〔閣〕 ⑵ びわ湖の近く (同意可)　7. イ

8. ⑴ 中央に権限を集中した国家をめざす政府の方針により，藩の独自の支配から，政府による全国で統一した政治に変わった。(55字) (同意可)　⑵ ア→ウ→イ

3 【解き方】1. ⑴ 地方公共団体は，小・中学校の設置やごみの収集など，住民に身近な仕事を担っている。⑵ 新しい人権には，環境権や自己決定権，知る権利などもある。

2. ⑴ 地方公共団体では，首長と地方議会議員がともに住民による直接選挙で選ばれる。⑵ ① 内閣あるいは国会議員が作成して，国会に提出した法律案のうち，法律として成立する数は，内閣が作成した法律案の方が多い。② 本会議の前に審査を行う会議。必要な場合には，専門家や関係者の意見を聞く公聴会が開かれる。③ 法律の公布は，天皇による国事行為の一つ。⑶ 衆議院は任期が短く解散もあり，国民の意見とより強く結びついていると考えられることから，衆議院の優越が認められている。

3. ⑴ ア. 地方税は約1,998億円 (6,551億円× 0.305)，国庫支出金は約1,422億円 (6,551億円× 0.217) で，金額の差は1,998億円－1,422億円から576億円となり，700億円以上の差はない。イ. 相続税は国税，かつ直接税。エ.「地方債」は地方自治体の借金。⑵ A. 資料5より，所得が600万円の人の所得税は195万

円× 0.05 +(330 万円－ 195 万円)× 0.1 +(600 万円－ 330 万円)× 0.2 から，およそ 77 万円となる。(3) 資料 7 はエコマークで，環境保全に役立つと認定された商品につけられている。

【答】 1. (1) 民主主義の学校 (2) エ 2. (1) ウ (2) ① オ ② イ ③ ア (3) イ
3. (1) ウ (2) エ (3) 環境に配慮した商品を選んで購入すること (19 字) (同意可)

理　科

1 【解き方】1. 脊椎動物のうち，うまれたばかりの子がえらで呼吸するのは魚類，両生類。

【答】1. ウ・オ　2. 胎生　3. 外骨格でおおわれており，体とあしに節がある。(22字)(同意可)

4. 相同器官

5. 長い年月をかけて遺伝子が変化をくり返し，それぞれの動物の生活する環境に適した形やはたらきをもつように進化したから。(57字)(同意可)

2 【解き方】1. 等圧線は4hPaごとに引かれている。図1より，地点Aは1000hPaの等圧線から3本分高くなった地点なので，1000(hPa)＋4(hPa)×3(本)＝1012(hPa)

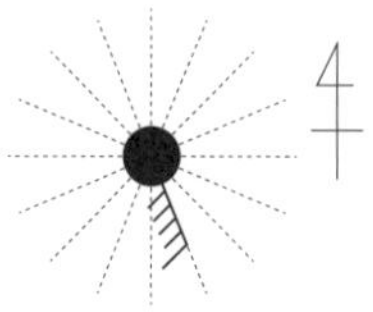

【答】1. エ　2. ア　3. (右図)

4. 14時から16時の間に気圧が最も低くなり，台風が近づくまで東寄りの風が吹いていたから。(41字)(同意可)

5. 図4の太平洋上の高気圧は，図1の高気圧より日本列島を広くおおっているから。(同意可)

3 【解き方】1. 表1より，おもりの数とばねののびは比例している。

2. おもり3個の質量は，200(g)×3(個)＝600(g)　ばねを引く力の大きさは，$1\,(\mathrm{N}) \times \dfrac{600\,(\mathrm{g})}{100\,(\mathrm{g})} = 6\,(\mathrm{N})$

3. 300gの物体にはたらく重力の大きさは，$1\,(\mathrm{N}) \times \dfrac{300\,(\mathrm{g})}{100\,(\mathrm{g})} = 3\,(\mathrm{N})$　物体は静止しているので，ばねが物体を引く力の大きさも3N。

4. 次図イのように，角度aと角度bが60°のとき，ばねばかりAが引く力とばねばかりBが引く力の合力は正三角形の1辺となるので，ばねばかりA，Bがリングを引く力と等しい。表2より，角度aと角度bが60°のとき，ばねばかりA，Bがリングを引く力の大きさは10Nなので，合力の大きさも10Nとなる。よって，ばねがリングを引く力の大きさも10Nとなる。

図ア

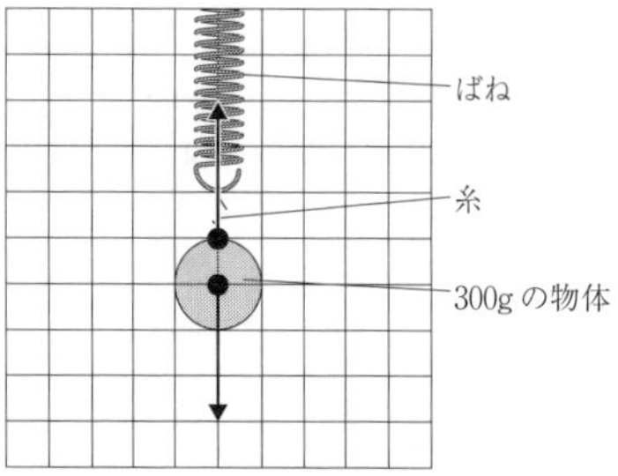

図イ

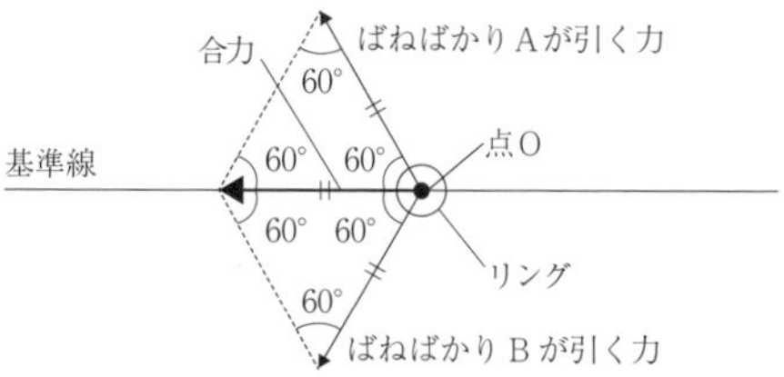

【答】1. 比例(同意可)　2. 6(N)　3. (前図ア)　4. 10(N)

5. (角度が大きくなると，)ばねばかりで引く力の基準線方向の分力が小さくなるため，ばねののびを同じにするためには，ばねばかりをより大きな力で引かないといけないから。(68字)(同意可)

4 【解き方】2. たたくと広がる性質(展性)・引っ張るとのびる性質(延性)・電気を通しやすい性質・熱を伝えやすい性質などでもよい。

5. (1) 図2より，酸化銅の質量が4.0g以上になると，発生した気体の体積は1.1gで一定になるので，炭素粉末0.3gと過不足なく反応する酸化銅の質量は4.0g。よって，酸化銅の質量が5.0gのとき，炭素はすべて反応して残らないが，還元された銅と還元されなかった酸化銅が試験管に残る。(2) (1)より，炭素粉末0.3gと酸化銅4.0gが過不足なく反応して，1.1gの気体が発生する。したがって，酸化銅5.0gのうち，還元されずに試験管に残った酸化銅の質量は，5.0(g)－4.0(g)＝1.0(g)　また，質量保存の法則より，還元された銅の質量は，4.0(g)＋0.3(g)－1.1(g)＝3.2(g)　よって，加熱後の試験管内にある固体の質量は，1.0

(g) + 3.2 (g) = 4.2 (g)

【答】1. $2CuO + C \rightarrow 2Cu + CO_2$　2. (例) みがくと，特有の光沢がでる性質。

3. 加熱後の試験管に残った物質が，再び酸素と反応しないようにするため。(33字) (同意可)

4. 化学変化の前後で原子の組み合わせが変わっても，物質全体の質量は変わらないから。(39字) (同意可)

5. ⑴ イ　⑵ 4.2 (g)

国　語

1 【解き方】1. 前後の部分から，チンパンジーが鏡を見て「自分の額の印を触」る様子を形容した言葉があてはまることをとらえる。その上で，この実験が鏡像自己認知の証拠となる理由を述べた後の部分に「迷わず自分の額を触る」とあることをふまえて，「…することなく」という否定の表現につなげるために，試みと失敗を繰り返しながら探ることを意味する四字熟語を考える。

2.「擬人化」は，人間ではないものについて人間と同じような性質や感情を持っているかのようにとらえて表現すること。ここでは，「言葉を話さない動物」に代わって観察者が実験の結果を「推測」してまとめることを表している。似た表現を探すと，前の部分に説得的でも科学的でもない結果の提示の仕方として，実験した動物に「感情移入をして，『きっとこう感じている，思っている』のだろう」という記述がある。

3. 実験で「チンパンジーが見せた行動」は，「チンパンジーにはじめて鏡を見せると…調べたりする」の部分で説明している。具体的な行動を順に見ていくと，まずは「鏡の中に知らないチンパンジーがいるかのような威嚇や攻撃的な振る舞い」をし，「しばらくすると，鏡に向かって腕を振ったり体を揺すったり」し，「それと同時あるいはしばらく後に…自分の口を開いて中を調べたり，普段は見えない股間などを調べたりする」とあることをふまえて図と照合する。

4. 実験の方法を「詳しく説明」した部分から，「一〇日」という長い期間にわたって鏡を見せた意図を探すと，「まずはチンパンジーに，鏡像自己認知ができたと思われるまで，長時間鏡を見せる」とある。

5.「この結果」とは，額に印をつけられたチンパンジーが「鏡を覗き込んだあと…自分の額の印を触った」ことを指す。実験における鏡像自己認知の有無の判断について，「印が鏡の中の個体についていると認識したのなら…鏡像は自分であると認識している」と説明していることをふまえて考える。

【答】1. エ　2. 対象個体～のだろう(と考えること。)　3. イ

4. チンパンジーが十分に鏡像自己認知ができたと考えられる状態を作り出すため。(36字)(同意可)

5. 鏡の中に他個体がいると認識すれば鏡を触るはずだが，実験前は鏡を知らないチンパンジーが，迷うことなく，一匹残らず鏡を見て自分の額の印に触れ，自分の指についた赤いものを調べようとしているから。(94字)(同意可)

2 【解き方】1.「風光る」は「輝く日差しに…風までまばゆく感じる，春の光量を言いとめた季語」とあり，「風冴ゆる」は「大気が澄んでさえざえと吹き渡る風」と説明していることに注目。「さえざえ」は，寒さが身にしみるように厳しい様子を表す。

2.「句全体のリズムを調整したり，作者の感動の中心を示したりする」働きをするとあることから，「や・かな・けり」など，句の切れ目に使う語を表す。

3.「秋」は多くの穀物や果物にとっての収穫の時期であることから，「麦秋」は麦にとっての収穫期にあたる季節を表す。

4.【本の一部】に，筆者が歳時記で「竹の秋」という季語の解説を読みながら，「そういえば」と「通学途中にいつも通り過ぎる竹やぶの竹」のことを思い出し，「そうか，あれは『竹の秋』なのか」と納得している部分があることをふまえて考える。また，【本の一部】の最後の部分で，歳時記によって「季語を知るほどに」自然のさまざまな変化に気づくようになり，「同じことの繰り返しだと思っていた」日々が「一度きりの瞬間」として目に映るようになると述べていることにも注目する。

【答】1.「風光る」は春の輝く日差しを表現するのに対して，「風冴ゆる」は冬の大気の冷たさを表現する点。(46字)(同意可)

2. 切れ字　3. 夏　4. エ

5. (例)

以前の私は素直に間違いを認められず，言い訳をしたりごまかしたりしていた。そんな私に母が，孔子の「過

ちて改めざる，これを過ちという」という言葉を教えてくれた。この言葉を知って自分が恥ずかしくなり，間違いに気づいたらすぐに認めて反省し，過ちをばん回するために行動するようになった。(139字)

③【解き方】3. ① Cは，「子どもの発音したことば」とは「発音できるようになったことば」のことであると，わかりやすく言い換えている。② 後半部分でこの場面のことを「子どもの発音したことば…を，母親自身が機会あるごとにまねしてみせている」と説明していることから，機会を逃さず対応する様子を表す言葉がふさわしい。

4. ① 発言の引用を示す「て言ひし」に注目。「父母が」が発言の主語なので，「父母が」と「て言ひし」の間に発言部分がある。② 語頭以外の「は・ひ・ふ・へ・ほ」は「わ・い・う・え・お」にする。③ Aは，故郷を出る際に父母が自分の身を案じてくれたことを思い出している今の自分を詠んだ歌。Bは，「人」と「花」とを比べており，係り結びを用いて花は「昔の香」のままだと強調することで，暗に人の「心」は変わってしまったと詠んだ歌。

【答】1. ① 胃腸 ② 裁判 ③ 幕 ④ 修(める) ⑤ 製品

2. ① たいせき ② こうけん ③ しずく ④ した(う) ⑤ あいまい 3. ① ウ ② イ

4. ① 幸くあれ ② におひける ③ ア

◀口語訳▶ 4.

A. 父と母が（防人の任につくため家を出る私の）頭をなでて無事でありますようにと言った言葉が忘れられない。

B. 人の心はさあ（どうだか）わからないが，古くから知るこの場所では梅の花だけは昔と同じ香りでにおっていることよ。

~MEMO~

滋賀県公立高等学校
(一般選抜)

2023年度
入学試験問題

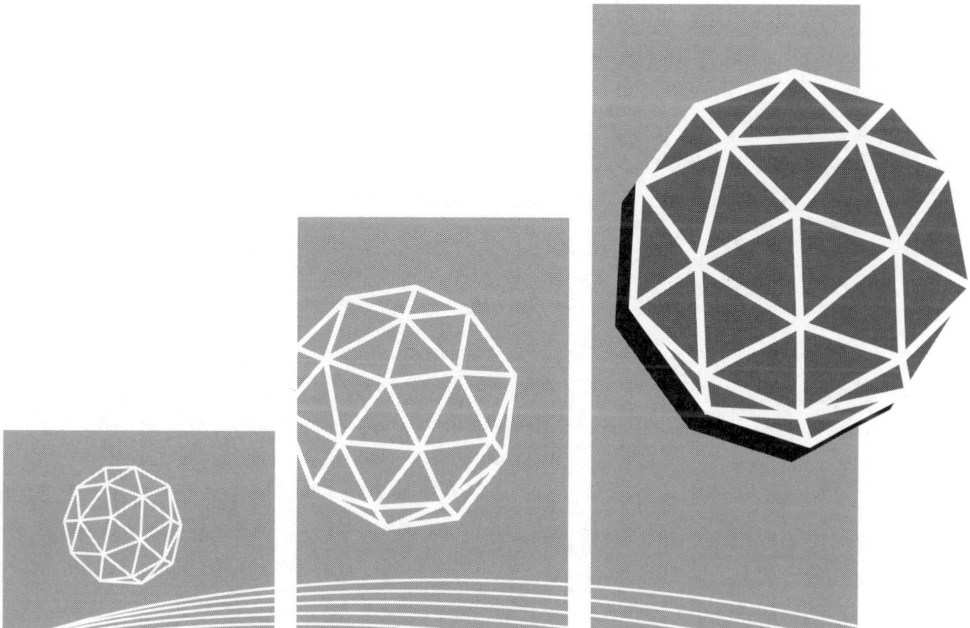

数学

時間　50分　　　満点　100点

注意　1　解答は，最も簡単な形で表し，全て解答用紙に記入しなさい。
　　　2　答えに根号が含まれる場合は，根号を用いた形で表しなさい。
　　　3　円周率はπとします。

(編集部注)　膳所高校の理数科は120点満点に換算する。

1　次の(1)から(9)までの各問いに答えなさい。

(1)　$13 + 3 \times (-2)$ を計算しなさい。(　　　)

(2)　$\frac{1}{3}a - \frac{5}{4}a$ を計算しなさい。(　　　)

(3)　次の等式を〔　〕内の文字について解きなさい。(　　　)

$3x + 7y = 21$〔x〕

(4)　次の連立方程式を解きなさい。(　　　)

$2x + y = 5x + 3y = -1$

(5)　$\frac{9}{\sqrt{3}} - \sqrt{12}$ を計算しなさい。(　　　)

(6)　次の式を因数分解しなさい。(　　　)

$x^2 - 2x - 24$

(7)　右の図の△ABCは，辺AB，BC，CAの長さがそれぞれ5，3，4の直角三角形です。この三角形を，直線ℓを軸として1回転させてできる回転体の体積を求めなさい。ただし，辺BCとℓは垂直である。(　　　)

図

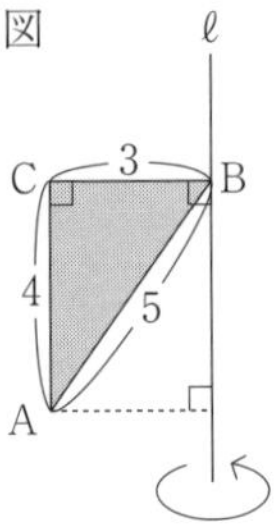

(8)　下のデータは，ある生徒12人の先月読んだ本の冊数を調べ，冊数が少ない順に並べたものです。第3四分位数を求めなさい。(　　　冊)

データ

1	2	3	3	4	5	5	6	8	10	10	12

(冊)

(9)　3枚の硬貨を同時に投げるとき，2枚以上裏となる確率を求めなさい。ただし，硬貨は，表と裏のどちらが出ることも同様に確からしいとする。(　　　)

2　紙でふたのない容器をつくるとき，次の(1)から(4)までの各問いに答えなさい。ただし，紙の厚さは考えないものとする。

(1)　図1は正三角柱です。底面にあたる正三角形DEFの1辺の長さを$10\sqrt{2}$cm，辺ADの長さを10cmとする容器をつくります。図2の線分の長さを10cmとするとき，底面にあたる正三角形DEFをコンパスと定規を使って作図しなさい。ただし，作図に使った線は消さないこと。

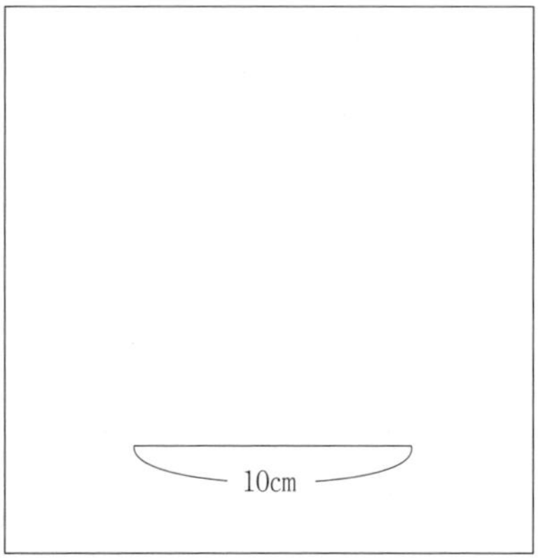

図1

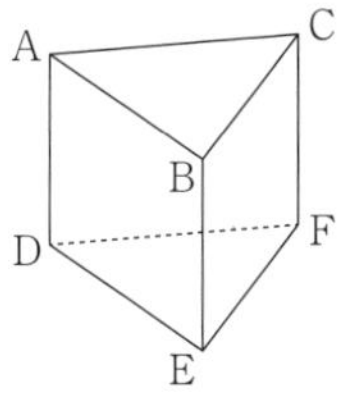

図2

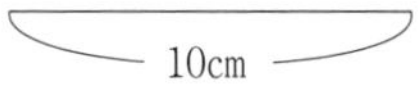

(2)　図3のような紙コップを参考に，容器をつくります。紙コップをひらいたら，図4のような展開図になります。図4において，側面にあたる辺ABと辺A′B′をそれぞれ延ばし，交わった点をOとすると，弧BB′，線分OB，線分OB′で囲まれる図形が中心角45°のおうぎ形になります。このとき，弧AA′の長さを求めなさい。(　　　cm)

図3

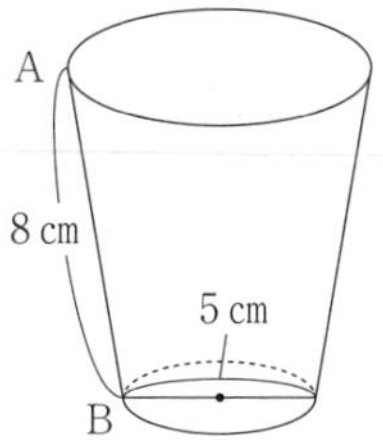

図4

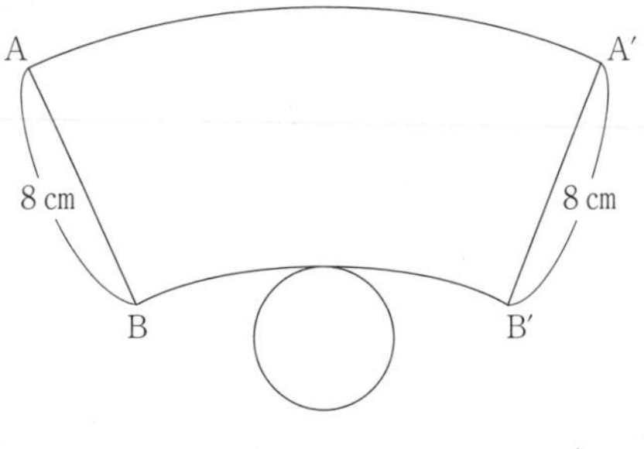

(3)　図5のような，長方形の紙があります。この紙の4すみから，図6のように1辺が，x cmの正方形を切り取り，縦の長さを8cm，横の長さを12cmの長方形を底面とする図7のような直方体をつくります。図5の長方形の紙の面積と，図6の斜線部の長方形の面積の比が，2：1になるとき，xの長さを求めなさい。ただし，xの長さを求めるために方程式をつくり，答えを求めるまでの過程も書きなさい。

(　　　　　　　　　　　　　　　　　　　　　　)　答え(　　　cm)

図5

図6

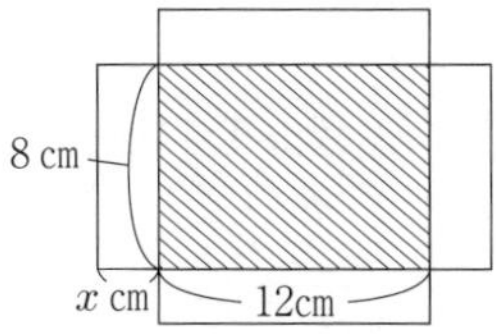

図7

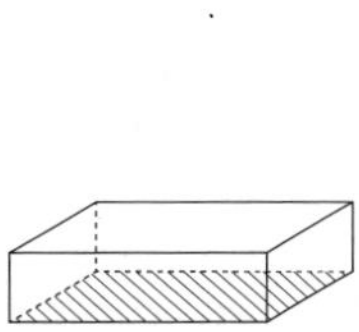

(4)　図8は容器の展開図です。辺AB，ICの長さは，それぞれ6cm，12cmとします。また，DC = DE = DG = DI = HF，GF = GH，AI = HI = BC = FE，CG ⊥ HF，CG ⊥ IE，AB ∥ ICとします。この展開図を組み立てたとき，辺ABとねじれの位置にある辺をすべて答えなさい。ただし，組み立てたときに重なる辺は，どちらか一方の辺を書くこととします。(　　　)

図8

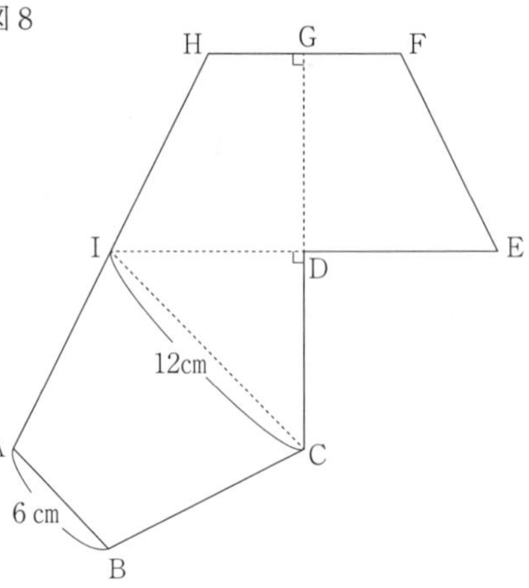

3　yがxの2乗に比例する関数について考えます。右の図において，①は関数$y = 2x^2$，②は$y = -x^2$のグラフです。点Pはx軸上にあり，点Pのx座標をt $(t > 0)$とします。点Pを通り，y軸に平行な直線と①，②のグラフが交わる点を，それぞれA，Bとします。また，y軸について点Aと対称な点をCとします。後の(1)から(4)までの各問いに答えなさい。

図

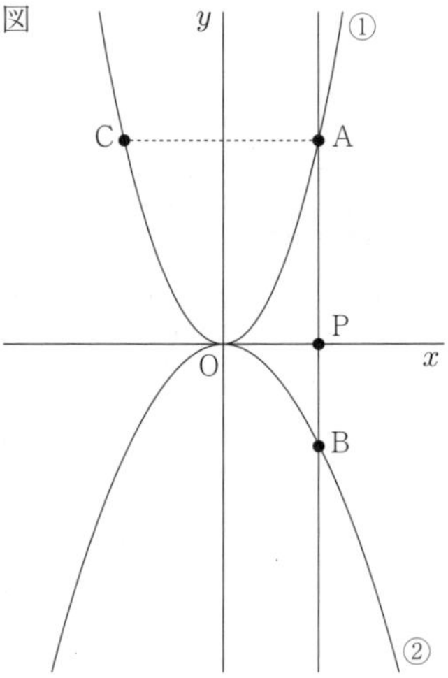

(1)　関数$y = -x^2$について，xの値が1から3まで増加するときの変化の割合を求めなさい。(　　　)

(2)　関数$y = ax^2$のグラフが点(2，2)を通るとき，aの値を求めなさい。また，この関数のグラフをかきなさい。a =(　　　)

(3)　AB + ACの長さが1になるときのtの値を求めなさい。(　　　)

(4)　xの変域が$-1 \leqq x \leqq 3$のとき，関数$y = 2x^2$と$y = bx + c$ $(b < 0)$のyの変域が等しくなります。このとき，b，cの値を求めなさい。b =(　　　)　c =(　　　)

【グラフ】

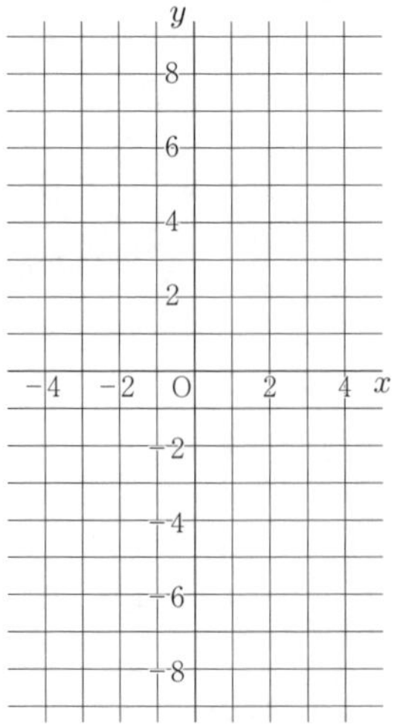

4 $\angle C = 90^\circ$ の直角三角形ABCについて，次の(1)，(2)の各問いに答えなさい。

(1) 図1のように，$\angle B$ の二等分線と辺ACの交点をDとするとき，BA：BC = AD：DC が成り立つことを証明します。図2のように，点Cを通りDBに平行な直線と，辺ABを延長した直線との交点をEとします。図2を使って，BA：BC = AD：DC を証明しなさい。

〔　　　　　　　　　　〕

図1

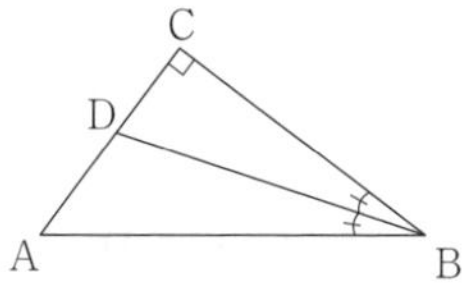

図2

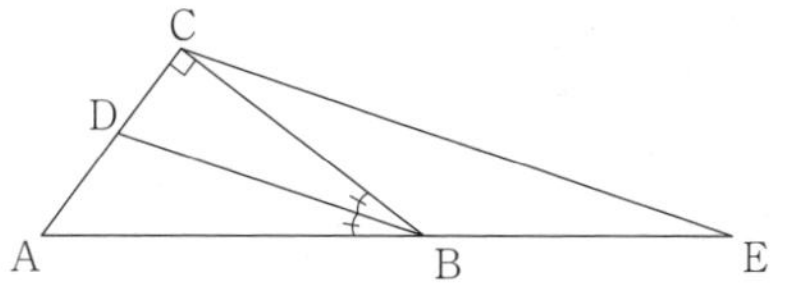

(2) 直角三角形ABCの辺AB，CAの長さをそれぞれ10，5とします，次の①，②の各問いに答えなさい。

① 図3のように，辺ABの垂直二等分線をひき，辺AB，BCとの交点をそれぞれM，Nとします。このとき，△ABCと△NBMの面積比を求めなさい。(　　　)

図3

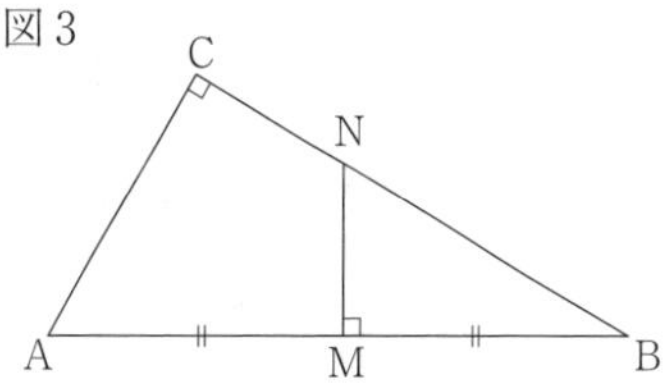

② 図4のように，直角三角形ABCを頂点Aを中心に90°回転させます。このとき，辺BCが通過したときにできる斜線部の面積を求めなさい。(　　　)

図4

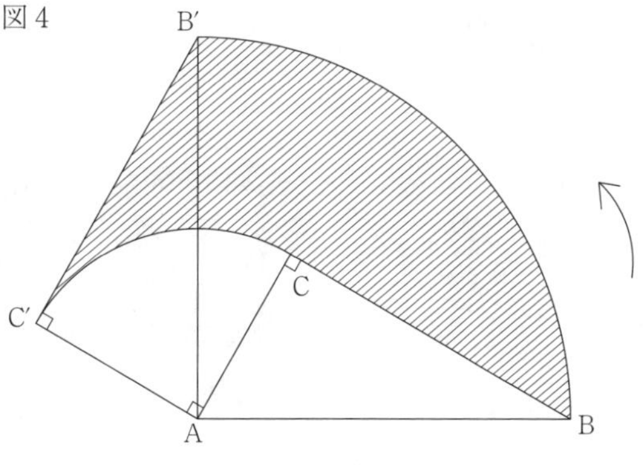

英語

時間　50分　　　　満点　100点

（編集部注）放送問題の放送原稿は英語の末尾に掲載しています。
音声の再生についてはもくじをご覧ください。

1　放送を聞いて答えなさい。

《その1》 話される英語を聞いて，それぞれの後の質問に対する答えとして最も適当なものを，アからエまでの中からそれぞれ1つ選びなさい。1（　　）　2（　　）　3（　　）　4（　　）

1
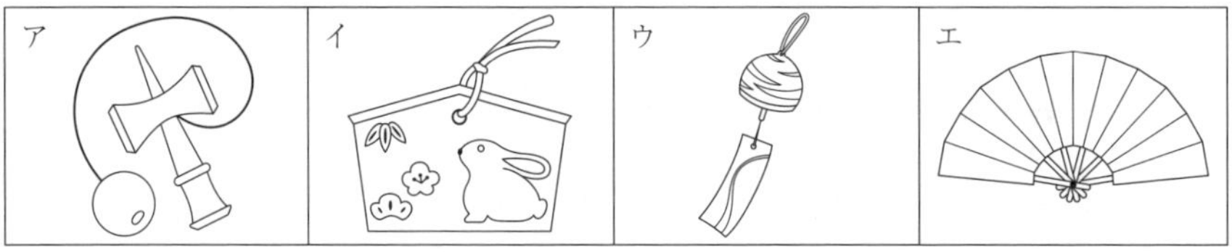

2
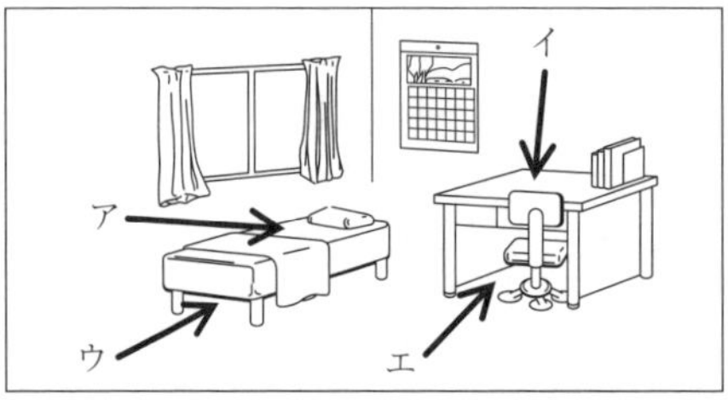

3

4

《その2》 カナダに留学している健（Ken）さんの留守番電話に，ジョン（John）さんからメッセージが入っていました。ジョンさんが健さんに伝えたいことは何ですか。最も適当なものを，アからエまでの中から1つ選びなさい。（　　）

ア　To practice baseball.　　イ　To join the game.　　ウ　To teach baseball.

エ　To buy a ticket for the game.

《その3》 高校に入学した香菜（Kana）さんは，アメリカ合衆国からの留学生であるトム（Tom）さんとどの部活動に入るかを話しています。放送を聞いて，会話の後の1から3までの質問に対する最も適当な答えを，アからエまでの中からそれぞれ1つ選びなさい。

また，あなたも二人と一緒に話しているとして，あなたなら最後の香菜さんの質問にどのように答えますか。香菜さんとトムさんのやり取りの内容をふまえて，4の解答欄に5語以上の英語で書きなさい。

1（　　　）　2（　　　）　3（　　　）

4（　　　　　　　　　　　　　　　　　　　　　　　　　　　　　　　　　）

1　ア　Yes, he is.　　イ　No, he isn't.　　ウ　Yes, he does.　　エ　No, he doesn't.

2　ア　One.　　イ　Two.　　ウ　Three.　　エ　Four.

3　ア　She will make a lot of friends.　　イ　She will watch more club activities.

　ウ　She will sing songs with Tom.　　エ　She will practice hard to sing better.

4　あなたも二人と一緒に話しているとして，あなたなら最後の香菜さんの質問にどのように答えますか。香菜さんとトムさんのやり取りの内容をふまえて，5語以上の英語で書きなさい。

2 七海（Nanami）さんと翔太（Shota）さんの学級では，英語の授業で，田中先生（Mr. Tanaka）が次の話をしました。また，翌週の授業で，七海さんが発表をしました。【田中先生の話】【二人の会話】【七海さんの発表】を読んで，後の1から7までの各問いに答えなさい。

【田中先生の話】

I'd like to talk about your future jobs today. Look at chart 1 and chart 2. Chart 1 is the list of the jobs which were popular about fifty years ago, in 1970. Chart 2 shows what the students in this class want to be in the future.

〈Chart 1〉

Popular Jobs in 1970

Baseball Player	Cartoonist
Doctor	Engineer
Fashion Designer	Flight Attendant
Nurse	Pilot
Scientist	Teacher

〈Chart 2〉

What Do You Want to Be in the Future?

Job	Number of Students
Programmer	5
Illustrator	4
Doctor	4
Game Designer	3
Nurse	3
Athlete	2
Hairstylist	2
Teacher	2
Dancer	1
Fashion Designer	1
Engineer	1
Voice Actor	1
Writer	1
Not Decided Yet	5
Total	35

What do these charts show us? Doctor and nurse are popular in both chart 1 and chart 2, but there are jobs which you can find only in chart 1 or in chart 2. It means that different jobs are popular in different times. Future generations may have different dreams.

According to chart 2, programmer is the most popular job in this class. Illustrator is as popular as doctor. You should make efforts to make your great dreams true.

Some students haven't decided their dreams yet. That's not a problem. You still have many things that you haven't experienced. Your dream may change if you have new experiences. So, it is important to learn more.

Now, your task is to interview a person who has a job and write a report. You have to ask questions about the job, such as "Why have you chosen your job?" You'll make a presentation next week. I'm looking forward to it.

（注）　programmer：プログラマー　　illustrator：イラストレーター

1　【田中先生の話】の内容として合っているものを，次のアからカまでの中から2つ選びなさい。

(　　　)(　　　)

ア　Mr. Tanaka will ask students about their dreams in the next lesson.

イ　Hairstylist is popular in both chart 1 and chart 2.

ウ　Some popular jobs in 1970 are related to airplanes.

エ　All the students in the class have decided their future jobs.

オ　Mr. Tanaka believes that new experiences may change dreams.

カ　Students should interview each other about their dreams by next week.

田中先生の話を聞いて，七海さんと翔太さんが話しました。

【二人の会話】

Nanami：Shota, have you decided your goal?

Shota：Yes. I want to be a nurse.

Nanami：Why do you want to be a nurse?

Shota：When I was a child, I had an operation. While I was in the hospital, I felt lonely and sometimes cried. Then, a nurse came to talk to me, and I felt relieved. I'll never forget his (①), and I want to be a nurse like him.

Nanami：That's wonderful.

Shota：How about you?

Nanami：I haven't found my goal yet. I ②【find / how / it / to / wonder】.

Shota：You can find your dream if you learn about people's experiences. (③) will you interview?

Nanami：Well, I will ask my father. He is a police officer, but I don't know why he wanted to be one. I want to know more about his job.

Shota：You may find some hints for your dream. Good luck!

2　(①)に入る語として最も適当なものを，次のアからエまでの中から1つ選びなさい。

(　　　)

ア　happiness　　イ　information　　ウ　innovation　　エ　kindness

3　②【　　】内の語を，意味が通るように並べかえなさい。

(　　　　　　　　　　　　　　　　　　　　)

4　(③)に入る適当な英語1語を書きなさい。(　　　)

七海さんは，翌週の授業で発表をしました。

【七海さんの発表】

Hello, everyone. I interviewed my father. My father has been a police officer for twenty-five years, but I didn't know why he chose this job.

He said to me, "I feel happy when I can help people who need help. I do this job (④) their smiles always make me happy."

When I said to him, "I haven't found my dream," he gave some advice to me. "You should get more knowledge, and you can imagine many things. It will give you more choices for your future."

I haven't decided what I will do, but, like my father, I want to help people who need help. I will [⑤] to find my dream. Now, I'm so excited to find a way to my dream. Thank you.

（注） choice(s)：選択肢

5 【七海さんの発表】について，次の質問に対する答えになるように，(　　)に入る適当な英語を，3語以上で書きなさい。

How long has Nanami's father worked as a police officer?

→(　　　　　　　　　　　　　　　　　　　　).

6 (④) に入る語として最も適当なものを，次のアからエまでの中から1つ選びなさい。

(　　)

ア　because　　イ　before　　ウ　if　　エ　though

7 [⑤] に入る適当な英語を，3語以上で書きなさい。(　　　　　　　　)

3 英語のホワイト先生（Mr. White）が，授業で次の話をしました。話を聞いた葵（Aoi）さんは，ホワイト先生の話についてコメントを書きました。【ホワイト先生の話】【葵さんのコメント】を読んで，後の1から6までの各問いに答えなさい。

【ホワイト先生の話】

Hello, everyone. What do you do on weekends? Do you play sports? Do you watch TV? I enjoy slow trips by bike. I am interested in local history, so I travel around many places in Shiga.

When I travel by bike, I sometimes experience interesting things. Now, I will talk about one of my experiences. Last month, I rode a bike to visit a small town. During the trip, I enjoyed the sight of mountains, rivers, and the town. They were beautiful. When I was going home, I found an old shrine and stopped to see it. When I was looking at it, two people came and talked to me. They have lived near the shrine for more than sixty years. They told me about the history of the shrine and the town. I was happy to hear the story from the local people. It was a wonderful trip.

Through trips like this, I have found that traveling by bike has some good points. First, we can enjoy slow trips. When we find something interesting, we can easily stop and experience it. If you are lucky like me, you can [①] during your trip. You can learn something new about local towns by talking with them. Second, using bikes is good for the environment. When I was riding a bike last month, I enjoyed beautiful nature. To protect such beautiful nature, I think bikes are good because they don't produce carbon dioxide, CO_2.

By the way, do you know there are interesting services and events for cyclists in Shiga? For example, some areas have maps for cyclists. Some of the maps have information and pictures about popular spots and various routes for cyclists, and they show us how long it takes to reach each place. They are useful when we make plans for trips. (②), some areas have events like tours by bike. On some of these tours, we can travel around local towns and cities with a tour guide. The tour guide explains the places that we visit. These services and events make traveling by bike more exciting.

I hope you will [③] someday.

【葵さんのコメント】

Slow trips by bike sound interesting. I want to try them with my friends someday. I see some cyclists like you in my town. I hope my town will become more comfortable for cyclists. When I heard your story, I remembered Amsterdam. I heard that the city has more bikes than people and many bikes are used in daily life. The city is safe for cyclists. For example, there are roads for riding bikes, and people cannot drive cars there. Thanks to these roads, cyclists can travel safely. That is an interesting idea. I hope we can get more ideas from other cities.

(注)　cyclist(s)：自転車に乗る人　　route(s)：ルート，道筋

Amsterdam：アムステルダム（オランダの首都）

1　【ホワイト先生の話】について，次の(1)，(2)の質問に対する答えになるように，(　　)に入る適当な英語を，2語以上で書きなさい。

(1)　Why does Mr. White travel around Shiga?

→(　　　　　　　　　　　　　　　　　　　　　　　　　　　　　　).

(2)　Did Mr. White enjoy seeing mountains during his trip last month?

→(　　　　　　　　　　　　　　　　　　　　　　　　　　　　　　).

2　[①] に入る最も適当なものを，次のアからエまでの中から1つ選びなさい。(　　　)

ア　travel to shrines quickly　　イ　find small shrines

ウ　tell local people about the history　　エ　meet local people

3　(②) に入る最も適当なものを，次のアからエまでの中から1つ選びなさい。(　　　)

ア　Also　　イ　However　　ウ　At first　　エ　After all

4　ホワイト先生が生徒に伝えたいメッセージとして，[③] に入る最も適当なものを，次のアからエまでの中から1つ選びなさい。(　　　)

ア　watch TV with me　　イ　enjoy traveling by bike　　ウ　buy a new bike

エ　ride a bike for your health

5　ホワイト先生は，スライドで話の流れを示しました。そのスライドとして最も適当なものを，次のアからエまでの中から1つ選びなさい。(　　　)

ア

My Trip by Bike
1 Experiences from my trip
2 Ways to learn about nature
3 Population of cyclists in Shiga

イ

My Trip by Bike
1 History of the shrine
2 Ways to learn about nature
3 Services and events for cyclists

ウ

My Trip by Bike
1 Experiences from my trip
2 Good points of trips by bike
3 Services and events for cyclists

エ

My Trip by Bike
1 History of the shrine
2 Good points of trips by bike
3 Population of cyclists in Shiga

6　次の英文は【葵さんのコメント】を読んで，ホワイト先生が書いた返事の内容です。[④] に3語以上，[⑤] に2語以上の英語を書きなさい。

④(　　　　　　　　　　　　　　　　　　　　　　　　　　　　　　)

⑤(　　　　　　　　　　　　　　　　　　　　　　　　　　　　　　)

Thank you for your interesting information, Aoi. I am surprised to know that there are [④] in Amsterdam. So, I want to know how many bikes the city has. The roads for bikes are interesting, too. I have seen them on TV. People can [⑤] because there are no cars on those roads. Someday I want to enjoy traveling by bike in Amsterdam.

4 次の問いに答えなさい。

英語の授業で,「私が大切にしているもの」をテーマにして発表原稿を書くことになりました。あなたが大切にしているものを1つ選び,その大切にしているものについて,15語以上35語以内の英語で書きなさい。なお,次の書き出しで始めることとし,書き出しの文は語数に含めません。

(I'm going to tell you about something important to me.)

書き出し　I'm going to tell you about something important to me.

〈放送原稿〉

注意：〔　　〕内は音声として入れない。

ただいまから，2023 年度滋賀県公立高等学校入学試験英語の聞き取りテストを行います。問題は《その 1》から《その 3》まであります。聞いている間にメモをとってもかまいません。

まず，《その 1》から始めます。これから話される英語を聞いて，それぞれの後の質問に対する答えとして最も適当なものを，問題用紙に示されたアからエまでの中からそれぞれ 1 つ選びなさい。英語は，それぞれ 2 回放送します。それでは，始めます。〔間 2 秒〕

No.1　A：　Kenta, how can I use this?

B：　We put it by a window in summer time. We enjoy its sound.

A：　That's nice.

Question：What did Kenta explain?〔間 2 秒〕

繰り返します。〔間 2 秒〕〔英文をもう一度読む。〕〔間 4 秒〕

No.2　A：　Bob, I found your watch under your bed.

B：　Thank you, Mom. Where is it now?

A：　It's on the desk in your room.

Question：Where is Bob's watch?〔間 2 秒〕

繰り返します。〔間 2 秒〕〔英文をもう一度読む。〕〔間 4 秒〕

No.3　A：　Ms. Smith, I'm sorry I'm late.

B：　What happened, David?

A：　I usually take the bus at 7:50, but it was late today.

B：　How long did you wait at the bus stop?

A：　I had to wait for 10 minutes.

Question：What time did the bus come this morning?〔間 2 秒〕

繰り返します。〔間 2 秒〕〔英文をもう一度読む。〕〔間 4 秒〕

No.4　A：　Excuse me. I want to buy a present for my sister.

B：　How about these T-shirts? The black one is 22 dollars and the white one is 18 dollars.

A：　I only have 20 dollars. My sister will like the one with flowers. I will take that one.

Question：Which T-shirt will the girl buy for her sister?〔間 2 秒〕

繰り返します。〔間 2 秒〕〔英文をもう一度読む。〕〔間 4 秒〕

次に，《その 2》に入ります。カナダに留学している健（Ken）さんの留守番電話に，ジョン（John）さんからメッセージが入っていました。ジョンさんが健さんに伝えたいことは何ですか。最も適当なものを，問題用紙に示されたアからエまでの中から 1 つ選びなさい。英語は，2 回放送します。それでは，始めます。〔間 2 秒〕

Hello, Ken. This is John. We need your help. We are going to have a baseball game this Sunday, but one of our players cannot come to the game. We are looking for a person to play with us. I heard you like baseball. If you can come to the game, please call me.〔間 2 秒〕

繰り返します。〔間２秒〕〔英文をもう一度読む。〕〔間４秒〕

次に，《その３》に入ります。高校に入学した香菜（Kana）さんは，アメリカ合衆国からの留学生であるトム（Tom）さんとどの部活動に入るかを話しています。放送を聞いて，会話の後の１から３までの質問に対する最も適当な答えを，問題用紙に示されたアからエまでの中からそれぞれ１つ選びなさい。また，あなたも二人と一緒に話しているとして，あなたなら最後の香菜さんの質問にどのように答えますか。香菜さんとトムさんのやり取りの内容をふまえて，４の解答欄に５語以上の英語で書きなさい。会話と質問は通して２回放送します。それでは，始めます。〔間２秒〕

A： Tom, are you interested in a club?

B： I watched two club activities yesterday, but I haven't decided yet.

A： How were they?

B： The volleyball team looked hard for me, and the tennis team looked fun.

A： Then, you are interested in the tennis team, right?

B： Yes, but I'm worried because I've never played tennis.

A： You should try a new thing. It's good to start something new in high school.

B： That's right.

A： Were you a member of a club in America?

B： In America, we often play a different sport in each season. I played soccer in fall, basketball in winter, and baseball in spring.

A： Really? I am surprised to hear that.

B： Well, which club activities are you interested in, Kana?

A： I am interested in the chorus. I like singing with other people. I will practice hard to improve my performance in the chorus.

B： Great. I'd like to watch more club activities before I choose one.

A： How about you? Which club do you want to join?〔間２秒〕

Question 1：Is Tom on the tennis team?〔間４秒〕

Question 2：How many sports did Tom play in America?〔間４秒〕

Question 3：What will Kana do in the chorus in high school?〔間４秒〕

繰り返します。〔間２秒〕〔英文をもう一度読む。〕〔間７秒〕

以上で，聞き取りテストの放送を終わります。

社会

時間　50分　　　　満点　100点

1　天守が国宝に指定されている城がある5つの県に関する資料や略地図について，後の1から5までの各問いに答えなさい。

資料1　天守が国宝に指定されている5つの城

城の名前	所在地	7地方区分
松本城	長野県松本市	(　　)地方
犬山城	愛知県犬山市	
彦根城	滋賀県彦根市	近畿地方
姫路城	兵庫県姫路市	
松江城	島根県松江市	中国・四国地方

［令和4年12月現在］

略地図

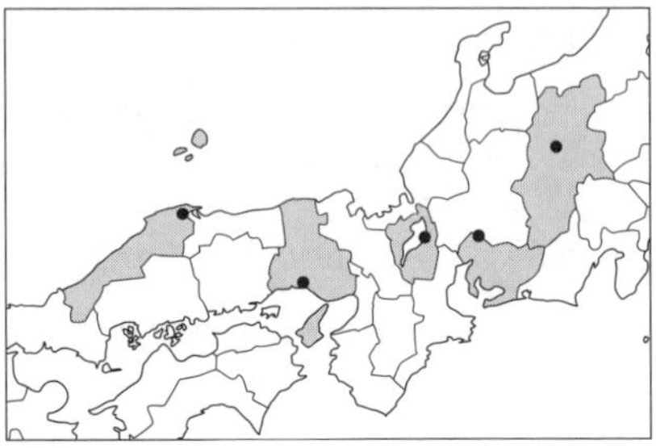

：資料1の5県　●：5つの城の所在地

資料2　製造品出荷額にしめる上位4産業の割合（2019年）

県名	長野県		愛知県		滋賀県		兵庫県		島根県	
	産業	割合	産業	割合	産業	割合	産業	割合	産業	割合
上位4産業の割合(%)	情報通信機械	17.5	輸送用機械	55.4	輸送用機械	13.5	化学	13.2	電子部品	19.6
	電子部品	11.9	電気機械	5.8	化学	12.8	鉄鋼	12.0	情報通信機械	14.2
	生産用機械	11.4	鉄鋼	5.0	電気機械	9.3	輸送用機械	10.7	鉄鋼	13.4
	食料品	9.5	生産用機械	4.9	はん用機械	9.2	食料品	10.4	輸送用機械	6.7
	その他	49.7	その他	28.9	その他	55.2	その他	53.7	その他	46.1
製造品出荷額(億円)	62,194		481,864		80,754		163,896		12,488	

［「データでみる県勢2022」より作成］

資料3　雨温図

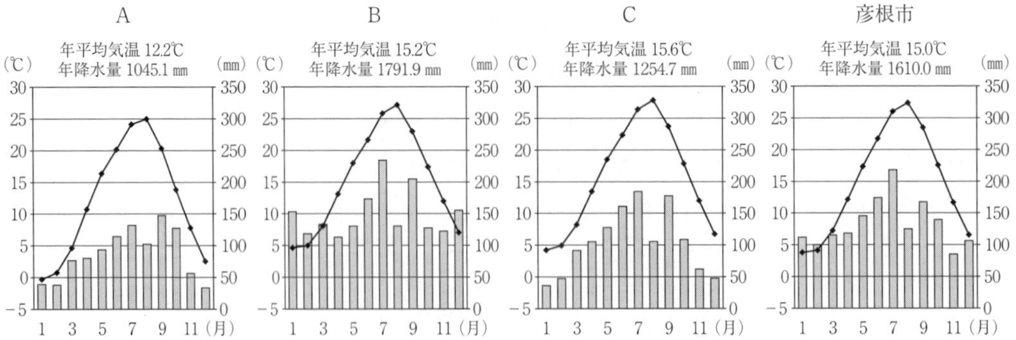

(1991年から2020年までの平均)［気象庁ホームページより作成］

1　資料1の(　　)にあてはまる地方名を7地方区分によって書きなさい。(　　　)

2　資料2は，5つの県における製造品出荷額と，製造品出荷額にしめる上位4産業の割合を示したものです。資料2と略地図から読み取れることとして適切なものはどれか。次のアからエまでの中から1つ選びなさい。(　　　)

ア　5つの県のうち太平洋ベルトに位置しているのは，兵庫県だけである。

イ　長野県の電子部品の製造品出荷額は，島根県の電子部品の製造品出荷額より少ない。

ウ　5つの県のうち海に面している県は，製造品出荷額上位4産業に鉄鋼が入っている。

エ　5つの県のうち製造品出荷額が最も多い県は，阪神工業地帯に位置している。

3　資料3について，A，B，Cは，松本市，姫路市，松江市のいずれかです。3つの都市の正しい組み合わせはどれか。次のアからカまでの中から1つ選びなさい。(　　　)

ア　A　松本市　　B　姫路市　　C　松江市

イ　A　松本市　　B　松江市　　C　姫路市

ウ　A　姫路市　　B　松江市　　C　松本市

エ　A　姫路市　　B　松本市　　C　松江市

オ　A　松江市　　B　姫路市　　C　松本市

カ　A　松江市　　B　松本市　　C　姫路市

4　次の文は，地形図上に示した，松江城と松江城周辺の調査の道順を説明したものです。この文には，誤っている語句が2つあります。誤っている語句を下線部アからオまでの中から2つ選び，それぞれ正しい語句を書きなさい。

誤っている語句の記号(　　　)

正しい語句(　　　)

誤っている語句の記号(　　　)

正しい語句(　　　)

地形図　(縮尺1：25,000)

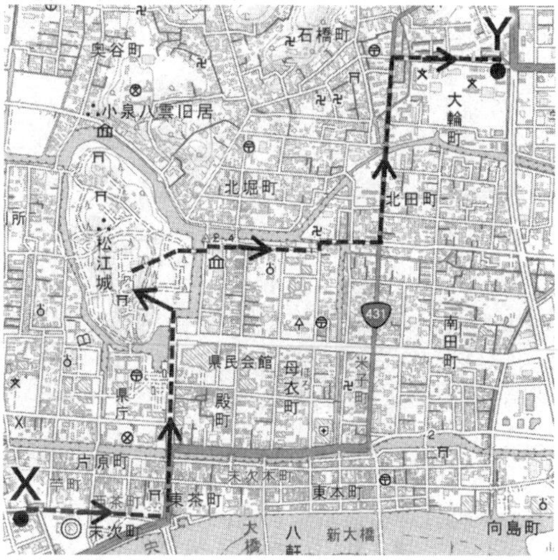

------：調査の経路を示す破線

→：進む方向を示す矢印

［国土地理院　電子地形図25000より作成］

X地点を出発地，X地点からみて8方位でア南東の方角にあるY地点を最終地として，地形図上に破線と矢印で示した経路で進みます。地形図上のX地点からY地点までの直線の長さは8cmであることから，実際のX地点からY地点までの直線距離はイ2kmです。

X地点を出発してウ市役所の横を通って進み，交差点を左に曲がって松江城に行き，天守を見学します。

天守を見学したあと，Y地点に向かいます。松江城から国道431号までの間には，松江城を出てすぐにエ図書館があり，さらに進むとオ寺院があります。

国道まで行き，国道にそって進むと交差点があり，この交差点を右に曲がって進むとY地点に到着します。

5　滋賀県と島根県の共通点をまとめた表について，後の(1)から(3)までの問いに答えなさい。

表　滋賀県と島根県の共通点

県名		滋賀県	島根県
天守が国宝に指定されている城		彦根城	松江城
世界遺産（文化）		彦根城の登録を目指している。	①石見銀山遺跡とその文化的景観
世界農業遺産		森・里・湖に育まれる漁業と農業が織りなす琵琶湖システム	奥出雲の農村開発システムの認定を目指している。
大きな湖	湖の名前	琵琶湖	宍道湖（しんじこ）
	②漁業の取組	ニゴロブナの稚魚やセタシジミの稚貝などの放流	ワカサギの稚魚やシジミの稚貝の放流
	③エコツーリズムの例	琵琶湖や琵琶湖に流れ込む川の自然を，小さな船を自分でこぎながら観察する。	宍道湖の生態系や水産資源について学びながら，宍道湖を船でめぐる。

［滋賀県ホームページなどより作成］

(1)　表の下線部①に関連して，資料4は2019年の銀鉱の生産の多い国，メモはそのうちの1か国について調べたものです。メモはどこの国を調べたものか。資料4のアからカまでの中から1つ選びなさい。(　　　)

資料4　銀鉱生産量上位6か国（2019年）

ア　メキシコ	イ　ペルー
ウ　中国	エ　ロシア
オ　ポーランド	カ　チリ

［「世界国勢図会 2022／23」より作成］

メモ

●キリスト教徒のしめる割合が高い。
●北半球に位置している。
●かつては，スペインの植民地であった。

(2)　表の下線部②に関連して，稚魚や稚貝を放流し，育ってから漁獲する漁業を何というか。書きなさい。(　　　)

(3)　表の下線部③に関連して，資料5は滋賀県のエコツーリズムの例，後の文はエコツーリズムの目的を説明したものです。文の（　　）にあてはまる適切な内容を，表のエコツーリズムの例と資料5のエコツーリズムの例を参考にして考え，「理解」という語句を用いて，30字以上，40字以内で書きなさい。

資料5　滋賀県のエコツーリズムの例

●伝統工芸の職人に教えてもらい，木彫りの体験をして，地域の文化を学ぶ。
●田んぼの自然観察や農作業の体験をして，地域の自然や文化を学ぶ。

［滋賀県ホームページより作成］

エコツーリズムの目的

観光客が観光を楽しむことだけでなく，体験や学びをとおして，（　　　　　）を目的としている。また，地域の住民が地域の魅力を見なおすことなどにより，地域が活性化することも目的としている。

2 「木材の利用」,「金の利用」をテーマとしてまとめたノートについて，次の1，2の各問いに答えなさい。

1 「木材の利用」に関連して，ノート1，ノート2をみて，後の(1)から(5)までの問いに答えなさい。

ノート1 〈木材を利用した建築に関するノート〉

資料1　正倉院

資料2　東大寺南大門

資料1のメモ

奈良時代には，①唐の文化の影響を受けた国際色豊かな文化が栄えました。

資料2のメモ

(　　　　A　　　　)

ノート2 〈木材を利用した船に関するノート〉

資料3
貿易に使われた船

資料4
ペリーが率いた黒船

資料3のメモ

江戸時代のはじめ，②大名や商人は大きな船で東南アジアの国々と貿易を行いました。しかし，1635年に日本人の海外渡航は禁止されました。

資料4のメモ

江戸時代の終わりに，ペリーが率いてきた黒船は，日本船より大きく，③動力も日本船と違っていました。この後，④アメリカとの貿易が始まりました。

(1) ノート1の下線部①について，この文化を何というか。書きなさい。(　　　)

(2) ノート1の（ A ）に入る次の文には，誤っている語句が1つあります。誤っている語句を下線部アからウまでの中から1つ選び，正しい語句を書きなさい。

誤っている語句の記号(　　　)　正しい語句(　　　)

ア 鎌倉時代に再建された東大寺南大門は，10世紀に中国を統一したイ 元の様式を取り入れています。また，門の中にはウ 運慶がつくった金剛力士像がおかれています。

(3) ノート2の下線部②について，徳川家康は，大名や商人に海外渡航を許可する資料5のような証書を与えて貿易を行わせました。これを何貿易というか。書きなさい。(　　　)

資料5

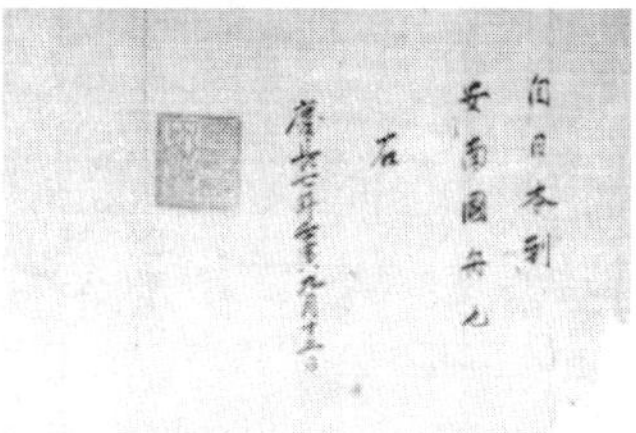

(4) ノート2の下線部③について，ペリーが率いた黒船は18世紀にイギリスで改良された動力を使っていました。この動力を何というか。漢字4字で書きなさい。□□□□

(5) ノート2の下線部④に関連して，アメリカと日本に関する次のアからエまでのできごとを年代の古い順にならべかえなさい。(　→　→　→　)

ア　アメリカの仲介によって講和会議が開かれ，ポーツマス条約が結ばれた。

イ　アメリカの呼びかけで行われたワシントン会議で，日英同盟が解消した。

ウ　岩倉具視を代表とする使節団がアメリカを訪問した。

エ　ニューヨークの株価の大暴落をきっかけとして世界恐慌がおこり，その影響が日本に及んだ。

2　「金の利用」に関連して，ノート3，ノート4をみて，後の(1)から(5)までの問いに答えなさい。

ノート3　〈金を利用した仏像や絵画に関するノート〉

資料6　平等院鳳凰堂阿弥陀如来像

資料7　唐獅子図屏風

資料6のメモ

平安時代，社会が不安定になると，（　B　），阿弥陀如来に救いを求め，極楽浄土へ生まれ変わることを願う浄土信仰が広まりました。

資料7のメモ

戦国時代には鉱山が開発され金の産出が増えました。戦国大名や⑤商人の豊かな経済力を反映して，力強く豪華な絵がえがかれました。

ノート4　〈金を利用した貨幣やメダルに関するノート〉

資料8　小判

資料9　小判に関する資料

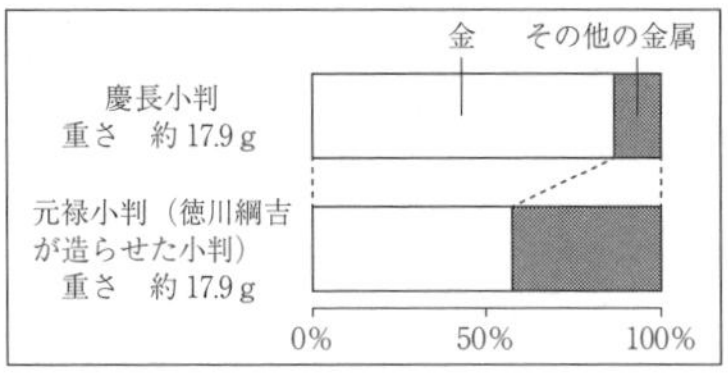

［日本銀行金融研究所資料などより作成］

資料8・資料9のメモ

江戸幕府は貨幣をたびたび造りなおしました。徳川綱吉が造らせた小判は，物価を上昇させました。

資料10・資料11のメモ

2021年のオリンピック・パラリンピック東京大会では，メダルの材料が人々の協力で集められました。

表のメモ

社会の変化にともない，貨幣の価値や金の生産・調達の方法も変化しています。

資料10　メダルの材料を集めるプロジェクトに関する資料

携帯電話などに含まれる金属

金属	携帯電話	ノートパソコン
金	約　0.05g	約　0.30g
銀	約　0.26g	約　0.84g
銅	約 12.60g	約 81.60g

集められた携帯電話などの基板

［環境省ホームページなどより作成］

資料11　滋賀県出身の金メダリスト

表　貨幣の価値と金の生産

時代	江戸時代	現代の日本
貨幣の価値	（　C　）により価値が決まった。	通貨の量や⑥外国の通貨との交換比率などの要因により価値が決まる。
金の生産・調達	戦国大名などが開発した鉱山で採掘した。	鉱山での採掘だけでなく，持続可能な社会の実現を目指す取組として，（　　D　　）ことが行われている。

(1)　ノート3の（　B　）にあてはまる適切な内容を，次のアからエまでの中から1つ選びなさい。
（　　　）

ア　祈とうをすることによって　　　イ　座禅をすることによって

ウ　念仏をとなえることによって　　エ　題目をとなえることによって

(2)　ノート3の下線部⑤に関連して，次のメモは戦国時代のある都市についてまとめたものです。この都市はどこか。書きなさい。（　　　）

メモ

●自治的な運営が行われた。　●鉄砲がさかんに生産された。 ●この都市の商人がわび茶の作法を完成した。

(3)　ノート4の表の下線部⑥のことを何というか。書きなさい。（　　　）

(4)　ノート4の表の（ C ）にあてはまる適切な内容を資料9を参考にして考え，10字以内で書きなさい。［　　　　　　　　　　］

(5)　ノート4の表の（ D ）にあてはまる適切な内容を資料10と資料11を参考にして考え，15字以上，30字以内で書きなさい。

［　　　　　　　　　　　　　　　　　　　　　　　　　　　　］

3　陽菜さんのクラスでは，公民の授業で学習した内容について，班ごとに表のようなテーマを決めて調べることにしました。次の１から３までの各問いに答えなさい。

表

班	テーマ
A	基本的人権について
B	日本の行政について
C	国際社会について

1　A班はテーマについて調べる中で，資料１と資料２を見つけました。次の(1)，(2)の問いに答えなさい。

(1)　資料１は，人類の普遍的な権利を保障するため1948年に国際連合で採択されたものの一部です。これを何というか。書きなさい。(　　　)

資料１

第１条　すべての人間は，生まれながらにして自由であり，かつ，尊厳と権利とについて平等である。人間は，理性と良心とを授けられており，互いに同胞の精神をもって行動しなくてはならない。

(2)　自分の意思を記入した資料２のカードを持つことは，日本国憲法第13条を根拠にしている自己決定権が尊重された例です。この自己決定権と同じように，新しい人権として分類されるものはどれか。次のアからエまでの中から１つ選びなさい。(　　　)

資料２

ア　国や地方公共団体に，法律や条例の制定など政治に対する要望をする権利。

イ　誰もが学校に通い，無償の義務教育を受けることができる権利。

ウ　職業選択や居住・移転などの経済活動を自由にできる権利。

エ　正しい政治判断をするために，国や地方公共団体に情報の公開を求める権利。

2　B班ではテーマについて調べ，資料３，資料４，発表原稿を使って発表することにしました。後の(1)から(3)までの問いに答えなさい。

資料３　内閣と国会の関係

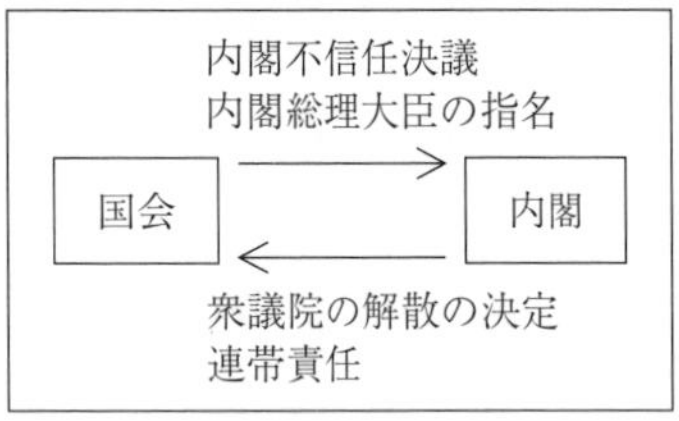

資料４　規制緩和の例

2017年　民泊に関する新しい法律が成立
↓
日本では民泊が禁止されていたが，この法律により，都道府県への届け出があれば可能となった。

発表原稿

国会は，資料３で示される（ ① ）のしくみに基づき②行政を適切に監督しなければなりません。近年，行政の仕事は増加し，政府の役割が大きくなる「行政権の拡大」という状態があるため，行政を効率化する行政改革が進められています。また資料４のような規制緩和の取組を行うことによって，（ ③ ）という効果があると考えられます。

(1)　発表原稿の（ ① ）にあてはまる，内閣が国会に対して責任を負うしくみを何というか。5字で書きなさい。□□□□□

(2)　発表原稿の下線部②について，正しく説明したものを，次のアからエまでの中から１つ選びなさい。(　　　)

ア　内閣は，内閣の採決で可決し，成立した法律や予算を実施する役割をもつ。

イ　内閣は，住民生活に身近な民主主義を行う場で，「民主主義の学校」とよばれている。

ウ　内閣のもとで各省庁が仕事を分担し，公務員が実際の仕事を行っている。

エ　内閣総理大臣は，国会の２つの議院のうち，衆議院でのみ指名される。

(3)　発表原稿の（ ③ ）にあてはまる適切な内容を，次のアからエまでの中から１つ選びなさい。
（　　）

ア　自由な経済活動が促される　　イ　公務員の人数が増加する

ウ　公共サービスが増加する　　エ　バリアフリー化が進む

3　C班はテーマについて調べ，資料を見ながら話し合いをしました。後の(1)から(3)までの問いに答えなさい。

話し合い

陽菜さん：私は日本が国際協調の理念として掲げる，④「人間の安全保障」という考え方に共感しました。

大翔さん：国際連合も「持続可能な開発目標（SDGs）」を採択し，17の目標を掲げていますね。

陽菜さん：17の目標の中で，私は特に「貧困をなくそう」という目標に注目しています。貧困をなくす取組の１つとして，資料５，資料６のように，先進国の政府を中心に⑤政府開発援助（ODA）が行われていることを知りました。

大翔さん：私は日本による社会資本への支援例と，⑥マイクロクレジットへの支援例をノートにまとめました。雇用機会の改善など，農村経済全体の成長を考えた支援があることを知りました。こうした支援により，世界から貧困がなくなることを期待します。

資料５　2020年のODA支出総額上位５か国の実績

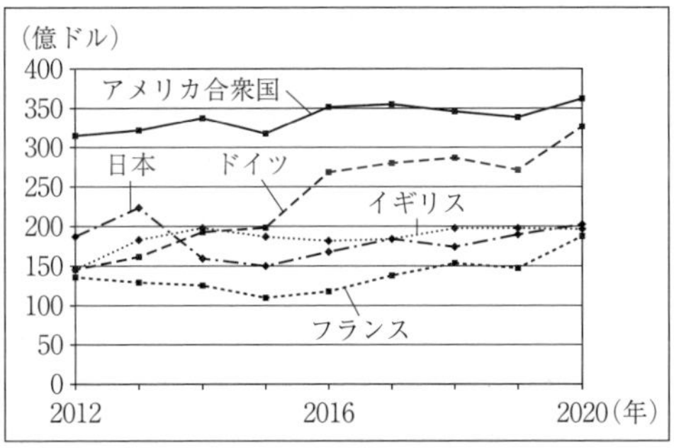

［外務省ホームページより作成］

資料６　資料５の５か国のODAの国民１人あたり負担額（ドル）

国名	2012年	2020年
ドイツ	176.0	387.5
イギリス	227.2	286.6
フランス	212.0	285.2
日本	146.3	160.5
アメリカ合衆国	98.9	108.9

［外務省ホームページなどより作成］

ノート

社会資本への支援例

対象国	インド
事業の内容	都市の鉄道整備
お金のおもな使い方	地下鉄と地上・高架鉄道からなる大量高速輸送システムの建設など
成果	交通渋滞が緩和され，大気汚染が抑制された。

マイクロクレジットへの支援例

対象国	バングラデシュ
事業の内容	貧困層へのお金の貸し出し
お金のおもな使い方	起業するための物品購入など
成果	家畜の増加，生産資産（かんがい用ポンプなど）の増加，運送業・手工業などの起業の増加や雇用機会の改善など

［外務省ホームページなどより作成］

(1)　下線部④について，正しく説明しているものを，次のアからエまでの中から１つ選びなさい。
(　　　)

ア　国家が，軍事力によって自国の国土と国民を守るという考え方。

イ　人間一人一人に着目して，その生命や尊厳を守るという考え方。

ウ　人々が，仕事上の責任を果たしつつ，仕事と生活の調和を実現するという考え方。

エ　政府や君主が行使する政治権力を，憲法によって制限しようとする考え方。

(2)　下線部⑤に関連して，資料5，資料6から読み取れることとして正しいものを，次のアからエまでの中から１つ選びなさい。(　　　)

ア　2020年のODA支出総額上位２か国は，2020年の国民１人あたり負担額においても上位２か国となっている。

イ　2020年のODA支出総額上位５か国は，いずれの国も2012年から2020年にかけてODA支出総額が増え続けている。

ウ　2020年のODA支出総額上位５か国のうち，ヨーロッパの国はいずれも2012年から2020年にかけて国民１人あたり負担額が50ドル以上増えている。

エ　2020年のODA支出総額上位５か国のうち，2020年のODA支出総額が2012年と比べて２倍以上に増えている国は３か国ある。

(3)　下線部⑥の目的について，話し合い，ノートを参考にして，「収入」という語句を用いて，35字以上，45字以内で説明しなさい。

理科

時間　50分　　　満点　100点

（編集部注）膳所高校の理数科は120点満点に換算する。

1　金属の種類によるイオンへのなりやすさと電池のしくみについて調べるため，実験を行いました。後の1から5までの各問いに答えなさい。

【実験1】

〈方法〉

① 3種類の金属片（銅，マグネシウム，亜鉛）と，3種類の水溶液（硫酸銅水溶液，硫酸マグネシウム水溶液，硫酸亜鉛水溶液）を準備する。

② 図1のように，12穴のマイクロプレートを使い，縦の列の穴に同じ種類の水溶液を少量入れ，横の列の穴に，同じ種類の金属片を1枚ずつ入れひたす。右端の3穴は使用しない。

③ 金属片と水溶液の変化を観察する。

図1

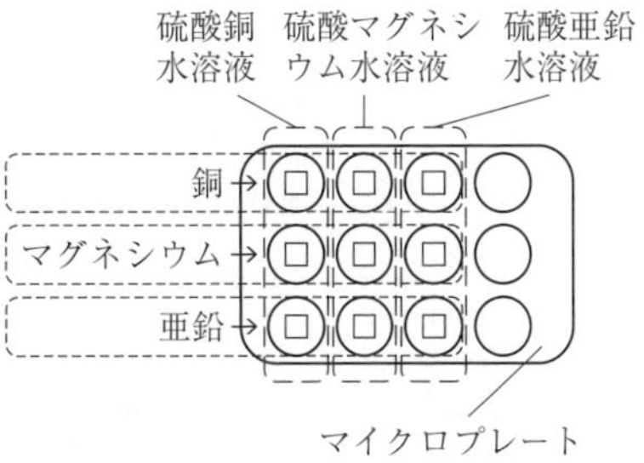

〈結果〉

表は，実験の結果をまとめたものである。

表

	硫酸銅水溶液	硫酸マグネシウム水溶液	硫酸亜鉛水溶液
銅	変化が起こらなかった。	変化が起こらなかった。	変化が起こらなかった。
マグネシウム	マグネシウム片が変化し，赤色の固体が現れ，水溶液の青色がうすくなった。	変化が起こらなかった。	マグネシウム片が変化し，灰色の固体が現れた。
亜鉛	亜鉛片が変化し，a 赤色の固体が現れ，水溶液の青色がうすくなった。	変化が起こらなかった。	変化が起こらなかった。

1　溶質を水に溶かしたとき，水溶液に電流が流れる物質を何といいますか。書きなさい。（　　　）

2　下線部aの化学変化を，金属原子とイオンの化学反応式で書きなさい。ただし，電子はe^-で表しなさい。（　　　　　　　　　）

3　実験1の結果から，銅，マグネシウム，亜鉛のうち，最も陽イオンになりやすい金属を，化学式で書きなさい。（　　　）

【実験２】

〈方法〉

① 図２のように，セロハン膜に硫酸銅水溶液と銅板を入れ，亜鉛板，硫酸亜鉛水溶液を使ってダニエル電池をつくり，導線でプロペラ付き光電池用モーターにつなぐ。

② 電池から電流が流れているかどうか，プロペラ付き光電池用モーターの回転で確認する。

③ 電流を流し続けた後，金属板と水溶液の変化を観察する。

図２

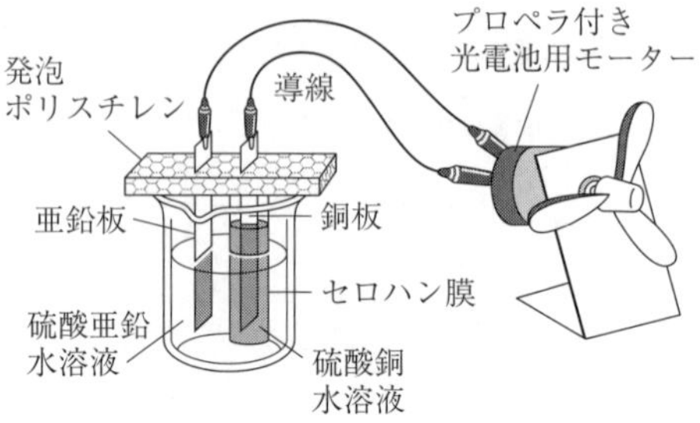

〈結果〉

・プロペラ付き光電池用モーターは，回転した。

・それぞれの金属板の表面のようすや，硫酸銅水溶液の色の濃さに変化が見られた。

・さらに，ダニエル電池に関して，セロハン膜の役割を調べたところ，資料のとおりであった。

資料　セロハン膜の役割

・電池の２種類の水溶液が簡単に混ざり合わないようにし，亜鉛板と硫酸銅水溶液が直接反応するのを防ぐ。

・b イオンがセロハン膜を通って，移動することで，電池のはたらきが低下するのを防ぐ。

4　実験２で使った硫酸銅水溶液の質量パーセント濃度を 15 ％とします。この水溶液 180g のうち，溶媒の質量は何 g ですか。求めなさい。(　　　g)

5　下線部b について，次の(1)，(2)の問いに答えなさい。

(1)　図２の反応で，ダニエル電池から電流を流し続ける場合，硫酸銅水溶液中の銅イオンの数は，反応前に比べてどうなると考えられますか。次のアからウまでの中から１つ選びなさい。

(　　　)

ア　増加する　　イ　減少する　　ウ　変化しない

(2)　ダニエル電池から電流が流れているとき，セロハン膜を通る２種類のイオンは，セロハン膜をはさんで，どの電極側に向かって移動しますか。それぞれのイオンの動きについて，イオンの名前と，「＋極側」，「－極側」という語を使って説明しなさい。ただし，水は電離していないものとします。

(　　　　　　　　　　　　　　　　　　　　　　　　　　　　　　)

2 電気について調べる実験を行いました。後の1から5までの各問いに答えなさい。

【実験1】

図1

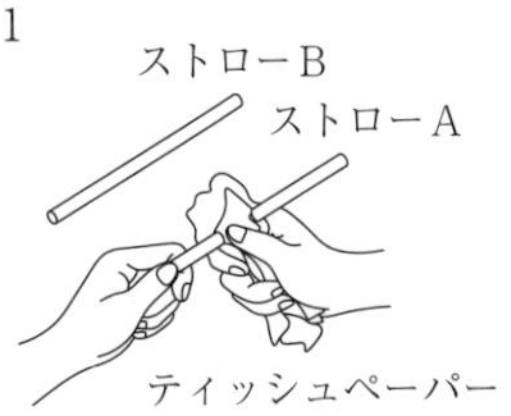

図2

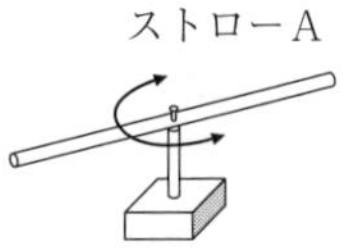

図3

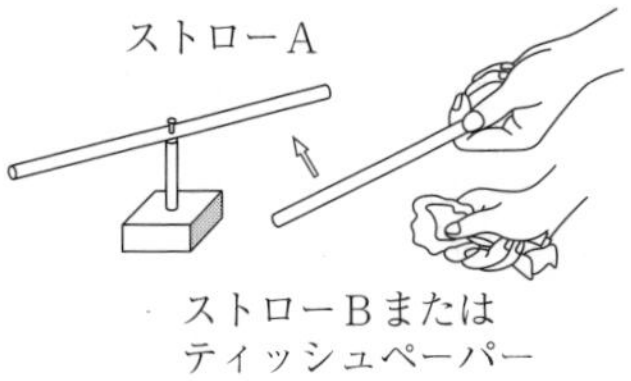

〈方法〉

① 図1のように，ストローAをティッシュペーパーでよくこする。同様にストローBもよくこする。

② 図2のように，台の上でストローAを回転できるようにする。

③ 図3のように，ストローAにストローBを近づけて，ストローAの動きを観察する。同様にティッシュペーパーを近づけて，ストローAの動きを観察する。

〈結果〉

図3で，ストローBまたはティッシュペーパーを近づけたとき，ストローAはどちらも動いた。

1 実験1の結果で，ストローAが引きよせられるのはどれですか。次のアからエまでの中から1つ選びなさい。(　　　)

ア ストローB

イ ティッシュペーパー

ウ ストローBとティッシュペーパーの両方

エ ストローBとティッシュペーパーのどちらでもない

2 実験1で，ストローをティッシュペーパーでよくこすることによって，ストローに静電気が生じるのはなぜですか。「電子」という語を使って説明しなさい。ただし，ストローは－《マイナス》に帯電するものとします。(　　　　　　　　　　　　　　　　　　　　　　　　　　　　　　)

【実験2】

図4

図5

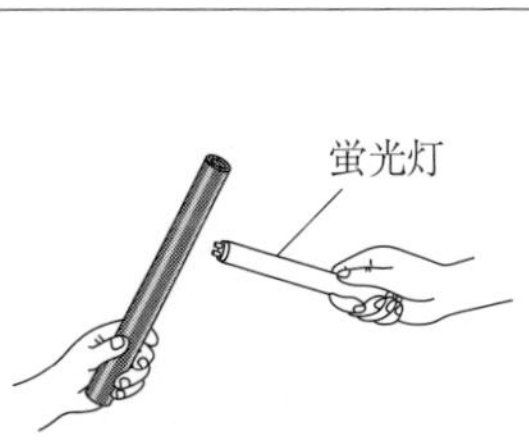

〈方法〉

① 図4のように，ポリ塩化ビニルのパイプをティッシュペーパーでよくこする。

② 図5のように，暗い場所で，帯電したポリ塩化ビニルのパイプに小型の蛍光灯（4W程度）を近づける。

〈結果〉

小型の蛍光灯が一瞬点灯した。

3　実験２で，ポリ塩化ビニルのパイプを使って蛍光灯を一瞬点灯させることができます。このとき，蛍光灯が点灯したのはなぜですか。「静電気」という語を使って説明しなさい。

(　　　　　　　　　　　　　　　　　　　　　　　　　　　　　　　　　　)

【実験３】

〈方法〉

①　図６のように，十字板の入った放電管に，誘導コイルで大きな電圧を加える。

②　誘導コイルの＋極と－極を入れかえて同様の実験を行う。

図６

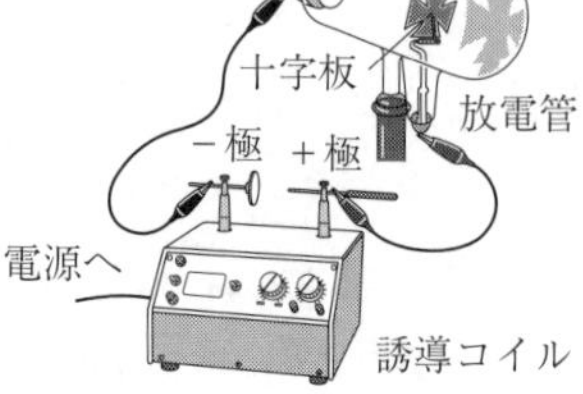

〈結果〉

①のとき，放電管のガラス壁が黄緑色に光った。また，図６のように十字板の影ができた。

②のとき，ガラス壁の上部は黄緑色に光ったが，十字板の影はできなかった。

4　実験３のように，気体の圧力を小さくした空間に電流が流れる現象を何といいますか。書きなさい。(　　　　)

5　実験３の結果から，電流のもととなる粒子と電流について正しく説明しているものはどれですか。次のアからエまでの中から１つ選びなさい。(　　　　)

ア　電流のもととなる粒子は＋極の電極から－極側に向かい，電流も＋極から－極に流れる。

イ　電流のもととなる粒子は＋極の電極から－極側に向かい，電流は－極から＋極に流れる。

ウ　電流のもととなる粒子は－極の電極から＋極側に向かい，電流は＋極から－極に流れる。

エ　電流のもととなる粒子は－極の電極から＋極側に向かい，電流も－極から＋極に流れる。

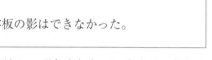

3 岩石の種類やマグマについて調べ学習を行いました。後の1から5までの各問いに答えなさい。

【調べ学習】

図1は，川で採集した3つの岩石のつくりを観察してスケッチしたものです。また，表はそれぞれの岩石の特徴を記録したものです。

図1

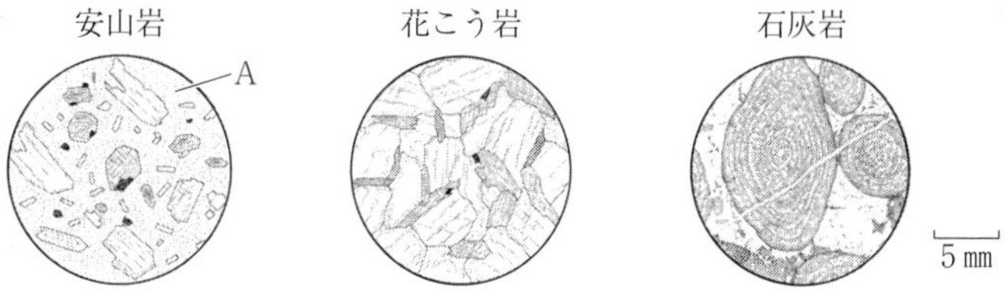

表

岩石の種類	岩石の特徴
安山岩	やや大きい白色や黒色の鉱物が，粒を識別できない部分の中に散らばっている。
花こう岩	同じくらいの大きさの白色の鉱物や，黒色の鉱物が組み合わさっている。
石灰岩	岩石の中に，大きさの違うフズリナの化石が見られる。

火山の形は，マグマのねばりけによって，3つの形に分類されます。図2は，それらの火山の断面図を模式的に表したものです。

図2

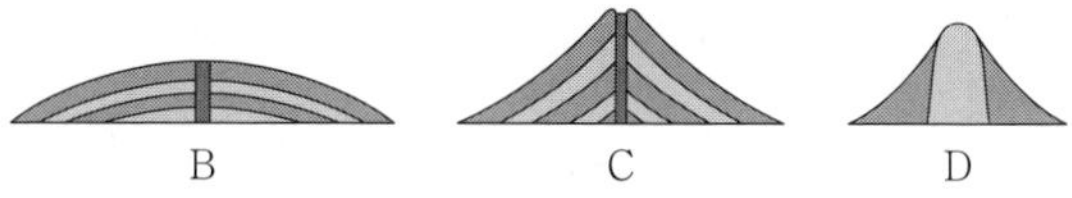

1 図1の安山岩のような岩石のつくりを斑状組織といいます。このとき，Aの部分を何といいますか。書きなさい。(　　　)

2 花こう岩が，安山岩と比べて白っぽく見えるのはなぜですか。花こう岩にふくまれている鉱物の種類を1つあげて説明しなさい。(　　　　　　　　　　　　　　　　　　　　　　　　　　　　　　)

3 フズリナの化石が見られた岩石が，石灰岩であることを確かめる方法として，正しいものを，次のアからエまでの中から1つ選びなさい。(　　　)

ア たたくと，決まった方向にうすくはがれることを確かめる。

イ うすい塩酸をかけると，気体が発生することを確かめる。

ウ 磁石を近づけると，引き寄せられることを確かめる。

エ 鉄くぎでひっかいて，表面に傷がつかないことを確かめる。

4 図2のうち，Bの火山をつくるマグマのねばりけと，噴火活動のようすを説明したものとして，正しいものを，次のアからエまでの中から1つ選びなさい。(　　　)

ア マグマのねばりけは強く，激しい爆発をともなうことが多い。

イ マグマのねばりけは強く，穏やかに溶岩を流しだすことが多い。

ウ マグマのねばりけは弱く，激しい爆発をともなうことが多い。

エ マグマのねばりけは弱く，穏やかに溶岩を流しだすことが多い。

5 調べ学習で観察した石灰岩のでき方について，安山岩や花こう岩のでき方との違いを説明しなさい。(　　　　　　　　　　　　　　　　　　　　　　　　　　　　　　)

4　植物が葉以外で光合成や呼吸を行うかを調べるために，緑色のピーマンと赤色のピーマンの果実を用意して，観察や実験を行いました。後の1から5までの各問いに答えなさい。

【観察】

〈方法〉

①　図1のように，緑色，赤色のピーマンの表面をかみそりでうすく切り，それぞれスライドガラスの上にのせ，プレパラートをつくる。

②　作成したプレパラートをa顕微鏡で観察する。

図1

〈結果〉

緑色のピーマンでは，図2のように観察できた。緑色のピーマンの細胞の中には，b緑色の粒が見られたが，赤色のピーマンでは緑色の粒は見られなかった。

図2

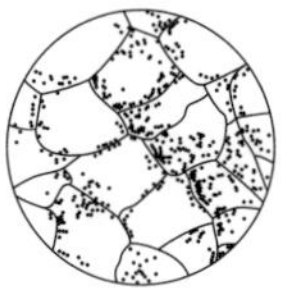

1　下線部aについて，顕微鏡で観察する際，あらかじめ対物レンズとプレパラートをできるだけ近づけておき，接眼レンズをのぞきながら対物レンズとプレパラートを離していくようにしてピントを合わせます。このようなピントの合わせ方をしなければならないのはなぜですか。説明しなさい。(　　　　　　　　　　　　　　　　　　　　　　　　　　　　　　　　　　)

2　下線部bについて，緑色の粒は何といいますか。書きなさい。(　　　　)

3　動物細胞と植物細胞に共通して見られるつくりはどれですか。次のアからエまでの中からすべて選びなさい。(　　　　)

ア　細胞壁　　イ　核　　ウ　細胞膜　　エ　液胞

【実験】

〈方法〉

①　緑色のピーマン，赤色のピーマンをそれぞれ同じ大きさに切る。

②　青色のBTB溶液にストローで息を吹き込んで，緑色にしたものを試験管AからFに入れる。

③　図3のように，試験管A，Bには緑色のピーマンを，試験管C，Dには赤色のピーマンを，BTB溶液に直接つかないようにそれぞれ入れ，ゴム栓をする。なお，試験管E，Fにはピーマンは入れない。

④　試験管A，C，Eには十分に光を当てる。試験管B，D，Fには光が当たらないようにアルミニウムはくでおおう。

図3

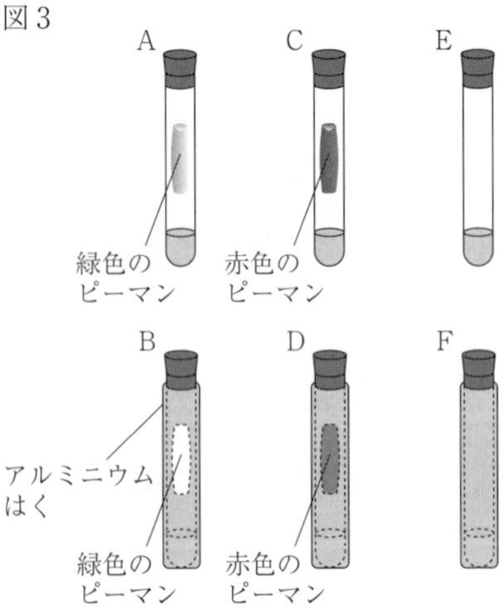

⑤　3時間後，BTB溶液がピーマンに直接つかないように試験管を軽く振り，BTB溶液の色の変化を観察する。

〈結果〉

表は，実験の結果をまとめたものである。

表

試験管	A	B	C	D	E	F
BTB 溶液の色の変化	緑色→青色	緑色→黄色	緑色→黄色	緑色→黄色	緑色→緑色	緑色→緑色

4　実験の結果から，緑色のピーマンは光合成をしていると予想できます。そのように予想できるのはなぜですか。説明しなさい。

(　　　　　　　　　　　　　　　　　　　　　　　　　　　　　　　　　　　　)

5　実験の結果からわかることは何ですか。次のアからカまでの中から2つ選びなさい。

(　　　)(　　　)

ア　光が当たっているときのみ呼吸を行う。

イ　光が当たっていないときのみ呼吸を行う。

ウ　光が当たっているかどうかに関わらず呼吸を行う。

エ　光が当たっているかどうかに関わらず呼吸を行わない。

オ　呼吸を行うかどうかはピーマンの色が関係する。

カ　呼吸を行うかどうかはピーマンの色には関係しない。

人こひ初めしはじめなり

わがこころなきためいきＣのその髪の毛にかかるとき
たのしき恋の盃《さかづき》を
君が情《なさけ》に酌《く》みしかな

林檎畠《ばたけ》の樹《こ》の下に
おＤのづからなる細道は
誰《た》が踏みそめしかたみぞと
問ひたまふこそこひしけれ

（島崎藤村《しまざきとうそん》「若菜集」より）

① 【詩】の～～線部Ⅰ「の」と同じ働きをしている「の」を、――線部ＡからＤまでの中から一つ選び、記号で答えなさい。（　）

② 【詩】の＝＝線部を現代仮名遣いに直し、全てひらがなで書きなさい。（　）

③ 次は、【詩】の各連の内容について説明したものです。第三連について説明したものを、次のアからエまでの中から一つ選び、記号で答えなさい。（　）

ア　林檎を仲立ちとするやり取りから、相手への思いが強まっている。

イ　少女のふとした何気ない言動すら恋しくてたまらなく感じられる。

ウ　林檎畑で見かけた少女の美しさに魅了される様子が描かれている。

エ　思いがけず漏らした恋心を、少女は優しく受け入れてくれている。

[3] 次の1から4までの各問いに答えなさい。

1 次の①から⑤までの文中の――線部のカタカナを漢字に直して書きなさい。

① 木造ケンチクの住宅。( )

② 郵便物がトドく。(く)

③ ショクムを遂行する。( )

④ 社会生活をイトナむ。(む)

⑤ 遊園地の巨大メイロ。( )

2 次の①から⑤までの文中の――線部の漢字の正しい読みをひらがなで書きなさい。

① 賃貸のアパートに住む。( )

② 寄付で費用を賄う。(う)

③ 子どもは好奇心が旺盛だ。( )

④ 富士山の麓のキャンプ場。( )

⑤ 熟れたトマトは甘い。(れ)

3 次の文章を読んで、後の①と②の各問いに答えなさい。

A ある企業が企画したことに「一人旅委員会」というのがあって、三浦雄一郎《みうらゆういちろう》氏などといっしょにぼくも加わって、子供を、トム・ソーヤーやハックルベリー・フィンのようにひとりで冒険をさせようと提言しました。

ぼくは、B たんに家の周辺の知らない道を歩くことだって冒険だし、そこで出会うものは、すべて未知のものだ、C なにも鉄道や車で遠方に出かけなくても、身近なところからひとり歩きやひとり旅を始めさせよう、と言いました。

[I]、旅行は未知の世界を見せてはくれますが、今日のようにパックの安全旅行では、何のためにその土地へ行くのか無意味です。D いったい何があるのか、どこへ行くのかわからない場所へ、自分の意志で行かせることが、子供の強い意志と冒険心をはぐくむことになり、夢を抱かせるのです。

(手塚治虫《てづかおさむ》「ぼくのマンガ人生」より)

(注) 三浦雄一郎…日本のスキー選手、登山家、獣医師。
トム・ソーヤー…アメリカの小説家マーク・トウェーンが書いた小説の主人公。ハックルベリー・フィンは、トムの親友。
パック…乗り物・宿・食事・観光などをひとまとめにして旅行会社などが販売する旅行のこと。

① ――線部AからDまでの中で、品詞が異なるものを一つ選び、記号で答えなさい。( )

② 空欄[I]にあてはまる言葉として、最も適切なものを、次のアからエまでの中から一つ選び、記号で答えなさい。( )

ア つまり イ あるいは ウ もちろん エ しかし

4 次の【詩】を読んで、後の①から③までの各問いに答えなさい。

【詩】

初恋

まだあげ初めし前髪Iの
林檎《りんご》Aのもとに見えしとき
前にさしたる花櫛《はなぐし》の
花ある君と思ひけり

やさしく白き手をのべて
林檎をわれにあたへしは
薄紅《うすくれなゐ》Bの秋の実に

し何かを感じ取っていても、それを上手く表現することばを持たないと、その感覚を理解もできないし、表現することもできないよね。

なつこ先生：はるなさんも、あきおさんも、たいへん良い着眼点を持っていますね。はるなさんは、「人間の外側にあるものの性質」という視点で考えていますし、あきおさんは「人間の内側にある感覚」という視点で考えています。どちらも、とても大事な視点だと思いますよ。

はるなさん：「人間の外側」と、「人間の内側」って、どういう意味ですか？

なつこ先生：私たちは普段、身の回りにあるものを自分の目的に合わせて使ったり、自分の周りや社会で起きたできごとに対して、自分はどうするべきか、判断したりして生活していますよね。この時、「判断」しているのは、誰ですか？

はるなさん：私自身です。

なつこ先生：そうですね。その「私自身」、つまり「私の心」が、「人間の内側」ということです。「身の回りにあるもの」や「自分の周りで起きたできごと」は、「人間の外側」ということになります。

あきおさん：「ものの性質」は変わらないけれども、自分自身の「心」での受け取り方が変化する、ということですね。

はるなさん：そうして、自分が感じたり考えたりしたことを他の人に伝えるとき、とっさに［Ⅱ］ということが大事で、それには語彙力の豊かさが影響すると、【本の一部】の作者は考えているんだね。

1　【本の一部】の――線部について、これはどのようなことですか。【本の一部】から、説明にあたる**一文**を探し、はじめの**五字**を書きなさい。

2　【話し合いの一部】の空欄［Ⅰ］にあてはまる適切な内容を、【本の一部】の言葉を用いて、**三十五字以内**で書きなさい。

3　【話し合いの一部】の空欄［Ⅱ］にあてはまる適切な内容を、【本の一部】から、**十五字**で抜き出して書きなさい。

4　【本の一部】の＝＝線部について、ことば（言語）には、「他の人とコミュニケーションをはかる」以外に、どのような働きがあるとあなたは考えますか。次の条件1と条件2にしたがって書きなさい。

条件1　あなたが考えることば（言語）の働きはどのような場面で見られるものか、**具体例**を挙げて書くこと。ただし、【本の一部】に出ている具体例以外を用いること。

条件2　原稿用紙の正しい使い方にしたがい、**百字以上、百四十字以内**で書くこと。

100字

140字

2 はるなさんたちは、国語の時間に、「ことばの働き」について理解を深めています。次は、その時に読んだ【本の一部】と、その時の【話し合いの一部】です。これらを読んで、後の1から4までの各問いに答えなさい。

【本の一部】

おいしい料理を食べた時、一緒に食べている人に、「これおいしいね」という。そうやって語り合うことによってその料理はさらにおいしく感じるかもしれません。そんな時に、ただ「おいしいね」と言ってももちろんいいのですが、「この味は春らしい感じがするね」とか、この食感は「雪をなめた時のようだね」とか、ことば＝言語によってもう少しきめ細かに表現することによって、おいしさは増し、食事の楽しさも増すかもしれません。テレビ番組では「食レポ」といういいかたがありますが、「食レポ」がうまくできるということは、料理にかかわる語彙力が豊かであるということです。そのことによって、料理がおいしく感じるのだとすれば、語彙力が食事をおいしくするということになります。感覚はむしろ語彙力によって増強されていくといってもいいかもしれません。

ことば＝言語の役割は他の人とコミュニケーションをはかるためだけのものではないと筆者は考えていますが、コミュニケーションをはかるために使うことは事実です。ことば＝言語によって、他の人との関係が始まり、また終わるかもしれません。失言によって、疎遠になってしまう、ということはよくあることです。その「失言」も後から考えれば、「こういう言いかたをすればよかっただけなのに」ということもありそうです。「言いかた」はたしかにあります。同じ「内容」であっても、言いかたによって、聞き手／読み手の受け取りかたが全然異なる場合があります。これは嘘をつくということではまったくありません。どういう視点からことがらをとらえ、それをどのように聞き手／読み手にもちかけるか、ということです。

ここでも語の選択がものをいいそうです。「だめだ」と言うのと「必ずしもよいとは思いにくい」と言うのとではちょっと感じが違いますね。結局は同じ「内容」であるにしても、「言いかた」一つでずいぶんとその後の展開が変わるということだってありそうです。

それは丁寧な話しかたを学べばなんとかなるのではないかと思われる方もいるでしょう。たしかにそういう面もあります。しかし、例えば会話であれば、その場の会話がどのように展開していくかは予測ができません。そういう意味合いではあらかじめ「仕込んでおく」ことができることは限られています。あとは、その場その場で適切な「言いかた」が選択できるか、ということになります。そうなるとやはり語彙力があるかないかに左右されることもありそうです。別の「言いかた」をしようと思っても、どんな語を使えばいいかわからなければ、そもそも「別の言いかた」が浮かばないということです。

（今野真二《こんのしんじ》「大人になって困らない語彙力の鍛えかた」より）

（注） 食レポ…テレビ番組などで、レポーターが料理をその場で食べ、味などについて感想を述べること。

【話し合いの一部】

はるなさん：ことばによって、食べ物のおいしさが増すというのは不思議だね。食べ物の味自体は、変わるはずがないのに。

あきおさん：そうだね。でも【本の一部】で、「感覚はむしろ語彙力によって増強されていく」と言っているよ。これは、語彙が増えれば、自分の感じたことを［ I ］ということかな。感じ取っていないことを表現することはありえないけれど、も

1　【本の一部】の空欄 Ⅰ にあてはまるものとして、最も適切なものを、次のアからエまでの中から一つ選び、記号で答えなさい。（　　）

ア　しっとり　イ　じっくり　ウ　しっかり　エ　しっくり

2　【本の一部】の――線部①について、これはどのようなことですか。最も適切なものを、次のアからエまでの中から一つ選び、記号で答えなさい。（　　）

ア　これまで、都市計画においては遠距離感覚ばかりが重要視され、触覚は問題にされてこなかったということ。

イ　従来の都市計画では景観の問題ばかりが注目され、人と人との触れ合いの意義は忘れられてきたということ。

ウ　景観や騒音などの問題が特に重要視される都市計画では、視覚と聴覚以外は考慮する必要がないということ。

エ　都市計画では視覚と聴覚への関心が高いため、触覚も遠距離感覚だという事実は無視されてきたということ。

3　【本の一部】の――線部②について、筆者がこのように述べているのはなぜですか。その理由として最も適切なものを、次のアからエまでの中から一つ選び、記号で答えなさい。（　　）

ア　「目ざわり」では五感それぞれが持つ性質を表せないから。

イ　「目ざわり」では「手段・方法」の意味を表せないから。

ウ　「目ざわり」では「邪魔」という意味になってしまうから。

エ　「目ざわり」では「遠距離感覚」を示すことになるから。

4　【本の一部】の――線部③について、筆者が「幸い」と言うのはなぜですか。その理由を【資料】を参考にしながら、**五十字以内**で書きなさい。

5　【本の一部】の――線部④について、これはどのようなことですか。解答欄の「われわれは、」という書き出しに続けて、**五十字以内**で書きなさい。

われわれは、

ている。夏はどうということはないけれど、春先の感じがとてもよい。冬の間じゅう枯れ木同然だった雑木の芽が思い思いにふくらんでくると、山はぼうっと霞《かす》んでいるように見える。しかしただ霞んでいるだけでなく、そこになんとも言えぬ、それこそテクスチュアが生まれてくるのだ。冬とはまるでちがって、なにかやわらかみのある、さわったらふんわりとしているであろう温かいテクスチュアである。

もちろん色合いも変わってくる。灰色だった冬の林が、春先にはほんのり色づいてくる。色づくと言っても、まだ緑ではない。枝先の芽はふくらんだとはいえ、まだ固く、灰褐色の鱗片《りんぺん》に包まれたままだ。しかし、色のあるテクスチュアは明らかに変化しつつある。

これこそvisual textureではないか！　われわれは、この山のテクスチュアに、目で触れて味わっているのである。それは手ざわりではけっしてない。手でさわってみようとしても、不可能だ。手はごつごつした枝先の一本一本にさわるだけで、山全体のテクスチュアなど触れ得るべくもない。それは目で、visualにしか感じることのできないテクスチュアである。

目で見ているのだから、それは「風景」だろう、と思うかもしれない。けれどわれわれはそこにたんなる風景や景色以上のものを感じている。われわれは目でそれにさわっている！　④これは目による触覚の世界なのだ。

（日高敏隆《ひだかとしたか》「人間はどういう動物か」より）

（注）相いれない…互いに受けいれない。
サウンドスケープ…生活や環境の中における、音と人との関係に着目した概念。
織り地…織物の生地の性質。
鱗片…生物の表面を覆う、うろこ状の構造物。
べくもない…はずもない。

【資料】

スギは日本中どこに行っても目にする。農村や山村に行けば、家の周りには必ずといっていいほどスギが植えてある。集落の裏山もスギで埋め尽くされているところが多い。（中略）紅葉がきれいな森はスギ林に置き換わり、山の奥に追いやられた。田舎の人も都会の人のようにわざわざ車で出かけて紅葉見物をするようになってしまった。困ったものだ。

ほんのすこし前、それでも50～60年前には、薪炭林《しんたんりん》として里山には広葉樹林が広がっていた。モミジやカエデ、サクラなども混じり、山里の風景を彩《いろど》っていた。淡い若葉も燃えるような紅《くれない》や橙《だいだい》も、ふだん見る風景だったのである。

（清和研二《せいわけんじ》「スギと広葉樹の混交林　蘇《よみがえ》る生態系サービス」より）

（注）薪炭林…薪や木炭用の、主として広葉樹で構成される林。雑木林に同じ。

針葉樹
かたく細い針状の葉やうろこ状の葉を持つ。
○一年中，緑の葉をつけたまま
＝常緑樹（常緑針葉樹）
〔スギ，マツ，ヒノキなど〕
○秋から冬にかけて葉を落とす
＝落葉樹（落葉針葉樹）
〔カラマツなど〕

広葉樹
平らで広い葉を持つ。
○一年中，緑の葉をつけたまま
＝常緑樹（常緑広葉樹）
〔ゲッケイジュ，ツバキなど〕
○秋から冬にかけて葉を落とす
＝落葉樹（落葉広葉樹）
〔ケヤキ，サクラ，モミジなど〕

（環境省ホームページより作成）

国語

時間　五〇分
満点　一〇〇点

1　次の【本の一部】と【資料】を読んで、後の1から5までの各問いに答えなさい。

【本の一部】

触覚は、味覚とともに、いわゆる「近距離感覚」とされている。対象物に体表で触れたとき、あるいは対象物を口の中に入れたときに、はじめて生じる感覚だからである。都市空間の緑化とは相いれない面をもっているのではなかろうか？

近距離感覚と対比して「遠距離感覚」とされているのは、視覚、聴覚、嗅覚である。いずれも遠くから感じることができるからであるのは言うまでもない。

この遠距離感覚は、これまでも都市計画でじゅうぶん考慮に入れられてきた。なかでも景観の問題ではきわめて重要視されている。聴覚についても、最近ではサウンドスケープの問題として、おおいに論じられ、研究されている。ぼく自身も、この問題にかかわったことがある。嗅覚についてはまだあまり正面きって検討されているようには見えないが、東南アジアの都市のにおいと、北欧の都市のにおいのちがい、都市と森林、田園のにおいのちがいは、だれでも知っているとおりである。

①このようなこととの関連で、ぼくが以前から考えていたのは、触覚にも遠距離触覚というものがあり得るのではないか、ということだ。

英語でtexture（テクスチュア）ということばがある。辞書をひくと、織り方、織り地、というのが第一義。二として「(皮膚、木材、岩石などの) きめ、手ざわり」とある。

これは翻訳をしているとき、たいへん困ることばのひとつである。布地のテクスチュアとあったら「手ざわり」とか「きめ」と訳せばよい。意味はよくわかる。壁のテクスチュアというときでも、いちおうは手ざわりでよい。

ところが、visual textureという表現がしばしば出てくるのだ。visualだから視覚的。するとvisual textureは「視覚的手ざわり」ということか？　だが、視覚的な、つまり目で見る手ざわりってなんのことだろう？　手ではなくて目だからというので、②「目ざわり」とやったら、ぜんぜん意味がちがってしまう。

どうやらtextureというのは、手でさわってみることにかぎらないことばらしい。目で見て感じるなめらかな感触とか、ざらざらした感じとかいうのは、すべてtextureに含まれるのである。目で見ているのだから、これはvisual textureという言いかたになる。

それではtextureをなんと訳したらいいのだろう？　「きめ」というのがかなりあたっていそうだけど、今ひとつ[I]こないし、的を射たことばではない。そもそもいつもきめが細かいか粗いかだけを問題にしているわけではない。

このあたりの訳語の問題は英文学者に任せるとして、今、われわれにとって重要なのは、触覚とはけっして手や指先で触れるのにかぎったものではないということである。

京都洛北《らくほく》にあるぼくの家の窓から眺めると、鞍馬街道《くらまかいどう》ごしに神山《こうやま》という低い山並みが見える。京都の町を囲む東山、北山、西山のひとつ、北山のいちばん南のはしにあたる。

③幸いなことに神山は、スギの山ではなく、ほとんど雑木におおわれ

2023年度／解答

数　学

1 【解き方】(1) 与式 $= 13 - 6 = 7$

(2) 与式 $= \frac{4}{12}a - \frac{15}{12}a = -\frac{11}{12}a$

(3) $3x = -7y + 21$ より，$x = \frac{-7y + 21}{3}$

(4) 与式を，$\begin{cases} 2x + y = -1 \cdots\cdots ① \\ 5x + 3y = -1 \cdots\cdots ② \end{cases}$ とする。①×3－②より，$x = -2$　これを①に代入すると，$2 \times (-2) + y = -1$ より，$y = 3$

(5) 与式 $= 3\sqrt{3} - 2\sqrt{3} = \sqrt{3}$

(6) 和が -2，積が -24 となる2数は4と -6 だから，与式 $= (x + 4)(x - 6)$

(7) 底面の円の半径が3，高さが4の円柱から，底面の円の半径が3，高さが4の円錐を取り除いた立体ができる。よって，求める体積は，$\pi \times 3^2 \times 4 - \frac{1}{3} \times \pi \times 3^2 \times 4 = 36\pi - 12\pi = 24\pi$

(8) 第3四分位数は，12個のデータを前半と後半に分けたときの後半グループの中央値だから，$12 \div 2 = 6$ より，$6 + 6 \div 2 = 9$（番目）と10番目の値の平均値となる。よって，$(8 + 10) \div 2 = 9$（冊）

(9) 3枚の硬貨を投げたとき表裏の出方は，$2 \times 2 \times 2 = 8$（通り）　そのうち2枚以上裏となるのは，(1枚目，2枚目，3枚目) ＝ (表，裏，裏)，(裏，表，裏)，(裏，裏，表)，(裏，裏，裏)の4通り。よって，求める確率は，$\frac{4}{8} = \frac{1}{2}$

【答】(1) 7　(2) $-\frac{11}{12}a$　(3) $x = \frac{-7y + 21}{3}$　(4) $x = -2$，$y = 3$　(5) $\sqrt{3}$　(6) $(x + 4)(x - 6)$　(7) 24π　(8) 9（冊）　(9) $\frac{1}{2}$

2 【解き方】(1) 右図アのように，長さ10cmの線分をAEとし，線分AEをAの方に延長する。点Aを通る半直線EAの垂線を作図し，AE＝ADとなる点Dをとり，点Dと点Eを結ぶ。点E，点Dを中心として，それぞれ半径DEの円をかき，円の交点をFとする。点Dと点F，点Eと点Fを結ぶ。

図ア
（例）

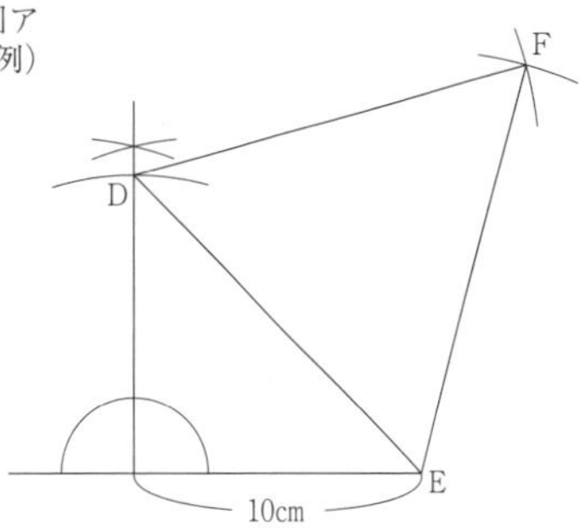

(2) 弧BB′の長さは，底面の直径5cmの円の円周と等しく 5π cm。したがって，おうぎ形OBB′で，$2\pi \times \mathrm{OB} \times \frac{45}{360} = 5\pi$ が成り立つから，これを解くと，$\mathrm{OB} = 20$ (cm)　よって，弧AA′の長さは，$2\pi \times (20 + 8) \times \frac{45}{360} = 7\pi$ (cm)

(3) (図5の長方形の紙の面積)：(図6の斜線部の長方形の面積) ＝ 2：1より，(図5の長方形の紙の面積) $= 2 \times (12 \times 8) = 192$ (cm^2)　図5の長方形の縦の長さは $(2x + 8)$ cm，横の長さは $(2x + 12)$ cmより，面積について，$(2x + 8)(2x + 12) = 12 \times 8 \times 2$ が成り立つ。これを整理すると，$x^2 + 10x - 24 = 0$ だから，$(x - 2)(x + 12) = 0$　$x > 0$ より $x = 2$

(4) 組み立てると，右図イのように，△DIC を底面とする三角錐から△GAB を底面とする三角錐を取り除いた立体ができる。面 ABG と面 ICD は平行である。よって，辺 AB と交わらず，平行でもない辺は，辺 DI，DG，CD。

図イ

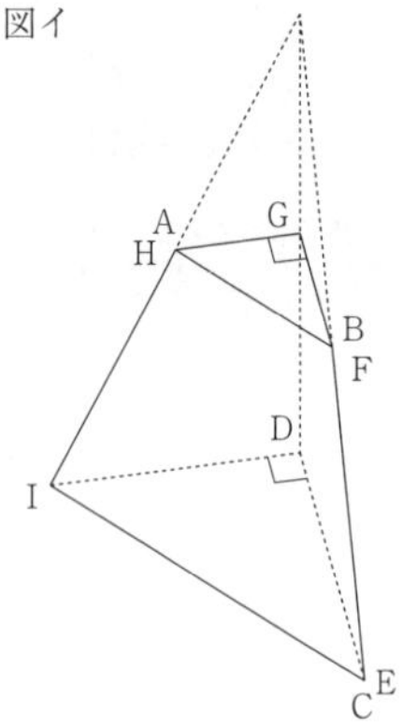

【答】 (1) (前図ア)　(2) 7π (cm)　(3) 2 (cm)　(4) 辺 DI，DG，CD (または，ED)

3 **【解き方】** (1) $y = -x^2$ について，$x = 1$ のとき，$y = -1^2 = -1$ で，$x = 3$ のとき，$y = -3^2 = -9$ だから，変化の割合は，$\dfrac{-9-(-1)}{3-1} = -4$

(2) $y = ax^2$ に $x = 2$，$y = 2$ を代入して，$2 = a \times 2^2$ より，$a = \dfrac{1}{2}$　関数 $y = \dfrac{1}{2}x^2$ のグラフは原点，(2，2)，(4，8)，(－2，2)，(－4，8)などの点を通るから，これらをなめらかに結んで上に開いた放物線を右図のようにかく。

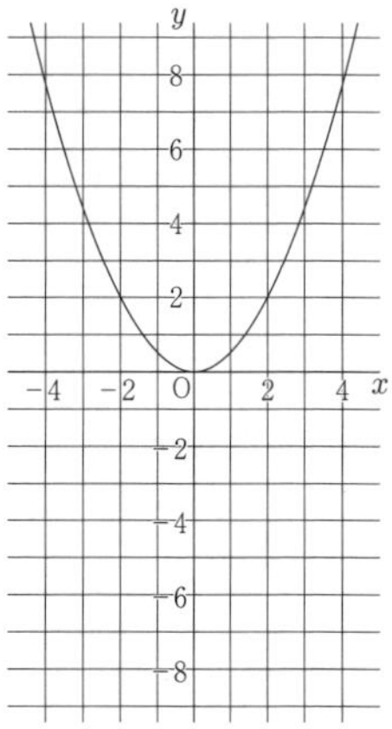

(3) A $(t,\ 2t^2)$，B $(t,\ -t^2)$ より，$AB = 2t^2 - (-t^2) = 3t^2$　また，$AC = t - (-t) = 2t$ より，$3t^2 + 2t = 1$ が成り立つ。これを整理して，$3t^2 + 2t - 1 = 0$　解の公式より，$x = \dfrac{-2 \pm \sqrt{2^2 - 4 \times 3 \times (-1)}}{2 \times 3} = \dfrac{-2 \pm 4}{6}$　$t > 0$ より，$t = \dfrac{-2+4}{6} = \dfrac{1}{3}$

(4) $y = 2x^2$ は，$x = 0$ のとき最小値 $y = 0$，$x = 3$ のとき最大値，$y = 2 \times 3^2 = 18$ となる。$b < 0$ より，$y = bx + c$ は右下がりのグラフだから，$x = -1$ のとき y は最大となり $y = 18$，$x = 3$ のとき y は最小となり $y = 0$ となる。したがって，b，c についての連立方程式 $\begin{cases} 18 = -b + c \\ 0 = 3b + c \end{cases}$ が成り立つから，これを解くと，$b = -\dfrac{9}{2}$，$c = \dfrac{27}{2}$

【答】 (1) －4　(2) $(a =)\ \dfrac{1}{2}$　(グラフ) (右図)　(3) $\dfrac{1}{3}$　(4) $(b =) -\dfrac{9}{2}$　$(c =)\ \dfrac{27}{2}$

4 **【解き方】** (2) ① AB：CA = 10：5 = 2：1 より，△ABC は 30°，60° の直角三角形だから，$BC = \sqrt{3}CA = 5\sqrt{3}$　△NBM も 30°，60° の直角三角形だから，△ABC ∽△NBM で，相似比は，$BC：BM = BC：\dfrac{1}{2}AB = 5\sqrt{3}：5 = \sqrt{3}：1$ だから，面積比は，$(\sqrt{3})^2：1^2 = 3：1$　② △AB′C′ ≡△ABC だから，斜線部の面積は，(おうぎ形 ABB′)＋△AB′C′ －△ABC －(おうぎ形 ACC′)＝(おうぎ形 ABB′)－(おうぎ形 ACC′)＝ $\pi \times 10^2 \times \dfrac{90}{360} - \pi \times 5^2 \times \dfrac{90}{360} = \dfrac{75}{4}\pi$

【答】 (1) DB ∥ CE から，平行線の同位角は等しいので，∠ABD ＝∠BEC　また，平行線の錯角は等しいので，∠DBC ＝∠BCE　仮定より，∠ABD ＝∠DBC　したがって，∠BEC ＝∠BCE　2 つの角が等しいから，△BCE は二等辺三角形であり，BE ＝ BC……①　△AEC で，DB ∥ CE から，AB：BE ＝ AD：DC……②　①，②から BA：BC ＝ AD：DC

(2) ① 3：1　② $\dfrac{75}{4}\pi$

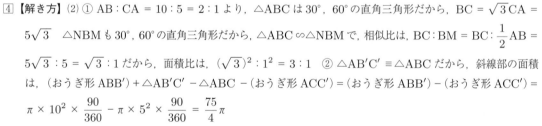

英　語

1 【解き方】《その1》1.「夏の間，それを窓のそばにつける」，「その音を楽しむ」という表現から，「風鈴」の説明であることがわかる。2. 母親が最後に「あなたの部屋の机の上にある」と言っている。3. ふだんは7時50分のバスに乗るデイビットが，今日はバス停で10分待たなければならなかったことから，バスが8時に来たことがわかる。4.「20ドルしか持っていない」，「妹は花柄のTシャツが気に入るでしょう」というせりふから，少女は花柄の白いTシャツを買うつもりであることがわかる。

《その2》日曜日の野球の試合に出場するメンバーの一人が来られなくなったため，ジョンさんはチームに参加してくれるよう健さんに依頼している。

《その3》1. トムさんはテニスチームの見学に行ったが，テニスチームに入っているわけではない。2. トムさんはアメリカで，「秋にはサッカー，冬にはバスケットボール，そして春には野球をした」と言っている。3. 香菜さんは歌の腕前を上げるために，合唱部で一生懸命練習するつもりだと言っている。4.「あなたはどの部活に参加したいですか？」という質問に対する返答。「私は～に参加したい」= I want to join ～。

【答】《その1》1. ウ　2. イ　3. エ　4. ア　《その2》イ

《その3》1. イ　2. ウ　3. エ　4.（例）I want to join the basketball team.

◀全訳▶　《その1》

No.1.

A：ケンタ，これはどのようにして使うのですか？

B：夏の間，それを窓のそばにつけるのです。私たちはその音を楽しみます。

A：それは素敵ですね。

質問：ケンタは何を説明しましたか？

No.2.

A：ボブ，私はあなたのベッドの下であなたの腕時計を見つけたわよ。

B：ありがとう，お母さん。それは今どこにあるの？

A：あなたの部屋の机の上にあるわ。

質問：ボブの腕時計はどこにありますか？

No.3.

A：スミス先生，遅れてすみません。

B：どうしたのですか，デイビッド？

A：私はふだんは7時50分のバスに乗るのですが，今日はそれが遅れたのです。

B：どれくらいバス停で待ったのですか？

A：10分待たなければなりませんでした。

質問：今朝，バスは何時に来ましたか？

No.4.

A：すみません。妹のためのプレゼントが買いたいのです。

B：これらのTシャツはいかがですか？　黒いTシャツは22ドルで，白いTシャツは18ドルです。

A：私は20ドルしか持っていません。妹は花柄のTシャツが気に入るでしょう。あのTシャツをいただきます。

質問：少女は妹のためにどのTシャツを買うつもりですか？

《その2》もしもし，ケン。ジョンです。僕たちは君の助けを必要としています。今週の日曜日に僕たちは野球の試合をする予定なのですが，僕たちの選手の一人がその試合に来ることができません。僕たちは一緒にプレーをしてくれる人を探しています。君は野球が好きだと聞きました。もしその試合に来ることができれば，僕に電話をしてください。

《その3》

A：トム，あなたは部活に興味がありますか？

B：昨日，2つの部活動を見学しましたが，まだ決めていません。

A：それらはどうでしたか？

B：バレーボールチームは僕には大変そうに見えました，そしてテニスチームは楽しそうに見えました。

A：それなら，あなたはテニスチームに興味を持っているのですね？

B：はい，でも一度もテニスをしたことがないので心配です。

A：あなたは新しいことに挑戦してみるべきです。高校で何か新しいことを始めるのは良いことです。

B：その通りですね。

A：あなたはアメリカで部活のメンバーだったのですか？

B：アメリカでは，僕たちはしばしば季節ごとに違うスポーツをします。僕は秋にはサッカー，冬にはバスケットボール，そして春には野球をしました。

A：本当ですか？　私はそれを聞いて驚いています。

B：ええと，あなたはどの部活動に興味があるのですか，香菜？

A：私は合唱部に興味を持っています。私は他の人たちと歌うことが好きです。私は合唱部で腕前を上げるため一生懸命練習するつもりです。

B：すごいですね。僕は決める前にもっとたくさんの部活動が見たいです。

A：あなたはどうですか？　あなたはどの部活に参加したいですか？

質問1. トムはテニスチームに入っていますか？

質問2. アメリカで，トムはいくつのスポーツをしましたか？

質問3. 香菜は高校の合唱部で何をするつもりですか？

2 **【解き方】** 1. ア. 生徒たちの希望する職業が表2に示されていることから，田中先生がすでに生徒たちに将来の夢について聞いたことがわかる。イ. 表1の中に「美容師」はない。ウ.「1970年の人気のある職業の中には飛行機に関連するものがある」。表1の中に「客室乗務員」と「パイロット」がある。内容に合っている。エ. 表2を見る。生徒たちのうち5名は，なりたい職業をまだ決めていない。オ.「新しい経験が夢を変えるかもしれないと田中先生は信じている」。第4段落の最後から2文目を見る。内容に合っている。カ. 最終段落の1文目を見る。生徒たちへの課題は，職業を持っている人にインタビューすること。

2. 直前の「入院中，寂しくて泣くこともあったとき，看護師が来て安心させてくれた」という翔太の話から，翔太は彼の「親切」を決して忘れないと思っている。「親切」= kindness。

3.「どのようにすればそれが見つかるのかしら」という意味の文。「～かしら」= I wonder ～。「どのようにすれば～できるのか」= how to ～。

4. 七海が「私は父に尋ねるつもりよ」と答えていることから考える。翔太は「君は誰にインタビューするつもり？」と聞いた。

5. 質問は「七海の父親はどれくらい警察官として働いていますか？」。第1段落の2文目を見る。七海の父親は25年間警察官をしている。

6. 空所の直後は，七海の父親が警察官をしている理由を表している。理由を表す接続詞はbecause。

7. 第3段落にある「もっと知識を得るべきだ，そうすれば多くのことが想像できる。それが将来のためのより多くの選択肢を与えてくれるだろう」という七海の父親のアドバイスに着目。「私は自分の夢を見つけるためにもっと知識を得るつもりです」となる。

【答】 1. ウ・オ　2. エ　3. wonder how to find it　4. Who　5.（例）He has worked for twenty-five years　6. ア　7.（例）get more knowledge

◀全訳▶　【田中先生の話】

今日はあなたたちの将来の職業についてお話ししたいと思います。表１と表２を見てください。表１は約50年前の1970年に人気のあった職業のリストです。表２はこのクラスの生徒たちが将来何になりたいのかを表しています。

〈表１〉

1970年に人気のあった職業

野球選手	漫画家
医者	エンジニア
ファッションデザイナー	客室乗務員
看護師	パイロット
科学者	教師

〈表２〉

あなたは将来何になりたいですか？

職業	生徒数
プログラマー	5
イラストレーター	4
医者	4
ゲームデザイナー	3
看護師	3
運動選手	2
美容師	2
教師	2
ダンサー	1
ファッションデザイナー	1
エンジニア	1
声優	1
作家	1
未定	5
合計	35

これらの表は私たちに何を示しているのでしょうか？　医者と看護師は，表１と表２の両方で人気がありますが，表１や表２でしか見つけることができない職業があります。それは，異なる時代で異なる職業が人気であるということを意味しています。将来の世代は異なる夢を持っているのかもしれません。

表２によると，プログラマーがこのクラスで最も人気のある職業です。イラストレーターは医者と同じくらい人気があります。素晴らしい夢を実現するために，あなたたちは努力するべきです。

自分の夢をまだ決めていない生徒たちもいます。それは問題ではありません。あなたたちにはまだ経験していないことがたくさんあります。新しい経験をすれば，あなたたちの夢は変わるかもしれません。だから，より多くのことを学ぶことが大切です。

さて，あなたたちの課題は，職業を持つ人にインタビューし，レポートを書くことです。あなたたちは，「なぜあなたは自分の職業を選んだのですか？」というような，職業に関する質問をしなければなりません。来週，あなたたちは発表をします。私はそれを楽しみにしています。

【二人の会話】

七海：翔太，あなたは目標を決めたの？

翔太：うん。僕は看護師になりたい。

七海：なぜあなたは看護師になりたいの？

翔太：子どものときに，僕は手術をしたんだ。入院中，僕は寂しくて泣くこともあった。そのとき，ある看護師さんが僕と話すために来てくれて，僕は安心したんだ。僕は彼の親切を決して忘れないし，彼のような看護師になりたいんだよ。

七海：それは素晴らしいわね。
翔太：君はどうなの？
七海：私はまだ目標を見つけていないの。どのようにすればそれが見つかるのかしら。
翔太：人々の経験について学べば，君の夢が見つけられるよ。君は誰にインタビューするつもり？
七海：ええと，私は父に尋ねるつもりよ。彼は警察官だけれど，私はどうして彼が警察官になりたかったのか知らないの。私は彼の職業についてもっと知りたいと思う。
翔太：君の夢のためのヒントがいくつか見つかるかもしれないね。頑張って！

【七海さんの発表】

こんにちは，みなさん。私は父にインタビューをしました。私の父は25年間警察官をしているのですが，なぜ彼がこの職業を選んだのか私は知りませんでした。

彼は私に「助けを必要としている人たちを助けることができると私はうれしい。彼らの笑顔がいつも私を幸せにしてくれるから私はこの仕事をしている」と言いました。

私が彼に「私は自分の夢を見つけていない」と言ったとき，彼は私にいくつかアドバイスをしてくれました。「もっと知識を得るべきだ，そうすれば多くのことが想像できる。それが将来のためのより多くの選択肢を与えてくれるだろう」

私は自分のすることをまだ決めていませんが，父のように，助けを必要とする人たちを助けたいと思います。私は自分の夢を見つけるためにもっと知識を得るつもりです。今，私は自分の夢に続く道が見つけられてとてもわくわくしています。ありがとうございました。

3 **【解き方】** 1. (1) 質問は「ホワイト先生はなぜ滋賀をめぐる旅をするのですか？」。【ホワイト先生の話】の第1段落の最終文を見る。ホワイト先生が滋賀をめぐる旅をしているのは，地元の歴史に興味があるから。「～に興味がある」＝be interested in ～。(2) 質問は「先月の旅の間に，ホワイト先生は山を見ることを楽しみましたか？」。【ホワイト先生の話】の第2段落の4文目を見る。ホワイト先生は山や，川や，町の風景を楽しんだ。Yesで答える。

2. 直後の文に「彼らと話すことで地元の町について新しいことを学ぶことができる」とあることに着目。エの「地元の人たちに出会う」が適切。local＝「地元の」。

3. 自転車に乗る人のためのサービスを説明している段落。直前で「いくつかの地域には自転車に乗る人のための地図がある」，直後で「いくつかの地域には自転車ツアーのようなイベントがある」と説明している。Also＝「また」。

4. ホワイト先生は自転車で旅をすることの楽しさを生徒たちに伝えている。

5. ホワイト先生は第2段落で「旅の経験」，第3段落で「自転車で旅をすることの利点」，第4段落で「自転車に乗る人たちのためのサービスやイベント」について話している。

6. ④【葵さんのコメント】の6文目を見る。アムステルダムは「人より自転車の方が多い」。「～より…が多い」＝There are more … than ～。⑤【葵さんのコメント】の8・9文目を見る。アムステルダムには車の乗り入れができない自転車用の道路があるため，自転車に乗る人が「安全に旅をする」ことができる。

【答】 1. (例) (1) Because he is interested in local history　(2) Yes, he did　2. エ　3. ア　4. イ　5. ウ
6. (例) ④ more bikes than people　⑤ travel safely

◀全訳▶ 【ホワイト先生の話】

こんにちは，みなさん。あなたたちは週末に何をしますか？　スポーツをしますか？　テレビを見ますか？　私は自転車でゆっくりした旅を楽しんでいます。私は地元の歴史に興味があるので，滋賀にある多くの場所をめぐる旅をしています。

自転車で旅をするとき，私はときどき面白いことを経験します。今から，私の経験の一つについてお話しします。先月，私は小さな町を訪れるため自転車に乗りました。旅の間，私は山や，川や，町の風景を楽しみました。それらはきれいでした。帰宅しようとしていたとき，私は古い神社を見つけ，それを見るため立ち止まりました。それを見ていたとき，2人の人たちが近づいてきて私に話しかけました。彼らは60年以上その神社の近くに住んでいます。彼らはその神社や町の歴史について私に話してくれました。地元の人たちからその話が聞けて私はうれしかったです。それは素晴らしい旅でした。

このような旅を通じて，私は自転車で旅をすることには良い点がいくつかあることを発見しました。まず，私たちはゆっくりした旅を楽しむことができます。何か面白いものを見つけたとき，私たちは簡単に立ち止まってそれを体験することができます。私のように運がよければ，あなたたちは旅の間に地元の人たちと出会うことができます。彼らと話すことで，あなたたちは地元の町について何か新しいことを学ぶことができます。2つ目に，自転車を利用するのは環境に良いということです。先月自転車に乗っていたとき，私はきれいな自然を楽しみました。あのようにきれいな自然を保護するために，自転車は二酸化炭素，つまりCO_2を出さないので良いと思います。

ところで，滋賀には自転車に乗る人たちのための面白いサービスがあることを知っていますか？　例えば，いくつかの地域には自転車に乗る人たちのための地図があります。それらの地図の中には，自転車に乗る人たちに人気の場所やさまざまなルートの情報や写真が載っているものもあり，それぞれの場所までどれくらいかかるのかということを私たちに示してくれています。それらは私たちが旅の計画を立てるときに便利です。また，いくつかの地域には自転車ツアーのようなイベントがあります。これらのツアーのいくつかで，私たちはツアーガイドと一緒に地元の街々をめぐる旅をすることができます。そのツアーガイドは私たちが訪れる場所の説明をしてくれます。これらのサービスやイベントは，自転車での旅をより楽しいものにしてくれます。

私はいつかあなたたちに自転車での旅を楽しむことを望んでいます。

【葵さんのコメント】

自転車のゆっくりした旅は面白そうです。私はいつか，友だちと一緒にそれを試したいと思います。私は私の町で，先生のように自転車に乗る人たちを見かけます。私は自分の町が自転車に乗る人たちにとってより快適になることを望みます。あなたの話を聞いたとき，私はアムステルダムを思い出しました。その街は人より自転車の方が多く，多くの自転車が日常生活の中で利用されていると聞きました。その街は自転車に乗る人たちにとって安全です。例えば，自転車に乗るための道路があり，人々はそこで車に乗ることはできません。これらの道路のおかげで，自転車に乗る人たちは安全に旅ができます。それは面白いアイデアです。私は他の街々からより多くのアイデアが得られることを望みます。

4 **【解き方】** 自分が大切にしているものを1つ選び，それにまつわる思い出や，それが大切である理由などについて説明する。解答例は「私にとって最も大切なものは，昨年父がくれたカメラです。彼はそれで素晴らしい写真を撮りました。私も父のような良い写真家になりたいです」という意味。

【答】 (例) The most important thing to me is the camera that my father gave me last year. He took wonderful pictures with it. I want to become a good photographer like him. (31語)

社　会

1 **【解き方】** 1. 中部地方をさらに，北陸・中央高地・東海の各地域に分けることもある。

2. ア．愛知県も太平洋ベルトに位置している。イ．長野県の電子部品の製造品出荷額（約 7400 億円）の方が島根県の電子部品の製造品出荷額（約 2488 億円）よりも多い。エ．5 つの県のうち製造品出荷額が最も多い愛知県は中京工業地帯に位置している。

3. A の雨温図は一年を通して降水量が少なく，夏と冬の気温の差が大きいので中央高地の気候。B の雨温図は北西季節風の影響から冬の降水量が多い日本海側の気候。C の雨温図は一年を通して降水量が少なく，冬でも温暖な瀬戸内の気候。

4. 方位記号がない場合，地図の上が北を示すことに注意。

5. (1) ラテンアメリカの国々はポルトガル領であったブラジルをのぞくと，ほぼスペインの植民地であったため，キリスト教徒が多く，ブラジル以外のほとんどの国の公用語はスペイン語となっている。(2) 稚魚や稚貝をいけすなどで出荷できる大きさまで育てる漁業は養殖漁業という。(3) かつては自然と共生する理念が希薄《きはく》だったため，ゴミの放置や文化財の破壊など観光による悪影響が問題となっていた。日本では 2007 年にエコツーリズム推進法が制定され，各地域でエコツアーが催されている。

【答】 1. 中部　2. ウ　3. イ　4. (誤っている語句の記号・正しい語句の順に) ア・北東　エ・博物館

5. (1) ア　(2) 栽培漁業　(3) 自然や文化についての理解を深めて，その保全に取り組むようになること（33 字）（同意可）

2 **【解き方】** 1. (1) 8 世紀中頃に栄えた文化。(2) 元は 13 世紀後半～14 世紀に中国に存在した王朝。(3) 海外渡航の許可証を朱印状という。朱印船の活動にともない，東南アジア各地に日本人が多く住む日本町ができた。(4) 18 世紀にジェームズ＝ワットが蒸気機関のすぐれた改良を行い，蒸気船や蒸気機関車の発明につながった。(5) アのポーツマス条約の締結は 1905 年，イのワシントン会議が開催されたのは 1921 年～1922 年，ウの岩倉使節団がアメリカを訪問したのは 1872 年，エの世界恐慌がおこったのは 1929 年。

2. (1) アは平安時代初期に開かれた天台宗や真言宗の特徴。イは鎌倉時代に広まった禅宗の特徴。エは鎌倉時代に開かれた日蓮宗（法華宗）の特徴。(2)「商人」とは，千利休のこと。(3) 為替レートともいう。かつては 1 ドル＝360 円で固定されていたが，現在は需要と供給の関係で自由に変わる変動為替相場制がとられている。(4) 含まれる金の量が少ない質の悪い貨幣が流通すると物価が上昇した。(5) 都市全体に貴重な資源が眠っているようすを鉱山に例えて「都市鉱山」ということがある。

【答】 1. (1) 天平文化　(2)（誤っている語句の記号）イ　（正しい語句）宋　(3) 朱印船貿易　(4) 蒸気機関　(5) ウ→ア→イ→エ

2. (1) ウ　(2) 堺　(3) 為替相場　(4) 含まれる金の量（同意可）　(5) 不要になった携帯電話などから金を取り出し再利用する（25 字）（同意可）

3 **【解き方】** 1. (1) すべての人民とすべての国が達成すべき人権の共通基準として採択されたが，法的拘束力を持たなかったため，後に法的拘束力を持つ国際人権規約が採択された。(2) エは「知る権利」。新しい人権にはほかに，「環境権」「プライバシーの権利」などがある。

2. (1) 内閣不信任の決議が可決された場合，内閣は 10 日以内に衆議院を解散するか総辞職をしなければならない。(2) ア．法律を成立させたり，予算の議決を行うのは内閣ではなく，国会。イ．「民主主義の学校」とよばれているのは地方自治。エ．内閣総理大臣は衆議院・参議院の両院で指名される。(3)「規制緩和」は，自由競争を制限する規制を撤廃・緩和することで，サービスや生産性を向上させることをねらいとしている。

3. (1) アは国家の安全保障，ウはワーク・ライフ・バランス，エは法の支配の説明。(2) ア．2020 年の ODA 支出総額上位 2 か国はアメリカ合衆国とドイツであるが，2020 年の国民 1 人あたり負担額の上位 2 か国はドイツ・イギリス。イ．2020 年の ODA 支出総額上位 5 か国のうち，2012 年から 2020 年にかけての ODA 支出総額が増え続けている国はない。エ. 2020 年の ODA 支出総額上位 5 か国のうち, 2020 年の ODA 支出総額が 2012 年と比べて 2 倍以上に増えている国はドイツのみ。(3) マイクロクレジットとは低所得者や貧困層などに対して少額の融資を行う金融サービスのこと。

【答】 1. (1) 世界人権宣言 (2) エ

2. (1) 議院内閣制 (2) ウ (3) ア

3. (1) イ (2) ウ (3) 貧しい人々が起業や仕事に従事し収入を得ることで, 自立した生活ができるようにすること。(42 字) (同意可)

理　科

1 【解き方】2. 硫酸銅水溶液中の銅イオンが，2個の電子を受け取って銅原子になる。

3. 表より，硫酸銅水溶液と亜鉛の実験結果から，銅より亜鉛の方がイオンになりやすいことがわかる。また，硫酸亜鉛水溶液とマグネシウムの実験結果から，亜鉛よりマグネシウムの方がイオンになりやすいことがわかる。

4. 硫酸銅水溶液180gのうち，溶質の質量は，$180\,(\mathrm{g}) \times \frac{15}{100} = 27\,(\mathrm{g})$　よって，溶媒の質量は，$180\,(\mathrm{g}) - 27\,(\mathrm{g}) = 153\,(\mathrm{g})$

5. (1) 硫酸銅水溶液中の銅イオンは，電子を受け取り銅原子になる。(2) 銅板が＋極，亜鉛板が−極になる。

【答】1. 電解質　2. $Cu^{2+} + 2e^{-} \rightarrow Cu$　3. Mg　4. 153 (g)

5. (1) イ　(2) セロハン膜を通り，亜鉛イオンは＋極側に，硫酸イオンは−極側に向かって移動する。(同意可)

2 【解き方】1. ストローとこすり合わせたティッシュペーパーは，ストローと異なる種類の電気を帯びる。ストローAとストローBは同じ種類の電気を帯びる。同じ種類の電気の間にはしりぞけ合う力，異なる種類の電気の間には引き合う力がはたらく。

5. 図6で十字板の影ができたので，放電管内では，−極の電極から電流のもととなる粒子が出て，＋極の電極に向かっていると考えられる。

【答】1. イ　2. ティッシュペーパーからストローに電子が移動したから。(同意可)

3. ポリ塩化ビニルのパイプに蓄えられた静電気が蛍光灯の中を通ることで，電流が流れたから。(同意可)

4. 真空放電　5. ウ

3 【解き方】3. 石灰岩の主な成分は炭酸カルシウムなので，塩酸をかけると二酸化炭素が発生する。

【答】1. 石基　2. チョウ石などの無色鉱物の割合が多く，有色鉱物の割合が少ないため。(同意可)　3. イ　4. エ

5. 安山岩や花こう岩は，マグマが冷え固まってできた岩石であるのに対し，この石灰岩は，フズリナの死がいが水中に堆積して固まってできた岩石である。(同意可)

4 【解き方】3. ア・エは植物細胞にだけ見られる。

5. 表より，BとDでBTB溶液の色が緑色から黄色になっているので，二酸化炭素が増えていて，緑色のピーマンも赤色のピーマンも呼吸を行っていることがわかる。また，CでもBTB溶液の色が緑色から黄色になっているので，赤色のピーマンは光が当たっているときも呼吸を行っていることがわかる。AでBTB溶液の色が緑色から青色になっているのは，緑色のピーマンは光があたっているときには呼吸よりも光合成を活発に行っているからと考えられる。

【答】1. 対物レンズとプレパラートがぶつかることを避けるため。(同意可)　2. 葉緑体　3. イ・ウ

4. 緑色のピーマンに光をあてたものでは，BTB溶液の色が緑色から青色に変色したことから，光合成によってピーマンが二酸化炭素を吸収したと考えられるため。(同意可)

5. ウ・カ

国　語

1 【解き方】1.「texture」の訳について,「きめ」と訳すのが「あたっていそう」に思えるが，これは「的を射たことばではない」と感じていることから考える。

2.「視覚，聴覚，嗅覚」といった「遠距離感覚」は,「これまでも都市計画でじゅうぶん考慮に入れられてきた」と説明した後,「触覚」にも「遠距離感覚」があり得るのではないかと述べていることをおさえる。

3.「visual texture」の翻訳について，筆者が「目で見て感じるなめらかな感触とか，ざらざらした感じ」という意味合いになるような翻訳を考えていることをふまえる。また,「目ざわり」という語が本来持つ意味にも着目する。

4. まず，筆者の家の窓から見える「神山」は「スギの山」ではないことをおさえる。資料では,「50～60年前」の日本は「山里の風景を彩」る「モミジやカエデ，サクラ」などの「広葉樹林」が広がっていたが，今では「紅葉がきれいな森はスギ林に置き換わ」ってしまったと述べた後，スギは「一年中，緑の葉をつけたまま」であると説明している。本文には「夏は…春先の感じがとてもよい」「冬とはまるでちがって…」とあることをふまえ,「神山」が「スギの山」でないことで得られるメリットをまとめる。

5.「神山」を見て「なにかやわらかみのある…温かいテクスチュア」を感じたことや,「色のあるテクスチュア」の「変化」を感じたことについて,「これこそvisual textureではないか！」と筆者がとらえていることに着目する。筆者は「神山」を目で触れて味わうことで,「たんなる風景や景色以上のものを感じている」と述べている。

【答】1. エ　2. ア　3. ウ

4. 神山は，常緑樹のスギばかりの山ではないため，四季ごとに訪れる変化を目にすることができるから。(46字)(同意可)

5. (われわれは,)ものの見た目だけでなく，手で触った時に感じるようなことまで，目で見て感じ取ることができるということ。(50字)(同意可)

2 【解き方】1. 同じ「内容」であっても,「言いかた」によって「聞き手／読み手の受け取りかたが全然異なる場合があ」ると述べている部分に注目する。「嘘をつくこと」ではないと否定した後で,「言いかた」について簡潔に説明している。

2.「ことば＝言語によってもう少しきめ細かに表現すること」や「語彙力が豊かである」ことによって，料理のおいしさや，食事の楽しさといった「感覚」が増す可能性があると述べていることに着目する。

3. 自分の考えを「とっさに」伝えるときに大切であり，なおかつ「語彙力の豊かさが影響する」ことを本文から探す。結局は同じ「内容」であっても「言いかた」によって「その後の展開が変わる」ため,「その場その場で適切な『言いかた』が選択できるか」が大切だとし，これは「語彙力があるかないかに左右される」と述べていることをおさえる。

【答】1. どういう視

2. ことばできめ細かに表現することによって，感覚が豊かになっていく(31字)(同意可)

3. 適切な「言いかた」が選択できる

4. (例)

ことばには自分自身を見つめ直す働きがあると考える。例えば，小説に出てくる登場人物のセリフに共感したり，逆に疑問を抱いたりすることを通して，自分自身の物事の考え方がはっきりすることがある。多くのことばに触れることで，自分の思考や感情をより深く理解することにつながると思う。(136字)

3 【解き方】3. ① Aは活用のない自立語で，体言を修飾する連体詞。B・C・Dは活用のない自立語で，用言を修飾する副詞。② 直後で,「旅行は未知の世界を見せて」くれるといった当然の内容を示していることから考える。

4. ① Ⅰ・Cは，「が」に言い換えることができるので，主語を表す。A・Bは，続く名詞を修飾しているので，連体修飾語を表す。Dは，「自然に」という意味の副詞「おのづから」の一部。② 語頭以外の「は・ひ・ふ・へ・ほ」は「わ・い・う・え・お」にし，さらに「au」は「ô」と発音するので，「まう」は「もう」にする。③ 自分の「こころなきためいき」が少女の「髪の毛にかか」ったとき，少女が「恋の盃」を酌んでくれていることから考える。アは第二連，イは第四連，ウは第一連をそれぞれ説明した文である。

【答】 1. ① 建築　② 届(く)　③ 職務　④ 営(む)　⑤ 迷路

2. ① ちんたい　② まかな(う)　③ おうせい　④ ふもと　⑤ う(れ)　3. ① A　② ウ

4. ① C　② といたもうこそこいしけれ　③ エ

◀口語訳▶ 4.

まだ上げたばかりの前髪が林檎の木の下に見えたとき，前髪にさした花櫛のように，君を花のような人だと思った。

やさしく白い手を差しのべて林檎を私にくれたこと，薄紅の秋の実に，私は初めて恋をした。

私が思わず漏らしたため息が，その髪の毛にかかったとき，楽しい恋の盃を君が優しく酌んでくれた。

林檎畑の樹の下に自然にできた細道は誰が最初に踏み固めたのだろうと，お聞きになる君が愛おしい。

滋賀県公立高等学校
（一般選抜）

2022年度
入学試験問題

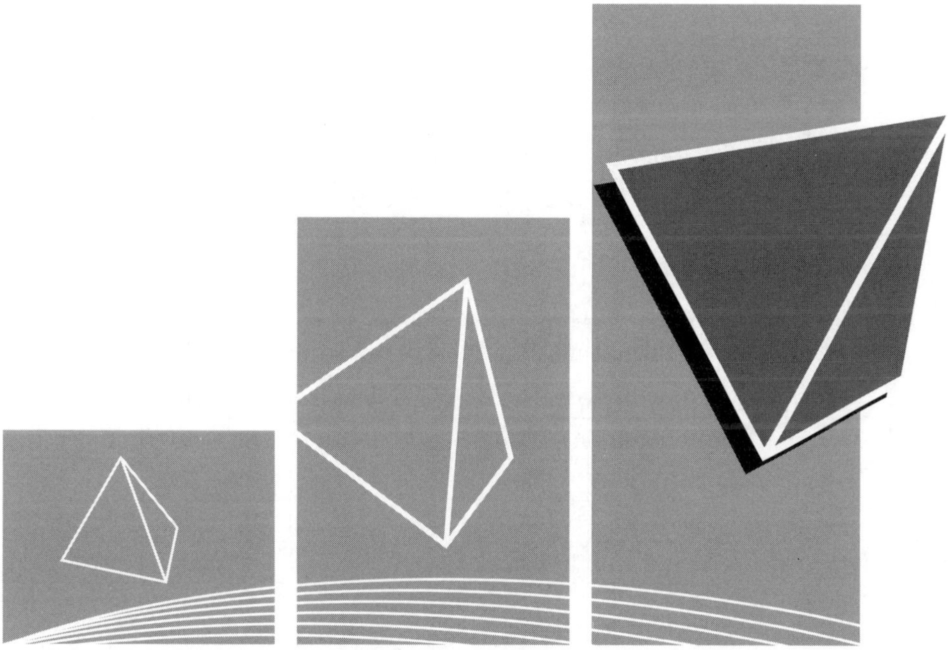

数学

時間　50分　　　　満点　100点

注意　1　解答は，最も簡単な形で表しなさい。

2　答えに根号が含まれる場合は，根号を用いた形で表しなさい。

3　円周率はπとします。

(編集部注)　膳所高校の理数科は120点満点に換算する。

1　次の(1)から(9)までの各問いに答えなさい。

(1)　$12 - 6 \div (-3)$ を計算しなさい。(　　　)

(2)　$\frac{1}{2}a - \frac{4}{3}a$ を計算しなさい。(　　　)

(3)　$A = 4x - 1$，$B = -2x + 3$ とするとき，次の式を計算しなさい。(　　　)

$-4A + 3B + 2A$

(4)　$-15a^2b \div 3ab^2 \times (-2b)^2$ を計算しなさい。(　　　)

(5)　$(\sqrt{2} - \sqrt{3})^2 + \sqrt{6}$ を計算しなさい。(　　　)

(6)　次の2次方程式を解きなさい。(　　　)

$x^2 = x + 12$

(7)　関数 $y = -3x^2$ について，x が -4 から 3 まで増加したときの，y の変域を求めなさい。

(　　　)

(8)　3，4，5，6，7の数字が書かれたカードが1枚ずつある。この5枚のカードから同時に2枚のカードを引くとき，2枚のカードの数字の積が2の倍数でなく，3の倍数でもない確率を求めなさい。ただし，どのカードを引くことも同様に確からしいとします。(　　　)

(9)　下の表1は，A中学校におけるハンドボール投げの記録を度数分布表に整理したものです。表1をもとに，表2のB中学校の度数分布を推定します。A中学校とB中学校の10m以上20m未満の階級の相対度数が等しいとしたとき，表2の(ア)にあてはまる度数を求めなさい。

(　　　)

表1　A中学校

階級(m)	度数(人)
以上　　未満 0 ～ 10	44
10 ～ 20	66
20 ～ 30	75
30 ～ 40	35
合計	220

表2　B中学校

階級(m)	度数(人)
以上　　未満 0 ～ 10	
10 ～ 20	(ア)
20 ～ 30	
30 ～ 40	
合計	60

2　優さんは，コンピュータを使って，関数のグラフや図形について調べました。このコンピュータでは，1次関数 $y = ax + b$ の a と b に値を代入すると画面に直線が表示されます。後の(1)から(4)までの各問いに答えなさい。

はじめに，優さんは，a と b にある値を代入すると図1の直線が表示されました。

図1

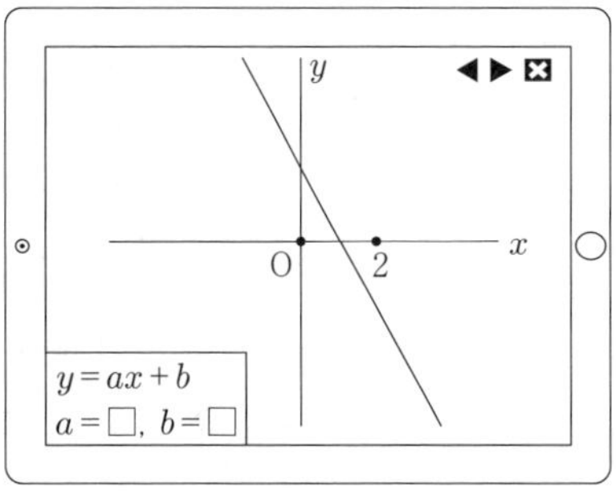

(1)　優さんが代入した a の値は，正の値，負の値，0のいずれになりますか。また，$3a + b$ の値は，正の値，負の値，0のいずれになりますか。それぞれ答えなさい。

a の値(　　　)　$3a + b$ の値(　　　)

さらに，優さんは，a と b の値をいろいろと変えました。

優さん

まず，a の値は変えずに b の値は大きくすると，図1の直線を y 軸の正の方向へ平行に移動した図2の直線①が表示されました。次に，a と b の値を変えると，図2の直線②が表示されました。

(2)　図2の②の直線を表示するには，図1の直線とくらべて，a と b の値をどのように変えましたか。下線部のように「a の値は～b の値は～」の形式で答えなさい。

a の値は(　　　)　b の値は(　　　)

図2

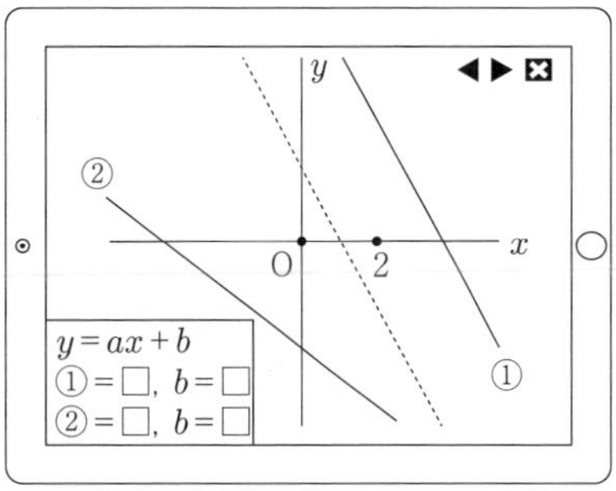

次に優さんは，コンピュータの画面上に4点A，B，C，Dをとり，四角形ABCDを表示しました。そして，図3のように，点B，C，Dは動かさず，点Aは点線上を動かすことにしました。

図4は，点Aが①，②，③，④の順に点線上を動くとき，点AとB，BとC，CとD，DとAを線分で結んでできる図形が変化していく様子を表しています。

図3

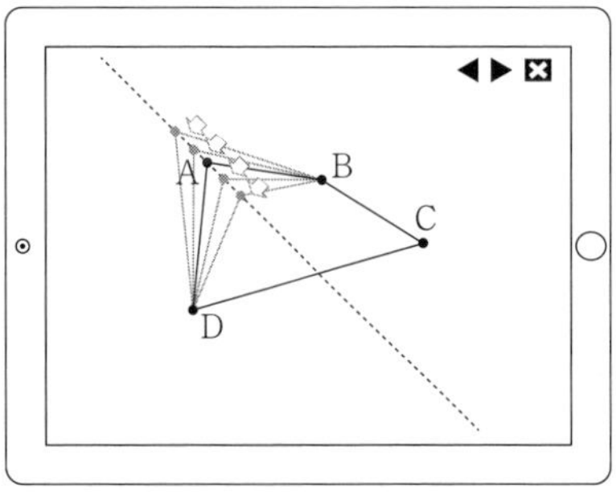

図4

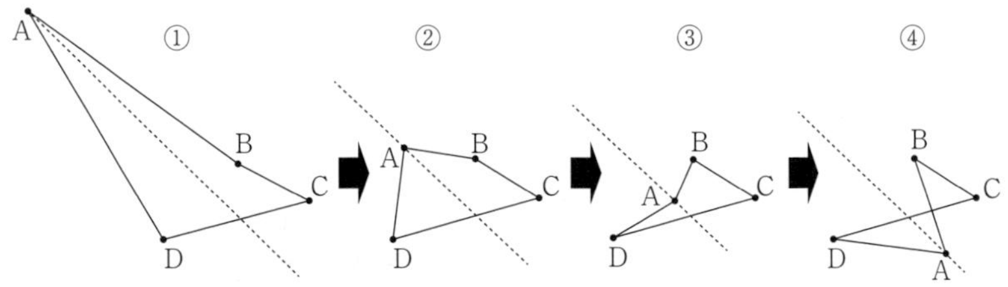

優さんは，この変化の様子を図５のように座標平面で考えました。３点の座標を，B（1，2），C（4，0），D（－3，－2）とし，点Aは点線で示された直線 $y = -x$ 上を動くこととします。

図５

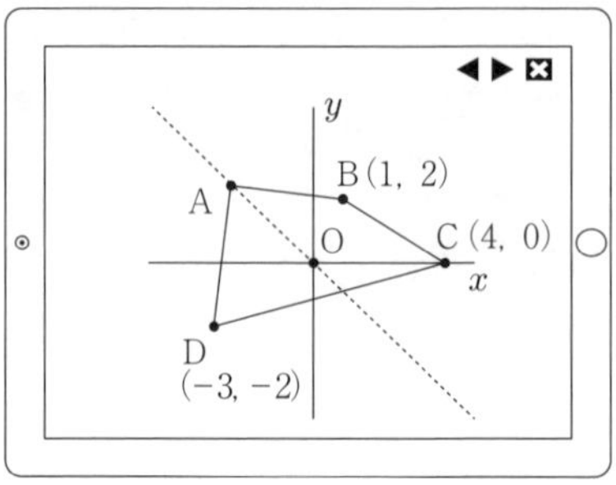

⑶　図４の①から④まで点Aのみを動かしたとき，点AとB，BとC，CとD，DとAを線分で結んでできる図形が１つの三角形になる点Aの座標は，２つありました。このときにできる２つの三角形をS，Tとしたとき，SとTの面積比を求めなさい。ただし，S≦Tとします。(　　　)

⑷　図４の④のような２つの三角形ができる場合，点Aの座標が，(2，－2) のときに２つの三角形の面積が等しくなりました。図６のように，線分ABと線分CDの交点をRとすると，△RADと△RBCの面積が等しくなることを説明しなさい。

(　　　　　　　　　　　　　　　　　　　　　　　　)

図６

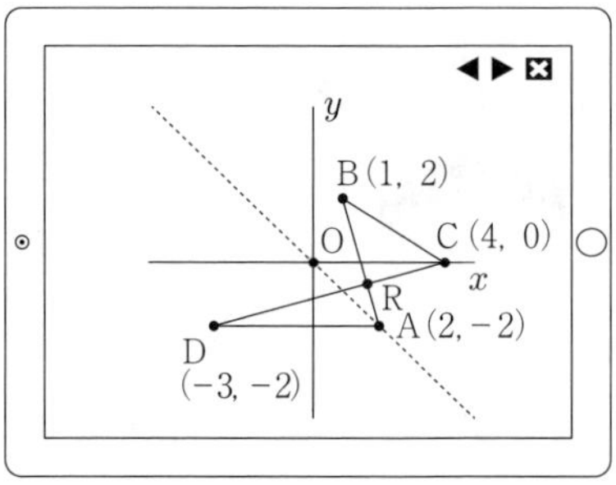

③　涼さんと純さんは，食パンとロールパンをつくります。次の(1)から(3)までの各問いに答えなさい。

(1)　涼さんは，つくったロールパンを友人に同じ個数ずつ配りたいと考えています。4個ずつ配ると9個余り，6個ずつ配ると5個たりません。友人の人数を求めなさい。(　　　人)

食パン1斤とロールパン6個をつくるために使う小麦粉とバターの分量は，次のとおりです。

小麦粉とバターの分量

○　食パン1斤…小麦粉300g，バター10g
○　ロールパン6個…小麦粉150g，バター10g

(2)　純さんは食パンとロールパンをつくるために，小麦粉1.5kg，バター80gを用意しました。用意した小麦粉とバターは残さずに使います。純さんは，食パンとロールパンをそれぞれいくつつくる予定ですか。方程式をつくり，答えを求めなさい。ただし，答えを求めるまでの過程も書きなさい。

(　　　　　　　　　　　　　　　　　　　　　　　　　　　　　　　　　　　　　　)

食パン(　　　斤)　ロールパン(　　　個)

2人は，図1のような食パン1斤を焼き上げたあと，食パンを2つに切って2人で分けました。図2は，純さんの食パンを表し，図3は，図2の食パンの大きさを表しています。

ただし，食パン1斤を直方体とみて，頂点E，F，G，Hが同じ平面上にあるとします。

図1

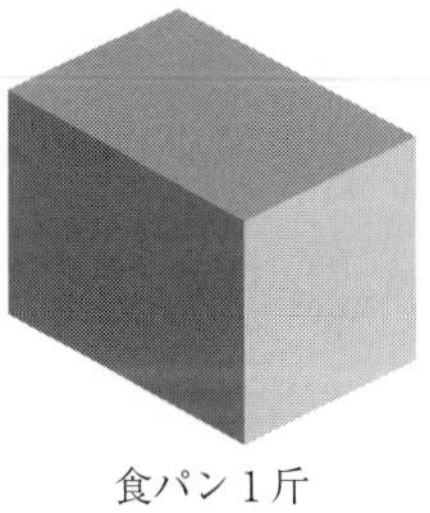

食パン1斤

図2

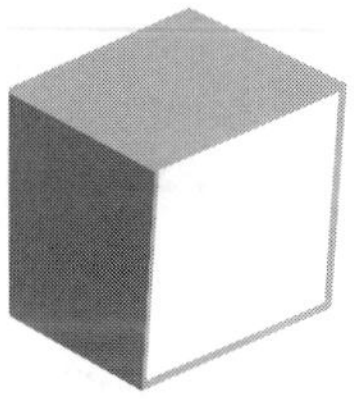

純さんの食パン

図3

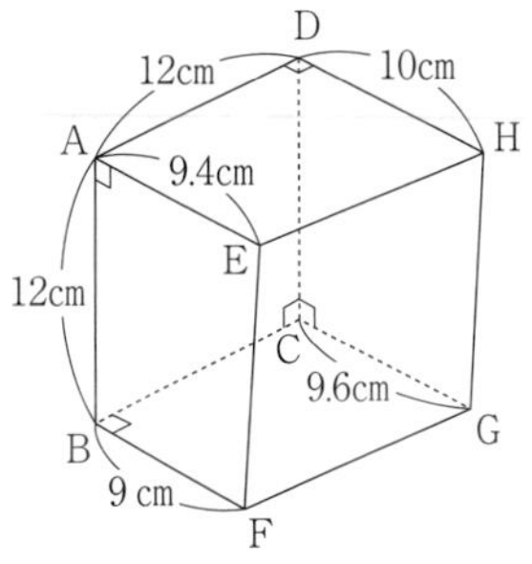

(3)　純さんは図3の四角形EFGHが平行四辺形であることに気づきました。このときの，対角線FHの長さを求めなさい。(　　　cm)

4　涼さんと純さんは，体育の授業中に３人で行うダンスの隊形移動について考えています。３人の位置を点A，B，Cとします。後の(1)から(4)までの各問いに答えなさい。

はじめに，点A，B，Cを図１の①から②，②から③の順に動かすことにしました。

ただし，①において，点A，B，Cは一直線上にあり，AB ＝ AC ＝ 2mとします。

図１
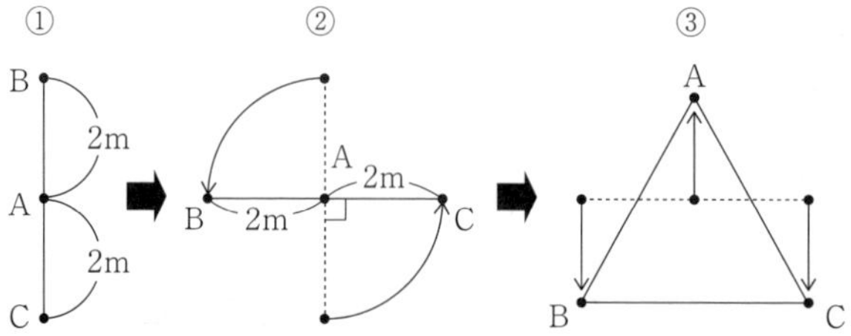

(1)　図１の②のように，点B，Cは点Aを中心とする半径2mの円周上を反時計回りに90°それぞれ動きます。点B，Cがそれぞれ動くとき，点B，Cの２点が動く距離の合計を求めなさい。

(　　　　m)

次に，２人は，図１の③から点A，B，Cを動かすことを考えています。

考えていること

> Ⅰ　図２の③のように，AB ＝ BC ＝ CA ＝ 4mとする。
>
> Ⅱ　点A，B，Cは，③の位置から④のように，点Pに集まる。点Pまでは，それぞれ一直線に動く。

図２
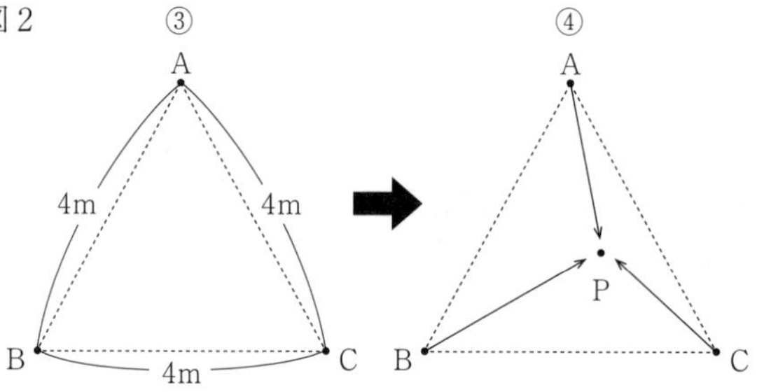

２人は，点A，B，Cが動く距離の合計が，最も短くなる点Pの位置を求めるにはどうしたらよいか先生に質問したところ，アドバイスをもらいました。

先生のアドバイス１

> ①　図３のように線分APを点Aを中心に反時計回りに60°回転させた線分をAQとします。このとき，△APQは正三角形になり，AP ＝ PQであることがわかります。
>
> ②　点Aから辺BCと平行で，AD ＝ BCとなる点Dをとると，CP＝DQになります。
>
> 図３
> 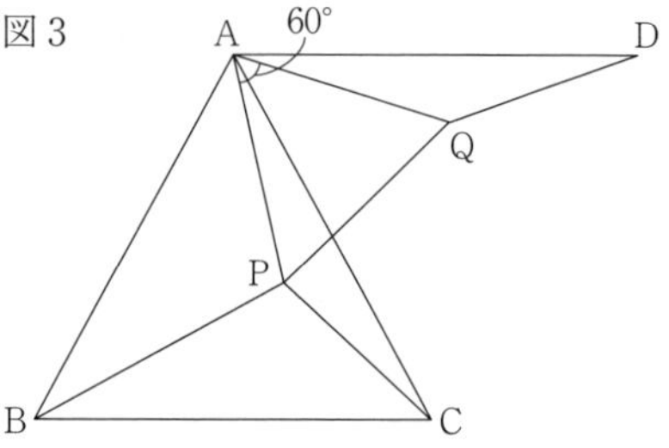
>
>
> ③　①，②よりAP ＋ BP ＋ CP ＝ BP ＋ PQ ＋ QDであることがわかりますので，BP ＋ PQ ＋ QDが最も短くなるときの値を求めてみましょう。

(2) 下線部の CP = DQ であることを証明しなさい。

〔　　　　　　　　　　　　　　　　　　　　〕

(3) 点 A，B，C が動く距離の合計が最も短くなるときの値を求めなさい。(　　　m)

さらに 2 人は，先生から次のアドバイスをもらいました。

先生のアドバイス 2

① 正三角形 ABC の 3 つの頂点からの距離の合計が最も短くなる点 P は，三角形の内側にあり，∠APB = ∠BPC = ∠CPA = 120° となります。点 P を作図してみましょう。

② ①のことは，三角形が正三角形のときだけではなく，3 つの角の大きさがすべて 120° 未満の三角形のときに成り立ちます。

先生のアドバイス 2 の①をもとに作図すると，点 P は，3 つの頂点から等距離にあることがわかりました。

図 4 の三角形 ABC は正三角形で，点 P は正三角形 ABC の 3 つの頂点からの距離の合計が最も短くなる点です。また，△BCT は，CB = CT の二等辺三角形で BC = 2BT です。

図 4

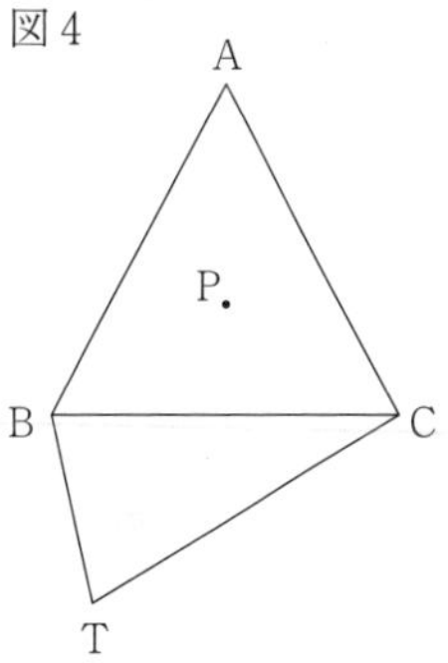

(4) 先生のアドバイス 2 をもとに，3 点 B，C，T からの距離の合計が最も短くなる点 R をコンパスと定規を使って作図しなさい。ただし，作図に使った線は消さないこと。

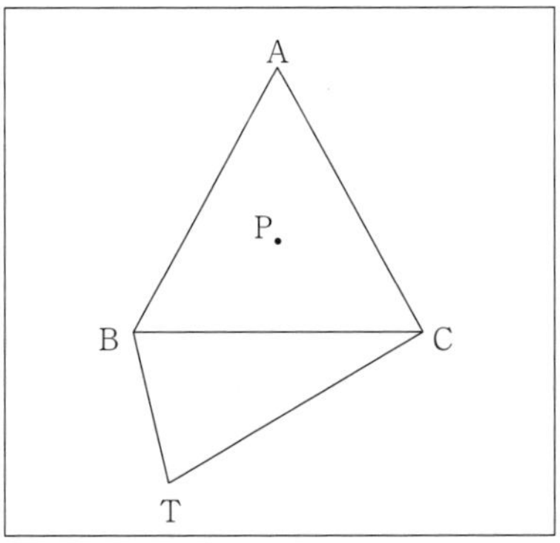

英語

時間　50分　　　満点　100点

（編集部注）　放送問題の放送原稿は英語の末尾に掲載しています。
音声の再生についてはもくじをご覧ください。

1　放送を聞いて答えなさい。

《その１》　話される英語を聞いて，それぞれの後の質問に対する答えとして最も適当なものを，アからエまでの中からそれぞれ１つ選びなさい。1（　　）　2（　　）　3（　　）　4（　　）

1
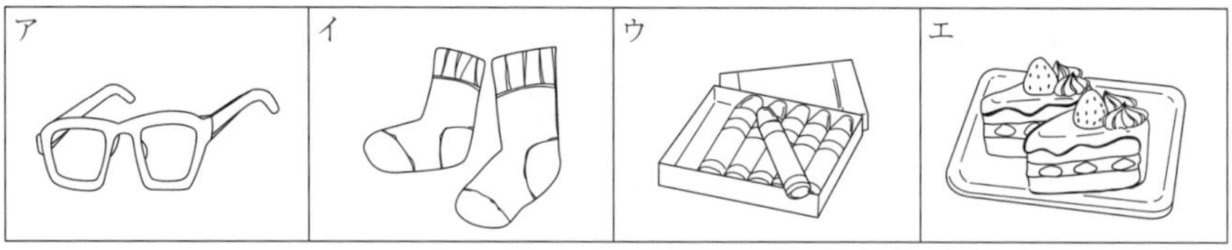

2
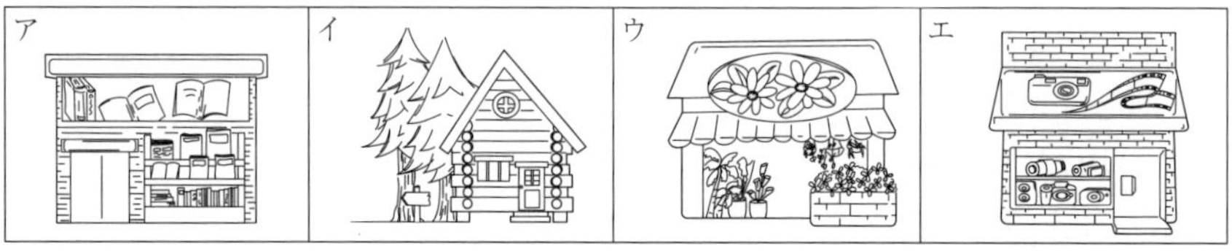

3
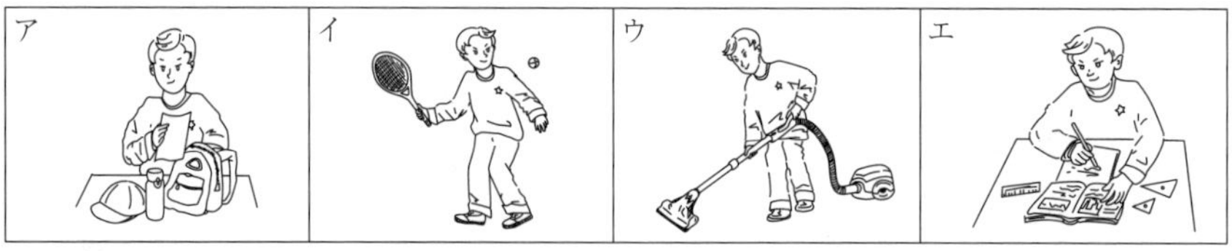

4

《その２》　かおる（Kaoru）さんは，英語の授業でスピーチをしています。かおるさんがクラスメートに伝えたいことは何ですか。最も適当なものを，アからエまでの中から１つ選びなさい。

（　　）

ア　We should get up and leave home early every morning.

イ　We should collect the garbage in our town every week.

ウ　We should have roles in our own family at home.

エ　We should ask our own family to cook breakfast every day.

《その３》　聡（Satoshi）さんは市役所で働いているマリア（Maria）さんにインタビューをしています。放送を聞いて，会話の後の１から３までの質問に対する最も適当な答えを，アからエまでの中からそれぞれ１つ選びなさい。

また，あなたも聡さんと一緒にマリアさんにインタビューをしているとして，あなたならマリアさんに何を尋ねたいですか。聡さんとマリアさんのやり取りの内容をふまえて，4の解答欄に5語以上の英語で書きなさい。

1（　　　）　2（　　　）　3（　　　）

4（　　　　　　　　　　　　　　　　　　　　　　　　　　　　　　　　　）

1　ア　After she decided to tell Satoshi about her work.
　　イ　When she was a junior high school student.
　　ウ　After she decided to work in Japan.
　　エ　When she was a university student.

2　ア　She usually helps foreign people facing troubles in the city.
　　イ　She usually tells Japanese people how to live in Brazil.
　　ウ　She usually works for students joining festivals in the city.
　　エ　She usually teaches Japanese people English.

3　ア　She wants foreign people to plan the international food festival.
　　イ　She wants to build a new bridge over the river in the city.
　　ウ　She wants to connect foreign people and Japanese people.
　　エ　She wants Satoshi to make hazard maps in different languages.

4　あなたも聡さんと一緒にマリアさんにインタビューをしているとして，あなたならマリアさんに何を尋ねたいですか。聡さんとマリアさんのやり取りの内容をふまえて，5語以上の英語で書きなさい。

2　直也（Naoya）さんとみゆき（Miyuki）さんの学級の英語の授業で，ミラー先生（Mr. Miller）は，授業のきまり（class rules）について生徒の意見を聞くために，【アンケート】(questionnaire) を配りました。また，その後の授業で，【アンケートの結果】を見ながら，学級で話し合いが行われました。後の１から７までの各問いに答えなさい。

【アンケート】

English Class Questionnaire

“Let’s improve our English. What can we do?”

English is a useful tool. If you can use it, you can communicate with people in many countries and areas. In our English class, I hope everyone tries to use English more, so we can enjoy English communication activities more.

I believe that it is good for us to have some class rules to improve our English. Will you write your ideas and reasons? I’m looking forward to hearing your ideas.

Example: Always speak to each other with good eye contact because you can understand other people’s feelings.

Please write here.　・
・
・

I’ll collect this questionnaire on September 10. Thank you.

（注） communicate with～：～とコミュニケーションをとる

【アンケートの結果】

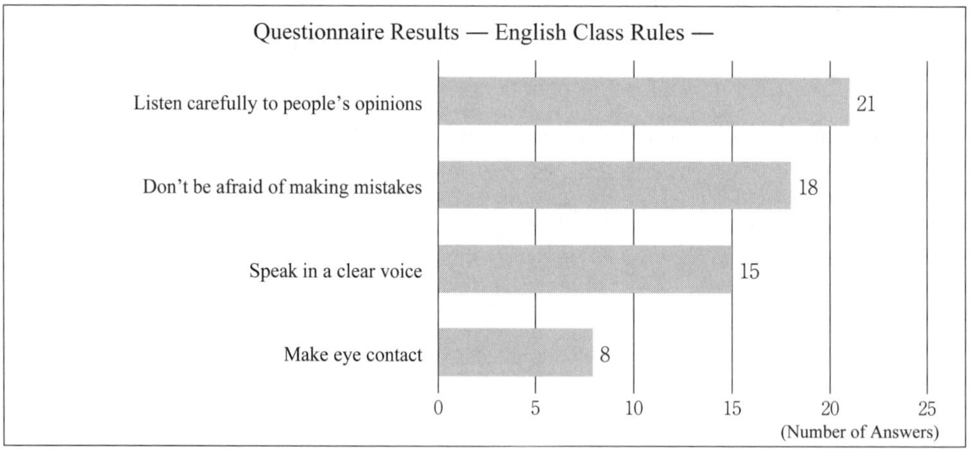

（注） making mistakes：間違えること　　make eye contact：アイコンタクトをとる

1　【アンケート】と【アンケートの結果】の内容として合っているものを，次のアからカまでの中から２つ選びなさい。(　　　)(　　　)

ア　This questionnaire will be collected in the last class of the year.

イ　The most popular idea from students is to listen carefully to people’s opinions.

ウ　Mr. Miller hopes these class rules may help students enjoy club activities at school, too.

エ　According to the results, most students think eye contact is very important.

オ　Students have to write their own ideas with reasons.

カ　Fifty students think it is important to speak in a clear voice.

直也さんは，ミラー先生と【アンケートの結果】を見ながら話しています。

【直也さんとミラー先生の会話】

Mr. Miller：　What do you think about these questionnaire results, Naoya?

Naoya　：　I really liked learning about the ideas given by my classmates. I think all of the ideas in the questionnaire results are important. The graph ①【are / that / interested / us / we / shows】 in becoming better English speakers.

Mr. Miller：　Well, I'm glad that everyone expressed his or her ideas. First, I want you to make groups of four people. Then, choose your group leader. Each group will choose their favorite idea from the questionnaire results. Remember the reason should be included. Please think carefully. (②), your group leader will talk about your group's favorite class rule.

Naoya　：　OK. I think it is necessary for us to talk together, so everyone can become more active in English class.

Mr. Miller：　That's right. I hope everyone will take part in my English class positively and have more and more chances to try English.

(注)　take part in ～：～に参加する　　positively：積極的に

2　①【　　】内の語を，意味が通るように並べかえなさい。

(　　　　　　　　　　　　　　　　　　　　　　　)

3　(②)に入る語として最も適当なものを，次のアからエまでの中から１つ選びなさい。

(　　　)

ア　Actually　　イ　Surprisingly　　ウ　Finally　　エ　Usually

直也さんは，自分のグループを代表して，話し合った結果を発表します。

【直也さんのスピーチ】

Let me tell you about my group's opinion. It was easy to know (③) we (④) choose as our class rule. We think that "Don't be afraid of making mistakes" is the most important. I would like to tell you about one of my experiences. When I was in the first year, speaking English made me nervous. I was very worried about making mistakes. After I began to speak English with gestures, I became more and more active in class. Now, I feel more comfortable with using English. I think that ⑤<u>they</u> are very useful for communication. There is one more important thing. It is good to smile when we speak to each other because it keeps us positive. Thank you for listening.

(注)　comfortable with～：～が心地よい

みゆきさんは，直也さんのスピーチに対する意見を発表します。

【みゆきさんの意見】

Thank you, Naoya. I was impressed by your group's ideas. We were very (⑥) to think about class rules for English class. In our group, we think that we should [⑦] in every class, because the ideas of other people are quite important. We think it is necessary to build good relations with classmates, so we should try very hard to understand their English. Thank you.

4 (③) および (④) に入る英語の組み合わせとして正しいものを，次のアからエまでの中から1つ選びなさい。(　　　)

ア who / may　イ which / should　ウ where / could　エ when / will

5 下線部⑤は何を指していますか。英語で書きなさい。(　　　)

6 (⑥) に入る語として最も適当なものを，次のアからエまでの中から1つ選びなさい。

(　　　)

ア kind　イ interesting　ウ popular　エ excited

7 [⑦] に入る適当な英語を，3語以上で書きなさい。

(　　　　　　　　　　　　　　　　　　　　　　　　　　　　　　　)

3 知美(Tomomi)さんと健太(Kenta)さんの学級では，英語の授業で興味のある社会的な問題についての意見発表を行いました。次は，【知美さんの発表】【知美さんの発表資料】【健太さんの感想】です。これらを読んで，後の1から6までの各問いに答えなさい。

【知美さんの発表】

Hello, everyone. Have you ever thought about the food you eat every day? Where does it come from? How does it come to you? I believe food and the environment are important.

Look at graph 1. Japan's food self-sufficiency rate is 37%. It means that Japan imports more than 60% of its food. I didn't know that, but I understood it when I thought about my breakfast. I ate rice, grilled fish, and miso soup. The rice was grown in Japan, but the fish was (①) in a foreign country. The miso and tofu are made from soybeans. However, most of the soybeans are imported from other countries. The breakfast was *washoku*, traditional Japanese cooking, but it was international.

Look at graph 2. Do you know how far your food traveled to get to you? You can see the food mileage here. Food mileage is calculated by multiplying weight and distance and it tells how much fuel is used to transport food. Japan's food mileage is higher than the other countries' food mileage in the graph. Japan buys a lot of food from many countries and a lot of fuel is used when the food is transported. Using too much fuel is not good for the environment, so we need to think about this. If we buy locally produced food, we don't use much fuel. I think buying locally produced food is one of the good ways to solve this problem.

There is another problem. There are ②【around / from / hunger / many / suffer / people / who】 the world. However, food waste in Japan is more than six million tons a year. According to graph 3, [③]. I think we should do something to solve this problem. If we reduce food waste from home, it can make all the difference. When I opened the refrigerator last week, I found some food that was too old to eat. I had to throw it away and I felt very sorry. We should buy only the food we will eat.

Food is very important for us. We should think about the food we eat every day. I believe that we can find answers to our environmental problems. What is your opinion?

Thank you.

(注) food mileage：フード・マイレージ(単位はt・km(トン・キロメートル))
calculate(d)：計算する　multiplying：multiply(かける)のing形　weight：重さ
distance：距離　fuel：燃料　locally produced food：地元でつくられた食べ物
refrigerator：冷蔵庫

【知美さんの発表資料】

[Graph 1]

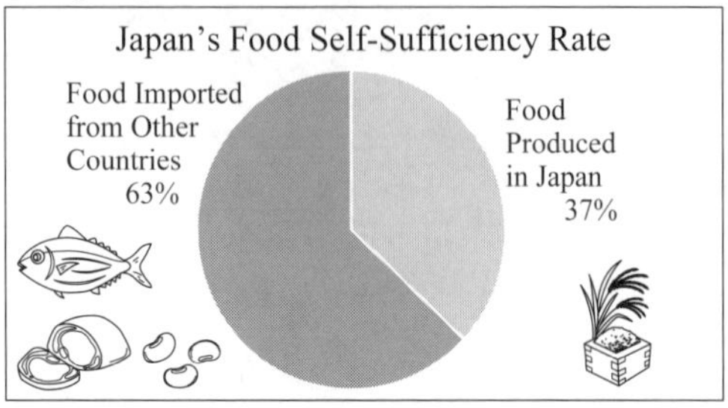

[Graph 2]

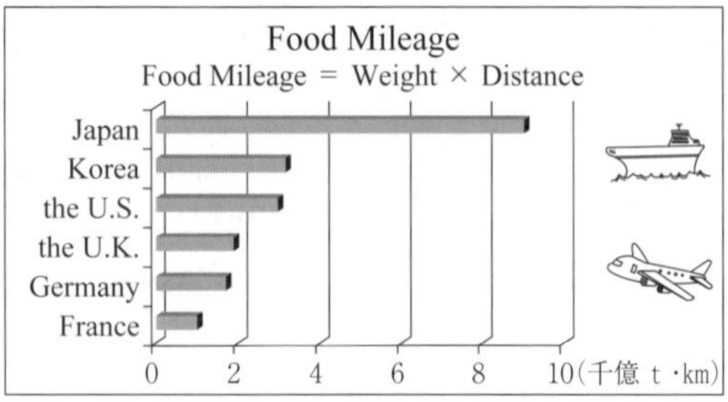

[Graph 3]

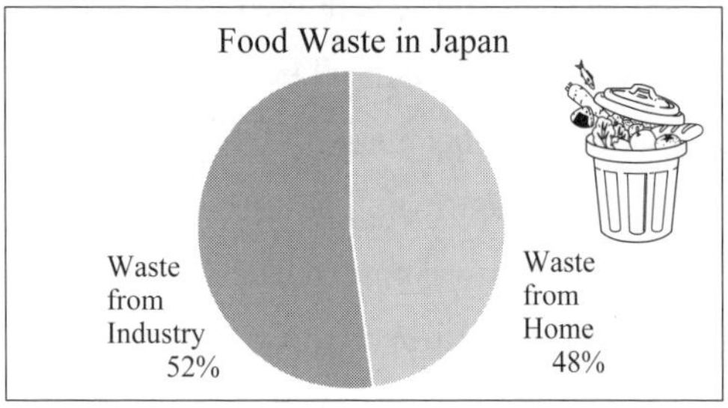

グラフ 1 は農林水産省「平成 30 年度食料自給率・食料自給力指標について」，グラフ 2 はウェブサイト「フード・マイレージ」資料室（データは 2001 年），グラフ 3 は農林水産省「食品廃棄物等の利用状況等（平成 25 年度推計）」より作成

【健太さんの感想】

Thank you, Tomomi. Your presentation is great. You say that buying locally produced food is good for the environment and it has other good points, too. A few days ago, I went to the market near my house. A lot of vegetables grown in my town are sold there. The vegetables are fresh and we can get them in season. Sometimes the farmers who grew the vegetables come to the market to sell them. I met a farmer and enjoyed talking with him. He also taught me how to cook the vegetables. I ate them for dinner and they were delicious. If I know who grows the vegetables, I feel safe about my food. ④I think it is good to buy the food produced in our local area not only for the environment but also for us.

1　【知美さんの発表】について，次の(1)，(2)の質問に対する答えになるように，（　　）に入る適当な英語を 2 語以上で書きなさい。

(1)　Does Japan import more than 60% of its food from foreign countries?

→(　　　　　　　　　　　　　　　　　　　　).

(2)　What food in Tomomi's breakfast was produced in Japan?

→(　　　　　　　　　　　　　　　　　　　　).

2　（ ① ）に入る最も適当なものを，次のアからエまでの中から 1 つ選びなさい。(　　　)

ア　caught　　イ　eaten　　ウ　swum　　エ　thought

3　②【　　】内の語を，意味が通るように並べかえなさい。

(　　　　　　　　　　　　　　　　　　　　)

4　［ ③ ］に入る最も適当なものを，次のアからエまでの中から１つ選びなさい。（　　　）

ア　the food waste from home is larger than the food waste from industry

イ　the food waste from home is half of the food waste from industry

ウ　the food waste from home is more than six million tons a year

エ　the food waste from home is almost half of all the food waste

5　【知美さんの発表】の内容として合っているものを，次のアからオまでの中から１つ選びなさい。
（　　　）

ア　All of the food we eat in Japan comes from foreign countries.

イ　The food mileage of Japan is the lowest of the six countries in graph 2.

ウ　Tomomi says locally produced food needs less fuel than imported food.

エ　Tomomi believes that reducing the food waste from industry is more important.

オ　We can do nothing to solve the food waste problem because it is too serious.

6　下線部④の健太さんの意見について，あなたの考えとその理由を10語以上の英語で書きなさい。2文以上になってもかまいません。ただし，知美さんが話したこととは違う内容で，書き出しは次のどちらかを用いることとし，書き出しの語句は語数に含めるものとする。

（　　　　　　　　　　　　　　　　　　　　　　　　　　　　　　　　　　）

書き出し　I agree / I disagree

4　次の問いに答えなさい。

次の英文は，真（Makoto）さんの学級で英語のグリーン先生（Mr. Green）が問いかけた内容です。これを読んで，あなた自身の考えとその理由を，15語以上35語以内の英語で書きなさい。2文以上になってもかまいません。

（　　　　　　　　　　　　　　　　　　　　　　　　　　　　　　　　　　）

【グリーン先生の問いかけ】

My American friend who is a photographer will visit Shiga in spring. I want to take her to a nice place in Shiga to take pictures, but I don’t know where to go. Could you give me good advice?

〈放送原稿〉

注意：〔　　〕内は音声として入れない。

ただいまから，2022年度滋賀県公立高等学校入学試験英語の聞き取りテストを行います。問題は《その1》から《その3》まであります。聞いている間にメモをとってもかまいません。

まず，《その1》から始めます。これから話される英語を聞いて，それぞれの後の質問に対する答えとして最も適当なものを，問題用紙に示されたアからエまでの中からそれぞれ1つ選びなさい。英語は，それぞれ2回放送します。それでは，始めます。〔間2秒〕

No.1　A：　Mom, look. Grandmother bought me these for my birthday.

B：　Wow, how beautiful!

A：　I'm very happy because I can use these to draw pictures.

Question：What is the boy showing to his mother?〔間2秒〕

繰り返します。〔間2秒〕〔英文をもう一度読む。〕〔間4秒〕

No.2　A：　Excuse me. I'm looking for books about flowers.

B：　OK. We have this one with many pictures and some more here.

A：　Let's see. Oh, I like this smaller one. I can bring it when I go hiking. I'll take it.

Question：Where are they talking?〔間2秒〕

繰り返します。〔間2秒〕〔英文をもう一度読む。〕〔間4秒〕

No.3　A：　Tom, where are you going? Have you finished your math homework?

B：　No, but I want to play tennis with my friends.

A：　You cannot go out now. Do your homework first.

B：　OK. I'll do it now.

Question：What is the boy's mother telling him to do before he goes out?〔間2秒〕

繰り返します。〔間2秒〕〔英文をもう一度読む。〕〔間4秒〕

No.4　A：　Ms. Suzuki, how many students will come to the event as volunteers tomorrow?

B：　I asked five students to come, but two of them cannot.

A：　I said I couldn't come. But if you need more help, I can come, too.

B：　Can you? You're a kind student, John. Please meet us here at three.

Question：How many students will come to help Ms. Suzuki tomorrow?〔間2秒〕

繰り返します。〔間2秒〕〔英文をもう一度読む。〕〔間4秒〕

次に，《その2》に入ります。かおる（Kaoru）さんは，英語の授業でスピーチをしています。かおるさんがクラスメートに伝えたいことは何ですか。最も適当なものを，問題用紙に示されたアからエまでの中から1つ選びなさい。英語は，2回放送します。それでは，始めます。〔間2秒〕

In my family, each member has a role. I get up early and take out the garbage every Monday. I also walk our dog when I come home early. My brother is good at cooking, so he cooks our breakfast with my father. Do you help your family at home? I think we should help each other at home to make our own family happier. What do you think?〔間2秒〕

繰り返します。〔間2秒〕〔英文をもう一度読む。〕〔間4秒〕

次に,《その3》に入ります。聡(Satoshi)さんは市役所で働いているマリア(Maria)さんにインタビューをしています。放送を聞いて,会話の後の1から3までの質問に対する最も適当な答えを,問題用紙に示されたアからエまでの中からそれぞれ1つ選びなさい。また,あなたも聡さんと一緒にマリアさんにインタビューをしているとして,あなたならマリアさんに何を尋ねたいですか。聡さんとマリアさんのやり取りの内容をふまえて,4の解答欄に5語以上の英語で書きなさい。会話と質問は通して2回放送します。それでは,始めます。〔間2秒〕

A： Nice to meet you, Maria. I'm Satoshi.

B： Hi, Satoshi. Nice to meet you, too.

A： Maria, you are from Brazil, right? I hear you can speak Portuguese and English.

B： Yes. I can also speak Japanese because I learned it at university in Brazil. So I decided to work in Japan.

A： I see. Could you tell me about your work?

B： Sure. I usually support foreign residents in this city when they have troubles in their daily lives.

A： How do you support them?

B： I give them some information in different languages, like hazard maps.

A： Great. What else do you do?

B： Well, I help to plan festivals for foreign people. I want them to make friends with Japanese people.

A： What festival is the most popular?

B： The international food festival is. Everyone enjoys that festival together.

A： Sounds interesting. It will be a good chance for both foreign people and Japanese people to meet each other.

B： That's right. My goal is to be a bridge between them.

A： That's wonderful, Maria. Thank you very much for today.〔間2秒〕

Question 1 When did Maria learn Japanese?〔間4秒〕

Question 2 What does Maria usually do for her work?〔間4秒〕

Question 3 What is Maria's goal?〔間4秒〕

繰り返します。〔間2秒〕〔英文をもう一度読む。〕〔間7秒〕

以上で,聞き取りテストの放送を終わります。

社会

時間　50分　　　　満点　100点

1　里奈さんのクラスでは，地理の授業で，「身近なものの原料と海外とのつながり」について調べることになり，里奈さんのグループは机とイスについて発表することになりました。後の１から４までの各問いに答えなさい。

机とイスのおもな原料

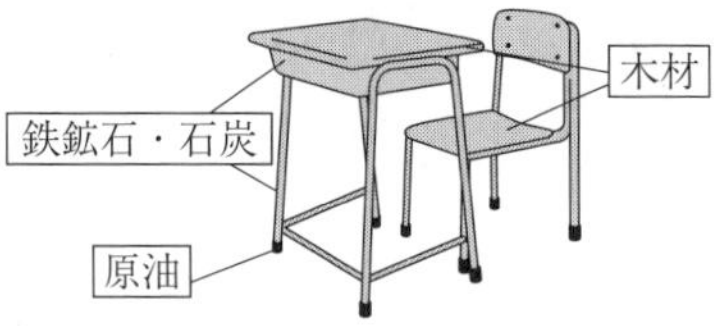

資料１　鉄鉱石・石炭・原油・木材の国内消費量に対する輸入量の割合(%)（2019年）

鉄鉱石	石炭	原油	木材
100.0	99.6	99.7	62.2

[「日本国勢図会　2021／22」より作成]

1　里奈さんのグループは，資料１の鉄鉱石と石炭について調べていく中で，写真をみつけ，資料２，資料３，略地図１，略地図２を作成しました。後の(1)から(4)までの問いに答えなさい。

写真　オーストラリアの鉱山

資料２　日本の鉄鉱石・石炭の輸入先上位４か国と輸入量(万ｔ)（2019年）

鉄鉱石		石炭	
国名	輸入量	国名	輸入量
オーストラリア	6,852	オーストラリア	10,926
ブラジル	3,148	インドネシア	2,814
カナダ	744	ロシア	2,018
南アフリカ	343	アメリカ	1,326
その他	869	その他	1,534
合計	11,956	合計	18,618

[「データブック　オブ・ザ・ワールド2021」より作成]

資料３　鉄鋼業生産割合上位６府県の全国にしめる割合(%)の推移(2019年)

府県名	1960年	1970年	1980年	2019年
A	4.4	9.5	11.1	13.5
B	17.4	13.9	11.6	11.0
千葉県	4.0	8.0	9.9	9.2
大阪府	14.5	14.4	11.3	8.1
C	2.5	5.3	4.9	6.7
D	14.5	7.2	6.3	5.5

[「工業統計調査」より作成]

略地図１

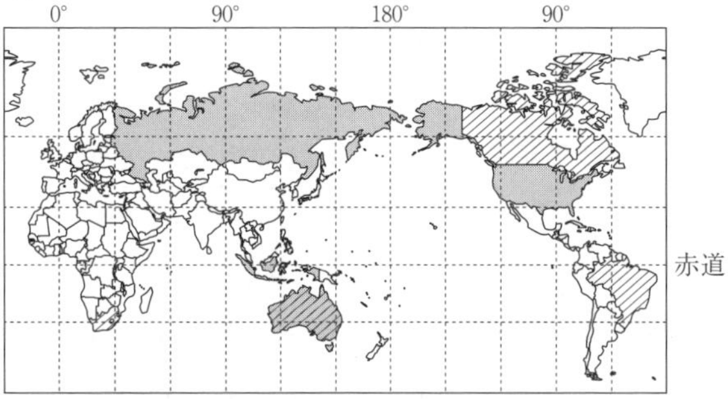

※▨：資料２の鉄鉱石の輸入先上位４か国
※■：資料２の石炭の輸入先上位４か国

略地図２

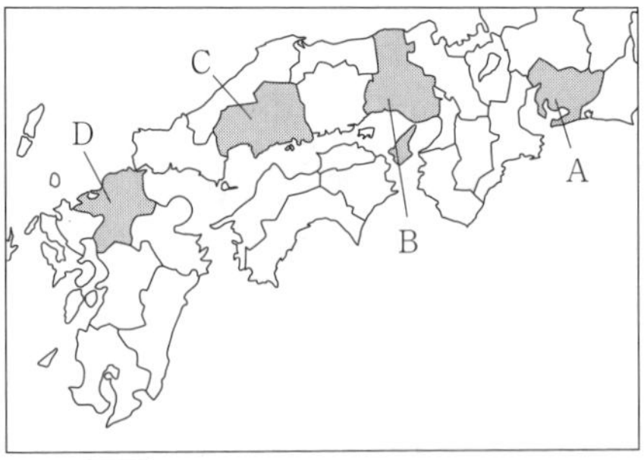

※■：資料３のＡからＤの４県

(1)　写真のように，鉱産物を地表から直接けずり取りながら，うずを巻くようにして，地下にほり進んで採掘する方法を何というか。書きなさい。(　　　)

(2)　資料２，略地図１から読み取れることとして適切なものはどれか。次のアからエまでの中から１つ選びなさい。(　　　)

ア　鉄鉱石の輸入先上位4か国は，いずれも大西洋に面している。

イ　石炭の輸入先上位4か国のうち，東経135度の経線が通るのはロシアだけである。

ウ　鉄鉱石・石炭のいずれも，輸入量の合計にしめるオーストラリアの割合は50％以下である。

エ　鉄鉱石・石炭のいずれも，輸入量の合計にしめる輸入先上位4か国の割合は90％以上である。

(3) 資料3の6府県には人口が50万人を超える都市がそれぞれ1都市または2都市あり，これらの都市は，都道府県の一部の業務を分担して行うことを国から認められています。このような都市を何というか。書きなさい。(　　　)

(4) 里奈さんは，鉄鋼業の生産がさかんなX市について調べ，次のメモを作成しました。X市は，資料3のAからDのいずれかの県にあります。X市がある県はどこか。メモ，略地図2を参考にして，資料3のAからDまでの中から1つ選び，その県名を書きなさい。(　　)(　　　)

メモ

X市について ○　1960年代，活発な工業生産の一方で，工場から出るけむりによる大気汚染などの公害が問題となった。 ○　公害を克服した経験を生かして，現在はエコタウンの取組が進められている。 ○　日清戦争の賠償金の一部で官営の製鉄所がつくられ，鉄の生産を中心に発展した。

2　里奈さんは，資料1の原油について，略地図3，資料4をもとにして，説明文を作成しました。後の(1)，(2)の問いに答えなさい。

略地図3

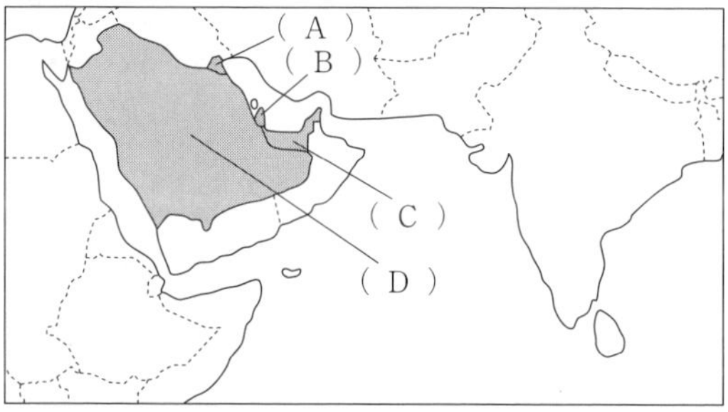

※ ■：資料4の原油の輸入先上位4か国

資料4　日本の原油の輸入先の割合（2019年）

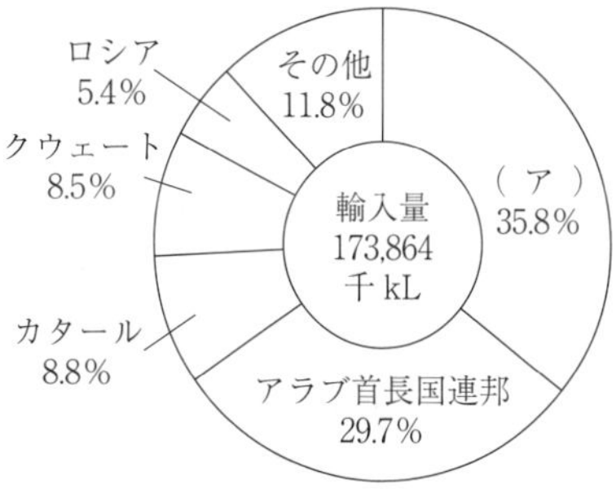

［「データブック　オブ・ザ・ワールド2021」より作成］

説明文

日本の原油の輸入先上位4か国は，①西アジア地域に位置しています。これらの国々には，重要なエネルギー源である原油が大量に存在していて，世界の多くの国々がこの地域から生産される原油にたよっています。この地域で生産される原油の量は世界のおよそ3割，埋蔵量は世界のほぼ半分をしめています。②ペルシア（ペルシャ）湾沿岸の産油国は，原油を輸出することで経済を成長させてきました。1960年には，イラクなどの産油国が③APECをつくり，世界の原油価格への影響力を強めるようになりました。

⑴　略地図３の（　A　）から（　D　）は，資料４にある日本の原油の輸入先上位４か国の位置をあらわしたものです。資料４の（　ア　）にあてはまる国を略地図３の（　A　）から（　D　）までの中から１つ選び，その国名を書きなさい。(　　)(　　　)

⑵　説明文には，誤っている語句が１つあります。誤っている語句を下線部①から③までの中から１つ選び，正しい語句を書きなさい。誤っている語句の番号(　　　)　正しい語句(　　　)

3　里奈さんは，資料１の木材について，資料５，資料６をみつけました。資料６のアからオには，５つの気候帯のいずれかがあてはまります。資料５の４か国に広く分布する気候帯である亜寒帯（冷帯）にあてはまるものを，資料６のアからオまでの中から１つ選びなさい。(　　　)

資料５　日本の木材の輸入先上位４か国（2019 年）

国名	輸入額(億円)	割合(%)
カナダ	858	24.0
アメリカ	625	17.5
ロシア	508	14.2
フィンランド	288	8.1

[「データブック　オブ・ザ・ワールド 2021」より作成]

資料６　５つの気候帯がしめる大陸別の面積の割合(%)

気候帯	陸地全域	ユーラシア	アフリカ	北アメリカ	南アメリカ	オーストラリア	南極
ア	26.3	26.1	46.7	14.4	14.0	57.2	0
イ	21.3	39.2	0	43.4	0	0	0
ウ	19.9	7.4	38.6	5.2	63.4	16.9	0
エ	17.1	9.8	0	23.5	1.6	0	100
オ	15.4	17.5	14.7	13.5	21.0	25.9	0

[「データブック　オブ・ザ・ワールド 2021」より作成]

4　里奈さんのグループは，びわ湖材（滋賀県産の木材）で作られた机とイスを使っている学校のことを知り，びわ湖材について調べて，次の発表原稿を考えました。発表スライドをもとに，「森林に関する課題とその克服に向けた取組」について，発表原稿の（　①　），（　②　）にあてはまる適切な内容を考え，書きなさい。

①(　　　　　　　　　　　　　　　　　　　　　　　　　　　　　　)

②(　　　　　　　　　　　　　　　　　　　　　　　　　　　　　　)

発表原稿

○　森林の機能（スライド１）

木材は，国内で再生産が可能な資源です。また，木材の利用は森林を守ることにつながります。「琵琶湖森林づくり条例」をみると，森林にはさまざまな機能があり，私たちはその恩恵を受けていることがわかります。

○　森林に関する課題（スライド２）

課題の１つとしては，林業就業者の減少などにより，（　　①　　）ことが考えられます。

○　森林に関する課題の克服（スライド3）

課題の克服のために，（　　②　　）に取り組んでいます。

○　森林に対する理解を深めること（スライド4）

「全国植樹祭」の開催などの機会を通じて，滋賀県は森林に対する理解を広めることに努めています。

発表スライド　「森林に関する課題とその克服に向けた取組」

スライド1　森林の機能

「森林は，生命の源である清らかな水をたくわえ，県土を保全して洪水などから私たちの暮らしを守るとともに，多様な動植物の生息または生育の場を提供するなど様々な役割を果たしてきた。」

［「琵琶湖森林づくり条例」より］

スライド2　森林に関する課題

日本の林業就業者の推移

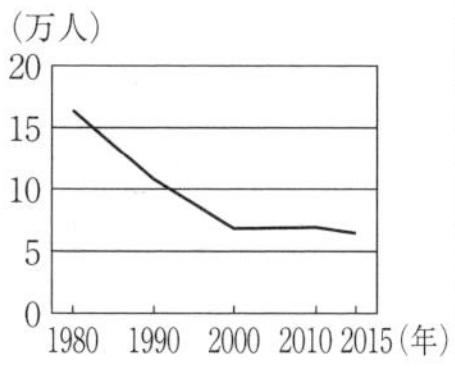

［「数字でみる日本の100年」より作成］

整備が不十分な森林のようす

暗くて下草も生えない森林では，森林の機能が十分に発揮されません。

スライド3　森林に関する課題の克服

「びわ湖材」とは　産地証明された県産材です。

びわ湖材

地域の木を使うことは，地域の森林を手入れすることにつながります。

滋賀県の取組の例
- ・びわ湖材を用いた製品の購入について支援しています。
- ・びわ湖材を活用した建築などについて支援しています。

企業の取組の例

企業が開発した机やイス

スライド4　森林に対する理解を深めること

全国植樹祭

- ・豊かな国土の基盤である森林・緑に対する国民の理解を深めるために，毎年開催されている国土緑化運動の中心行事です。
- ・令和4年は滋賀県で開催されます。

［滋賀県のホームページなどより作成］

2　直子さんのグループは，歴史の学習のまとめとして「各時代の人々と社会との関わり」という課題を設定しました。直子さんのグループがまとめた表，略地図，資料をみて，後の１から５までの各問いに答えなさい。

表

時代区分	おもな政治のうごき	人々と社会との関わりに関連すること
古代	律令国家の成立	班田収授法の制定 ・6歳以上の男女に農地があたえられ，人々には税が課せられる。
中世	武士による政権の成立	農業や商業など諸産業の発展 ・有力な農民による村の自治や裕福な商工業者による都市の自治が進む。
近世	幕藩体制の確立	新田開発や農具の発達による農業生産力の高まり ・商品作物の栽培が広がり，農村にも貨幣経済が広がる。
近代	近代国家の成立	文明開化による新しい制度や文化の広まり ・自由民権運動がさかんになる。
現代	民主化の進展	日本国憲法の制定（国民主権・平和主義・基本的人権の尊重） ・成年者による普通選挙が保障される。

略地図

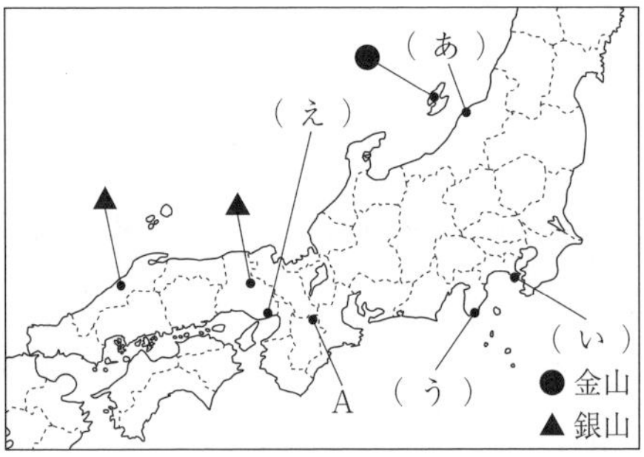

資料１　土一揆の成果を記した碑文

正長元年ヨリ
サキ者《は》、カンへ四カン《神戸四箇》
カウ《郷》ニヲヰメアル《負い目ある》
ヘカラス《べからず》

1　古代について，表の下線部の税のうち収穫量の約３％の稲で納める税を何というか。漢字１字で書きなさい。(　　　)

2　中世について，次の(1)，(2)の問いに答えなさい。

(1)　中世の経済や人々の活動について，正しく説明しているものを，次のアからエまでの中から１つ選びなさい。(　　　)

ア　農業の発達とともに，商業が盛んになり，定期市が開かれた。

イ　市では，日本国内で初めてつくられた銅銭が使われるようになった。

ウ　都市では，米の買いしめをした商人に対する打ちこわしが行われた。

エ　商人は株仲間という同業者組織をつくり，独占的に営業を行う特権を得た。

(2)　直子さんは，略地図のＡの地域に残されている資料１をみつけました。この土一揆をおこした人々の要求について，資料１の傍線部からわかることを書きなさい。(　　　　　)

3　近世について，次の(1)から(3)までの問いに答えなさい。

(1)　江戸時代の産業について，正しく説明しているものを，次のアからエまでの中から１つ選びなさい。(　　　)

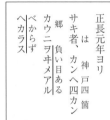

ア　稲の収穫に石包丁などの農具が使われ始めた。

イ　紡績，製糸などの軽工業を中心に産業革命の時代をむかえた。

ウ　牛馬を使った耕作や同じ田畑で交互に米と麦をつくる二毛作が始まった。

エ　いわしは肥料に加工され，近畿地方などの綿の生産地に売られた。

(2)　直子さんは，略地図にある鉱山（●金山，▲銀山）で採掘された金や銀に関して，開国の影響をノート1にまとめました。ノート1の（ X ），（ Y ）にあてはまる語句の組み合わせとして正しいものを，後のアからエまでの中から1つ選びなさい。（　　　）

ノート1

> ペリーの来航をきっかけに欧米各国と通商条約を結び，日本は開国しました。外国との貿易が始まると，外国との金銀の交換比率の違いから，（ X ）が大量に国外に持ち出されました。そのため，幕府は（ X ）の質を落として流出を防ごうとしました。しかし，このことが一因となり，物価は急速に（ Y ）し，結果として生活にいきづまる民衆が増えました。

ア　X　金貨　Y　下落　　イ　X　金貨　Y　上昇　　ウ　X　銀貨　Y　下落

エ　X　銀貨　Y　上昇

(3)　ノート1の下線部について，アメリカの東インド艦隊司令長官ペリーが，1853年に軍艦を率いて来航した場所を略地図の（ あ ）から（ え ）までの中から1つ選びなさい。（　　　）

4　近代について，次の(1)，(2)の問いに答えなさい。

(1)　直子さんは，資料2の年表の矢印で示した部分に次のアからウのできごとを書き加えようとしています。次のアからウまでのできごとを年代の古い順にならべかえなさい。（　　→　　→　　）

ア　西南戦争の開始　　イ　内閣制度の創設

ウ　国会期成同盟の結成

資料2　自由民権運動に関連する年表

年	おもなできごと
1874年	民撰議院設立の建白書の提出
	↕
1889年	大日本帝国憲法の発布
1890年	第1回衆議院議員総選挙の実施

(2)　直子さんは，第1回衆議院議員総選挙の投票所のようすをあらわした資料3をみつけました。投票に対して，当時の人々の関心は高かったのですが，このとき選挙権が与えられた人は，総人口の約1.1％でした。直子さんは，第1回衆議院議員総選挙で選挙権が与えられた人はどのような人であったかについてノート2にまとめました。ノート2の（ あ ）から（ う ）にあてはまる語句や数を書きなさい。

資料3　投票所のようす（ビゴー画）

(あ)（　　　）(い)（　　　）(う)（　　　）

ノート2

> 衆議院議員の選挙権が与えられたのは，直接国税（ あ ）円以上を納める満（ い ）歳以上の（ う ）でした。そのため，有権者は裕福な地主や都市に住む人々などに限られて

いました。

5　現代について，次の(1)，(2)の問いに答えなさい。

(1)　資料4の2014年と2017年の有権者数を比較すると，有権者数が約200万人増加しています。これは2015年に改正された公職選挙法の影響があると考えられます。その改正の内容について書きなさい。(　　　　　　　　　　　　　　　　　　　　　　　　)

(2)　直子さんは，人々が選挙権を獲得するまでに長い歴史があったことを学習しました。直子さんは，衆議院議員総選挙の投票率の推移について資料5にまとめました。資料5から読み取れる課題について，「若者の意見」と「政治参加」という語句を用いて説明しなさい。

(　　　　　　　　　　　　　　　　　　　　　　　　　　　　　　　　　　　　　　)

資料4　衆議院議員総選挙の有権者数の推移

年	有権者数（人）
1890年	450,872
1946年	36,878,420
1980年	80,925,034
1990年	90,322,908
2000年	100,492,328
2012年	103,959,866
2014年	103,962,785
2017年	106,091,229

［総務省資料より作成］

資料5　衆議院議員総選挙の投票率の推移

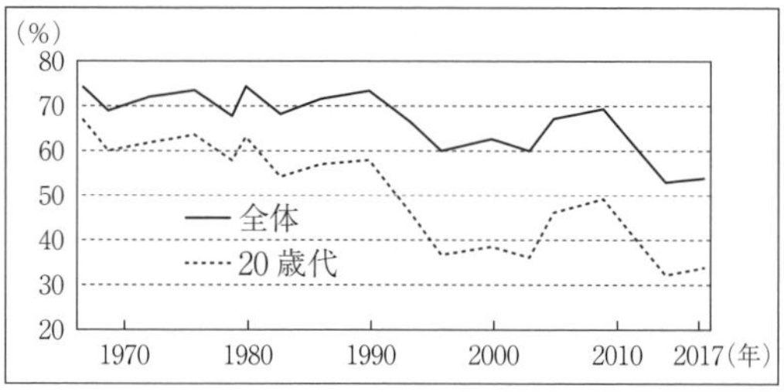

［総務省資料より作成］

3　健太さんのグループは，「持続可能な社会」について公民の授業で学習したあと，滋賀県の取組を調べる中で，「滋賀県基本構想」をみつけました。後の1から4までの各問いに答えなさい。

滋賀県基本構想（2019年策定）の一部と表紙

> この「滋賀県基本構想」は，みんなの力を合わせ滋賀の未来をつくっていくための将来ビジョンです。県は，その実現に向け，一緒に取組を進めます。
>
> この基本構想では，目指す2030年の姿として，自分らしい未来を描くことができる生き方と，その土台として，将来にわたり持続可能な滋賀の姿を描きます。その実現のため，「経済」，「社会」，「環境」のバランスを図る統合的な取組であるSDGsの特徴を生かします。

1　健太さんは，「滋賀県基本構想」の中から，将来の人口を推定して計算した資料1，資料2をみつけました。資料1，資料2から読み取れることとして適切なものはどれか。後のアからエまでの中から1つ選びなさい。(　　　)

資料1　全国と滋賀県の総人口

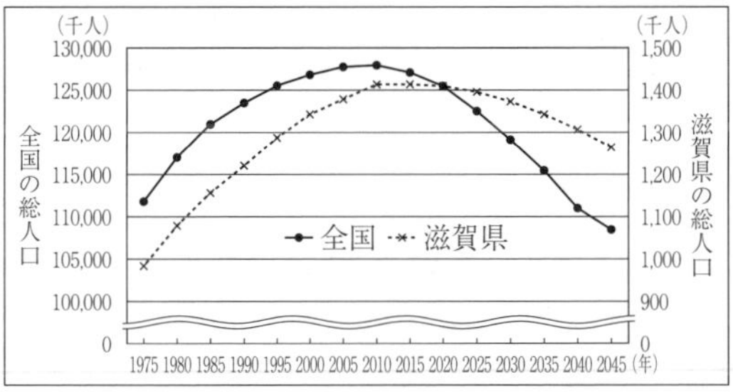

[滋賀県ホームページより作成]

資料2　滋賀県の年齢3区分別人口

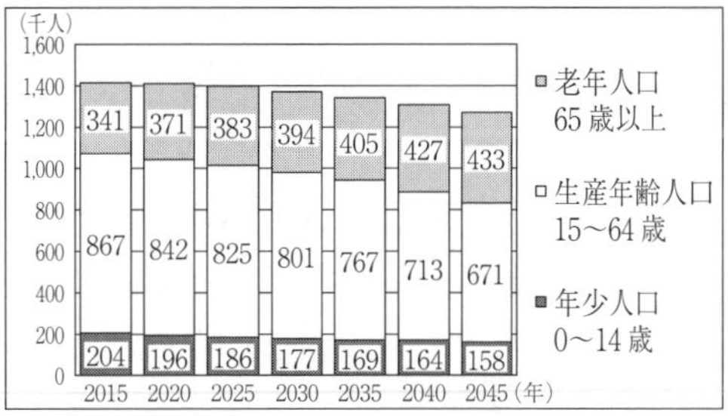

[滋賀県ホームページより作成]

ア　1975年と2045年とを比べると，総人口は全国，滋賀県ともに増加する見込みである。

イ　2015年に比べ2045年は，滋賀県は，総人口が減少しているが，生産年齢人口は増加する見込みである。

ウ　2025年には，全国の総人口は1億2500万人より少なく，滋賀県は老年人口が年少人口の2倍を超える見込みである。

エ　2035年には，滋賀県の総人口は140万人より少なく，老年人口が総人口の3分の1を超える見込みである。

2　健太さんは，「滋賀県基本構想」の「経済」の視点から，商品が消費者に届くまでの流れに関わって，近江牛の販売について注目し，資料3を作成し，資料4，資料5をみつけました。後の(1)から(3)までの問いに答えなさい。

資料3　商品が消費者に届くまでのおもな流れ

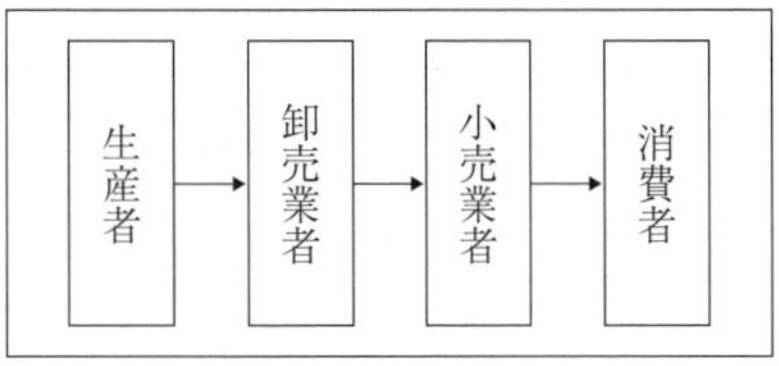

資料4　地理的表示（GI）

- 生産地の特性と品質の特性が結びついた産品について，農林水産省がその名称（地理的表示）を知的財産として登録し，保護する制度。
- 2017年，近江牛が「地理的表示（GI）」に登録された。
- ブランドや消費者の利益保護，輸出拡大などの効果が期待される。

[農林水産省ホームページなどより作成]

資料5　海外における日本食レストラン数の推移

地域	2013年(店)	2015年(店)	2017年(店)	2019年(店)
アジア	約27,000	約45,300	約69,300	約101,000
オセアニア	約700	約1,850	約2,400	約3,400
欧州	約5,500	約10,550	約12,200	約12,200
北米	約17,000	約25,100	約25,300	約29,400
中南米	約2,900	約3,100	約4,600	約6,100

[農林水産省ホームページより作成]

(1)　資料3について，このような商品の流れを何というか。書きなさい。(　　　)

(2)　資料4の下線部に関連して，契約と消費者保護について説明している次の文のうち適切なものはどれか。次のアからエまでの中から1つ選びなさい。(　　　)

ア　商品の売買等で，買い手と売り手の間で契約書を交わしたものだけを契約という。

イ　一度契約が成立しても，一方的に契約を取り消すことができることを契約自由の原則という。

ウ　2004年に改正された消費者の自立支援を基本理念とした法律を製造物責任法という。

エ　訪問販売で商品を購入した場合，一定の期間内（8日以内）であれば，契約を解除できることをクーリング・オフという。

(3)　健太さんは，近江牛の販売戦略をメモにまとめました。メモの（ ① ）から（ ③ ）にあてはまる語句の組み合わせとして最も適切なものはどれか。後のアからエまでの中から1つ選びなさい。(　　　)

メモ

> 今後，人口減少により国内市場が（ ① ）することが予想される。資料5から，海外における日本食に対する（ ② ）が高まっていることがわかり，「地理的表示（GI）」に登録されることでブランド力を高めて，さらに（ ③ ）を増やそうとしている。

ア　①　縮小　②　需要　③　輸出　　イ　①　縮小　②　供給　③　輸入

ウ　①　拡大　②　需要　③　輸出　　エ　①　拡大　②　供給　③　輸入

3　次に健太さんは，「環境」の視点から，主要国の二酸化炭素排出量を調べ，資料6，資料7を作成しました。後の(1)，(2)の問いに答えなさい。

資料6　二酸化炭素排出量上位6か国

国名		中国	アメリカ	インド	ロシア	日本	ドイツ
世界の二酸化炭素総排出量にしめる各国の排出量の割合(%)（2018年）		28.4	14.7	6.9	4.7	3.2	2.1
二酸化炭素排出量(百万t)	2008年	6,551	5,596	1,428	1,594	1,151	804
	2018年	9,528	4,921	2,308	1,587	1,081	696
2008年から2018年までの二酸化炭素排出量の増減率(%)		45	－12	62	0	－6	－13

[「世界国勢図会　2011／12」「世界国勢図会　2021／22」より作成]

資料 7　国内総生産（GDP）の推移

国名		中国	アメリカ	インド	ロシア	日本	ドイツ
国内総生産（GDP）（億ドル）	2008 年	44,161	143,694	12,813	16,676	48,870	36,345
	2018 年	138,949	206,119	27,737	16,685	49,548	39,638
2008 年から 2018 年までの国内総生産の増減率(%)		215	43	116	0	1	9

[「世界国勢図会　2011／12」「世界国勢図会　2021／22」より作成]

(1)　資料 6 に関連して，二酸化炭素やメタンなど，地球温暖化の原因とされる気体を何というか。書きなさい。(　　　)

(2)　健太さんは，石油や石炭の消費量を減らすなど環境保全に熱心に取り組んでいるドイツに注目しました。資料 6，資料 7 からわかるドイツの特徴について，書きなさい。

(　　　　　　　　　　　　　　　　　　　　　　　　　　　　　　　　　　)

4　さらに健太さんは，「社会」の視点から，地域の生活を支える公共交通機関であるバスに注目し，資料 8 から資料 11 をみつけ，過疎化の進む地域の課題と解決方法を考えています。後の(1)，(2)の問いに答えなさい。

資料 8　一般路線バスの輸送人員の推移（三大都市圏を除く）

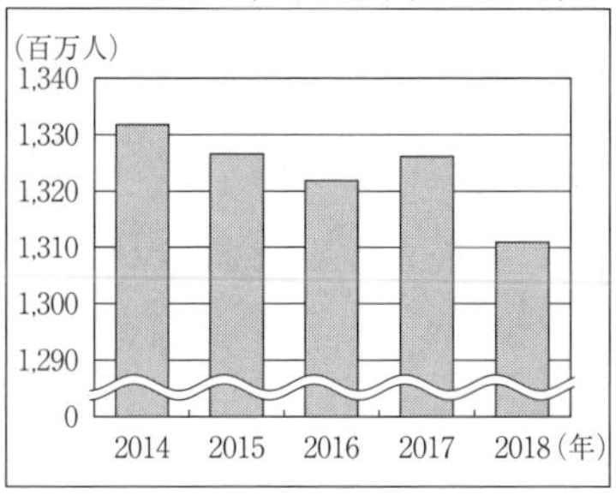

[国土交通省ホームページより作成]

※三大都市圏には，埼玉県，千葉県，東京都，神奈川県，愛知県，三重県，岐阜県，京都府，大阪府，兵庫県が含まれる。

資料 9　一般路線バスの路線廃止状況(全国)

年	廃止路線（km）
2014 年	1,590
2015 年	1,312
2016 年	883
2017 年	1,090
2018 年	1,306

[国土交通省ホームページより作成]

資料 10　宅配便取扱個数の推移

年	取扱個数（百万個）
2014 年	3,614
2015 年	3,745
2016 年	4,019
2017 年	4,251
2018 年	4,307

[国土交通省ホームページより作成]

資料 11　宮崎県の一部の地域で運行されている貨客混載バス

・バス利用者と宅配便の荷物を一緒に運ぶことができるバスを貨客混載バスといいます。
・バス会社は，宅配便の荷物を運ぶことで，輸送料を宅配業者から得ています。

[国土交通省ホームページなどより作成]

(1)　健太さんは，バスの運行に関わって道路や橋などの公共施設の老朽化が課題であると気づきました。道路や河川，上下水道など地域社会を支える基盤としての公共施設などのことを何というか。書きなさい。(　　　)

(2)　健太さんは，今後，少子高齢化と人口減少が進行することにより，特に過疎地域においては交通手段の確保が課題となると考えました。貨客混載バスの導入により，過疎地域の住民，バス会社，宅配業者それぞれにどのような利点があるかについて，資料 8 から資料 11 を参考にして，「交通手段の確保」と「経営の効率化」という語句を用いて説明しなさい。

(　　　　　　　　　　　　　　　　　　　　　　　　　　　　　　　　　　)

理科

時間　50分　　　　満点　100点

(編集部注)　膳所高校の理数科は120点満点に換算する。

1　夏希さんと千秋さんは，植物が成長することに興味をもち，観察を行いました。後の1から4までの各問いに答えなさい。

夏希さん

多くの植物は，みるみるうちに大きく成長するように感じるね。植物の体は，どの部分でも同じように成長していくのかな。

前にタマネギを使って根の伸びるようすを学習したね。他の植物でも根は同じように伸びるのかな。種子から育てて，観察してみよう。

千秋さん

夏希さんと千秋さんは，いくつかのエンドウの種子を使って，成長のようすを観察することにしました。水を含ませた脱脂綿にエンドウの種子をまくと，数日後，根が出てきたので，観察1を行いました。

【観察1】

〈方法1〉

①　根が出てきた種子から，根の長さが1cm程度に伸びた種子を選び，根に図1のように等間隔に印(•)をつける。

②　翌日に変化を観察する。

図1　図2

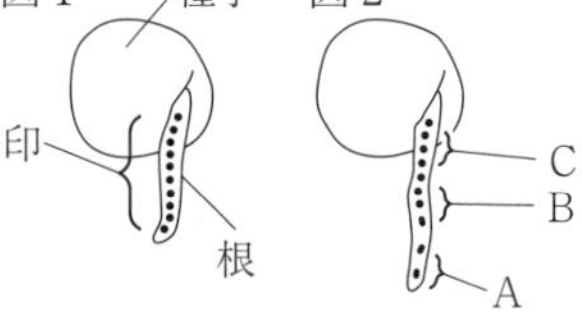

〈結果1〉

図2のように印の間隔が変わった。

〈方法2〉

①　図2のAの部分を切り取り，スライドガラスにのせる。

②　スライドガラス上の切り取った根に，うすい塩酸を1滴かけて5分間おく。

③　ろ紙で，うすい塩酸を吸い取る。

④　酢酸カーミン液をかけて，さらに5分間おく。

⑤　カバーガラスをかけ，ろ紙をのせて押しつぶす。

図3

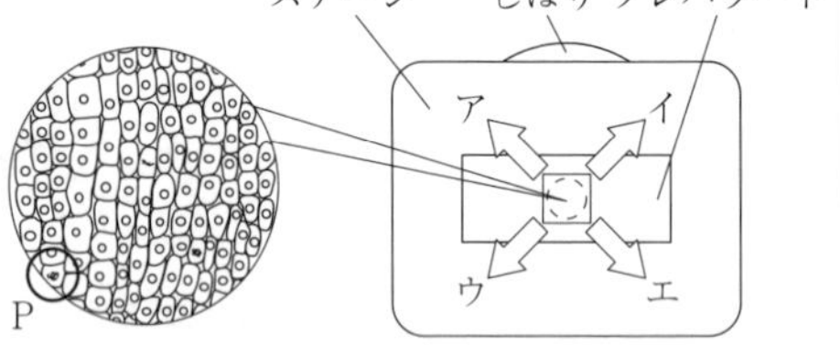

顕微鏡を観察したときの視野

顕微鏡のステージを真上から見た模式図
※クリップは省略している。

⑥　B，Cの部分についても，①から⑤と同様の操作を行い，作成したプレパラートを顕微鏡で観察する。

〈結果2〉

図4のような細胞をそれぞれ観察することができた。顕微鏡の倍率は，すべて同じである。

図4

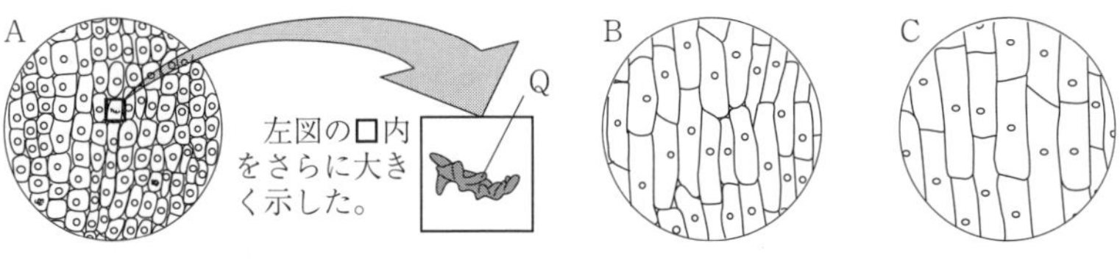

1　顕微鏡でプレパラートを観察したとき，図3のPの位置に観察したいものが見えました。Pを視野の中央に移動させて観察するとき，プレパラートはどの向きに動かせばよいですか。適切なものを，図3のアからエまでの中から1つ選びなさい。(　　　)

【話し合い】

夏希さん：結果1から，根の先端付近がよく伸びていて，種子の近くは根の先端付近と比べると伸びていないことがわかるね。
千秋さん：結果2では，a細胞の形がはっきり見えるね。
夏希さん：bQの部分を見ると，細胞分裂が起こっている途中だとわかるね。
千秋さん：観察に使わなかった種子の根は，今後さらに伸びていきそうだね。

2　下線部aについて，植物の細胞には細胞膜の外側を囲むつくりがあります。このつくりの名前は何ですか。書きなさい。また，その役割は何ですか。「植物の体」という語を使って書きなさい。
つくりの名前(　　　)
つくりの役割(　　　　　　　　　　　　　　　　　　　　　　　　　　)

3　下線部bのように，夏希さんが判断したのはなぜですか。説明しなさい。
(　　　　　　　　　　　　　　　　　　　　　　　　　　　　　　　　　)

夏希さん

観察を数日間続けていると，今度は茎が伸びてきたよ。茎は，種子に近い側が伸びるのかな。それとも茎の先端の葉に近い側が伸びるのかな。

茎の中央あたりが伸びるのかもしれないよ。茎も根と同じように茎全体に印をつけて，観察を続けてみよう。

千秋さん

夏希さんと千秋さんは，茎がどのように成長するかを調べるために，観察2を行いました。

【観察2】

〈方法〉

①　観察1で使用しなかった種子を続けて育てる。
②　種子から茎が伸びてきたほぼ同じ状態の個体を選び，そのうちのいくつかの個体の茎に，図5のように等間隔に印(•)をつける。
③　3日後と10日後に変化を観察する。

図5　はじめ　　図6　3日後

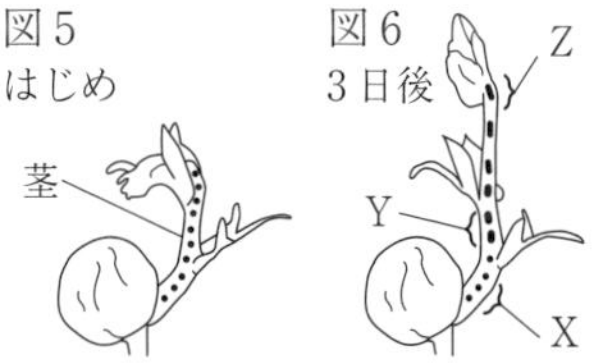

〈結果〉

3日後には，茎が伸びて図6のようになった。

また，図6の状態のX，Y，Zの各部分について，観察1の方法2と同様の操作を行い観察すると，図7のようであった。なお，顕微鏡の倍率は，観察1と同じである。

図7
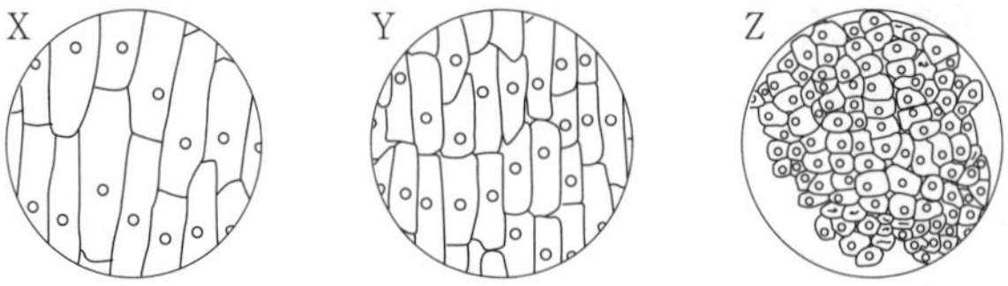

図8
10日後

10日後には，印をつけなかった個体は図8のようになった。

4　観察1と観察2から考えて，エンドウの根や茎が伸びるのは，根や茎の先端に近い部分の細胞でどのような変化が起こるためですか。説明しなさい。

(　　)

2　千秋さんと夏希さんは，光の進み方や凸レンズのはたらきについて興味をもち，実験を行いました。後の１から５までの各問いに答えなさい。

千秋さん

虫眼鏡のレンズを通すと，物体が大きく見えたり，さかさに見えたりするね。また，遠くの景色を紙にうつすこともできるね。

夏希さん

レンズはガラスなどでできているけれど，光がガラスに出入りするとき，どのような進み方をしているのかな。

千秋さん

光がガラスの境界面でどのように進むのかを観察したり，凸レンズのはたらきを調べる実験をしたりしてはどうかな。

夏希さん

レンズのはたらきを応用した機器にカメラがあるね。カメラのしくみについても調べてみよう。

【実験１】

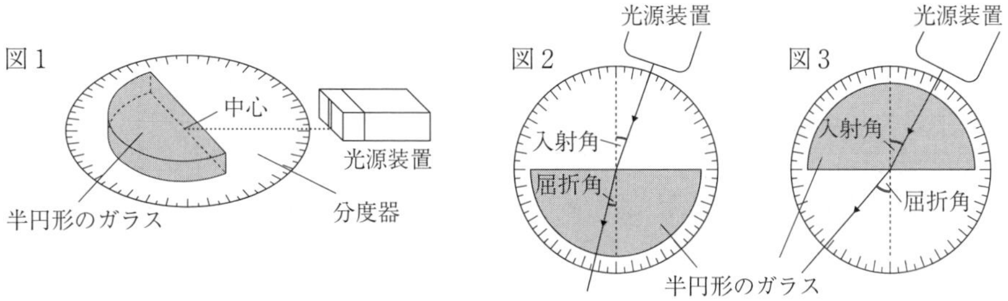

〈方法〉

①　図１のように，半円形のガラスを分度器の上に中心をかさねて置き，光源装置の光が中心を通るようにする。

②　図２のように，空気中から半円形のガラスに光を当てて真上から光の道すじを観察して，入射角と屈折角の大きさをはかる。光源装置を動かし，入射角を変えて同様に入射角と屈折角をはかる。

③　図３のように，半円形のガラスから空気中に光を当てて真上から光の道すじを観察して，入射角と屈折角の大きさをはかる。光源装置を動かし，入射角を変えて同様に入射角と屈折角をはかる。

〈結果〉

表１，表２は，光が空気中からガラスに入るときと，光がガラスから空気中に入るときの入射角と屈折角の測定値である。

表１　光が空気中からガラスに入るとき

	１回目	２回目	３回目
入射角	20°	34°	43°
屈折角	13°	22°	27°

表２　光がガラスから空気中に入るとき

	１回目	２回目	３回目
入射角	27°	34°	40°
屈折角	43°	57°	75°

１　実験１の結果から考えて，光が空気中からガラスに入るときと，光がガラスから空気中に入るときの光の進み方を正しく説明しているものを，次のアからエまでの中から１つ選びなさい。

（　　　）

ア　表1では，入射角は屈折角よりも小さく，入射角が大きくなると屈折角は小さくなる。

イ　表2では，入射角は屈折角よりも小さく，入射角が大きくなると屈折角は小さくなる。

ウ　表1で入射角をさらに大きくすると，ある角度からガラスの表面で屈折せずにすべて反射する。

エ　表2で入射角をさらに大きくすると，ある角度からガラスの表面で屈折せずにすべて反射する。

2　図4のAの位置に鉛筆を立て，矢印(➡)の方向から観察しました。鉛筆の見え方を正しく表したものを，次のアからエまでの中から1つ選びなさい。(　　　)

図4

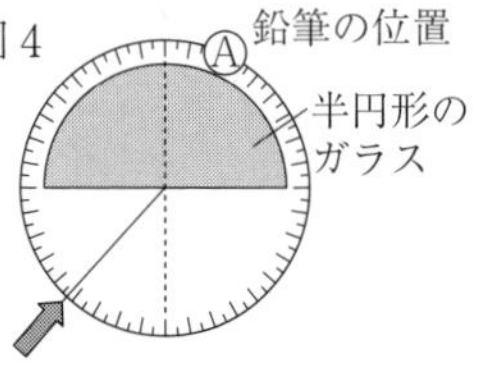

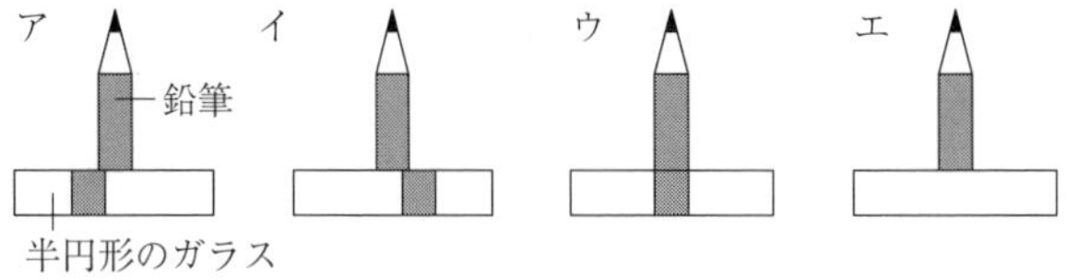

【話し合い】

夏希さん：カメラのしくみを調べるために段ボールと，薄紙のスクリーンを用いて簡易カメラをつくったよ。 千秋さん：中づつにあるスクリーンをのぞくと周りの景色が上下左右逆にうつるね。 夏希さん：中づつの位置を変えると像がぼやけることに気づいたよ。 千秋さん：凸レンズから物体までの距離と，物体の像がはっきりとうつるときの凸レンズからスクリーンまでの距離との関係を調べてみよう。

【実験2】

〈方法〉

①　凸レンズの軸に平行な光を当てて焦点を調べ，焦点距離をはかる。

②　①で焦点距離を調べた凸レンズ，段ボール，薄紙でつくったスクリーンを用いて図5のような簡易カメラをつくる。また，凸レンズからスクリーンまでの距離は，0cmよりも大きく36cmよりも小さい範囲で移動できるようにする。

③　物体を図5のア，イ，ウの位置に置き，中づつを動かしながら，像がはっきりとうつるときの凸レンズからスクリーンまでの距離を調べる。

図5

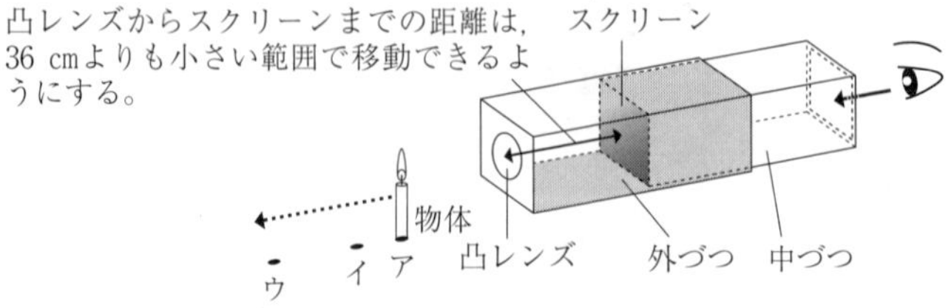

〈結果〉

①の結果，実験で使用した凸レンズの焦点距離は，12cm であることがわかった。

表3は，実験の結果をまとめたものである。

表3

物体の位置	凸レンズから物体までの距離	像がはっきりとうつるときの凸レンズからスクリーンまでの距離
ア	焦点距離の 1.5 倍	焦点距離の 3 倍
イ	焦点距離の 2 倍	焦点距離の 2 倍
ウ	焦点距離の 3 倍	焦点距離の 1.5 倍

3　実験2の①で，凸レンズの軸に平行な3本の光を当てたとき，光が凸レンズを通る道すじを図6に表しなさい。ただし，方眼紙の1マスは1cmとし，屈折は凸レンズの中心線で1回だけするものとします。

図6

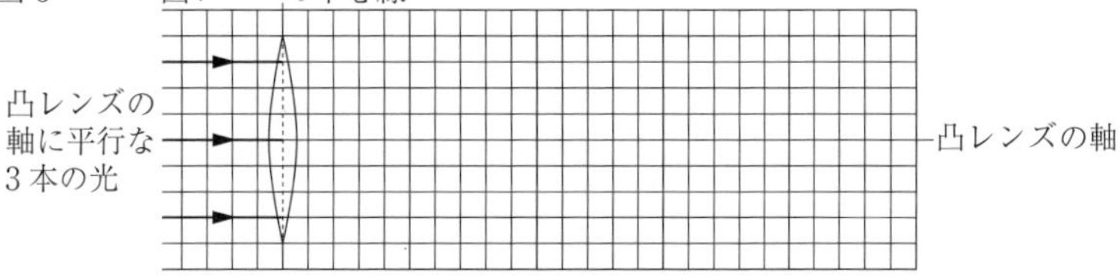

4　実験2で，凸レンズからスクリーンまでの距離が焦点距離よりも短いとき，スクリーンにはっきりとした像をうつすことはできません。その理由を書きなさい。

(　　　　　　　　　　　　　　　　　　　　　　　　　　　　　　)

5　千秋さんは図5の簡易カメラを使って，物体の像をスクリーンにはっきりとうつしたいと考えました。次の(1)，(2)の問いに答えなさい。

(1)　凸レンズから物体を遠ざけていくとき，物体の像をはっきりとうつすためには，スクリーンの位置を変える必要があります。物体をしだいに遠ざけていくと，スクリーンは凸レンズから何 cm のところに近づいていきますか。整数で答えなさい。(　　　　cm)

(2)　この簡易カメラを使って，物体よりも大きい像をスクリーンにはっきりとうつすためには，凸レンズからスクリーンまでの距離は，何 cm よりも大きく，何 cm よりも小さい範囲となりますか。整数で答えなさい。(　　　　cm よりも大きく，　　　　cm よりも小さい範囲)

③　千秋さんと夏希さんは，地震に興味をもち，調べ学習を行いました。後の１から５までの各問いに答えなさい。

千秋さん

地震は身の回りにいろいろな影響をおよぼす現象だね。a 地形が変化することもあるね。

地震が起こると，震央や，震源の深さ，b 地震の規模を表すマグニチュードと各地の震度が伝えられるね。

夏希さん

1　下線部 a について，地震などで土地がもち上がることを何といいますか。書きなさい。

(　　　)

2　下線部 b について，震央と震源の深さがほぼ同じ地震を比べたとき，マグニチュードの値が大きい地震は，マグニチュードの値が小さい地震と比べてどのような違いがありますか。ゆれの伝わる範囲について書きなさい。

(　　　)

千秋さんと夏希さんは，ある地震（地震ア）について，インターネットを使って調べ学習をしました。

【調べ学習】

〈地震ア〉

図１の略地図に，地震アの震央と，地震計の記録などが得られた地点を示した。

表に，地震発生から各地点でゆれが観測されるまでの時間をまとめた。

図３に，地点Ａ，地点Ｂ，地点Ｃの地震計の記録をまとめた。記録の左端が地震の発生時刻である。

表

地点	震源からの距離(km)	地震発生から小さなゆれが観測されるまでの時間(秒)	地震発生から大きなゆれが観測されるまでの時間(秒)
地点Ａ	13.7	2.4	4.0
地点Ｂ	37.8	6.5	11.1
地点Ｃ	31.2	5.4	9.2

図１　×は震央

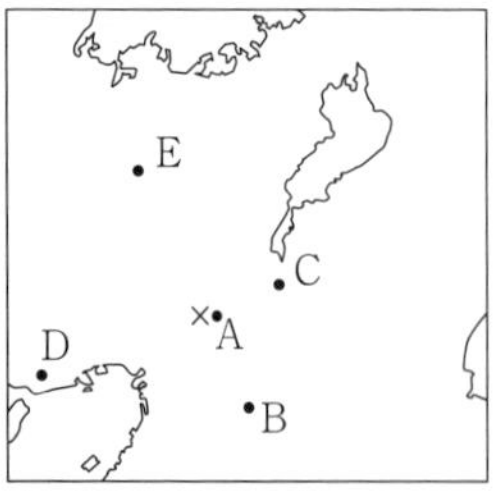

地点Ａ　震度６弱
地点Ｂ　震度５弱
地点Ｃ　震度５弱
地点Ｄ　震度４

図２

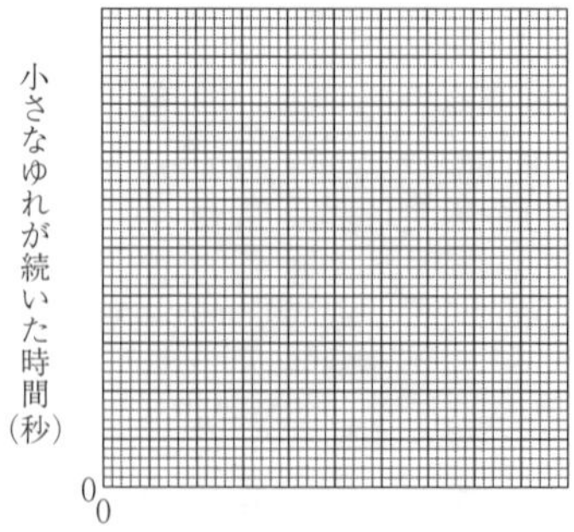

図３

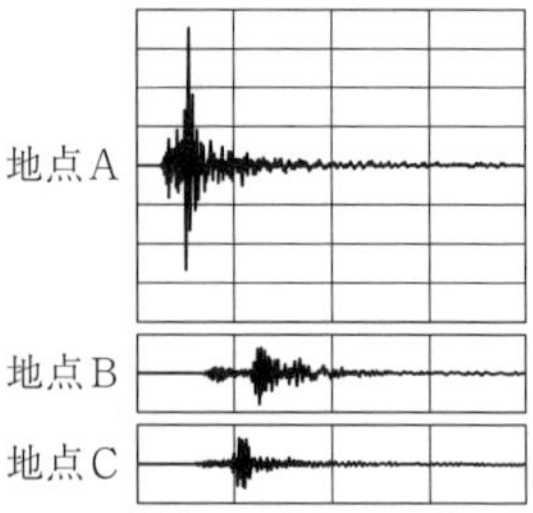

横軸の目盛りは10秒ごと

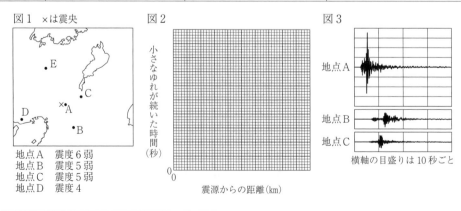

3　調べ学習で，図1の地域の土地の性質は一様であるとしたとき，地点Eの震度として考えられる階級はどれですか。最も適切なものを，次のアからエまでの中から1つ選びなさい。(　　　)

ア　震度4　　イ　震度5強　　ウ　震度6弱　　エ　震度6強

4　調べ学習の表をもとに，地震アについて，震源からの距離と小さなゆれが続いた時間の関係を表したグラフを，図2にかきなさい。ただし，グラフの縦軸，横軸の目盛りには適切な値を書きなさい。

【話し合い】

夏希さん：図3を見ると，初めに小さなゆれが続いてから大きなゆれが観測されているね。

千秋さん：小さなゆれが続く時間はそれぞれ違っているね。

夏希さん：ゆれの伝わり方を利用した，緊急地震速報というものがあるね。震源に近い地震計で観測された初めの小さなゆれをコンピュータによって短い時間で分析し，震度5弱以上のゆれが予想された地域に発表されるそうだよ。

千秋さん：c 震源からある程度離れたところでは，大きなゆれを事前に知ることができるものだね。

5　話し合いの下線部cについて，震源からある程度離れたところには，緊急地震速報によって，大きなゆれを事前に知らせることができます。「P波」と「S波」という2つの語を使って，その理由を説明しなさい。

(　　　　　　　　　　　　　　　　　　　　　　　　　　　　　　　　)

4　夏希さんと千秋さんは，物質が何からできているかに興味をもち，物質を分解する実験を行いました。後の1から6までの各問いに答えなさい。

【実験】

〈方法〉

① 炭酸水素ナトリウム3.0gを乾いた試験管に入れ，図のような装置を組み立てる。

② 試験管を弱火で加熱して，発生した気体を水上置換法で試験管に集める。ただし，1本目の試験管に集めた気体は使わずに捨てる。

図

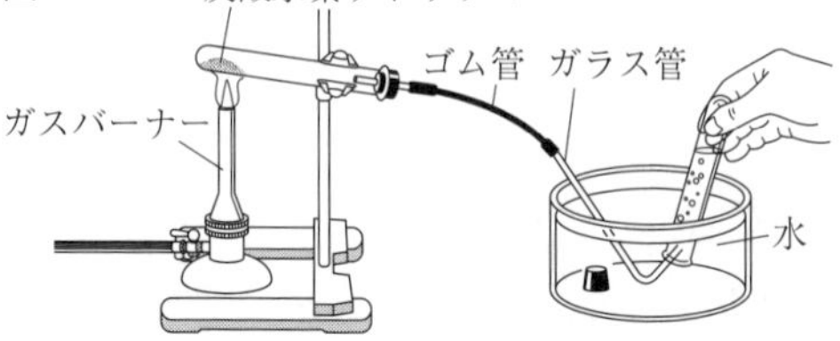

③ 気体が発生しなくなったら，a ガラス管を水そうから取り出し，加熱をやめる。

④ ②の操作で，試験管に集めた気体が何かを調べる。

⑤ 加熱後の試験管の内側についた液体とb 残っている白い固体，および炭酸水素ナトリウムの性質を調べる。

〈結果〉

表1は⑤で加熱した試験管の内側についた液体と残っている白い固体，および炭酸水素ナトリウムの性質を調べるための操作と，その結果をまとめたものである。

表1

	操作	結果
試験管の内側についた液体	青色の塩化コバルト紙をつける。	赤色に変わる。
試験管に残っている白い固体	水に溶かす。 フェノールフタレイン溶液を加える。	水によく溶ける。 溶液は赤色に変わる。
炭酸水素ナトリウム	水に溶かす。 フェノールフタレイン溶液を加える。	水に少し溶ける。 溶液はうすい赤色に変わる。

1　下線部aについて，このような操作をする理由として適切なものはどれですか。次のアからエまでの中から1つ選びなさい。(　　　)

ア　試験管内の気圧が高くなり，ゴム管やガラス管が外れることを防ぐため。

イ　試験管内の気圧が高くなり，水そうの水が試験管に流れ込むことを防ぐため。

ウ　試験管内の気圧が低くなり，ゴム管やガラス管が外れることを防ぐため。

エ　試験管内の気圧が低くなり，水そうの水が試験管に流れ込むことを防ぐため。

2　下線部bについて，実験の結果から，試験管に残っている白い固体は，炭酸水素ナトリウムとは別の物質であることがわかります。なぜそのように判断できるのですか。2つの物質の性質を比較して理由を書きなさい。また，試験管に残っている白い固体の物質名を書きなさい。

理由(　　　　　　　　　　　　　　　　　　　　　　　　　　　　　　　　)

物質名(　　　　)

夏希さん

実験で炭酸水素ナトリウムを加熱すると，固体と液体と気体に分解したね。

炭酸水素ナトリウムの化学式は $NaHCO_3$ だね。ここから試験管に集めた気体が，何であるかを予想できそうだね。

千秋さん

3　実験で，試験管に集めた気体と同じ気体を発生させるためには，どのような実験を行えばよいですか。表2から必要な薬品などを選んで書きなさい。

（　　　　　　　　　　　　　　　　　　　　　　　　　　　　　　　　　）

表2

薬品など
亜鉛　石灰石　二酸化マンガン　うすい塩酸　うすい過酸化水素水　うすい水酸化ナトリウム水溶液

【話し合い】

千秋さん：塩化コバルト紙の色の変化から，試験管の内側についた液体は水であるとわかるね。発生した水を加熱して，さらに分解できないかな。

夏希さん：c 液体の水を加熱すると水蒸気になり，水蒸気を冷やすと液体の水にもどるので，この変化は化学変化ではないね。

千秋さん：水は加熱しただけでは分解できないね。

夏希さん：d 水に電流を流せば水素と酸素に分解することができたね。

千秋さん：炭酸水素ナトリウムの熱分解によって得られた水は，さらに分解することができたけれど，水の電気分解によって得られる水素と酸素は，それ以上分けられないのかな。

4　話し合いの下線部cのように，水を加熱すると水蒸気になる変化が，化学変化ではない理由を「水分子」という語を使って説明しなさい。

（　　　　　　　　　　　　　　　　　　　　　　　　　　　　　　　　　）

5　話し合いの下線部dについて，水を電気分解して水素と酸素を集める実験をしたとき，その結果を正しく説明しているものを，次のアからエまでの中から1つ選びなさい。（　　　）

ア　陰極側に集まった気体は酸素で，陽極側に集まった気体の体積の約半分になっている。

イ　陽極側に集まった気体は酸素で，陰極側に集まった気体の体積の約2倍になっている。

ウ　陰極側に集まった気体は水素で，陽極側に集まった気体の体積の約2倍になっている。

エ　陽極側に集まった気体は水素で，陰極側に集まった気体の体積の約半分になっている。

6　次の(1)，(2)の実験で，反応後に得られる物質について正しく説明しているものはどれですか。後のアからエまでの中からそれぞれ1つ選びなさい。

(1)　炭酸水素ナトリウムを熱分解したとき。（　　　）

(2)　水を電気分解したとき。（　　　）

ア　すべて単体ができる。　イ　すべて化合物ができる。　ウ　単体と化合物ができる。

エ　単体も化合物もできない。

3　次の1から4までの各問いに答えなさい。

1　次の①から⑤までの文中の――線部のカタカナを漢字に直して書きなさい。

① 店舗をカクチョウする。（　　　）
② 彼女の努力には舌をマく。（　　　く）
③ 友人を家にショウタイする。（　　　）
④ 食後にお皿をアラう。（　　　う）
⑤ 偉大なコウセキを残す。（　　　）

2　次の①から⑤までの文中の――線部の漢字の正しい読みをひらがなで書きなさい。

① 旅行の計画を練る。（　　　る）
② 校内に憩いの場を作る。（　　　い）
③ 閑静な住宅街に住む。（　　　）
④ 抑揚をつけて話す。（　　　）
⑤ 穏やかな毎日を過ごす。（　　　やかな）

3　次の文章を読んで、後の①と②の各問いに答えなさい。

地球以外に生きものが存在する惑星は、今のところ見つかっていません。[I]、宇宙には、太陽と同じような恒星はたくさんありますし、その周りをまわっている地球のような惑星も最近の観測で次々と見つかってきました。もしも地球と同じような条件の惑星があれば、私たちと同じような生きものがいるかもしれません。

（中村桂子《なかむらけいこ》「私のなかにある38億年の歴史―生命論的世界観で考える」〈科学は未来をひらく〈中学生からの大学講義〉3」所収〉より）

① 空欄[I]にあてはまる言葉として、最も適切なものを、次のアからエまでの中から一つ選び、記号で答えなさい。（　　　）

ア　つまり　イ　だから　ウ　さらに　エ　しかし

② ――線部「たくさん」の品詞名を漢字で書きなさい。（　　　）

4　次は、『竹取物語』の【文章の一部】とその【現代語訳】です。これらを読んで、後の①と②の各問いに答えなさい。

【文章の一部】

今は昔、竹取の翁《おきな》といふものありけり。野山にまじりて竹を取りつつ、よろづのことに使ひけり。名をば、さぬきのみやつことなむいひける。その竹の中に、もと光る竹なむ一筋ありける。あやしがりて、寄りて見るに、筒の中光りたり。それを見れば、三寸ばかりなる人、いとうつくしうてゐたり。

【現代語訳】

今ではもう昔のことだが、竹取の翁とよばれる人がいた。野や山に分け入って竹を取っては、いろいろな物を作るのに使っていた。名前を、さぬきのみやつこといった。（ある日のこと、）その竹の中に、根もとの光る竹が一本あった。不思議に思って、近寄って見ると、筒の中が光っている。それを見ると、三寸ほどの大きさの人が、たいへんかわいらしい様子で座っている。

① 【文章の一部】の中の――線部は、だれの動作ですか。【文章の一部】の中から八字で抜き出して書きなさい。[　　　　　　　　]

② 【文章の一部】の中の〰〰線部を現代仮名遣いに直して、全て書きなさい。（　　　）

【ゆうきさんの振り返り】

短歌を作る学習を通じて、三十一音という限られた中で表現するために、適切に言葉を選ぶことが大切だと感じた。

これからの学習や生活の中で、語いを豊かにすることに取り組んでいきたい。

1 【本の一部】の――線部について、短歌において文語を用いる効果は、どのように述べられていますか。最も適切なものを、次のアからエまでの中から一つ選び、記号で答えなさい。（　　）

ア 口語で作ることが当たり前だと考えられている短歌に、仰々しい感じをもたせることができる。

イ 短歌に落ち着いた雰囲気をもたせたり、伝えたいことを鮮やかに表現したりすることができる。

ウ 『万葉集』の時代から明治時代にいたるまで使われていた言葉に、新しい風を吹かせることができる。

エ すぐれた文語の助動詞の意味を知ることができ、今と昔の言葉の違いを理解することができる。

2 【話し合いの様子】の空欄 Ⅰ にあてはまる適切な内容を、【本の一部】の言葉を用いて、**四十字以内**で書きなさい。

3 【話し合いのまとめ】の空欄 Ⅱ にあてはまる適切な内容を、【本の一部】と【話し合いの様子】をふまえて、**四十字以上、五十字以内**で書きなさい。

4 【ゆうきさんの振り返り】の〰〰線部について、語いを豊かにするために、あなたはどのような方法が有効だと考えますか。次の条件1から条件3にしたがって書きなさい。

条件1 語いを豊かにするとはどういうことかがわかるように書くこと。

条件2 あなたが有効だと考える方法と、そのように考える理由を具体的に書くこと。

条件3 原稿用紙の正しい使い方にしたがい、**百字以上、百四十字以内**で書くこと。

100字

140字

くりと虹と向き合ったからこそ、その時その場所でしか受けとめることのできない「黄と藍」を選び取ることができたのです。

（栗《くり》木《き》京《きょう》子《こ》「短歌をつくろう」より）

【話し合いの様子】

ゆうきさん：【本の一部】の後半「さてさて、」以降の内容から短歌を作るポイントを話し合いましょう。

かおるさん：筆者は、Ａの短歌の結句「七色の虹」がしっくりと来ずに、Ｂのように「虹の青色」と作り直しているね。最初は、よく観察しないまま「虹なら七色」と決めつけたけれど、もう一度虹を思い描いて、一番印象に残った青色を使って表現したんだよね。

つばささん：そうだね。【本の一部】の内容から、「七色の虹」という表現より「虹の青色」の方がよい理由は、「［　Ⅰ　］から」とまとめることができるね。

かおるさん：Ｃの短歌は、作者の秋葉さんがじっくりと観察した結果、その時その場所でしか受けとめることのできない「黄と藍」を選ぶことができたと、筆者は述べているよ。

ゆうきさん：短歌を作るときには、適切に言葉を選ぶことも重要なんだね。筆者は、Ｃの短歌から「毅然とした美しさ」を感じているけれど、それも秋葉さんが選んだ言葉から伝わってきたんだね。その理由を、言葉について調べてまとめてみよう。

かおるさん：まず「毅然」の意味を確認しよう。「意志が強く、物事に動ぜずしっかりしている様子」という意味だよ。

つばささん：「時雨」は、国語辞典を調べると「冬の初め頃の、降ったりやんだりする雨」と書いてあるよ。

ゆうきさん：「映える」は、「①光を受けて輝く　②目立って、鮮やかに見える」と説明されているよ。

つばささん：「虹」を調べたら、夏の季語になっているよ。だから、わざわざ「冬の虹」と表現したと思うんだ。「虹立つ」という季語もあるよ。

かおるさん：虹は「かかる」という表現だけでなく、「立つ」という言葉を使うこともできるんだね。

ゆうきさん：これらの言葉の意味や特徴をもとに、筆者が「毅然とした美しさ」と感じた理由をまとめてみよう。

【話し合いのまとめ】

○短歌を作るポイント

①じっくりと観察して表現する。

②適切に言葉を選ぶ。

・筆者は、虹をよく観察しないまま「七色の虹」としたが、もう一度思い描くことで青色がきれいだったことを思い出し、「虹の青色」と表現した。

・Ｃの短歌に使われている言葉の意味や特徴に注目すると、

［　Ⅱ　］

という情景が思い描かれることから、筆者は「毅然とした美しさ」を感じている。

それに対して、現代の私たちが使っているのが「口語」で、「〇〇した」「〇〇です」「〇〇しよう」などのおなじみの表現がそうです。今では私たちが日常生活で文語を使うことはほとんどありません。一つ心当たりがあるとすれば、時代劇でしょうか。正義の味方の主人公が悪代官に向かって、

「罪なき人を苦しめたる悪事の数々、断じて許すまいぞ」

と格好よく言い放ちますが、このときの「罪なき」「苦しめたる」「許すまい」が文語に相当します。『万葉集』の昔から明治時代に至るまで、歌は文語で詠まれていました。明治の文明開化とともに和歌の世界にも新たな風が吹き込んで、次第に口語化へと傾いてゆきます。

文明開化から一五〇年近くたった現在でも、短歌の世界には文語表現を好んで使う作者がいます。私もその一人。別に時代劇のヒーローに憧れているからではなく、文語の持つ重厚な雰囲気に惹《ひ》かれるからです。

たとえば、さきほどの虹の歌の「かがやけり」の「り」は文語の助動詞で、この場合は継続の意味を表します。「かがやけり」とすると、「ずっとかがやいているんだなあ」と深々と思いを込めた言い方になるのです。口語で「かがやいているなあ」とするよりも格段に鮮やか。文語の助動詞は「すぐれもの」です。

さてさて、話があちこちしましたが、新幹線の中で詠んだ虹の歌にもどります。浜名湖を見ながら会心の一首を得て大満足の私だったのですが、列車が名古屋駅に着くころに、ふつふつと疑問が湧き上がってきました。

「結句はこれでいいの？　どうもしっくりと来ない」

そう思えてならなくなったのです。「七色の虹」ときれいにまとめたつもりだけど、本当に七色だったの？　実際に数えてみたの？　数えなかったとしても、七色だとそのとき確かに感じたの？　そんなふうに自分自身に問いかけてみました。

その結果、恥ずかしいことに、私はよく観察しないまま「虹なら七色でしょ」と決め付けて詠んでいたことに気付いたのです。出来合いの言い回しを安易に持ってきただけ。これはいけません。大いに反省しました。そして、もう一度目をつぶって浜名湖上空の虹を思い描いてみたのです。すると、ああ青色がきれいだった、と思い出しました。上のほうへゆくにつれて赤みが増していったけれど、虹の半円形の内側の濃い青色が際立《きわだ》っていたなあ、と。

目的地の京都に着くまでいろいろと結句を考えた末、ついに私は次のように改作をしました。

B　呼び掛けてみたき近さにかがやけり浜名湖またぐ虹の青色

心に残った「青色」だけに限定して表すことにしたのです。七色が一色になりましたが、数の多い少ないは関係ありません。一色であっても、確かな実感に支えられていれば七色よりも強いのです。これで本当に一首完成。めでたし、めでたし。

後日、ある先輩から頂戴した歌集を読んでいましたら、このような作品がありました。

C　黄と藍《あい》とことさら映えて冬の虹時雨《しぐれ》過ぎたる琵琶湖より立つ

（秋葉四郎《あきばしろう》『東京二十四時』）

滋賀県の琵琶湖の上に立った虹を詠んでいます。しかも冬の虹。毅然《きぜん》とした美しさを感じさせます。黄色と藍色が「ことさら」（特に、という意味）目立ってきれいなことを作者は表しています。七色の中から二色を選んだところ、すばらしいと思います。青色一色の私の歌より、「黄と藍」のこちらの歌のほうがずっといいなあ、と脱帽しました。作者はじっ

2　短歌を作る学習に取り組んでいるゆうきさんたちは、次の【本の一部】を読んで、「短歌を作るポイント」について理解を深めています。【本の一部】、【話し合いの様子】、【話し合いのまとめ】、【ゆうきさんの振り返り】を読んで、後の1から4までの各問いに答えなさい。

【本の一部】

先日、用事があって京都に行くことになり、東京駅から新幹線に乗りました。出発したときはかなり激しく雨が降っていたのですが、富士山が見えてくるあたりから雨が上がり、浜名湖にさしかかったころにはすっかり晴天に。そして、うれしいことに湖の上にくっきりと掛かった虹を車窓から眺めることができたのでした。わっ、感激！　というわけで、早速この光景を歌に詠《よ》んでみようと思い立ちました。できたのが、次の一首です。

A　呼び掛けてみたき近さにかがやけり浜名湖またぐ七色の虹

野原に掛かる虹や、街の上にかがやく虹は見たことがありますが、湖の上空の虹と出合ったのは初めてでした。浜名湖を見下ろすように立つ虹は、大らかにゆったりとしているのですが、それでも意外にすぐ近くにあるように感じられました。そんな驚きを託してみたのが、「呼び掛けてみたき近さに」という表現です。新幹線に乗っているのを忘れて、「おーい」と呼び掛けてみたくなったのでした。うん、なかなかの自信作ができました。

満足満足、とうぬぼれたところで、この歌の言葉遣いについて簡単に説明したいと思います。「呼び掛けてみたき」「かがやけり」といった表現に対して、古めかしい感じを持った人がいることでしょう。

これは「文語」という言葉の体系にあたります。文語では「〇〇けり」「〇〇ぬ」「〇〇せむ」などの、やや仰々しい感じの言葉が出てきます。

日気がついた。

新聞配達の足音で目を覚ます朝や、知らない街で迷子になることや、遠い国で暮らす恋人が、今日、何をしているのかを想像する日々など、それらは本当になくなっていいものなのか。

時代とともにいつの間にか、困ったり、苦労したり、味わったり、楽しんだり、工夫をしたり、考えたりという経験がなくなっているということは、ただなくなるだけのことではなく、無意識的に自分が心の拠《よ》り所にしていたものが、霞《かすみ》のように消えてしまうことでもある。安心してそこにいつまでもあると思い込んでいたものが。

テクノロジーの進歩を否定するつもりはないが、せめて、自分の頭で考えること、自分の心で判断すること、自分の身体で体験することなど、ありきたりの平凡で、当たり前なものを、僕は守っていきたい。守っていくために決して忘れないようにしたい。そういうものが自分をつくってきたと思うからだ。

（松浦《まつうら》弥《や》太郎《たろう》「なくなったら困る100のしあわせ」より）

1 「西洋のフォークとナイフ」と「日本の箸」のデザインの特徴について、次のように、本文中の対照的な表現をまとめました。空欄にあてはまる適切な言葉を、【本の一部】から**二十五字**で抜き出して書きなさい。

□□□□□□□□□□□□□□□□□□□□□□□□□

西洋のフォークとナイフのデザインの特徴		日本の箸のデザインの特徴
（　　　　　　　　）	↔	見掛けは「どうぞご自由に」とやや素っ気ない

2 【本の一部】の——線部①について、筆者がこのように述べているのはなぜですか。理由を書きなさい。

（　　　　　　　　）

3 【本の一部】と【資料1】を読み比べ、【資料1】からのみわかることはどれですか。最も適切なものを、次のアからエまでの中から一つ選び、記号で答えなさい。（　　）

ア　日本では箸の材質選びに木の文化の伝統が活かされてきた。

イ　日本の箸は日本人の振る舞いに準じて育まれてきたものだ。

ウ　日本は箸と匙を併用せず、純粋な箸食文化といわれている。

エ　中国・韓国の箸はほぼ棒状であるが、日本の箸は先が細い。

4 【本の一部】の——線部②を説明したものとして最も適切なものを、次のアからエまでの中から一つ選び、記号で答えなさい。（　　）

ア　ふろしきは原型を保ったままのものであるが、想像力を働かせれば究極の美を心の中に描き出すことができるということ。

イ　あらゆる包む対象に対応できるため、ふろしきはこの時代にまで残っており、今後も永遠に存在し続けていくということ。

ウ　ふろしきが正方形という野暮な形であるので、粋な持ち物になるよう包み方のパターンが無数に考え出されたということ。

エ　単純な形態で留められたふろしきだからこそ、表面に様々な文様や色彩など際限なく美しく豊かに創作できるということ。

5 【本の一部】に——線部③とありますが、どのようなことですか。次の条件1と条件2にしたがって書きなさい。

条件1　「ほどほど」とはどのような状態であるのか、【本の一部】の言葉を用いて書くこと。

条件2　【本の一部】と【資料2】をふまえて書くこと。

宅配便で何でも便利に届くこの時代にまでちゃんと残っていること自体が注目に値します。これも、やり過ぎないほどほどのデザインの典型なのです。改めて申しあげるまでもなく、一枚の正方形の布であるがゆえに、「ふろしき」に施されるグラフィックデザインは無限の可能性に満ちている。今の時代、もっともっと便利さを求めてその場その場に合わせた様々な形態をつくり出しているのですが、ある意味で不便な一枚の布が、ほどほどなところで留められたことによって、②無限と言いたいほど表現可能なキャンバスになっている。また、少しばかり昔の日本の生活を思い出してみるなら、普段は折り畳んで仕舞い、使う時だけパタパタと広げて、必要なところに置けば室内の間仕切りとなる「屏風《びょうぶ》」などにも、「箸」や「ふろしき」と同じ「ほどほど」が見えてくるはずです。今後甦《よみがえ》るべき道具を、多く日常生活文化史に発見できるのではないでしょうか。

デザインを考えることは、人の豊かさとは何かを考えることに他なりません。日常を少し見回してみただけでも、箸やふろしきや屏風のように日本人の振る舞いに準じて育まれてきた素晴らしいものが残っているのだと気づかされます。そしてそれらが体現しているのが「ほどほどを極める」なのです。人間の身体どころか心までを使わないで済むようにしてきてしまった必要以上の間違った便利さを見直して、③ほどほどを極めるレベルを今一度模索しなければならない時が来ているようです。それこそは資源の問題、エネルギー問題、そしてこの国の文化的価値の問題などと密接に繋《つな》がってくると思われてなりません。

心と身体を使わないで済むような便利さが、果たして人を本当に豊かにするのか。昔から普段よく言われてきた「ほどほど」や「いい塩梅《あんばい》」などの言葉が、実は日本人が忘れてはならない大切な感性をしかと伝えているのです。

（佐藤《さとう》　卓《たく》「塑《そ》する思考」より）

（注）ヘンリー・ペトロスキー＝アメリカ合衆国の工学者。
グラフィックデザイン＝印刷を媒体とした、視覚情報伝達のためのデザイン。
体現＝抽象的な事柄を具体的な形に表わすこと。

【資料1】

地球上に暮らす人類の食事の方法を大別すると、「手食」「ナイフ・フォーク・スプーン食」「箸食」に分けられます。

（中略）

日本の箸食は、やはり世界的にみても興味深い文化のひとつではないでしょうか。世界で約二〇億人いる箸食の人たちのなかで、日本人だけが純粋な箸食といわれています。

その昔、日本は中国からの文化的影響を多大に受けていましたが、その中国では箸と匙《さじ》が併用されるのに対し、日本では箸のみで食されています。

これは日本の独特の米食文化、木の文化が関係していますが、奈良・平安時代に碗《わん》が発達したことが、匙を使わない純粋な箸食文化を生み出したともいわれています。片手に箸、片手に器を持って食事をするのは、日本ならではのスタイルです。日本は、食事用の箸だけでも木箸、塗箸、竹箸、割箸と種類が豊富にあり、取り箸や調理箸なども発展させてきました。これだけ多彩な箸食文化を築き上げた国は、ほかに類をみません。

（高橋《たかはし》隆太《りゅうた》「おはしのおはなし　自分の箸と出会うため」より）

【資料2】

新しさや便利さという進歩はうれしいものであり、そのすべては、僕たち自身が望んだものだけど、それと同時に、つい昨日まで当たり前のようにあった平凡なものが、もうどこにもなくなっていくことに、ある

国語

時間　五〇分
満点　一〇〇点

1　次の【本の一部】と【資料1】、【資料2】を読んで、後の1から5までの各問いに答えなさい。

【本の一部】

私たちの日常生活の中で何気なく使われている道具を人との関係で観察し直してみると、日本ならではのデザインが見えてきます。例えば、使う人の能力を前提に成立しているもの。ご飯を食べる時に使う「日本の箸」はその代表格です。先を細くした二本の棒を使いこなすだけで、小さな米粒や豆や、けっこう大きなジャガイモまで挟むことができるばかりか、この単純きわまる道具で肉を切り離したり柔らかいものを刺して割ったり、みそ汁をかき混ぜたり具のツルツル滑るワカメをつまみ上げて口へと運んだり、海苔《のり》で白米を包んだりと、用途は多様で、小さな頃から経験を積んだ我々は、毎日のように二本の棒を無意識に使いこなしているのです。ここには西洋のフォーク、ナイフとは全く異なる「関係のデザイン」が見られます。フォーク、ナイフの進化について、ヘンリー・ペトロスキーが『フォークの歯はなぜ四本になったか』に詳しく書いていて、それはそれで微笑《ほほえ》ましく、フォークとナイフが共に進化（共進化）した経緯は大変興味深い。現代のフォーク、ナイフには取手の部分があり、握りやすいように膨らんでいて、膨らみ具合がデザインの特徴になっている場合も多いでしょう。対するに、箸には取手にあたる部分がなく、取手どころか、どの指はどこに当てて、といったデザインは一切施されていません。ものの側から「このように使ってください」と教え示すデザインではなく、素材のままそこに在って、見掛けは「どうぞご自由に」とやや素っ気ないくらいですから、箸を初めて目にした他国の人は、いったいこれをどう使うつもりなのか？　と面食《めんく》らうに違いありません。しかし使用法をマスターしてしまえば、食べるための道具としてのこの使い勝手の良さは他に代えがたいものになることでしょう。つまりは、二本の棒である単純さが、人の本来持っている能力をむしろ引き出しており、そこには人の所作さえもが生まれます。

①箸において日本人は、それ以上の進化による利便は求めてきませんでした。ですから西洋のフォークとナイフのような目に見える進化はしなかったものの、日本の箸は、ほぼ棒状のままの中国、韓国のそれとは異なり、かつ金属ではなく主に木や竹を使い、先をかなり細くすることで、より繊細な動きに対応できるよう微妙に進化したのみならず、漆塗りのような丁寧な表面仕上げや材質選びにも伝統が活《い》かされてきました。このように当たりまえの日常の中に、ほどほどのところで留《とど》めておきながら徹底的に突き詰めようとする日本らしさを見出すことができます。

（中略）

もう一つ、忘れてならないのが「ふろしき」です。何十通りもの包み方があり、あらゆる包む対象に合わせた対応が可能なばかりか、使わない時には小さく畳んでおける。つまり自由自在に変化できる一枚の布の状態に留めてあるわけで、それ以上はデザインしていません。バッグのように持手を付けたり袋状に縫ったりは敢《あ》えてせずに、どこまでも原型を保ったまま使われ続けている。我々が何もかもを便利至上に走っていたのであれば、すでに息絶えてしまってもおかしくなかった道具の一つなのかもしれません。しかし人間の側に備わっている「考える」力や「適応する」力を引き出す余地をたっぷり残した「ふろしき」という一枚の布が、

2022年度／解答

数　学

1 **【解き方】**(1) 与式＝ $12 + 2 = 14$

(2) 与式＝ $\frac{3}{6}a - \frac{8}{6}a = -\frac{5}{6}a$

(3) $-4A + 3B + 2A = -2A + 3B = -2(4x - 1) + 3(-2x + 3) = -8x + 2 - 6x + 9 = -14x + 11$

(4) 与式＝ $-15a^2b \div 3ab^2 \times 4b^2 = -\frac{15a^2b \times 4b^2}{3ab^2} = -20ab$

(5) 与式＝ $(\sqrt{2})^2 - 2 \times \sqrt{2} \times \sqrt{3} + (\sqrt{3})^2 + \sqrt{6} = 2 - 2\sqrt{6} + 3 + \sqrt{6} = 5 - \sqrt{6}$

(6) 移項して，$x^2 - x - 12 = 0$　左辺を因数分解して，$(x + 3)(x - 4) = 0$ より，$x = -3,\ 4$

(7) $x = 0$ で最大値 $y = 0$，$x = -4$ で最小値，$y = -3 \times (-4)^2 = -48$ をとる。よって，求める変域は，$-48 \leqq y \leqq 0$

(8) 取り出した2枚のカードに書かれた数の組み合わせは，引く順番も考えると，$5 \times 4 = 20$ (通り)だが，たとえば，(3，4) と (4，3) は区別しないので，$20 \div 2 = 10$ (通り)　3，4，6は，2または3の倍数だから，条件を満たすのは，5と7のカードを引いた場合の1通りとなる。よって，求める確率は $\frac{1}{10}$。

(9) (ア)にあてはまる度数を x 人とすると，$\frac{66}{220} = \frac{x}{60}$　よって，$220x = 66 \times 60$ より，$x = 18$

【答】(1) 14　(2) $-\frac{5}{6}a$　(3) $-14x + 11$　(4) $-20ab$　(5) $5 - \sqrt{6}$　(6) $x = -3,\ 4$　(7) $-48 \leqq y \leqq 0$

(8) $\frac{1}{10}$　(9) 18

2 **【解き方】**(1) 画面上の直線は右下がりで，y 軸の正の部分と交わっているから，$a < 0$，$b > 0$　また，点(2，0)，点(0，b)を通る直線も右下がりで，傾きは $-\frac{b}{2}$ となる。変化の割合の絶対値が大きいほど，直線の傾きは急で，a も $-\frac{b}{2}$ も負の数だから，$a < -\frac{b}{2}$　よって，$a + \frac{b}{2} < 0$ より，$2a + b < 0$　$3a < 2a$ だから，$3a + b < 0$ がいえる。

(2) ②の直線は，もとの直線より傾きが小さいから，a の絶対値は小さい。$a < 0$ だから，a の値は大きくする。また，もとの直線より下にあるから，b の値は小さくする。

(3) 図形が1つの三角形になるのは，右図のように，AがCBの延長上にあるときと，線分BD上にあるときの2通りとなる。この2点をそれぞれ A_1，A_2 とすると，S：T＝△BCD：△A_1CD＝BC：A_1C となる。ここで，2点B，Cの座標より，直線BCの傾きは，$\frac{2-0}{1-4} = -\frac{2}{3}$ だから，直線の式を $y = -\frac{2}{3}x + c$ とおいて点Bの座標を代入すると，$2 = -\frac{2}{3} + c$ より，$c = \frac{8}{3}$　したがって，点 A_1 の x 座標は，$-\frac{2}{3}x + \frac{8}{3} = -x$ の解となる。この方程式を解いて，$x = -8$ だから，$A_1(-8,\ 8)$　よって，3点 A_1，B，Cの y 座標の差から，求める比は，$(2 - 0)：(8 - 0) = 2：8 = 1：4$

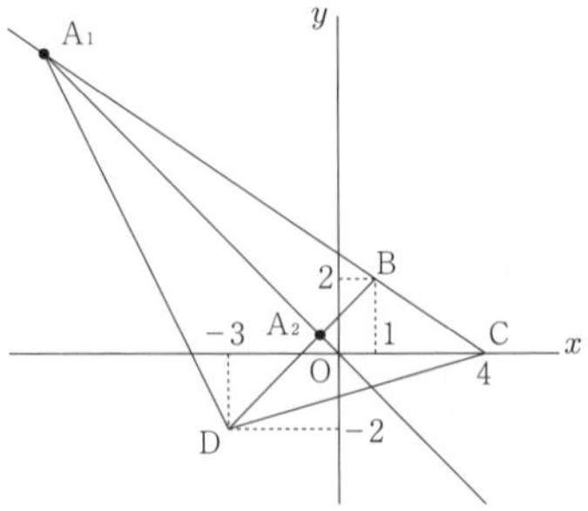

【答】 (1) (a の値) 負の値 ($3a+b$ の値) 負の値 (2) (a の値は)大きくする (b の値は)小さくする

(3) 1：4

(4) 直線ACの傾きは，$\dfrac{0-(-2)}{4-2}=1$，直線DBの傾きは，$\dfrac{2-(-2)}{1-(-3)}=1$ よって，AC∥DBだから，△ADC＝△ABC したがって，△RAD＝△ADC－△ARC＝△ABC－△ARC＝△RBCとなる。

3 **【解き方】** (1) 友人の人数を x 人とする。つくったロールパンの個数を2通りに表すと，$4x+9=6x-5$ が成り立つ。よって，$-2x=-14$ より，$x=7$

(2) 食パンを x 斤，ロールパンを y 個つくるとする。小麦粉を1.5kg使うから，$300x+\dfrac{150}{6}y=1500$……① バターを80g使うから，$10x+\dfrac{10}{6}y=80$……② ①より，$12x+y=60$……③ ②より，$6x+y=48$……④ ③－④より，$6x=12$ よって，$x=2$ これを④に代入して，$12+y=48$ よって，$y=36$

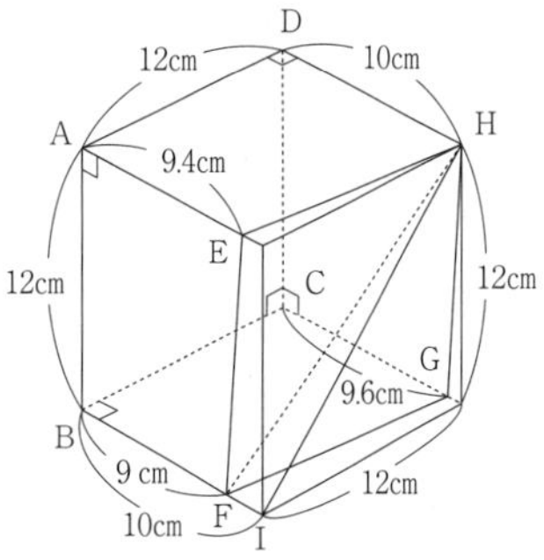

(3) 右図のような，直方体を考えると，△HIFは∠HIF＝90°の直角三角形となる。HI＝$12\sqrt{2}$ cm，FI＝10－9＝1 (cm)だから，△HIFについて，三平方の定理より，FH＝$\sqrt{(12\sqrt{2})^2+1^2}=\sqrt{289}=17$ (cm)

【答】 (1) 7 (人) (2) (食パン) 2 (斤) (ロールパン) 36 (個) (3) 17 (cm)

4 **【解き方】** (1) 点B，Cが動く距離の合計は，半径2mの半円の周の長さになるから，$(2\pi\times2)\div2=2\pi$ (m)

(3) BP＋PQ＋QDが最短になるのは，右図Iのように，B，P，Q，Dが一直線上に並ぶときだから，求める長さは，線分BDの長さとなる。このとき，四角形ABCDはひし形だから，対角線は垂直に交わる。したがって，ACとBDとの交点をMとすると，△BAM，△DAMは，30°，60°の直角三角形となる。よって，BM＝DM＝$4\times\dfrac{\sqrt{3}}{2}=2\sqrt{3}$ (m)だから，求める長さは，$2\sqrt{3}\times2=4\sqrt{3}$ (m)

図I

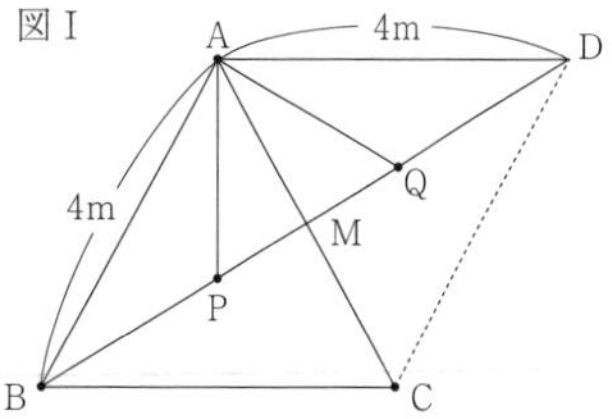

(4) PA＝PB＝PCより，点Pを中心として，3点A，B，Cを通る円を描くことができ，この円の$\overset{\frown}{\mathrm{BC}}$上に点Rがあれば，∠BRC＝120°となる。また，△BCTは二等辺三角形だから，∠BCTの二等分線上に点Rがあれば，∠BRC＝∠TRCとなる。したがって，点Pを中心とした半径PA(＝PB＝PC)の円と∠BCTの二等分線との交点をRとすれば，右図IIのように，∠BRC＝∠CRT＝∠BRT＝120°となる。(∠BCTの二等分線をBTの垂直二等分線として作図してもよい。)

図II

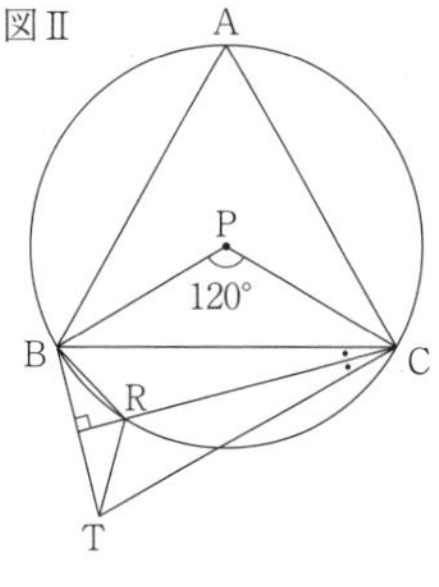

図III

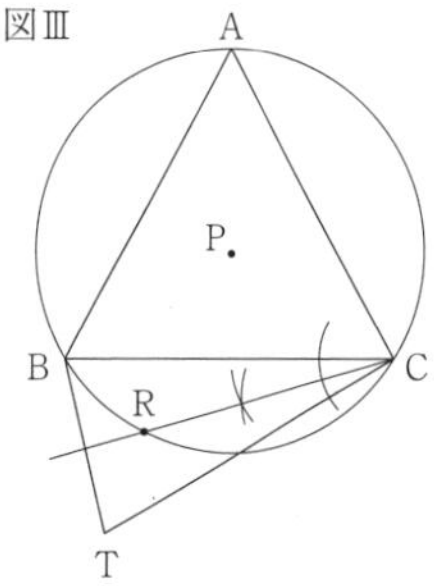

【答】 (1) 2π (m)

(2) △APCと△AQDにおいて，△APQは正三角形だから，AP＝AQ……① △ABCは正三角形だから，AC＝BC 仮定より，AD＝BCだから，AC＝AD……② また，∠PAC＝∠PAQ－∠CAQ＝60°－∠CAQ……③ AD∥BCより，平行線の錯角は等しいから，∠CAD＝∠ACB＝60° よって，∠QAD＝∠CAD－∠CAQ＝60°－∠CAQ……④ ③，④より，∠PAC＝∠QAD……⑤ ①，②，⑤より，2組の辺とその間の角がそれぞれ等しいから，△APC≡△AQD 合同な2つの三角形の対応する辺の長さは等しいから，CP＝DQ

(3) $4\sqrt{3}$ (m) (4) (前図III)

英　語

1 【解き方】《その1》1.「絵を描くために使うことができる」という表現から考える。2.「花に関する本を探しています」,「たくさんの写真が載っているこの本と，こちらにあと何冊かあります」などのせりふから，書店での会話であることがわかる。3.「友達とテニスがしたい」と言っているトムに母親が「まず宿題をしなさい」と言っている。4. 鈴木先生がボランティアを頼んだ5人のうち2人は来ることができないが，ジョンが参加することになったため，4人が来ることになる。

《その2》家の中で各自が役割を持って，お互いに助け合うべきだということを伝えるスピーチ。

《その3》1. マリアはブラジルの大学で日本語を習った。2. マリアは市の外国人居住者が日常生活で困っているときに援助している。3. マリアは外国人と日本人の間の架け橋になりたいと思っている。4.「あなたはどれくらい日本に住んでいるのですか？」や「あなたは暇なときにどんなことをしているのですか？」などの質問が考えられる。

【答】《その1》1. ウ　2. ア　3. エ　4. イ　《その2》ウ

《その3》1. エ　2. ア　3. ウ　4.（例）How long have you lived in Japan?

◀全訳▶ 《その1》

No.1.

A：お母さん，見て。おばあちゃんが僕の誕生日にこれらを買ってくれたんだ。

B：まあ，なんてきれいなのでしょう！

A：絵を描くためにこれらを使うことができるから，とてもうれしいよ。

質問：少年は母親に何を見せていますか？

No.2.

A：すみません。花に関する本を探しているのですが。

B：わかりました。たくさんの写真が載っているこの本と，こちらにあと何冊かあります。

A：そうですね。ああ，このより小さいものが気に入りました。ハイキングに行くときに持っていくことができます。これをいただきます。

質問：彼らはどこで話していますか？

No.3.

A：トム，どこに行くの？　数学の宿題は終わったの？

B：いいや，でも友だちとテニスがしたいんだ。

A：今は外出できないわ。まず宿題をしなさい。

B：わかった。今からやるよ。

質問：少年の母親は，彼が外出する前に何をするよう彼に伝えていますか？

No.4.

A：鈴木先生，明日，何人の生徒がボランティアとしてそのイベントに来る予定ですか？

B：5人の生徒に来るように頼んだのですが，彼らのうち2人は来ることができません。

A：私は来ることができないと言いました。でもより多くの手助けが必要なら，私も来ることができます。

B：来ることができますか？　あなたはやさしい生徒ですね，ジョン。3時にここに集合してください。

質問：明日，何人の生徒が鈴木先生を手伝うために来る予定ですか？

《その2》私の家族はそれぞれが役割を持っています。毎週月曜日に，私は早起きしてごみを出します。私が早く帰宅すると，犬の散歩もします。兄は料理が得意なので，父と一緒に私たちの朝食を作ります。あなたは家で家族を助けていますか？　私たち自身の家族をより幸せにするために，私たちは家でお互いを助け合うべきだと思います。あなたはどう思いますか？

《その3》

A：初めまして，マリア。私は聡です。

B：こんにちは，聡。こちらこそ初めまして。

A：マリア，あなたはブラジル出身ですよね？　あなたはポルトガル語と英語が話せると聞いています。

B：はい。ブラジルの大学で習ったので日本語も話せます。だから日本で働くことにしたのです。

A：なるほど。あなたの仕事について教えていただけますか？

B：わかりました。私はたいてい，この市の外国人居住者が日常生活で困っているときに彼らを援助しています。

A：どのように援助するのですか

B：私は彼らに様々な言語でハザードマップのような情報を与えます。

A：すごいですね。他にはどんなことをするのですか？

B：そうですね，外国人のための祭りを計画する手伝いをします。私は彼らに日本人と友だちになってもらいたいと思っています。

A：どんな祭りが一番人気があるのですか？

B：国際フードフェスティバルです。みんなが一緒にその祭りを楽しんでいます。

A：面白そうですね。それは外国人と日本人の両方にとって互いに出会うためのよい機会になるでしょう。

B：その通りです。私の目標は彼らの間の架け橋になることです。

A：それは素晴らしいです，マリア。今日はどうもありがとうございました。

質問1. マリアはいつ日本語を習いましたか？

質問2. マリアは彼女の仕事のためにたいてい何をしていますか？

質問3. マリアの目標は何ですか？

2 **【解き方】** 1. ア. アンケートの最後に「このアンケートは9月10日に回収する予定です」と書かれている。イ.「生徒たちに最も人気のある考えは人々の意見を注意深く聞くことである」。アンケート結果を見る。正しい。ウ. アンケートに「私たちの英語を上達させるために授業のきまりを作る」と書かれている。エ. アンケート結果を見る。「アイコンタクトをとる」と答えた数は最も少ない。オ.「生徒たちは理由とともに自分たちの考えを書かなければならない」。アンケートに「あなたたちの考えと理由を書いてくれませんか？」と書かれている。正しい。カ. アンケート結果を見る。「はっきりした声で話す」と答えた生徒の数は15名。

2.「そのグラフは私たちがより上手な英語の話し手になることに興味を持っているということを私たちに示しています」という意味の文。「～ということを私たちに示す」= shows us that ～。「～に興味を持っている」= be interested in ～。

3. グループごとにアンケート結果について話し合い，「最後に」グループのリーダーがその内容を発表するという手順を説明している部分。「最後に」= finally。

4. 空欄を含む文は「私たちの授業のきまりとしてどれを選ぶべきかわかるのは簡単でした」という意味になる。「私たちがどれを選ぶべきか」= which we should choose。間接疑問文を使用する。

5. 直也がコミュニケーションのためにとても役立つと考えているもの。they なので複数名詞を指していると考える。2文前の「ジェスチャー」を指している。

6.「私たちは英語の授業のきまりについて考えてとてもわくわくしました」となる。「～してわくわくする」= be excited to ～。

7. 文後半の「なぜなら他人の意見はとても重要だから」という表現から，「人々の意見を注意深く聞く」という英語が入ることがわかる。

【答】 1. イ・オ　2. shows us that we are interested　3. ウ　4. イ　5. gestures　6. エ

7.（例）listen carefully to people’s opinions

◀全訳▶　【アンケート】

英語の授業アンケート
「私たちの英語を上達させましょう。私たちに何ができますか？」

英語は便利な道具です。それを使うことができれば，あなたたちは多くの国々や地域の人々とコミュニケーションをとることができます。私たちの英語の授業で，私たちが英語コミュニケーション活動をもっと楽しむことができるよう，全員がもっと英語を使うように努めて欲しいと私は思っています。

私たちの英語を上達させるために，いくつか授業のきまりを作ることが私たちにとってよいことであると私は思います。あなたたちの考えと理由を書いてくれませんか？　あなたたちの考えを聞くことを楽しみにしています。

例：他の人の気持ちを理解することができるので，いつも正確なアイコンタクトをとって互いに話す。

ここに書いてください。

このアンケートは9月10日に回収します。ありがとうございます。

【直也さんとミラー先生の会話】

ミラー先生：これらのアンケート結果についてどう思いますか，直也？

直也　　　：クラスメートによって出された考えについて学ぶことはとても気に入りました。私はアンケート結果中の全ての考えが大切だと思います。そのグラフは私たちがより上手な英語の話し手になることに興味を持っているということを私たちに示しています。

ミラー先生：そうですね，全員が自分たちの考えを表してくれて私はうれしいです。まず，私はあなたたちに4人のグループを作って欲しいと思います。それから，グループのリーダーを選んでください。各グループはアンケート結果から気に入った考えを選びます。その理由も含まれているべきなのを忘れないでください。注意深く考えてください。最後に，グループが最も気に入った授業のきまりについてグループのリーダーが話します。

直也　　　：わかりました。全員が英語の授業でより活発になることができるよう，私たちにとって一緒に話すことが必要だと思います。

ミラー先生：その通りです。私は全員が私の英語の授業に積極的に参加し，英語を試すますます多くの機会を持って欲しいと思います。

【直也さんのスピーチ】

私のグループの意見について私に話させてください。私たちの授業のきまりとしてどれを選ぶべきかわかるのは簡単でした。私たちは「間違えることを恐れない」が最も重要であると思います。私の経験の1つについてみなさんにお話ししたいと思います。私が1年生だったとき，英語を話すことは私を緊張させました。私は間違えることをとても心配していました。ジェスチャーを用いて英語を話し始めてから，授業中に私はどんどん活発になりました。今では，英語を使うことでより心地よく感じます。それらはコミュニケーションのためにとても役立つと私は思います。もう1つ大切なことがあります。私たちを積極的なままにしてくれるので，互いに話をするときに笑顔になるのはいいことです。お聞きいただいてありがとうございました。

【みゆきさんの意見】

> ありがとう，直也。私はあなたのグループの考えに感動しました。私たちは英語の授業のきまりについて考えてとてもわくわくしました。私たちのグループでは，全ての授業で私たちが人々の意見を注意深く聞くべきだと思っています，なぜなら他の人の意見はとても重要だからです。私たちはクラスメートとよい関係を築くことが必要だと考えているので，彼らの英語を理解するために一生懸命に努力するべきです。ありがとうございました。

③【解き方】1. ⑴ 質問は「日本は外国から食べ物の60パーセント以上を輸入していますか？」。【知美さんの発表】の第2段落の3文目に「日本は60パーセント以上の食べ物を輸入している」と書かれている。⑵ 質問は「知美の朝食の中で，何の食べ物が日本でつくられたものでしたか？」。【知美さんの発表】の第2段落の後半を見る。知美の朝食のうち「お米」だけが日本でつくられたものだった。

2. 「魚は外国で『獲られました』」となる。〈be 動詞＋過去分詞〉で受動態にする。catch の過去分詞形は caught。

3. 「世界中には飢えに苦しんでいる多くの人々がいます」という文。主格の関係代名詞 who が many people を後ろから修飾する。「～に苦しんでいる」＝ suffer from ～。「世界中には」＝ around the world。

4. 直前の「グラフ3によれば」に着目する。according to ～＝「～によれば」。グラフ3を見ると，家庭から出る食品廃棄は全ての食品廃棄のほぼ半分を占めていることがわかる。

5. 【知美さんの発表】の中で，根拠になる箇所を見つけながら解く。ア．第2段落の1・2文目を見る。日本の食料自給率は確かに低いが全ての食べ物を輸入しているわけではない。イ．第3段落の中ほどを見る。日本のフード・マイレージはグラフ2の中で最も高い。ウ．「知美は地元でつくられた食べ物は輸入された食べ物ほど燃料を必要としないと言っている」。第3段落の後半を見る。知美は地元でつくられた食べ物を買えば，あまり燃料を使うことがないと言っている。正しい。エ．第4段落の中ほどを見る。知美は家庭から出る食品廃棄を減らすことができれば，大きな影響を与えることができると言っている。産業から出る食料廃棄については述べていない。オ．この発表を通して知美は食料廃棄問題の改善の必要を訴えており，解決するために何もできないとは言っていない。

6. 下線部は「私たちの地元でつくられた食べ物を買うことはよいことであると私は思います」という意味であり，これに対する自分の意見を述べる。解答例は「私たちが旬の新鮮な野菜を買うことができるので私は健太に賛成です」という意味。

【答】1.（例）⑴ Yes, it does　⑵ The rice was　2. ア　3. many people who suffer from hunger around
4. エ　5. ウ　6.（例）I agree with Kenta because we can get fresh vegetables in season.（12語）

◀全訳▶　【知美さんの発表】

> こんにちは，みなさん。みなさんは今までに毎日食べている食べ物について考えたことがありますか？　それはどこからやって来るのでしょう？　それはどのようにしてみなさんのところにやって来るのでしょう？　食べ物と環境は大切であると私は信じています。
>
> グラフ1を見てください。日本の食料自給率は37パーセントです。それは日本が60パーセント以上の食べ物を輸入しているということを意味しています。私はそのことを知らなかったのですが，自分の朝食について考えたときに私はそれを理解しました。私はご飯と焼き魚とみそ汁を食べました。お米は日本で育てられていますが，魚は外国で獲られました。みそと豆腐は大豆でできています。しかし，大豆のほとんどは他の国々から輸入されています。その朝食は伝統的な日本の料理である和食でしたが，それは国際的なものでした。
>
> グラフ2を見てください。みなさんは食べ物があなた方に届くためにどれくらいの距離を旅してきたの

か知っていますか？　みなさんはここでフード・マイレージを見ることができます。フード・マイレージは重さと距離をかけることで計算され，それは食べ物を輸送するためにどれくらいの多くの燃料が使われているのかを伝えています。日本のフード・マイレージはグラフの中にある他の国々のフード・マイレージよりも高くなっています。日本は多くの国々からたくさんの食べ物を買っており，その食べ物が輸送される際に多くの燃料が使われます。あまりにも多くの燃料を使うことは環境によいことではないので，私たちはこのことについて考える必要があります。もし私たちが地元でつくられた食べ物を買えば，私たちはあまり燃料を使いません。地元でつくられた食べ物を買うことがこの問題を解決するためのよい方法の1つだと私は思います。

もう1つの問題があります。世界中には飢えに苦しんでいる多くの人々がいます。しかし，日本の食品廃棄は年に600万トン以上あります。グラフ3によれば，家庭から出る食品廃棄は全ての食品廃棄のほぼ半分です。私たちはこの問題を解決するために何かをするべきだと思います。私たちが家庭から出る食品廃棄を減らせば，大きな影響を与えることができます。私が先週冷蔵庫を開けたとき，古すぎて食べることのできない食べ物をいくつか見つけました。私はそれを捨てなければならず，とても残念に思いました。私たちは食べるであろう食べ物だけを買うべきです。

食べ物は私たちにとって非常に重要です。私たちは毎日食べている食べ物について考えるべきです。私は私たちが環境問題に対する答えを見つけることができると信じています。あなたの意見はどういうものですか？

ありがとうございました。

【健太さんの感想】

ありがとう，知美。あなたの発表は素晴らしいです。あなたは地元でつくられた食べ物を買うことが環境によいことであり，他のよい点もあると言っています。数日前，私は家の近くの市場に行きました。そこでは私の町で育てられた多くの野菜が売られています。それらの野菜は新鮮で，私たちは旬の野菜を手に入れることができます。野菜を育てている農家の方々が野菜を売るために市場に来ることもあります。私はある農家の方と会って，彼と楽しく話をしました。彼は野菜の料理方法も私に教えてくれました。私はそれらを夕食に食べたのですが，おいしかったです。誰が野菜を育てたのかがわかれば，私は自分の食べ物に安心できます。私たちの地元の地域でつくられた食べ物を買うことは，環境のためだけでなく私たちのためにもよいことであると私は思います。

4 **【解き方】** グリーン先生の友人である写真家を連れていくのによい滋賀県内の場所を紹介する文を考える。解答例は「あなたは友人を近江八幡へ連れていくべきです。あなたたちは通りに沿って古い家を見ることができるし，船に乗って楽しむこともできます。彼女はきっと素敵な写真を撮ることができると思います」という意味。

【答】 (例) You should take your friend to Omihachiman. You can see old houses along the streets and enjoy a boat tour. I am sure that she can take nice pictures. (29語)

社　会

1 【解き方】1. (1) 坑道をつくり，地下から鉱産物を採掘する「坑内掘り」よりも安全に作業ができる。(2) ア．オーストラリアは大西洋に面していない。イ．アメリカのみ通っていない。ウ．ともに輸入量の合計に占めるオーストラリアの割合は，50 %を上回っている。(3) 6 府県のなかでは，名古屋市（愛知県），神戸市（兵庫県），千葉市，大阪市，堺市（大阪府），広島市，北九州市（福岡県），福岡市があてはまる。(4) X 市は，北九州市。「官営の製鉄所」とは，1901 年に操業を開始した八幡製鉄所のこと。

2. (1) サウジアラビアの位置を選ぶ。(A)はクウェート，(B)はカタール，(C)はアラブ首長国連邦。(2)「APEC」はアジア太平洋経済協力の略称。

3. 亜寒帯は南半球にはないことがヒント。アは乾燥帯，ウは熱帯，エは寒帯，オは温帯。

4. 森林の機能が十分に発揮されないのはなぜかを考え，「取組の例」を参考にまとめるとよい。

【答】1. (1) 露天掘り　(2) エ　(3) 政令指定都市　(4) D，福岡県

2. (1) (D)，サウジアラビア　(2)（誤っている語句の番号）③　（正しい語句）OPEC（または，石油輸出国機構）

3. イ

4. ① 森林の整備が不十分となり，森林の機能が発揮されなくなる　② 滋賀県や企業が，びわ湖材(または，県産材)の利用の促進（それぞれ同意可）

2 【解き方】1. そのほか，都での労役の代わりに布を納める庸，地域の特産物を納める調などが課せられた。

2. (1) イは古代，ウとエは近世の活動。(2) 資料 1 は，1428 年に起こった正長の土一揆に関係する資料。土倉や酒屋を襲い，徳政を求めた。「負い目」とは負債のこと。

3. (1) アは弥生時代，イは明治時代のできごと。ウが畿内に広まったのは鎌倉時代。(2) 当時の交換比率は，日本では金 1：銀 5 であったが，海外では金 1：銀 15 であった。(3) 三浦半島に位置する浦賀を選択。

4. (1) アは 1877 年，イは 1885 年，ウは 1880 年のできごと。(2) 1925 年に制定された普通選挙法により納税額による制限はなくなったが，女性にも選挙権が与えられたのは 1945 年の太平洋戦争敗戦後のことだった。

5. (1) 改正前の選挙権年齢は満 20 歳以上だった。(2) 現在の日本においては，高齢者向けの政策が重視されている，という指摘もある。これを変えていくには，若者の政治参加が不可欠になってくる。

【答】1. 租　2. (1) ア　(2) 借金の帳消し　3. (1) エ　(2) イ　(3) (い)

4. (1) ア→ウ→イ　(2) (あ) 15　(い) 25　(う) 男子(または，男性)

5. (1) 選挙権年齢が満 18 歳以上に引き下げられた。(同意可)　(2) 投票率は下がる傾向にあり，特に 20 歳代の投票率が低くなっている。若者の意見が政治に反映されるためには，投票を通じた若者の積極的な政治参加を促すことが課題である。(同意可)

3 【解き方】1. ア．全国の総人口は減少する見込み。イ．生産年齢人口も減少する見込み。エ．2035 年の滋賀県の総人口は 134.1 万人で，老年人口の割合は，405 ÷ 1341 × 100 から約 30 %にしかならない。

2. (2) ア．契約書の有無にかかわらず，買い手と売り手の合意があれば，契約は成立する。イ．「契約自由の原則」とは，当事者は，国家から干渉されることなく，個人の自由な意思に基づいて契約を結ぶことができるという原則。ウ．「製造物責任法」ではなく，消費者基本法が正しい。(3) 市場の縮小とは，市場参加者の数が減ること。また，「需要」は人々がその商品を購入しようとする量，「供給」は販売しようとする量のこと。自由市場では，需要が供給を上回ると価格は上昇する。

3. (2) アメリカも二酸化炭素排出量を削減しつつ，国内総生産を増加させているが，資料 6 をみると，世界の二酸化炭素総排出量に占めるアメリカの排出量の割合はドイツよりも高く，排出量の値も大きいことから，温室効果ガス削減の取り組みはドイツのほうがより進んでいるとみることができる。

4. (1) インフラストラクチャーともいう。(2) 資料 8 よりバスの利用者数は減っているものの，資料 10 より宅配便取扱個数は増えている点に注目。

【答】 1. ウ　2. (1) 流通　(2) エ　(3) ア

3. (1) 温室効果ガス　(2) ドイツは，2008年から2018年までにかけて二酸化炭素排出量を削減しつつ，国内総生産が増加している。(同意可)

4. (1) 社会資本(または，インフラ)　(2) バスの利用者が減り，路線廃止が増える中で，過疎地域の住民にとっては交通手段の確保ができ，バス会社と宅配業者にとっては，双方の経営の効率化を図ることができる。(同意可)

理　科

1 【解き方】1. 顕微鏡の像は上下，左右とも逆なので，像の移動方向とプレパラートの移動方向は逆になる。視野の左下の観察物を中央にもってくるには，プレパラートを左下に動かす。

3. 図4のQは染色体。細胞分裂が起こると，核が消えて染色体が現れ，染色体が中央に並ぶようになる。

4. 図4のAと図7のZでは，細胞の1つ1つが小さいので細胞分裂が起こっている。根や茎の先端付近には細胞分裂のさかんな部分があり，先端から離れるほど分裂した細胞が大きくなっていく。細胞数の増加と細胞が大きくなることで成長する。

【答】1. ウ　2.（つくりの名前）細胞壁　（つくりの役割）植物の体を支える役割（同意可）

3. 染色体が，ひも状に見えるようになっているから。（同意可）

4. 細胞分裂によって細胞の数が増え，その新しくできた小さな細胞の1つ1つが大きくなるため。（同意可）

2 【解き方】1. 光がガラスから空気中に入るとき，屈折角は入射角よりも大きい。入射角が大きくなると屈折角も大きくなるが，屈折角は90°以上にはならないので，光はガラスの表面ですべて反射する（全反射）。光が空気中からガラスに入るときには全反射は起こらない。

2. 鉛筆から出た光は，半円形のガラスの中心を通り屈折して目に届く。人の目は光が直進してきたものとして物体の位置を感じるので，屈折光を逆にたどった延長線上にあるように見える。

3. 凸レンズの軸に平行な光は屈折して反対側の焦点を通り，凸レンズの中心を通る光はそのまま直進し，反対側の焦点で3本の光が交わる。焦点距離が12cmなので，焦点は凸レンズの軸上，レンズの中心から12マス目にある。

4. 物体の頂点から出た凸レンズの軸に平行な光は屈折して反対側の焦点を通り，物体の頂点から出た凸レンズの中心を通る光はそのまま直進する。この2本の光が交わるところに像ができるが，焦点距離よりも短い位置で2本の光が交わることはない。

5. (1) 表3より，凸レンズから物体を遠ざけていくと，像がはっきりとうつるときの凸レンズからスクリーンまでの距離は焦点距離に近づいている。また，4より，焦点距離より近づくと像はできない。(2) 表3で物体がイの位置にあるとき，物体と同じ大きさの像が，凸レンズから，12 (cm) × 2 = 24 (cm)の距離のスクリーンにうつる。物体が焦点に近づくほど，スクリーンにうつる像は大きくなり，アの位置に物体があるとき，凸レンズから像までの距離はスクリーンを動かせる最大の距離の，12 (cm) × 3 = 36 (cm)となり，像の大きさも最大となる。

【答】1. エ　2. イ　3.（次図）

4. 焦点距離よりも近い位置にスクリーンを置いたときは，レンズを通った光は一点で交わることがないため。（同意可）

5. (1) 12 (cm)　(2) 24 (cmよりも大きく,) 36 (cmよりも小さい範囲)

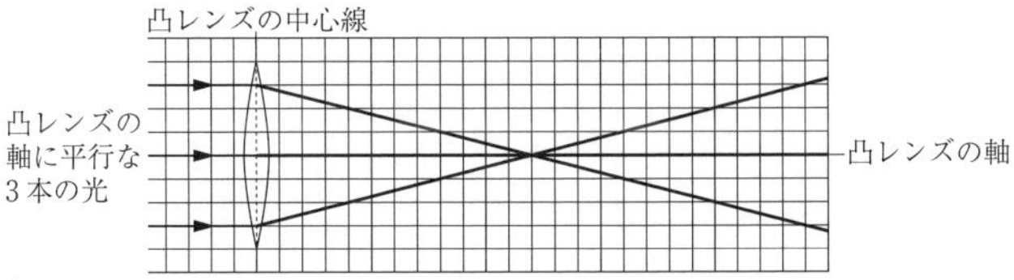

3 【解き方】2. マグニチュードは地震のエネルギーの大きさを表す。

3. 震度はその地点でのゆれの大きさを表し，震央から遠いほど小さくなる。図1より，地点Eの震央からの距離は地点Dの震央からの距離とほぼ同じ。

4. 表より，小さなゆれが続いた時間は，地点Aでは，4.0(秒) − 2.4(秒) = 1.6(秒)　地点Bでは，11.1(秒) − 6.5(秒) = 4.6(秒)　地点Cでは，9.2(秒) − 5.4(秒) = 3.8(秒)　震源では小さなゆれと大きなゆれが同時に起こっているので，小さなゆれが続いた時間は0秒。

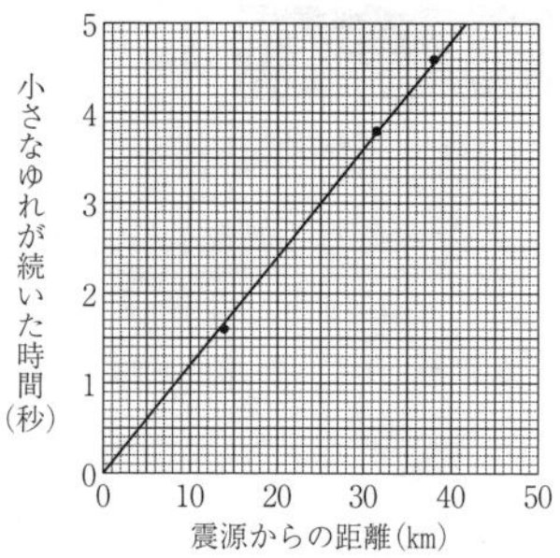

【答】1. 隆起　2. マグニチュードの大きい地震の方が，大きなゆれの伝わる範囲が広い。(同意可)

3. ア　4. (右図)

5. P波はS波より早く伝わるため，最初に観測されたP波を分析することで，大きなゆれを起こすS波の到着を予測することができるから。(同意可)

4【解き方】2. $2NaHCO_3 \rightarrow Na_2CO_3 + H_2O + CO_2$ より，白い固体は Na_2CO_3。フェノールフタレイン溶液はアルカリ性で赤色に変化するが，アルカリ性が強いほど濃い赤色を示す。

3. 炭酸水素ナトリウムを加熱して発生した気体は二酸化炭素。石灰石の主な成分は炭酸カルシウムなので，うすい塩酸と反応して二酸化炭素を発生する。

4. 状態変化により，液体と気体で分子の運動状態が変化している。化学変化では，原子の結びつき方が変わって，もとの物質とは別の物質ができる。

5. 化学反応式は，$2H_2O \rightarrow 2H_2 + O_2$ と表され，H_2 と O_2 の係数が 2：1 となっている。気体の反応を表す化学反応式の係数は，反応する気体の体積比を示す。

6. (1) Na_2CO_3，H_2O，CO_2 は2種類以上の原子からできているので化合物。(2) H_2，O_2 は同一種類の原子だけでできているので単体。

【答】1. エ

2. (理由) 試験管に残った物質は炭酸水素ナトリウムと比較して水に溶けやすく，水溶液は強いアルカリ性を示すようになったから。(同意可)　(物質名) 炭酸ナトリウム

3. 石灰石にうすい塩酸を加える。(同意可)

4. 液体として集まっていた水分子が，加熱によって1つ1つがばらばらに動くようになっただけで，水分子そのものには変化がないから。(同意可)

5. ウ　6. (1) イ　(2) ア

国　語

1 【解き方】1. 西洋のフォーク・ナイフのデザインについて具体的に述べた後で,「日本の箸」について「ものの側から『このように使ってください』と教え示すデザインではなく…」と説明していることに着目する。

2.「日本の箸」でできることについて,「先を細くした二本の棒を使いこなす」ことによって「小さな米粒や豆」「大きなジャガイモ」「肉」「みそ汁」等々を自在に食べることができ,「用途は多様で」あると述べていることをおさえる。

3.【本の一部】では, 日本の箸が「先を細くした」形状であることや, 素材が「木や竹」であることを説明し, こうした箸には「ほどほどのところで留めておきながら徹底的に突き詰めようとする日本らしさを見出すことができます」と述べている。これに対して【資料1】では, 素材や形状, 箸を使った食事が「日本ならではのスタイル」であることに加え,「中国では箸と匙が併用されるのに対し, 日本では箸のみで食されています」と述べている。

4. 前に,「一枚の正方形の布であるがゆえに…グラフィックデザインは無限の可能性に満ちている」とあることに着目する。

5.【本の一部】で,「ふろしき」は「『考える』力や『適応する』力を引き出す余地をたっぷり残した」「やり過ぎない」ものだと述べた後, こうした「ふろしき」や,「箸」「屏風」などには,「『ほどほど』が見えてくるはずです」と述べている。また,【資料2】で,「テクノロジーの進歩」によって「工夫をしたり, 考えたりという経験がなくなっている」のではないかと指摘した後,「テクノロジーの進歩を否定するつもりはないが, せめて…ありきたりの平凡で, 当たり前なものを, 僕は守っていきたい」と述べていることとあわせて考える。

【答】1. ものの側から「このように使ってください」と教え示す

2. 箸を使いこなすことができるようになれば, 二本の棒という形態のままで, 様々な食材に十分対応できるから。(同意可)

3. ウ　4. エ

5. ほどほどとは,「考える」力や「適応する」力を引き出す余地を, 人間の中に残した状態のことである。テクノロジーの進歩を否定するわけではないが, 自分で考え, 判断し, 身体で体験することなどを大切にし, どの段階がちょうどよいほどほどなのかを改めて考え直すべきだということ。(同意可)

2 【解き方】1.「現在でも, 短歌の世界には文語表現を好んで使う作者がいます。私もその一人」と述べた後で,「文語の持つ重厚な雰囲気に惹かれるからです」と述べている。また, 自分が詠んだ歌の「かがやけり」という文語表現を取り上げ,「口語で『かがやいているなあ』とするよりも格段に鮮やか」と述べている。

2. 浜名湖の上に掛かった虹を見て「感激」した【本の一部】の筆者は, 早速歌を詠んだものの, その結句の「七色の虹」という表現は「出来合いの言い回しを安易に持ってきただけ」だと反省し,「青色」一色に限定して詠み直している。そしてこのことについて,「確かな実感に支えられていれば七色よりも強い」と述べている。

3. 筆者が「毅然とした美しさ」を感じた情景をおさえる。【本の一部】では, Cの短歌について,「琵琶湖の上に立った虹を詠んでいます」「しかも冬の虹」と述べて, 歌の対象となった情景について説明している。そして「時雨過ぎたる」後の「冬の虹」の「毅然とした美しさ」を感じさせる歌であり,「黄色と藍色」が特に「目立ってきれいなこと」を表現した作者の意図は「すばらしい」と評している。また,【話し合いの様子】でかおるさんは,「毅然」の意味について「『意志が強く, 物事に動ぜずしっかりしている様子』という意味だよ」と発言している。

【答】1. イ

2. 虹への感動を, 出来合いの言い回しではなく, 確かな実感を込めて伝えることができる (39字) (同意可)

3. 時雨の後の琵琶湖の上に, 特に黄色と藍色を鮮やかに目立たせた虹が, 冬の寒さの中, 堂々と立っている (47字) (同意可)

4. （例）

語いを豊かにするとは，自分が言いたいことを的確に表現できるように言葉の選択肢を増やすことだ。そのためには，さまざまなジャンルの本を読むことが有効だ。それぞれのジャンルには語句や言い回しの特徴があり，ひとつのジャンルに偏らずに読むことで，多種多様な表現に触れられると考えるからだ。(140字)

③ **【解き方】** 3. ① 前の「見つかっていません」と後の「見つかってきました」が，反対の内容になっている。② 活用のない自立語で，用言を修飾する語。この場合は，直後の「ありますし」という文節を修飾している。

4. ①「野山にまじりて」竹を取っているときに，「竹の中に，もと光る竹なむ一筋ありける」と気づいた人物。②「iu」は「yû」と発音するので，「しう」は「しゅう」にする。また，「ゐ」は「い」にする。

【答】 1. ① 拡張　② 巻(く)　③ 招待　④ 洗(う)　⑤ 功績

2. ① ね(る)　② いこ(い)　③ かんせい　④ よくよう　⑤ おだ(やかな)　3. ① エ　② 副詞

4. ① さぬきのみやつこ　② うつくしゅうていたり

滋賀県公立高等学校
(一般選抜)

2021年度
入学試験問題

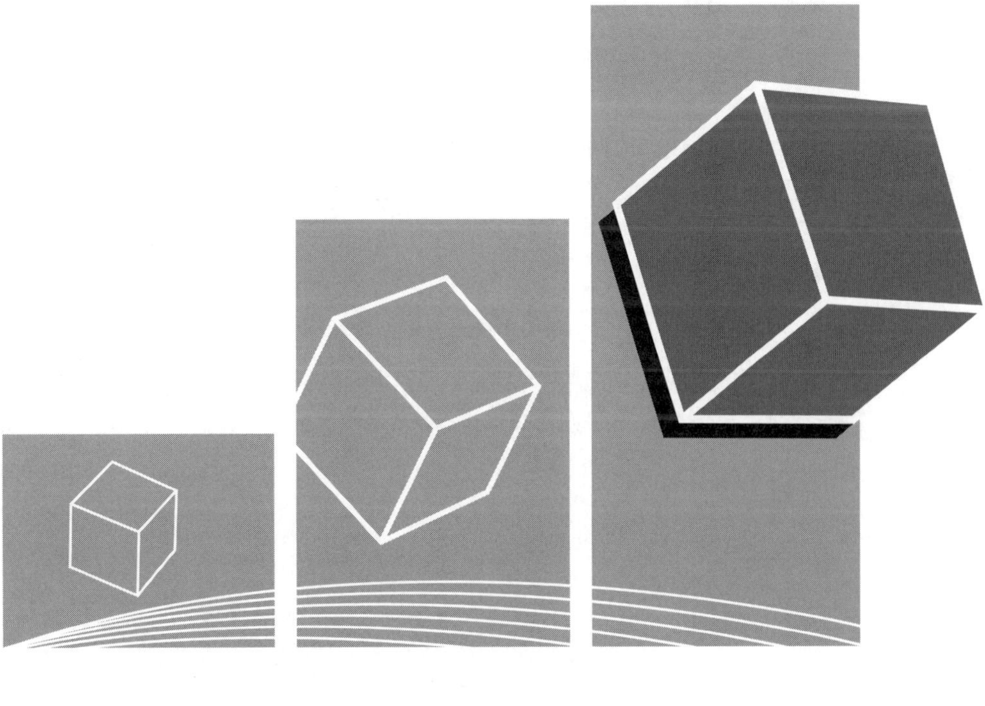

数学

時間　50分　　　　満点　100点

注意　1　解答は，最も簡単な形で表しなさい。

2　答えに根号が含まれる場合は，根号を用いた形で表しなさい。

3　円周率はπとします。

(編集部注)　膳所高校の理数科は120点満点に換算する。

1　次の(1)から(9)までの各問いに答えなさい。

(1)　$2 \times (-3) + 1$を計算しなさい。(　　　)

(2)　$\frac{5}{3}a - \frac{3}{4}a$を計算しなさい。(　　　)

(3)　次の連立方程式を解きなさい。(　　　　　)

$$\begin{cases} x - 3y = 6 \\ 2x + y = 5 \end{cases}$$

(4)　$\frac{6}{\sqrt{2}} + \sqrt{8}$を計算しなさい。(　　　)

(5)　次の2次方程式を解きなさい。(　　　)

$$x^2 + x = 6$$

(6)　$15a^3b^2 \div \frac{5}{2}ab^2$を計算しなさい。(　　　)

(7)　右の表は，関数$y = ax^2$について，xとyの関係を表したものです。このとき，aの値および表のbの値を求めなさい。

a =(　　　)　b =(　　　)

表

x	…	-6	…	4	…
y	…	b	…	6	…

(8)　大小2個のさいころを同時に投げたとき，大きいさいころの出た目を十の位の数，小さいさいころの出た目を一の位の数として2けたの整数をつくる。このとき，2けたの整数が素数となる確率を求めなさい。ただし，さいころは，1から6までのどの目が出ることも同様に確からしいとします。(　　　)

(9)　右の度数分布表は，ある学級の生徒の自宅から学校までの通学時間を整理したものです。この表から通学時間の平均値を求めると20分であった。(ア)，(イ)にあてはまる数と最頻値を求めなさい。

ア(　　　)　イ(　　　)　最頻値(　　　)

度数分布表

通学時間(分)	度数(人)
以上　未満 0 ～ 10	5
10 ～ 20	10
20 ～ 30	(ア)
30 ～ 40	4
合計	(イ)

2　太郎さんは，花子さんと体育大会で使う応援用のメガホンを学級の人数分作ることにしました。後の(1)から(4)までの各問いに答えなさい。

まず，ボール紙に図1の展開図をかき，母線の長さが60cmの円すいの形を作ると図2のようになりました。

点Aは頂点，線分BCは底面の直径を表しています。また点D，Eは，母線ABを3等分する点です。

図1

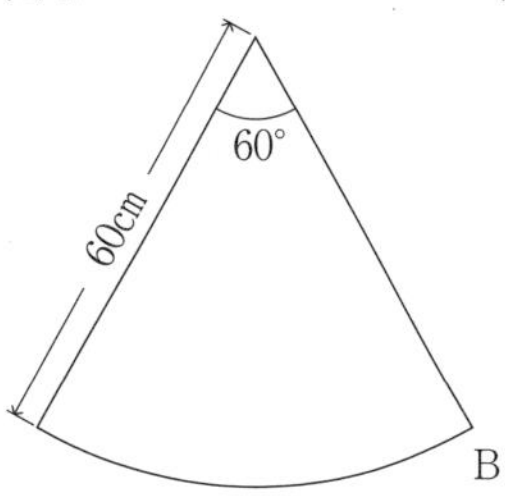

図2

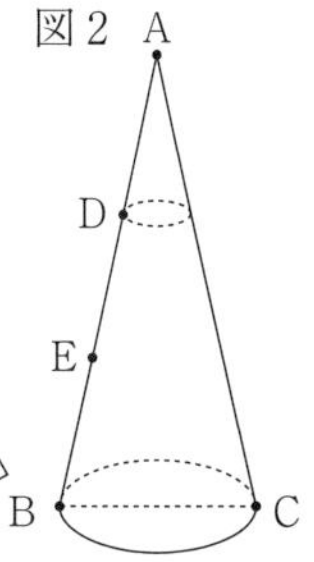

(1)　図2の直径BCの長さを求めなさい。(　　　cm)

次に，点Dを通り，底面に平行な平面でこの円すいを切って図3のメガホンを作りました。線分DFはメガホンの上面の円の直径を表しています。図4の実線は，図3のメガホンの展開図です。このメガホンに図5のような飾りのついたひもを側面に巻きながら貼りつけて完成となります。

図3

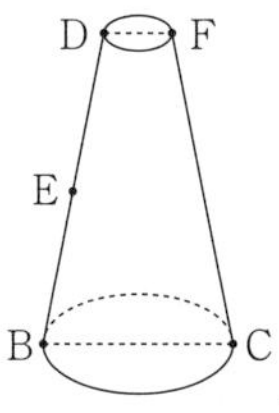

図4

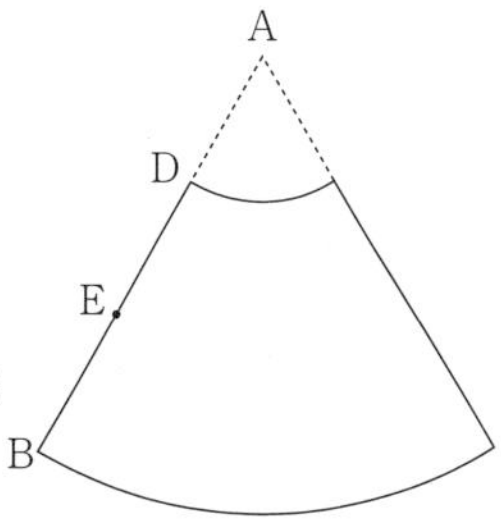

図5

2人は飾りのついたひもをどのように巻きつけるか，またどれぐらいの長さのひもが必要かを考えました。ただし，ボール紙の厚さとひもの太さは考えないものとします。

考えたこと

○　図3のメガホンに，図6のように飾りのついたひもを点Eから側面に沿って点Eまで1周巻きつけたとき，どのように巻きつけるとひもの長さが最も短くなるのかを考えました。

図6

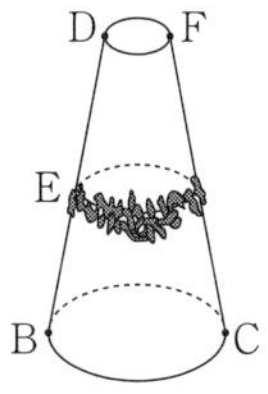

太郎さん：①ひもを底面の円周と平行になるように1周巻きつけたときに，ひもの長さが最も短いのではないかな。

花子さん：メガホンのままではわからないね。メガホンに飾りのついていないひもを巻きつけて展開図で確かめてみましょう。

○　2人は，図7の展開図で考えてみました。

図7

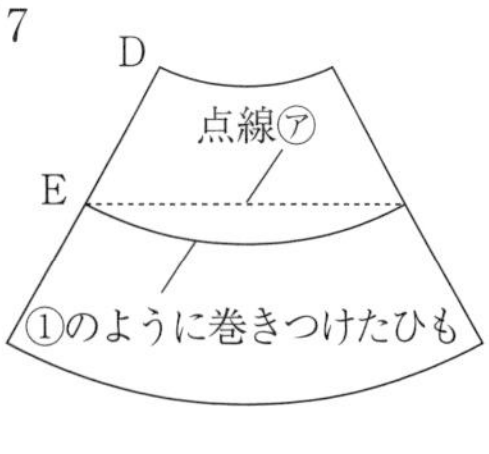

太郎さん：点線㋐のようにひもを巻きつければ短くなるね。

花子さん：図7のように，展開図でひもの巻きつけ始める点と巻きつけ終わる点を直線で結べばよさそうね。

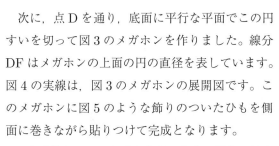

(2)　下線部①のように太郎さんがひもを巻きつけたとき，ひもと線分 FC との交点 P をコンパスと定規を使って作図しなさい。ただし，作図に使った線は消さないこと。

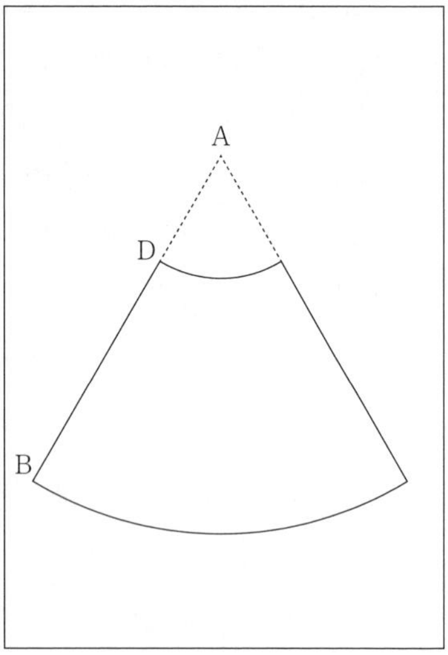

(3)　次に太郎さんは，図 8 のようにひもを点 E から側面に沿って線分 FC を横切って点 D まで巻きつけようと考えました。巻きつけるひもの長さが最も短いときのひもの長さを求めなさい。(　　　cm)

図 8

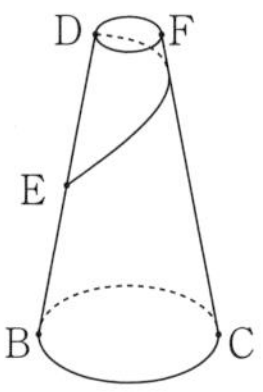

(4)　さらに太郎さんは，ひもを点 B から側面に沿って線分 FC を 2 回横切って点 E まで巻きつけようと考えました。図 9 は，花子さんと考えたことを応用して，ひもの長さが最も短くなるように巻きつける様子を表したものです。巻きつけるひもの長さを求めなさい。(　　　cm)

図 9

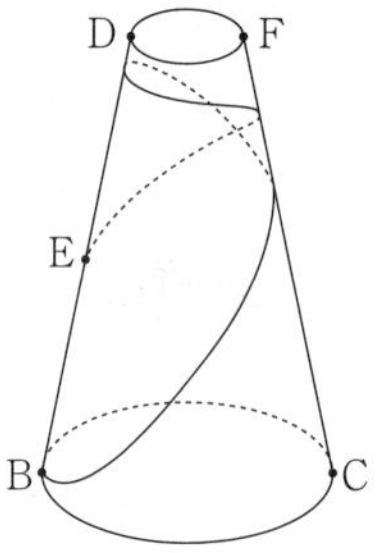

3　太郎さんと花子さんは，数学の授業で円について学習した後，2点で交わる2つの円について調べることにしました。

太郎さんは，次の手順でノートに右の図をかきました。後の(1)から(3)までの各問いに答えなさい。

手順

①　線分をひき，線分の両端をA，Bとする。

②　線分ABにおいて，点Aと点Bをそれぞれ中心として，等しい半径の円をかき，この2つの円の交点をP，Qとする。

③　線分ABと直線PQとの交点をCとする。

図

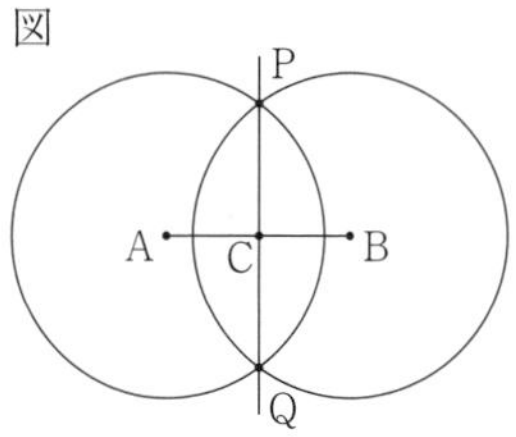

①から③の手順で，線分ABの長さや円の半径をいろいろ変えて調べます。

(1)　太郎さんは，まず線分ABの長さを8cmにして，円の半径をいろいろ変えて調べました。すると，4点A，B，P，Qが，点Cを中心とする円周上にある場合がありました。このとき，線分APの長さと∠APBの大きさを求めなさい。AP＝(　　　cm)　∠APB＝(　　　)

太郎さんと花子さんは，図を見て気づいたことを話しています。

2人の会話

太郎さん

2つの円の半径は等しいので，△ABPはPA＝PBの二等辺三角形だね。二等辺三角形の頂角の二等分線は底辺と垂直に交わることは教科書に書いていたね。

花子さん

四角形AQBPはひし形だから，太郎さんの言ったことは，ひし形AQBPの対角線PQが∠APBを二等分し，直線PQと線分ABは垂直に交わることと同じだね。

太郎さん

花子さんの言ったことは，三角形の合同条件を利用したら証明できそうだね。

(2)　2人の会話の中にある太郎さんの言った波線部の考え方を使って，下線部を証明しなさい。

(3)　AP＝PQ＝5cmのとき，線分APの延長線が点Bを中心とする円と，点P以外にもう1点で交わりました。その交点をDとしたとき，線分PDの長さを求めなさい。(　　　cm)

4 太郎さんは，寒かったので衣類に貼るカイロを貼ろうとしました。裏紙（剥離《はくり》紙）をはがすとき，カイロの粘着部分の形や面積が変化していくことに気がつき，下のような考え方をもとに，その変化について考えました。後の(1)から(4)までの各問いに答えなさい。

考え方

○ 縦 6 cm，横 10cm の長方形のカイロを，左下側から一定方向に向かって裏紙をはがします。
○ 図 1 のように，カイロの各頂点を A，B，C，D とし，AE = 4 cm，AF = 3 cm となる点 E，F をそれぞれ辺 AB，AD 上にとります。
○ 図 1 のように，カイロの粘着部分ア，裏紙のはがした部分イの境界線の両端を P，Q とします。
○ 線分 EF と線分 PQ が，平行を保つようにしながら裏紙をはがします。
○ 点 P が頂点 A から移動した距離を x cm とします。

図 1

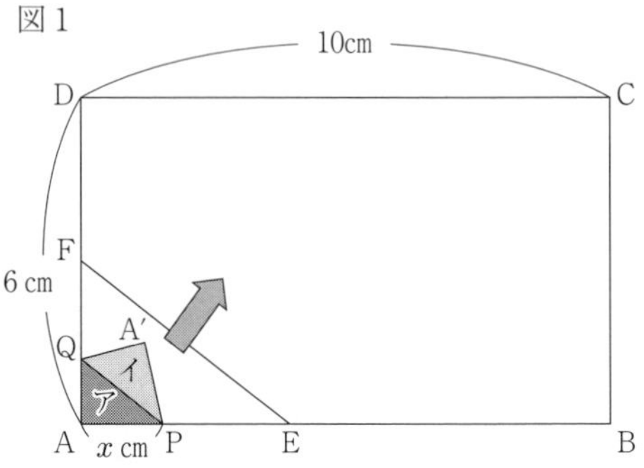

(1) 裏紙をはがし始めてから，はがし終えるまでの x の変域を表しなさい。(　　　$\leqq x \leqq$　　　)

(2) $0 \leqq x \leqq 10$ のとき，カイロの粘着部分アの面積を y cm^2 とする。x と y の関係をグラフに表しなさい。

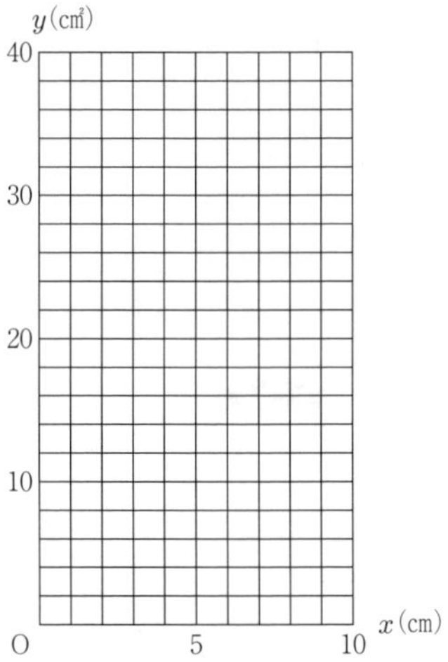

(3) 裏紙をはがしていくと，カイロの粘着部分アの面積が，長方形 ABCD の面積の $\frac{5}{8}$ になりました。このときの x の値を求めなさい。(　　　　)

(4) 図 2 のように，辺 A′B′ 上に頂点 C が重なるまで裏紙をはがしました。このときの x の値を求めなさい。(　　　　)

図 2

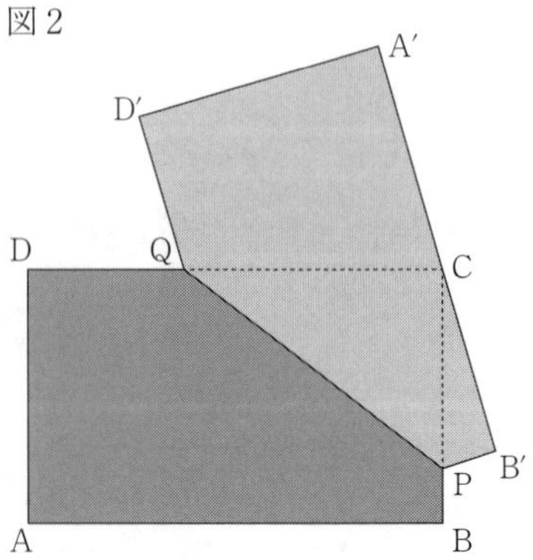

英語

時間　50分　　　満点　100点

（編集部注）　放送問題の放送原稿は英語の末尾に掲載しています。
音声の再生についてはもくじをご覧ください。

1　放送を聞いて答えなさい。

《その1》　話される英語を聞いて，それぞれの後の質問に対する答えとして最も適当なものを，アからエまでの中からそれぞれ1つ選びなさい。

1（　　）　2（　　）　3（　　）　4（　　）

1
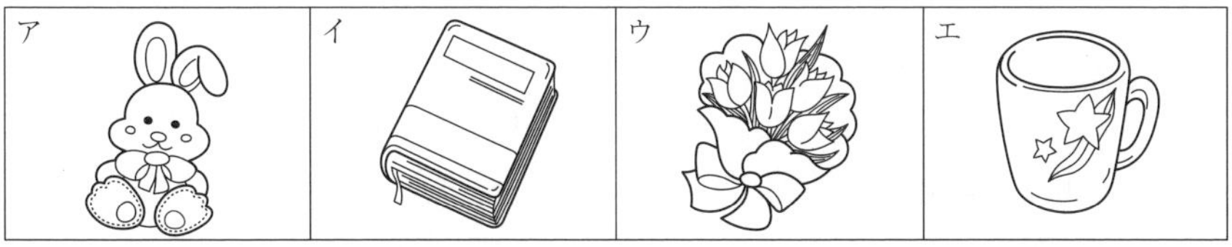

2
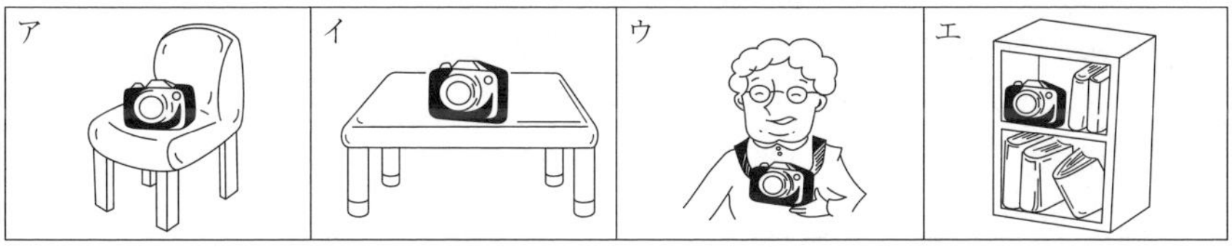

3

4
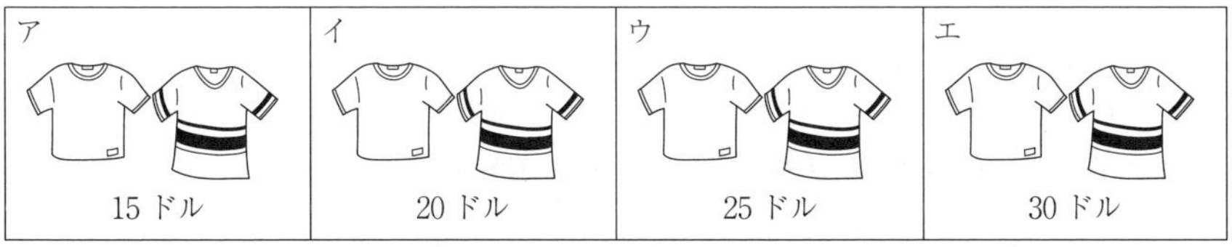

《その2》　留学生のトム（Tom）さんが先生から話を聞いています。先生はトムさんに何について話していますか。最も適当なものを，アからエまでの中から1つ選びなさい。（　　）

ア　When to read books in the library.　　イ　How to find books in the library.

ウ　When to bring the books to Tom.　　エ　How to use the library.

《その3》　剛（Takeshi）さんはアメリカ合衆国からの留学生であるメアリー（Mary）さんと週末に出かける約束をしています。放送を聞いて，会話の後の1から3までの質問に対する最も適当な答えを，アからエまでの中からそれぞれ1つ選びなさい。

また，あなたも2人と一緒に出かけるとして，当日のことについて聞いておきたいことは何ですか。剛さんとメアリーさんのやり取りの内容をふまえて，4の解答欄に5語以上の英語で書きなさい。

1(　　　)　2(　　　)　3(　　　)

4(　　　)

1　ア　Near the station.　　イ　In front of the library.　　ウ　Near the park.

　　エ　In front of the school.

2　ア　Because her friend will play the piano in a concert.

　　イ　Because she can learn Japanese from the songs.

　　ウ　Because Takeshi usually listens to music after dinner.

　　エ　Because her friend bought many CDs of Japanese songs.

3　ア　By bus.　　イ　By car.　　ウ　By bike.　　エ　By train.

4　あなたも２人と一緒に出かけるとして，当日のことについて聞いておきたいことは何ですか。剛さんとメアリーさんのやり取りの内容をふまえて，５語以上の英語で書きなさい。

[2]　アメリカ合衆国に留学している久美（Kumi）さんがマイク（Mike）さんと【博物館のちらし】を見て，The Great Inventions of the 20th Century（20世紀の発明展）に行くことにしました。後の１から７までの各問いに答えなさい。

【博物館のちらし】

THE MUSEUM of SCIENCE HISTORY

– Special Event –　from September 1st to 30th
The Great Inventions of the 20th Century
The inventions of the 20th century have made our lives better.

OPEN　10:00 a.m. to 6:00 p.m.（from April to September）
10:00 a.m. to 5:00 p.m.（from October to March）
※Closed on Mondays and January 1st and 2nd.

Admission	Adults	$10
	Students（6-17）	$ 8
	Children（5 and under）	FREE

For more information, call the museum（123-456-789）.

Will you be a member of our History Club?
If you are a member, you can ...
• take special history lessons.
• get news from the museum every month.
• get famous scientist cards.

Membership fee for a year is $20 for adults and $15 for students.

（注）invention(s)：発明品　　admission：入場料　　adult(s)：大人

$：ドル（アメリカ合衆国の通貨単位）　　membership fee：会費

1　【博物館のちらし】の内容として合っているものを，次のアからカまでの中から2つ選びなさい。

(　　　)(　　　)

ア　The special event will be held in November.

イ　The museum is open until 6:00 p.m. in July.

ウ　The museum is closed only on Mondays.

エ　It is 8 dollars to visit the museum if you are fourteen years old.

オ　You must visit the museum to get more information.

カ　The History Club will have no special lessons for members.

久美さんとマイクさんは駅で【路線図】を見ながら話しています。

【路線図】

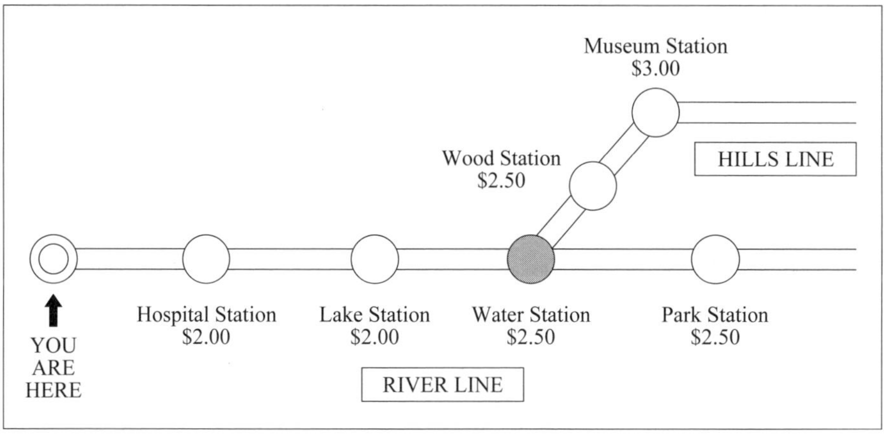

【2人の会話】

Kumi：　Do you know how to get to the museum, Mike?

Mike　：　Yes. The ①【is / Museum Station / nearest / to / station / the museum】. We will change trains at Water Station. It only takes one minute to walk to the museum from Museum Station. The museum is just in front of the station.

Kumi：　I see. Let's get the tickets.

Mike　：　Well, we can also get to the museum from Park Station. It takes about twenty minutes to walk to the museum from the station, but we don't have to [②]. The fare is cheaper, too.

Kumi：　It's sunny today, so walking for twenty minutes is a good idea. How about getting off the train at [③]?

Mike　：　I agree. It will be great to walk through the park to the museum.

(注)　ticket(s)：切符　　fare：運賃

2　①【　　】内の語を意味が通るように並べかえなさい。

(　　　　　　　　　　　　　　　　　　　　　　　　　　　)

3　[②] に入る適当な英語を，【2 人の会話】から抜き出して書きなさい。
(　　　　　　　　　　　　　　　　　　　　　　　　　　　　　　　　　)

4　[③] に入る最も適当な駅名を，次のアからエまでの中から 1 つ選びなさい。(　　　)

ア　Museum Station　　イ　Park Station　　ウ　Water Station　　エ　Wood Station

2 人は博物館で「20 世紀の発明展」を見ました。

【博物館での説明の一部】

The Great Inventions of the 20th Century

PLANE

How do you usually travel, by car, by train, (④) by bus? The plane is one of the best ways to travel to a far away place. The Wright brothers were the first people to fly a plane. On December 17, 1903, the world's first plane took off and changed the world. Do you know how long the first flight lasted? Their first flight lasted only 12 seconds. Today, we can travel around the world by plane.

(注)　Wright brothers：ライト兄弟（ウィルバー・ライトとオービル・ライトの兄弟）
took off：take off（離陸する）の過去形　　last(ed)：last（続く）の過去形　　second(s)：秒

TELEVISION（TV）

Television changed the lives of people all over the world. It is one of the most (⑤) ways of getting information today. Television is one word, but it is from two words, 'tele' and 'vision'. 'Tele' means 'far away' and 'vision' means 'picture'. Now you understand why we call this machine 'television'.

(注)　machine：機械

THE INTERNET

The Internet has affected lifestyles all over the world since the late 1960s. Through the Internet, you can do many things today. For example, you can [⑥], get information, check the news, watch movies and talk with your friends.

(注)　affect(ed)：affect（影響を与える）の過去分詞　　lifestyle(s)：生活様式

5　(④) に入る適当な英語 1 語を書きなさい。(　　　　)

6　(⑤) に入る語として最も適当なものを，次のアからエまでの中から 1 つ選びなさい。
(　　　)

ア　popular　　イ　difficult　　ウ　beautiful　　エ　careful

7　[⑥] に入る適当な英語を，2 語以上で書きなさい。(　　　　　　)

③ 優子（Yuko）さんの学級では，英語の授業で「SDGs（Sustainable Development Goals：持続可能な開発目標）」についての英文を読み，意見交換をしました。【授業で読んだ英文】とSDGsを達成するためにできることについての【優子さんの意見】と【佐藤先生のコメント】を読んで，後の1から6までの各問いに答えなさい。

【授業で読んだ英文】

SDGs

A Better Life for Everyone with 17 Goals

※この図はイメージで，中の文字を読む必要はありません。

国際連合ホームページより引用

There are a lot of problems on the earth. Some of them are very big and serious. World leaders decided to set 17 goals in 2015 and we should realize these goals before 2030. We must think about what we can do to solve the problems. We also need to work together. What can we do to make the world better?

No.2 ZERO HUNGER（飢《き》餓《が》をゼロに）

There are many people who are suffering from hunger around the world. You cannot keep healthy (①) enough food. Some people die because they don't have enough food. This problem is especially serious for babies and children.

Have you ever heard of 'food loss and waste'? It is the food which is thrown away though it can still be eaten. Many people don't have enough food, but a lot of food is thrown away.

No.3 GOOD HEALTH AND WELL-BEING（すべての人に健康と福祉を）

In some countries, there are many children who die under five years old. They cannot take medicine when they are sick. One of the reasons is money. Their families don't have enough money to get medicine. It is important for them to learn how to keep children healthy, too.

On the other hand, more people [②] and there are more old people in some countries. In such countries, they will need hospitals or people to take care of them.

You have many chances to do something for the SDGs in your life. Thinking about your life will lead to realizing these goals. Think about people who cannot get clean water.

You can save water when you wash your hands.

It is also important to talk about these problems with your family and your friends. Then we can work together to find the solutions. Let's think about what we can do to realize the SDGs.

(注)　serious：深刻な　leader(s)：指導者　set goal(s)：目標を立てる　realize：実現する
solve：解決する　healthy：健康な　on the other hand：一方で　lead to：～につながる

【優子さんの意見】

I will talk about No.13, CLIMATE ACTION（気候変動に具体的な対策を）.

We have more and more natural disasters in the world. It is said that one of the reasons is global warming. The earth is getting warmer. We need to do something to stop it. We should take care of the earth. I think we can do something to stop global warming. For example, [③].

We can only do small things, but we should keep doing them. Then our lives will be better.

(注)　natural disaster(s)：自然災害　global warming：地球温暖化

【佐藤先生のコメント】

SDGs are the goals to [④]. There are many problems both in foreign countries and in Japan.

Around the world, a lot of people are sick and some of them cannot go to a hospital. To solve this problem, we have to think about how we can keep people healthy. This is goal No.3. People need to have enough food to keep healthy. This is goal No.2. Building hospitals is another solution. There is not only one answer. We need to remember all 17 goals to solve the world's problems and think about our future.

1　【授業で読んだ英文】について，次の(1)，(2)の質問に対する答えになるように，(　　)に入る適当な英語を，2語以上で書きなさい。

(1)　Do we have a lot of problems on the earth?

(　　　　　　　　　　　　　　　　　　　　　　　　).

(2)　When were the goals set?

(　　　　　　　　　　　　　　　　　　　　　　　　).

2　(①)に入る適当な英語1語を書きなさい。(　　　)

3　[②]に入る最も適当なものを，次のアからエまでの中から1つ選びなさい。(　　　)

ア　get clean water　　イ　have enough money　　ウ　live longer　　エ　throw away food

4 ［ ③ ］に入る適当な英語を，10 語以上で書きなさい。

For example, (　　　　　　　　　　　　　　　　　　　　　　　　　　　).

5 ［ ④ ］に入る適当な英語を，【授業で読んだ英文】から 4 語で抜き出して書きなさい。

(　　　　　　　　　　　)

6 【授業で読んだ英文】【優子さんの意見】【佐藤先生のコメント】の内容に合っているものを，次のアからカまでの中から 2 つ選びなさい。(　　　)(　　　)

ア To solve the problems on the earth, we have to work together.

イ All the babies and children around the world have enough food.

ウ People in some countries don't have money, so they can keep healthy.

エ We have to think about our lives to realize the SDGs.

オ We cannot solve the problems because we can only do small things.

カ When we think about one of the goals, we don't have to think about the others.

4 次の問いに答えなさい。

次の英文は，香奈（Kana）さんの学級で英語のブラウン先生（Mr. Brown）が問いかけた内容です。あなたが香奈さんならどのように答えますか。問いかけに対する答えを，15 語以上 35 語以内の英語で書きなさい。2 文以上になってもかまいません。

【ブラウン先生の問いかけ】

> Hello, everyone.
>
> You will graduate soon. I think you have a lot of wonderful memories of your school life. Can you tell me about one of your best memories?

（注） memories：memory（思い出）の複数形

(　　　　　　　　　　　　　　　　　　　　　　　　　　　　　　)

〈放送原稿〉

注意：〔　　〕内は音声として入れない。

ただいまから，2021年度滋賀県公立高等学校入学試験英語の聞き取りテストを行います。問題は《その1》から《その3》まであります。聞いている間にメモをとってもかまいません。

まず，《その1》から始めます。これから話される英語を聞いて，それぞれの後の質問に対する答えとして最も適当なものを，問題用紙に示されたアからエまでの中からそれぞれ1つ選びなさい。英語は，それぞれ2回放送します。それでは，始めます。〔間2秒〕

No.1　A：　Happy birthday, Yuki. This is a present for you. Please open it.

B：　Thank you. Wow, it's nice. I will use it when I drink coffee at home.

Question：What is the present for Yuki?〔間2秒〕

繰り返します。〔間2秒〕〔英文をもう一度読む。〕〔間4秒〕

No.2　A：　Mom, do you know where my camera is?

B：　Dad used it to take pictures of flowers this morning.

A：　Oh, it's over there. He put it on the chair.

Question：Where is the camera now?〔間2秒〕

繰り返します。〔間2秒〕〔英文をもう一度読む。〕〔間4秒〕

No.3　A：　John, are you busy now?

B：　No, I'm just watching TV.

A：　I'm cooking dinner now. Can you clean the table?

B：　Sure.

Question：What is John going to do?〔間2秒〕

繰り返します。〔間2秒〕〔英文をもう一度読む。〕〔間4秒〕

No.4　A：　May I help you?

B：　Yes, please. I'm looking for some T-shirts.

A：　The T-shirts are here. All the T-shirts are usually 15 dollars, but they are only 10 dollars today.

B：　That's nice. I'll take these two.

Question：How much are two T-shirts today?〔間2秒〕

繰り返します。〔間2秒〕〔英文をもう一度読む。〕〔間4秒〕

次に，《その2》に入ります。留学生のトム（Tom）さんが先生から話を聞いています。先生はトムさんに何について話していますか。最も適当なものを，問題用紙に示されたアからエまでの中から1つ選びなさい。英語は，2回放送します。それでは，始めます。〔間2秒〕

Hello, Tom. Welcome to the library. You can read here and borrow all the books you want. We have some books written in English and you can borrow them, too. When you want to borrow books, please bring the books to me. I'll tell you when you have to give the books back, so please give them back before that day. If you have any questions about the library, please ask me. I hope you can enjoy reading books.〔間2秒〕

繰り返します。〔間２秒〕〔英文をもう一度読む。〕〔間４秒〕

次に，《その３》に入ります。剛（Takeshi）さんはアメリカ合衆国からの留学生であるメアリー（Mary）さんと週末に出かける約束をしています。放送を聞いて，会話の後の１から３までの質問に対する最も適当な答えを，問題用紙に示されたアからエまでの中からそれぞれ１つ選びなさい。また，あなたも２人と一緒に出かけるとして，当日のことについて聞いておきたいことは何ですか。剛さんとメアリーさんのやり取りの内容をふまえて，４の解答欄に５語以上の英語で書きなさい。会話と質問は通して２回放送します。それでは，始めます。〔間２秒〕

A： Hi, Mary. Are you free on Saturday?

B： Yes. I don't have any plans.

A： Our friend, Kenji, will play the piano in a concert. It will be held in Sakura Hall near the park. Shall we go there?

B： Yes, of course.

A： Are you interested in music?

B： Yes. In America, I usually enjoyed listening to music after dinner.

A： Oh, really? Have you ever listened to Japanese songs?

B： Yes. I borrowed some CDs of Japanese songs from my friend. I listen to them every day at home.

A： Every day?

B： Yes. Listening to Japanese songs is a good way to learn Japanese.

A： That's great. I hope you can enjoy the concert.

B： Oh, Takeshi, how will we go there?

A： How about going there by bike?

B： My bike is broken, so I can't use it now.

A： That's too bad. Well, let's take a bus. I'll meet you in front of the library at ten.

B： OK. See you then.〔間２秒〕

Question 1　Where is Sakura Hall?〔間４秒〕

Question 2　Why does Mary listen to Japanese songs every day?〔間４秒〕

Question 3　How will Takeshi and Mary go to Sakura Hall?〔間４秒〕

繰り返します。〔間２秒〕〔英文をもう一度読む。〕〔間７秒〕

以上で，聞き取りテストの放送を終わります。

社会

時間　50分　　　　満点　100点

1　若菜さんのグループは社会科の調べ学習で，世界のおもな農産物について調べて発表することになりました。資料1をみて，後の1から6までの各問いに答えなさい。

資料1　米・小麦・とうもろこしの国別生産割合（2017年）※四捨五入の関係で100%にならない場合がある。

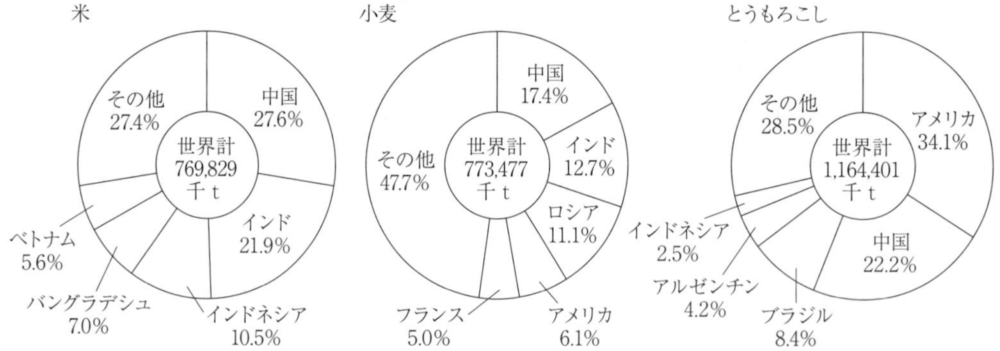

[「世界国勢図会2020／21」より作成]

1　資料1から読み取れることとして適切なものはどれか。次のアからエまでの中から1つ選びなさい。（　　　）

ア　米・小麦・とうもろこしのうち，生産量が最も多いのは，小麦である。

イ　米・小麦・とうもろこしの生産割合上位5か国は，すべて北半球に位置している。

ウ　米・小麦・とうもろこしのいずれも，生産割合上位5か国で60％以上を占めている。

エ　米・小麦・とうもろこしのうち，中国で生産量が最も多いのは，とうもろこしである。

2　資料1の米の生産に関連して，若菜さんは米作りにかかわる写真をみつけました。この地域では，年に2回米を作ることがあります。このように，同じ土地で年に2回米を作ることを何というか。書きなさい。（　　　）

写真　東南アジアでの稲作のようす

3　若菜さんのグループは，資料1の小麦，とうもろこしの生産割合が高いアメリカについて，説明文1，略地図1を使って発表することにしました。後の(1)，(2)の問いに答えなさい。

説明文1

> アメリカでは，小麦やとうもろこしの多くは，略地図1が示すロッキー山脈の東側に広がる内陸部で栽培されています。
>
> （　　）的農業が多く，センターピボットや大型機械などを使い，少ない人数で効率よく生産が行われています。

略地図1

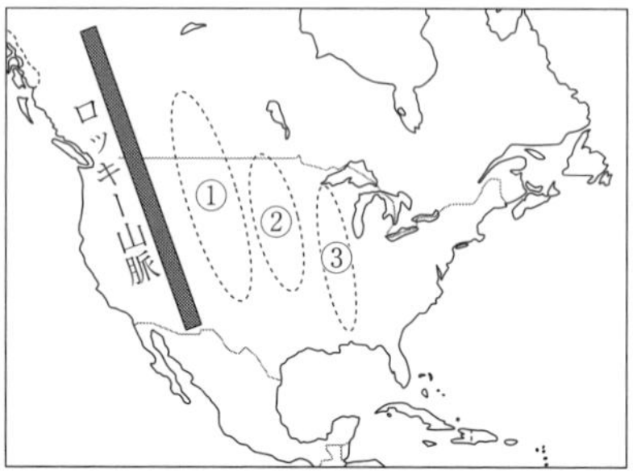

(1)　説明文１の（　　）にあてはまる語句を漢字２字で書きなさい。（　　　）

(2)　略地図１の①から③にあてはまる語句の組み合わせとして正しいものはどれか。次のアからエまでの中から１つ選びなさい。（　　　）

ア　①　グレートプレーンズ　　②　プレーリー　　③　中央平原

イ　①　プレーリー　　②　グレートプレーンズ　　③　中央平原

ウ　①　グレートプレーンズ　　②　中央平原　　③　プレーリー

エ　①　プレーリー　　②　中央平原　　③　グレートプレーンズ

4　若菜さんのグループは，資料２をみつけて米の輸出量の多い国について調べ，メモを作成しました。どこの国を調べたものか，資料２の中から１つ選び，国名を書きなさい。（　　　）

資料２　米の輸出量上位５か国（2017年）

①　インド
②　タイ
③　ベトナム
④　アメリカ
⑤　パキスタン

［「世界国勢図会 2020／21」より作成］

メモ

●天然ゴムの生産量が世界第１位（2017年）である。
● ASEANに加盟している。
●仏教徒の占める割合が多い。
●江戸時代，アユタヤに日本人の住む日本町があった。

5　若菜さんのグループは，アフリカの農産物について，説明文２，略地図２を使って発表することにしました。後の(1)，(2)の問いに答えなさい。

説明文２

この農産物は，世界全体の半分以上が赤道付近のギニア湾岸にあるコートジボワールとガーナで生産されており，日本を含む世界各地に輸出されている。

略地図２

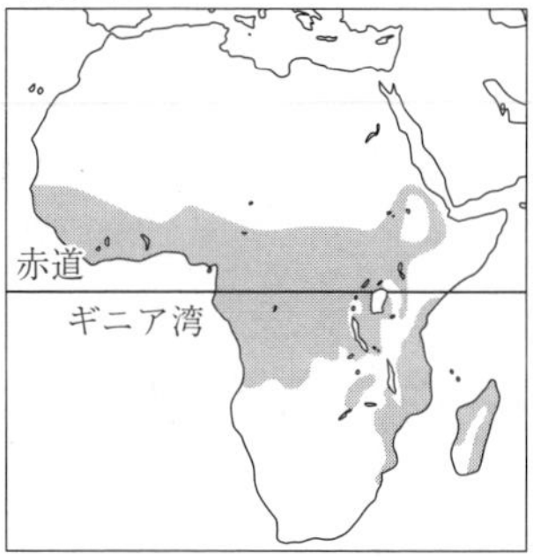

(1)　略地図２の▒の部分は，５つの気候帯の１つを示している。この気候帯は何か。書きなさい。（　　　）

(2)　略地図２の地域で栽培されている農産物のうち，説明文２にあてはまる農産物は何か。次のアからエまでの中から１つ選びなさい。（　　　）

ア　コーヒー豆　　イ　バナナ　　ウ　カカオ豆　　エ　茶

6　資料１のとうもろこしの生産割合が世界第３位のブラジルについて，若菜さんのグループは，次の発表原稿を考えました。ブラジルの環境保全について，発表原稿の（　　）にあてはまる適切な内容を考え，書きなさい。

（　　　　　　　　　　　　　　　　　　　　　　　　　　　　　　　　　　　　）

発表原稿

○　資料３をみると，ブラジルのさとうきびの生産量は，とうもろこしの生産量の７倍以上あります。世界第１位です。ブラジルで生産されたさとうきびは，半分近くが砂糖用として，残りがバイオエタノール（バイオ燃料）用として加工されています。

○　しかし，さとうきびの生産を増やすために熱帯雨林を新たに伐採することは，環境破壊につながるため，ブラジル政府は2009年にさとうきびの作付け禁止区域を設けるなどの対策をとるようになりました。

○　資料4から資料6をみると，(　　　　　　)ことなどから，ブラジルが環境保全の取組を進めていることがわかります。今後は，開発と環境保全の両立が求められます。

資料3　ブラジルのおもな農産物の生産量
(2017年)(単位千t)

おもな農産物	生産量
さとうきび	758,548
とうもろこし	97,722

[「世界国勢図会 2020／21」より作成]

資料4　再生可能エネルギーによる発電量と総発電量に占める割合
(2017年)

国名	発電量（億kwh）	割合（%）
ブラジル	4,664	79.1
アメリカ	7,182	16.8
日本	1,682	15.7

[「世界国勢図会 2020／21」より作成]

資料5　エネルギー供給の構成
(2017年)(石油換算)

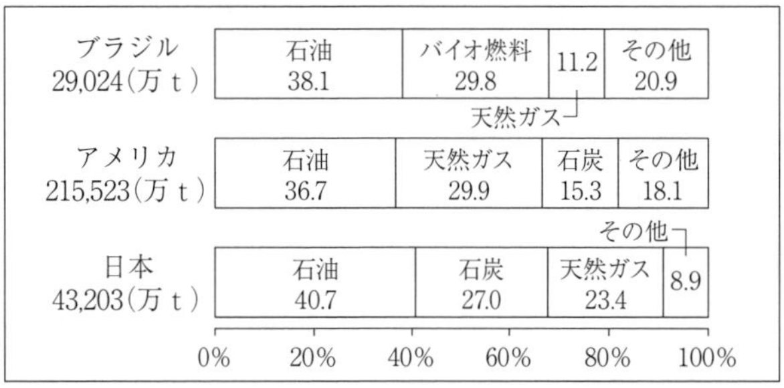

[「世界国勢図会 2020／21」より作成]

資料6　ブラジルのさとうきびの生産量と
エネルギー供給におけるバイオ燃料等の割合

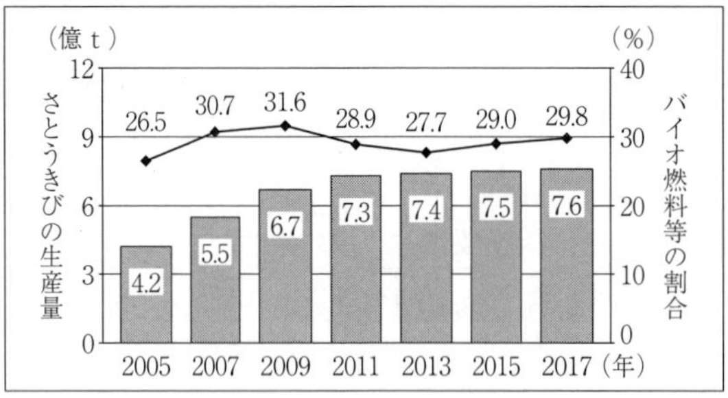

[「世界国勢図会 2020／21」などより作成]

2　太郎さんのグループは，歴史の授業で外国と関係のあった日本の地域について発表するため，カードAからカードFと略地図1を作成しています。後の1から8までの各問いに答えなさい。

カードA

この地域にある都市は，唐などが攻めてくるのに備えて守りを固めるために設けられた。そのため，この都市の周辺には，（ ① ）からの渡来人たちの力をかりて，いくつもの防御施設が造られた。

カードB

この地域にある都市は，日宋貿易を進めるため平清盛によって整備された港を有している。のちの日明貿易においても海上交通の要所の1つとされ，現在でも日本有数の貿易港である。

カードC

この地域にある都市は，（ ② ）人により伝えられた鉄砲を大量生産することで繁栄した。また，自由な商工業の発展を図る織田信長によりこの地は自治を奪われることとなった。

カードD

この地域にある都市は，江戸時代の御三家の一つの城下町として栄えた。のちに繊維産業に関連した技術を生かしたものづくりがさかんとなり，戦後，日本有数の貿易港となった。

カードE

この地域にある都市は，出島にオランダの商館が置かれるなど，江戸幕府にとって外国との貿易の窓口であった。のちに，（ ③ ）の使節レザノフがこの地に来航した。

カードF

この地域にある都市は，1858年に結ばれた条約により開かれた港の1つを有している。のちに日本の貿易の中心地となり，この都市と新橋間に日本で初めての鉄道が開通した。

略地図1

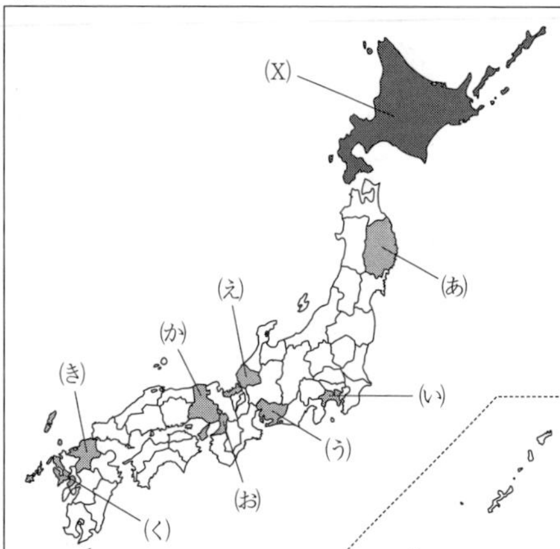

1　カードAからカードFの地域にあてはまらないものを，略地図1の(あ)から(く)までの中から2つ選びなさい。（　　　）

2　カードA，カードC，カードEの（ ① ）から（ ③ ）にあてはまる国名の組み合わせとして正しいものはどれか。次のアからカまでの中から1つ選びなさい。（　　　）

ア　①　高麗　②　イギリス　③　ロシア
イ　①　百済　②　ポルトガル　③　ロシア
ウ　①　高麗　②　イギリス　③　フランス
エ　①　百済　②　ポルトガル　③　フランス
オ　①　高麗　②　ポルトガル　③　フランス
カ　①　百済　②　イギリス　③　ロシア

3　カードAに関連して，次の文には誤っている語句が1つある。誤っている語句を下線部①から③までの中から選び，正しい語句を書きなさい。（　　）（　　　）

①中大兄皇子は，西日本の各地に山城を築き，唐や②新羅からの攻撃に備え，大津宮で即位し③天武天皇となり，初めて全国の戸籍を作った。

4　カードBに関連して，日本と明の貿易について説明した適切な文を次のアからオまでの中から

2つ選びなさい。(　　　)

ア　幕府は，大名や商人に海外渡航を許可する朱印状を与え，貿易を統制下に置いた。

イ　日本は，生糸，絹織物，陶磁器などを輸出し，刀，硫黄や銅などを輸入した。

ウ　正式な貿易船には，明から勘合が与えられた。

エ　明は，外国との貿易を広州だけに限定し，貿易を管理した。

オ　日本は，倭寇の取り締まりの強化を明に求めた。

5　カードＣに関連して，織田信長は商工業を活発化させるため，自由な交通を可能とし商品の流通をさかんにする政策を実行した。この政策を実現するために廃止された交通の要所にあったものは何か。書きなさい。(　　　)

6　カードＤから太郎さんは貿易港に興味をもち，カードＤと異なる貿易港についての資料1から資料3をみつけました。Ｙ港のある地域はどこか，略地図1の(あ)から(く)までの中から1つ選びなさい。(　　　)

資料1　Ｙ港と東京港の貿易額の比較（2019年）

貿易港	輸出額（百万円）	輸入額（百万円）
東京港	5,823,726	11,491,331
Ｙ港	2,977,283	1,046,491

[「日本国勢図会2020／21」より作成]

資料2　Ｙ港のおもな輸出相手国や地域と輸出額（2019年）

おもな輸出相手国や地域	輸出額（百万円）
中国	864,866
（ホンコン）	477,992
韓国	465,464
その他	1,168,961

[「財務省貿易統計」より作成]

資料3　Ｙ港の輸出品目の割合（2019年）

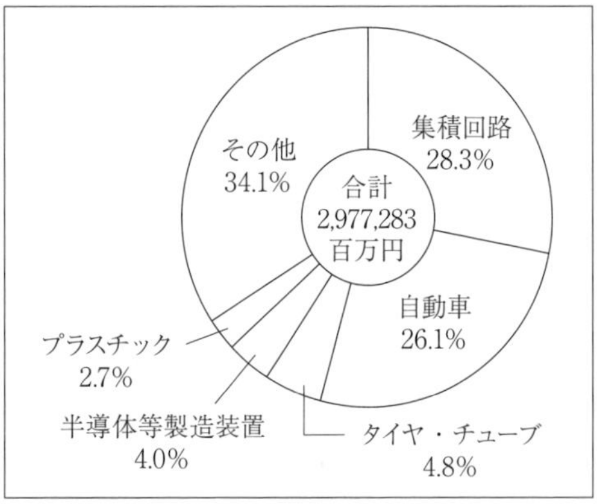

[「日本国勢図会2020／21」より作成]

7　カードＥに関連して，18世紀末から19世紀初めにかけて，通商を求めて日本の沿岸にあらわれるようになった外国船に対する江戸幕府の対応を，略年表1，資料4，資料5，略地図1の(X)の地域にふれながら，説明しなさい。

(　　　　　　　　　　　　　　　　　　　　　　　　　　　　　　　　　　　　　)

略年表1

年	おもなできごと
1792年	ラクスマンの来航
1804年	レザノフの来航
1808年	フェートン号事件
1825年	異国船打払令
1837年	モリソン号事件
1839年	蛮社の獄

資料4　近藤重蔵が作成した地図

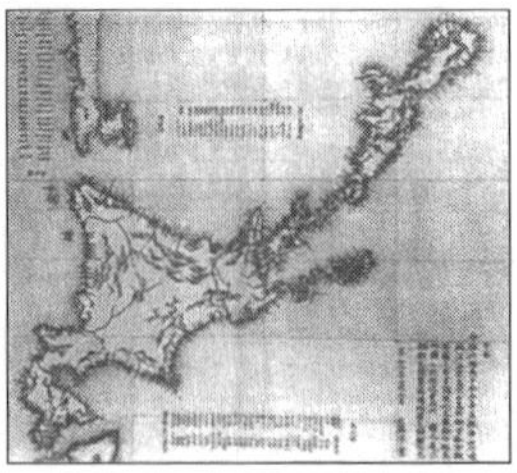

資料5　高野長英が幕府の政策を批判した文書

打払いを行えば，イギリスは日本を理非もわからない野蛮な国と思い，不義の国であると他国にいいふらし，日本は礼儀を重んじる国としての名誉を失うことになる。

※理非：道理にかなうこと，かなわないこと
※不義：義理（道理）にそむくこと

[「戊《ぼ》戌《じゅつ》夢《ゆめ》物《もの》語《がたり》」より一部要約]

8　カードＦに関連して，太郎さんは滋賀県の交通の歴史について調べていると，滋賀県が略地図1の(え)と(お)をつなぐ輸送の重要な地域であることをみつけました。江戸時代から明治時代にかけ

ての滋賀県における2つの地域をつなぐ輸送方法の変化について，略地図2，略地図3，資料6，略年表2をもとに説明しなさい。

（　　　　　　　　　　　　　　　　　　　　　　　　　　　　　　　　　　　　　）

略地図2　江戸時代のころ

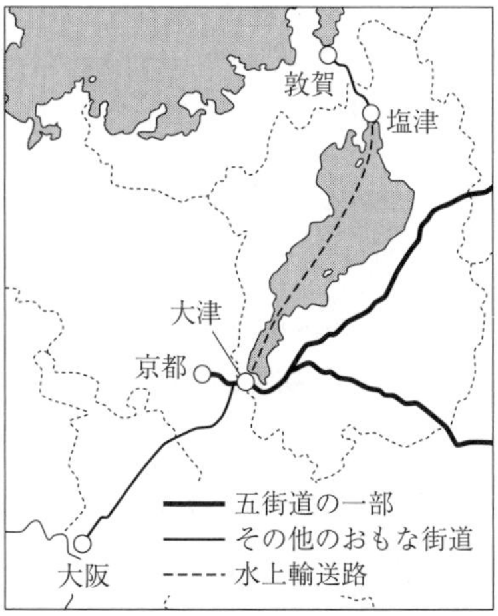

［「江戸時代の琵琶湖水運」などより作成］

略地図3　1887年（明治20年）ころ

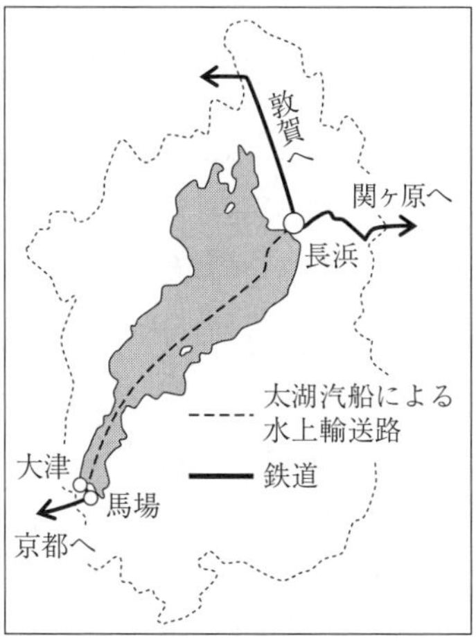

※太湖汽船：明治15年に設立された鉄道連絡線の会社
※馬場：現在の膳所（ぜぜ）駅

［「琵琶湖をめぐる交通と経済力」より作成］

資料6　太《たい》湖《こ》汽《き》船《せん》の売上

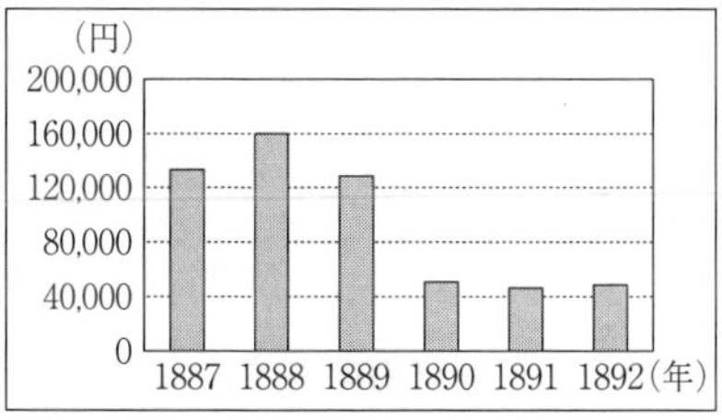

［「太湖汽船の五十年」より作成］

略年表2

年月	鉄道が開通した区間
1877年（明治10年）2月	大阪～京都間
1880年（明治13年）7月	京都～大津間
1882年（明治15年）3月	長浜～敦賀間
1883年（明治16年）5月	長浜～関ヶ原間
1889年（明治22年）7月	大津～長浜間 東海道線全線開通

［滋賀県ホームページなどより作成］

3　健太さんのグループは，公民の授業で学習した立法，司法，行政のしくみについて調べています。次の１から３までの各問いに答えなさい。

1　健太さんは，国会に関する資料１をみつけました。後の(1)，(2)の問いに答えなさい。

資料１　日本国憲法の一部

第42条	国会は，ａ衆議院及び参議院の両議院でこれを構成する。
第43条１項	両議院は，ｂ全国民を代表する選挙された議員でこれを組織する。

(1)　下線部ａに関連して，次の文には誤っている語句が１つある。誤っている語句を下線部①から③までの中から選び，正しい語句を書きなさい。(　　)(　　　)

条約の承認，①憲法改正の発議，内閣総理大臣の指名で異なる議決をした場合，②両議院の協議会が必ず開かれ，それでも一致しない場合は，③衆議院の優越が認められている。

(2)　下線部ｂに関連して，健太さんは，国会を構成する国会議員がどのように選ばれているのかに興味をもち，資料２をみつけ，（Ａ），（Ｂ）には小選挙区制，比例代表制のいずれかが入ることがわかりました。最も適切に比例代表制を説明している文を，後のアからエまでの中から１つ選びなさい。(　　　)

資料２　衆議院議員総選挙における当選者数と得票率

選挙制度，政党／当選者数，得票率		（Ａ）				（Ｂ）			
		第１党	第２党	第３党	その他	第１党	第２党	第３党	その他
2014年	当選者数	222	38	11	24	68	35	30	47
	得票率	48.1%	22.5%	8.2%	21.2%	33.1%	18.3%	15.7%	32.9%
2017年	当選者数	215	17	18	39	66	37	32	41
	得票率	47.8%	8.5%	20.6%	23.1%	33.3%	19.9%	17.4%	29.4%

［総務省資料より作成］

ア　（Ａ）の定数に対する当選者数の割合と各政党の得票率の差が大きいため，（Ａ）には比例代表制が入る。

イ　（Ａ）の定数に対する当選者数の割合と各政党の得票率の差が小さいため，（Ａ）には比例代表制が入る。

ウ　（Ｂ）の定数に対する当選者数の割合と各政党の得票率の差が大きいため，（Ｂ）には比例代表制が入る。

エ　（Ｂ）の定数に対する当選者数の割合と各政党の得票率の差が小さいため，（Ｂ）には比例代表制が入る。

2　健太さんは刑事裁判について調べ，資料３，資料４を作成しました。後の(1)から(3)までの問いに答えなさい。

資料３　ある刑事裁判の法廷のようす

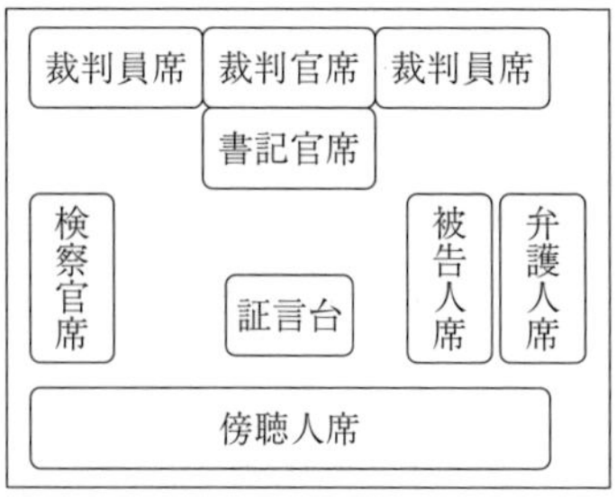

資料４　刑事裁判のしくみ

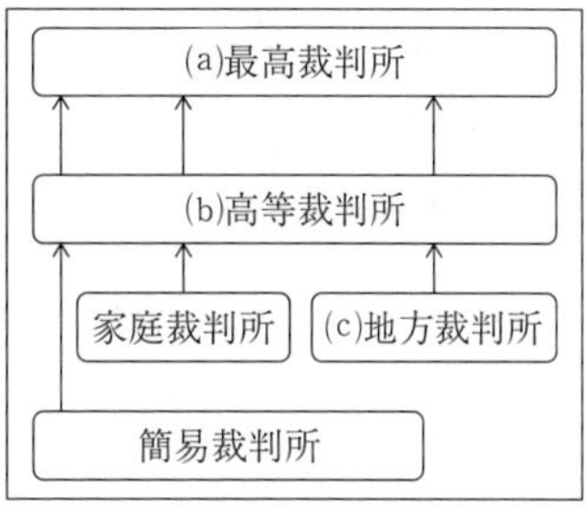

(1)　資料３の法廷は，どの裁判所の法廷か。資料４の(a)から(c)までの中から選びなさい。

(　　　)

(2)　資料４について，次の文は三審制について説明している。（ ① ），（ ② ）にあてはまる語句は何か。書きなさい。①(　　　　)　②(　　　　)

刑事裁判では，第一審の判決に不服があれば，高等裁判所に（ ① ）することができ，さらに最高裁判所に（ ② ）することができる。

(3)　資料３と資料４に関連して，刑事裁判について説明している文のうち最も適切なものはどれか。次のアからエまでの中から１つ選びなさい。(　　　)

ア　権利や義務についての対立を互いに対等な立場で争い，争いにかかわる人の一方が裁判所に訴えることによって始まる。

イ　被告人が経済的な理由などにより弁護人を依頼できないときは，国が費用を負担し弁護人をつけることとなっている。

ウ　重大な犯罪にかかわる場合，国民から選ばれた裁判員が参加し，裁判官といっしょに被告人の有罪・無罪のみを決める。

エ　裁判官の役割は，罪を犯した疑いのある被疑者を被告人として起訴し，証拠に基づいて被告人の有罪を主張していくことである。

３　健太さんのグループは，資料５から資料７をみて，地方公共団体の財政について，話し合いをしています。後の(1)，(2)の問いに答えなさい。

資料５　滋賀県一般会計歳入決算額（2019年度）

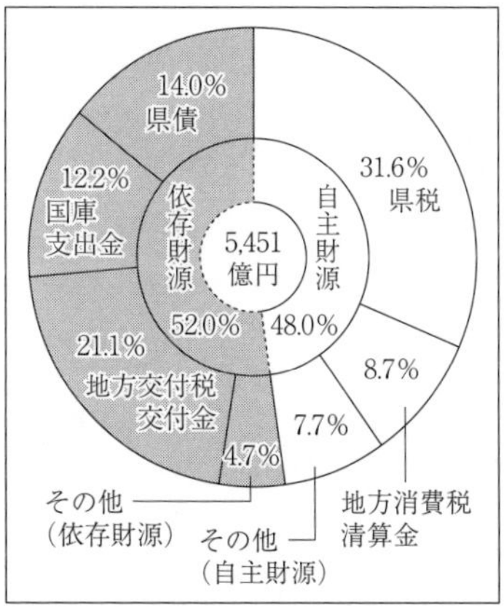

[滋賀県ホームページより作成]

資料６　ネーミングライツ募集の広告

[滋賀県ホームページより作成]

資料７　琵琶湖を守る取組 －環境学習－

【学習船「うみのこ」】

【「やまのこ」（森林環境学習）】

[滋賀県ホームページより作成]

話し合い

健太さん：滋賀県の歳入で一番多いのは県税だね。

冬美さん：次に多い地方交付税交付金とは，(　　　　　)のことだよ。

夏美さん：限られた財源のなかで，すべての住民の要望をかなえることは難しいと学習したよね。

冬美さん：だから，故郷や応援したい地方公共団体に寄付することができる制度を導入するなどのくふうをしているんだよね。

健太さん：滋賀県では，その他にどのような取組をしているのかな。

夏美さん：公共施設に愛称をつける権利などを買ってもらうネーミングライツがあるよね。学習船「うみのこ」の活動にネーミングライツの収入の一部が使われているんだよ。

冬美さん：その他にも滋賀県独自の琵琶湖森林づくり県民税で，「やまのこ」は行われているんだよ。

健太さん：学習船「うみのこ」や「やまのこ」などの取組を推進していくことは，琵琶湖の環境を守ることにつながるね。これからも地域の実態に応じた滋賀県独自の取組が続いていくといいよね。

夏美さん：地域の実態に応じた課題の解決に取り組むことは大切なことだよね。

(1)　資料5に関連して，話し合いの(　　)にあてはまる最も適切な文を，次のアからエまでの中から1つ選びなさい。(　　　)

ア　すべての地方公共団体に国から等しく支払われる財源

イ　地方公共団体が，住民税など自主的に徴収できる財源

ウ　地方公共団体間の財政不均衡を調整するために国から支払われる財源

エ　地方公共団体が，財政の不足を解消するために国から借り入れる財源

(2)　地方公共団体が地域の実態に応じた課題の解決に向けて取り組むために必要なことは何か。話し合いをもとに，「財源」という語を用いて説明しなさい。

(　　　　　　　　　　　　　　　　　　　　　　　　　　　　　　　　　　　)

理科

時間　50分　　　　満点　100点

(編集部注)　膳所高校の理数科は120点満点に換算する。

1　太郎さんと花子さんは，塩化ナトリウムやミョウバンの結晶に興味をもち，調べ学習や実験を行いました。後の1から6までの各問いに答えなさい。

太郎さん

先生がみせてくれた塩化ナトリウムやミョウバンの結晶は，きれいな形をしていたね。今度は，もっと大きな結晶をつくりたいな。

花子さん

大きな結晶づくりに向いているのは，どちらの物質かな。研究の発表会までもうすぐだから，できるだけ短い時間でつくりたいね。

太郎さん

a それぞれ水溶液をつくったあと，温度を下げると結晶ができるはずだよね。まずは水にとける物質の質量と温度の関係について，塩化ナトリウムとミョウバンを比べてみよう。

1　下線部aのように，いったん水などにとかした物質を純粋な物質の固体としてとり出すことを何といいますか。書きなさい。(　　　)

【調べ学習】

表は，塩化ナトリウムとミョウバンの溶解度と水の温度の関係について調べ，まとめたものである。

表

水の温度(℃)	0	20	40	60	80
塩化ナトリウム	35.7	35.8	36.3	37.1	38.0
ミョウバン	5.7	11.4	23.8	57.4	321.0

※溶解度は，100gの水に溶解する物質の量をグラム(g)で示してある。

【話し合い1】

太郎さん：どちらの物質の方が短い時間で，結晶を大きく成長させることができるかな。
花子さん：この表をみると，b 塩化ナトリウムの結晶を大きく成長させるのは，難しそうだね。
太郎さん：溶質の質量や温度を変えて結晶をつくってみよう。

2　話し合い1で，下線部bのように判断した理由は何ですか。「溶解度」という語を使って書きなさい。

(　　　　　　　　　　　　　　　　　　　　　　　　　　　　　　　　　　)

3　太郎さんは，ガスバーナーで水を加熱するときに，ガスバーナーの炎の色が青色でないことに気づきました。ガスバーナーの炎の色を青色にするためには，図1のガスバーナーの調節ねじをどのように操作しますか。最も適切なものを下のアからエまでの中から1つ選びなさい。(　　　)

ア　調節ねじXをおさえて，調節ねじYをAの方向に回す。

イ　調節ねじXをおさえて，調節ねじYをBの方向に回す。

ウ　調節ねじYをおさえて，調節ねじXをAの方向に回す。

エ　調節ねじYをおさえて，調節ねじXをBの方向に回す。

図1

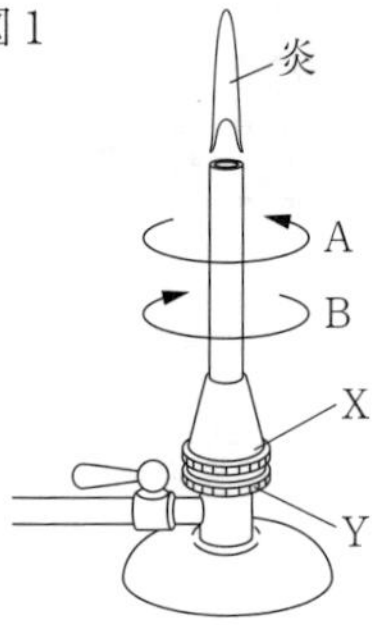

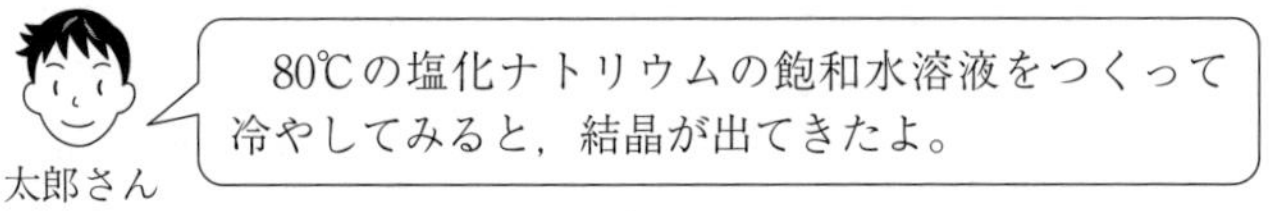

4　80℃の塩化ナトリウムの飽和水溶液があります。この水溶液の質量パーセント濃度は何%ですか。求めなさい。ただし，答えは小数第一位を四捨五入して，整数で書きなさい。(　　　%)

【話し合い2】

太郎さん：c40℃の水150gにミョウバン30gをとかした水溶液を20℃まで冷やしたときには，きれいな結晶が出てきたよ。

花子さん：そのまま放置しても大きく成長しなかったね。結晶を大きく成長させるためには，もっと長い時間が必要なのかな。

太郎さん：とかしたミョウバンの質量や，部屋の温度も関係あるかもしれないね。

花子さん：さらにミョウバンをとかすために，水の量をふやしたり，温度を上げたりしてみよう。

5　話し合い2で，下線部cの水溶液を20℃まで冷やしたとき，冷やし始めてからの経過時間と出てきた結晶の質量との関係を模式的に表したグラフはどのようになると考えられますか。最も適切なものを下のアからエまでの中から1つ選びなさい。(　　　)

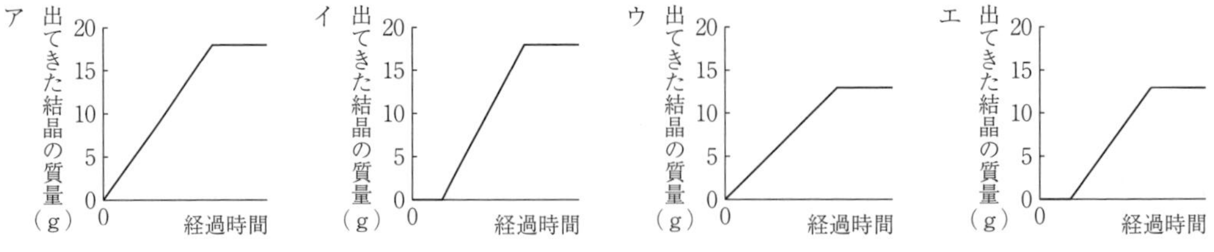

【実験】

〈方法〉

①　60℃の水200gにミョウバンをとかして，ミョウバンの飽和水溶液をつくる。

②　図2のようにミョウバンの結晶を糸の先につけ，①の水溶液中につるし，水が蒸発しないように，ビーカーの上にラップをかける。

図2

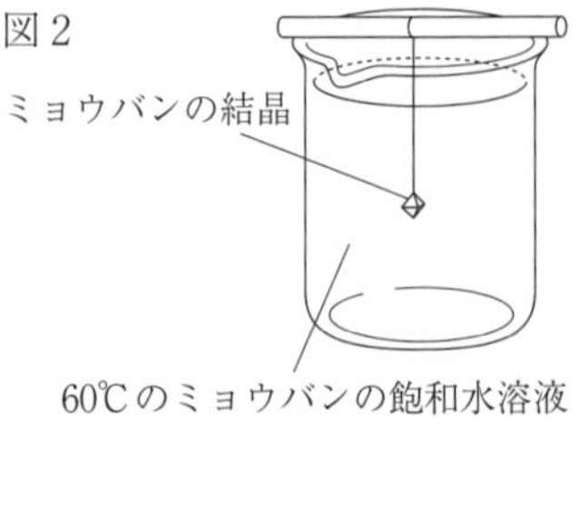

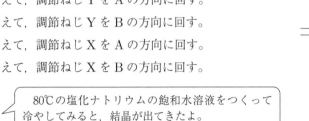

③ ビーカーを発泡ポリスチレン容器の中に入れて，水溶液の温度が 20 ℃になるまで，ゆっくりと冷やしたのち，d 20℃のまま1日放置する。

〈結果〉

時間の経過とともに，結晶の成長が確認できたが，途中で成長は止まった。

6 図3は 60 ℃のミョウバンの飽和水溶液の状態を示したモデルです。実験で，下線部 d の水溶液の状態を示したモデルはどれですか。最も適切なものを下のアからエまでの中から1つ選びなさい。(　　　)

図3

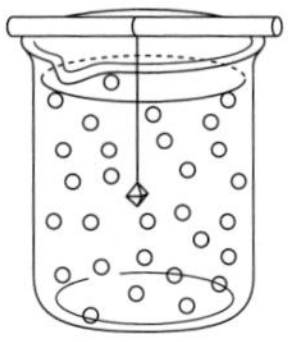

ア

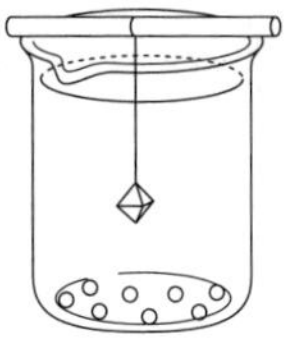

イ

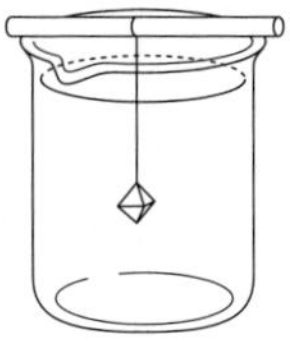

ウ

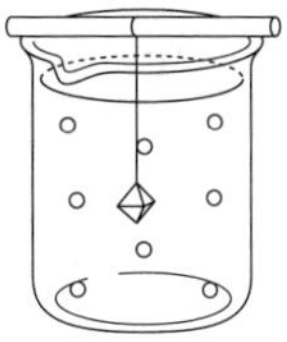

エ

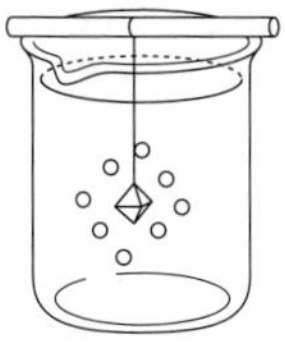

※図中の○は水にとけているミョウバンの粒子を表している。

2　太郎さんと花子さんは，シロツメクサに興味をもち，先生と相談しながら観察や実験をして調べることにしました。図1は観察をしたときのスケッチです。後の1から5までの各問いに答えなさい。

図1

太郎さん

アブラナは種子でなかまをふやしますが，シロツメクサはどのようにふえるのですか。

先生

アブラナと同様に，おしべのやくでつくられた花粉を，めしべで受粉した後に，子房の中で種子をつくり，なかまをふやします。シロツメクサについて，自分たちで詳しく調べてみてはどうかな。

花子さん

受粉した後の花粉は，いったいどのような変化をしていくのかな。

太郎さんと花子さんは，受粉後に花粉がどのように変化するのかを調べるため，次の観察を行いました。

【観察】

〈方法〉

① 10％のショ糖水溶液（砂糖水）をつくり，これをスライドガラスの上に1滴落とす。

② ①のスライドガラスの上に，シロツメクサの花粉をまく。

③ 顕微鏡を使って，20分ごとに観察する。このとき，デジタルカメラで撮影しておき，花粉の変化を調べる。

〈結果〉

はじめに図2のようであったシロツメクサの花粉は，1時間後，図3のように変化した。

図2

シロツメクサの花粉

図3

1時間後

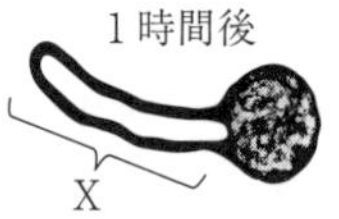

1　受粉が行われるのは，めしべの何という部分ですか。書きなさい。(　　　)

2　図3のXの部分の名称は何といいますか。書きなさい。(　　　)

太郎さん

資料を詳しく調べてみると，シロツメクサは種子でなかまをふやすだけではなく，はうようにのびた茎の先が地面につくことで新たな根や芽を出して，なかまをふやすしくみもあると書いてありました。

3　シロツメクサが，茎でふえるときのように，自然のなかで受精が関係しないふえ方と同じものはどれですか。下のアからオまでの中からすべて選びなさい。(　　　)

ア　ゾウリムシが，分裂してふえるとき　　イ　ジャガイモが，いもでふえるとき

ウ　ヒキガエルが，卵を産んでふえるとき　　エ　ミカヅキモが，分裂してふえるとき

オ　イヌが，子を産んでふえるとき

花子さん

シロツメクサの葉に注目したときに，校庭のシロツメクサのすべての葉には図4のような模様があったのですが，私の家のシロツメクサのすべての葉は図5のように模様がありませんでした。これはどうしてなのかな。

図4

図5
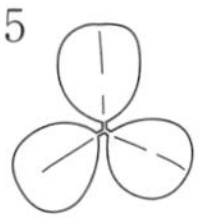

シロツメクサの葉の模様について，模様ありが優性形質で，模様なしが劣性形質であることがわかっています。

先生

太郎さん

それでは，葉の模様があるかないかについて，授業で行った次のようなモデル実験を行えば，遺伝のしくみを説明できそうだね。

【モデル実験】

〈方法〉

図6のように黒玉を2個ずつ入れた箱Aと箱C，白玉を2個ずつ入れた箱Bと箱D，空の箱Eと箱Fを用意する。なお，黒玉（●）は葉を模様ありにする遺伝子，白玉（○）は葉を模様なしにする遺伝子とする。

図6
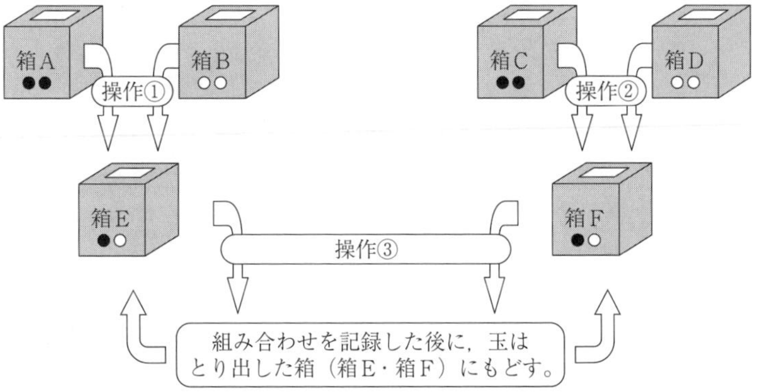

操作①　箱Aおよび箱Bのそれぞれから玉を1個ずつとり出し，箱Eに入れる。なお，箱から玉をとり出すときには，箱の中を見ないようにし，以下，同様に行う。

操作②　箱Cおよび箱Dのそれぞれから玉を1個ずつとり出し，箱Fに入れる。

操作③　箱Eおよび箱Fのそれぞれから玉を1個ずつとり出し，その玉の組み合わせを記録する。その後，とり出した玉は元の箱（箱E・箱F）にもどす。

操作④　操作③を，400回くり返して行う。

〈結果〉

玉の組み合わせが，黒玉2個（●●），黒玉と白玉1個ずつ（●○），白玉2個（○○）となった回数の比は，およそ1：2：1であった。

【話し合い】

花子さん：箱Ａと箱Ｃは，純系の模様ありのシロツメクサ，箱Ｂと箱Ｄは純系の模様なしのシロツメクサを示しているね。操作①や操作②で得られる，箱Ｅと箱Ｆは遺伝子の組み合わせが（●○）となり，すべて模様ありになるね。

太郎さん：操作③の結果から，花子さんの家のシロツメクサは，遺伝子の組み合わせが（○○）ということがわかるね。また，校庭のシロツメクサの遺伝子の組み合わせは（●●）か（●○）のどちらかということがわかるね。

花子さん：では，校庭のシロツメクサの遺伝子の組み合わせは，どうやって確かめるといいかな。

4　モデル実験で，操作①や操作②のように，「箱から玉をとり出す操作」が表している遺伝の法則は何ですか。書きなさい。(　　　　)

5　話し合いの下線部について，新たに校庭のシロツメクサと花子さんの家のシロツメクサを用いて受粉させ，そのときつくられた種子を育て，個体（株）ごとに現れる葉の形質を調べる実験を行うとします。「校庭のシロツメクサの遺伝子の組み合わせは（●○）である」と仮定して，そのことを証明する場合，模様ありの葉をつけるシロツメクサの個体（株）と，模様なしの葉をつけるシロツメクサの個体（株）の数の比についてどんなことがいえるとよいですか。「個体」という語を使って説明しなさい。

(　　)

③　7月のある日，太郎さんと花子さんは，天気に興味をもち，先生と相談しながら実験をして調べることにしました。後の1から5までの各問いに答えなさい。

花子さん

天気予報で気象予報士の方が，「今日は大気の状態が不安定になるので天気が崩れる。」と言っていました。だから傘を持ってきました。

先生

「大気の状態が不安定」というのは，積乱雲が発達しやすい大気の状態だということです。積乱雲は空高く大きく発達した，雨を降らせるa雲です。今日の天気予報では，強い日ざしのためだと言っていましたね。他にも，例えば，あたたかくしめった空気が流れこむとき，「大気の状態が不安定になる。」と言われますね。

太郎さん

積乱雲が発達しやすい状態というのはどのような状態なのだろう。

花子さん

日ざしが強いときと弱いときでどう違うか，実験してみよう。

【実験1】

〈方法〉

①　図1のように，同じ大きさの水そうを2つ用意し，底に黒い画用紙をはる。

図1

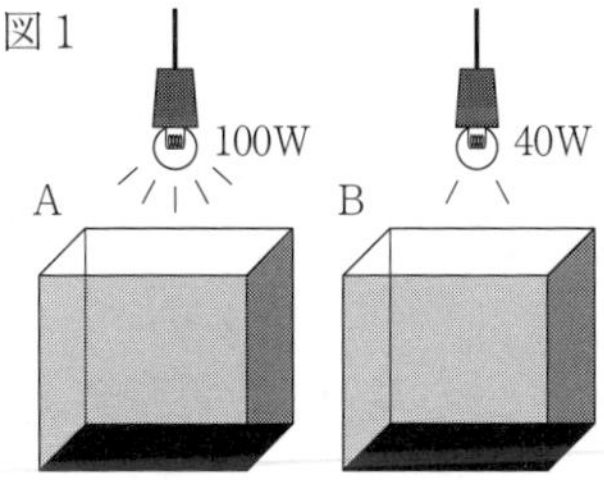

②　水そうを線香のけむりで満たし，けむりがもれないように水そうの上にラップをかける。

③　水そうの真上から次の白熱電球を使ってあたためる。

　Aの水そう　100Wの電球

　Bの水そう　　40Wの電球

④　ようすを観察する。

〈結果〉

Aの水そうでは，白熱電球の下で線香のけむりが上向きに勢いよく動くようすが見られた。図2はそのようすを模式的に示したものである。

Bの水そうでは，線香のけむりが動くようすは見られなかった。

図2

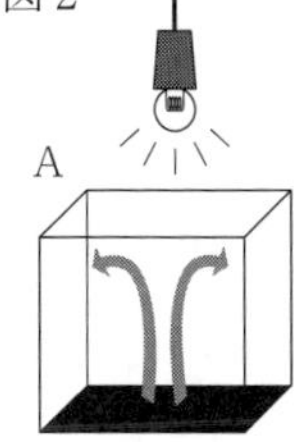

【話し合い】

花子さん：実験1の2つの水そうを比べると空気の動き方はまったく違うね。

太郎さん：「あたたかくしめった空気が流れこむ」というときはどうだろう。

花子さん：bつゆや秋雨のころの天気予報でよく聞くね。

太郎さん：あたたかい空気が流れこむときのようすを実験2を行って観察してみよう。

1　下線部aについて，雨や雪などが降っておらず雲が空全体の6割をおおっているときの天気を表す記号はどれですか。下のアからエまでの中から1つ選びなさい。(　　　)

ア　●　　イ　◎　　ウ　⦶　　エ　⊛

2　大陸や海洋の上にある，気温や湿度がほぼ一様な空気のかたまりを何といいますか。書きなさい。(　　　)

3　話し合いで，下線部bの時期に雨やくもりの日が長く続く天気をもたらす前線を何といいますか。最も適切なものを下のアからエまでの中から1つ選びなさい。(　　　)

ア　温暖前線　　イ　停滞前線　　ウ　寒冷前線　　エ　閉塞《へいそく》前線

【実験2】

〈方法〉

①　図3のように，cしきり板で2つにしきった水そうの右側に氷を入れたビーカーを入れる。

②　水そうの右側の上にラップをかける。

③　水そうの左側を線香のけむりで満たし，取っ手をつけた厚紙でふたをするようにして保つ。

④　しきり板を水そうの深さの半分まで静かに引きぬく。

⑤　④と同時に水そうの左側の空気を厚紙で図3の矢印の方へ静かに押し下げる。

⑥　ようすを観察する。

図3

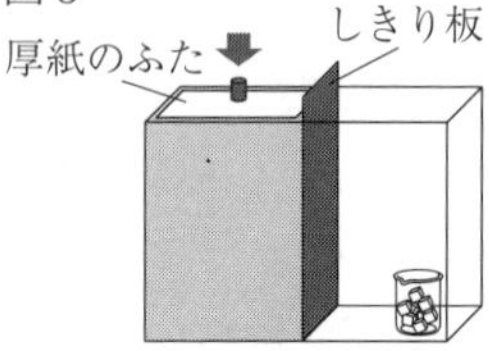

図4

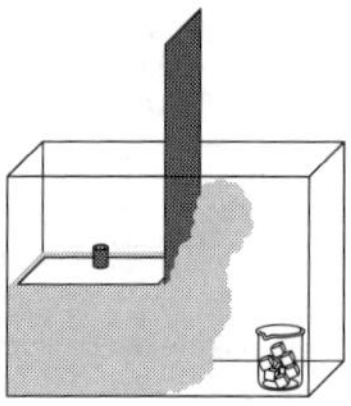

〈結果〉

厚紙のふたを押し下げると，図4のように線香のけむりが水そうの右側に入ると同時に，しきり板に沿って水そうの上の方へ勢いよく移動していった。

4　実験2で，下線部cのようにするのは，しきり板で区切られた水そうの中の，両側の空気についてどのような条件を整えるためですか。書きなさい。

(　　　　　　　　　　　　　　　　　　　　　　　　　　　　　　　　　　)

5　日ざしが強いときや，あたたかくしめった空気が流れこんできたときに，積乱雲が発達しやすくなるのはなぜですか。実験1と実験2の結果から考え，「水蒸気」という語を使って説明しなさい。

(　　　　　　　　　　　　　　　　　　　　　　　　　　　　　　　　　　)

4　太郎さんと花子さんは，ケーブルカーに興味をもち，話し合いと実験を行いました。後の1から5までの各問いに答えなさい。

花子さん

山の斜面の傾きが大きいところでは，乗りものにケーブルカーが使われていることがあるよね。ケーブルカーを引き上げるための動力として，何を使うことができるかな。

川の水を使うことができないかな。水車が回転することを利用すれば，電気をつくることができそうだね。

太郎さん

太郎さんと花子さんは，水車の軸に磁石をつなげ，磁石の中央の真下にコイルを置いた図1のような装置を考えました。

図1

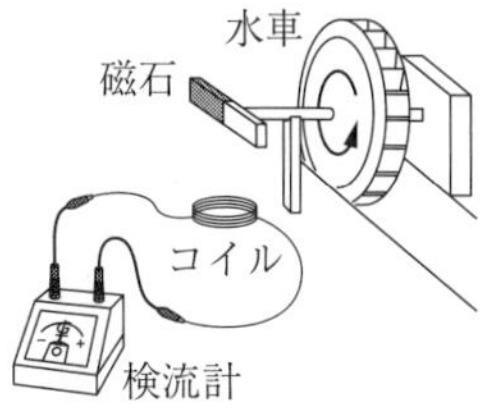

1　コイル内部の磁界を変化させるとコイルに電流が流れます。この現象を何といいますか。書きなさい。（　　　）

2　磁石を図1の位置から矢印の向きに1回転させると，検流計の針はどのように振れますか。最も適切なものを下のアからエまでの中から1つ選びなさい。（　　　）

ア　(0)→(＋側)→(0)→(＋側)→(0)→(＋側)→(0)→(＋側)→(0)

イ　(0)→(＋側)→(0)→(＋側)→(0)→(－側)→(0)→(－側)→(0)

ウ　(0)→(＋側)→(0)→(－側)→(0)→(＋側)→(0)→(－側)→(0)

エ　(0)→(＋側)→(0)→(－側)→(0)→(－側)→(0)→(＋側)→(0)

【話し合い1】

花子さん：調べてみると，水が入ったタンクをおもりとして，ケーブルカーを引き上げる方法もあるみたいだよ。ただ斜面の傾きが大きくなると，引き上がらないかもしれないね。

太郎さん：ケーブルカーのかわりに，台車と水を入れたペットボトルを糸でつないで試してみよう。

花子さん：斜面の傾きを変えて，台車が引き上がるときの運動のようすを調べてみよう。

斜面上の台車が，おもりによって引き上がるときの運動のようすを調べるため，次の実験を行いました。ただし，実験に用いた糸や記録テープの質量，および摩擦や空気の抵抗は考えないものとします。また，糸は伸び縮みせず，たるまない状態で実験を行ったものとします。

【実験】

〈方法〉

①　台車につけた記録テープを，1秒間に60回，点を打つことができる記録タイマーに通す。

②　図2のような装置を組み，斜面A上の台車が引き上がらないように手で止める。

図2

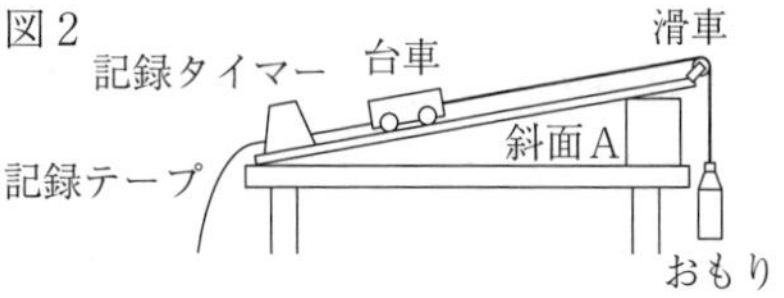

③　記録タイマーのスイッチを入れると同時に，台車から静かに手をはなして，台車を運動させる。

④　6打点ごとに記録テープに印をつけ，その間の台車の移動距離を調べる。

⑤　図3のような装置を組み，傾きを大きくした斜面Bで，同じおもりを用いて同様の実験を行う。

図3

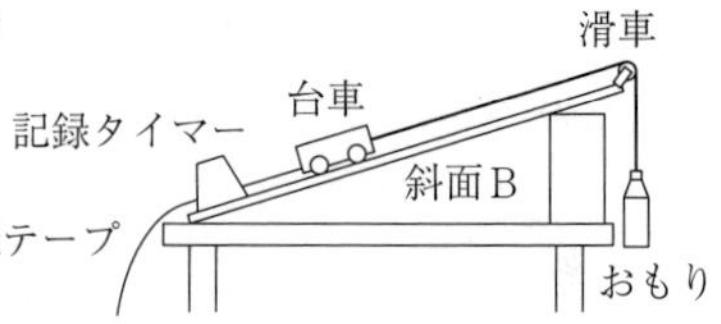

〈結果〉

斜面A，斜面Bともに，台車が引き上がり，図4のような，記録テープを得ることができた。

図4

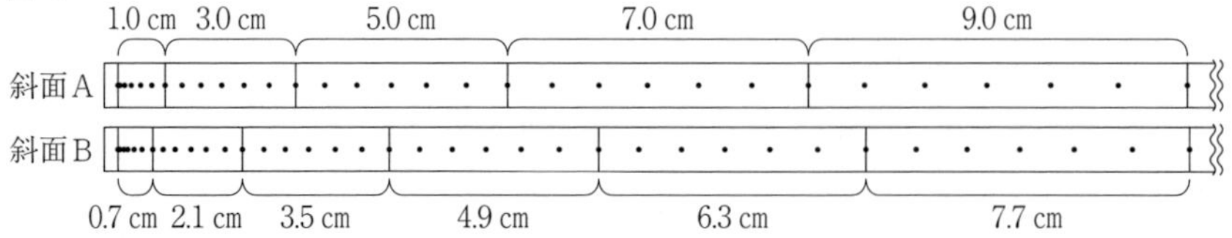

3　斜面Aにおける台車の運動について，実験の結果から，時間と台車の速さの関係を図5にグラフで表しなさい。ただし，グラフの縦軸，横軸の目盛りには適切な値を書きなさい。

図5

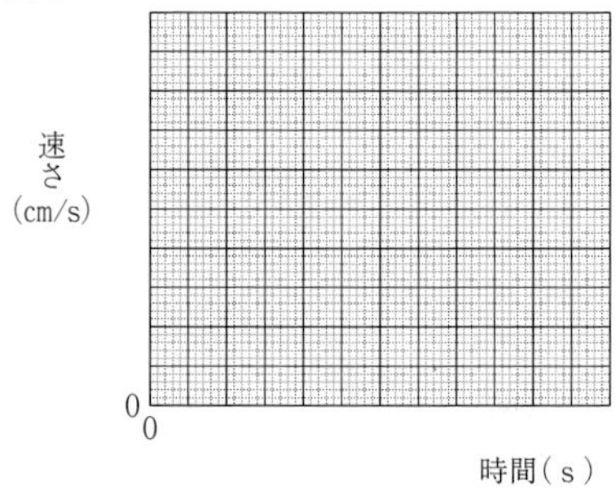

【話し合い2】

花子さん：斜面Bにおける速さの変化は，斜面Aよりも小さいね。この装置のままでは，斜面の傾きをさらに大きくしていくと，台車を引き上げることができなくなると思うよ。

太郎さん：台車に滑車をつけて，図6のように動滑車のしくみを組みこむといいかな。

花子さん：それなら，斜面の傾きが大きい場合も台車を引くことができそうだね。

4　話し合い2の下線部のようになる理由を，「重力」と「分力」という2つの語を使って書きなさい。

(　　　　　　　　　　)

5　図6のように，台車を斜面に沿って80cmゆっくりと引き上げたとき，ばねばかりは常に5Nを示していました。台車にした仕事の大きさは何Jですか。求めなさい。ただし，用いた糸や動滑車の質量，および摩擦は考えないものとします。また，糸は伸び縮みせず，たるまない状態で行ったものとします。

(　　　　J)

図6

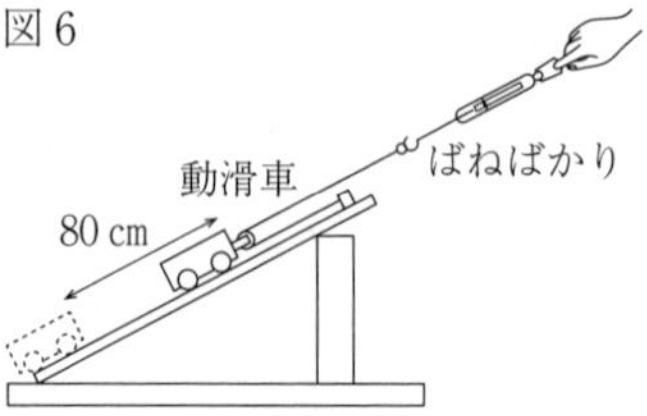

① 切れ字を書きなさい。（　　）

② この俳句の季語を抜き出し、季節を書きなさい。

季語（　　）季節（　　）

③ この俳句に込められた心情として適切なものを、次のアからカまでの中から二つ選び、記号で答えなさい。（　　）（　　）

ア 生まれ育った故郷への思い

イ 我が子の成長を喜ぶ親心

ウ 青春時代への懐《なつ》かしさ

エ 困難を乗り越えていく勇気

オ 移ろいゆく季節への哀愁

カ 自然の生命力への感動

4　あなたが中学校生活を絵か言葉で伝えるとしたら、絵と言葉のどちらを選びますか。どちらかを選び、次の条件1と条件2にしたがって書きなさい。

条件1　選んだ理由について、そのよさにふれながら書くこと。

条件2　原稿用紙の正しい使い方にしたがい、**百字以上、百四十字以内**で書くこと。

100

140

③　次の1から4までの各問いに答えなさい。

1　次の①から⑤までの文中の――線部のカタカナを漢字に直して書きなさい。

①　ベンロン大会で優勝する。（　　　）

②　一定の温度をタモつ。（　　つ）

③　タグいまれな才能の持ち主だ。（　　い）

④　毛糸で手袋をアむ。（　　む）

⑤　飛行機のモケイを作る。（　　　）

2　次の①から⑤までの文中の――線部の漢字の正しい読みをひらがなで書きなさい。

①　光沢のある素材を選ぶ。（　　　）

②　教室の床を拭く。（　　く）

③　ボールが弾む。（　　む）

④　お客様のご意見を承る。（　　る）

⑤　応援歌で選手を鼓舞する。（　　　）

3　次の文中の――線部の「ない」と同じ用法のものを、後のアからエまでの中から一つ選び、記号で答えなさい。（　　　）

遠すぎて見えない。

ア　映画の終わり方が切ない。

イ　今日は、あまり寒くない。

ウ　どんなことがあっても笑わない。

エ　高い建物がない。

4　次の俳句について、後の①から③までの各問いに答えなさい。

万緑の中や吾子《あこ》の歯生え初《そ》むる　　中村草田男《なかむらくさたお》

【ホワイトボード】

絵本とマンガの表現の特徴
■共通点　ページをめくること・絵と言葉
■違い　画面のつながりのあり方
○マンガ・コマ割り
○絵本　・前画面との連続動作が少ない
・（　Ⅰ　）
＝できごとが省略されている
単独の〈絵〉
←
絵本の絵
←
絵本の画面
一画面も入れ換え不可能
⇩
展開が重要

【話し合いの様子】

かずきさん：絵本もマンガもページをめくることと絵と言葉で表現されていることが共通しているね。

まさみさん：確かに。マンガは、コマ割りという手法で表現されていて、コマとコマがつながっています。だからこそ、めくるときにその場にいるような感じが伝わってくるのだと思います。そこがマンガの魅力になっているのだと思います。

かずきさん：絵本の場合は少し違うね。【本の一部】には、「単独の〈絵〉」が「〈絵本の画面〉」になると書いてあります。

じゅんさん：他にも、【本の一部】には、「〈めくり／間〉にどのようなできごとをたたみ込むべきかを熟知しています」と書いてあるから、このあたりも絵本の魅力と関係するのかもしれないね。

まさみさん：私は、かずきさんやじゅんさんが言ったことは、「〈絵本の展開〉」につながる部分だと思います。どのようなことかというと、［　Ⅱ　］

かずきさん：なるほど。だから展開が重要で、そこが絵本の表現の特徴であり、魅力なのですね。

1 【ホワイトボード】の（Ⅰ）にあてはまる言葉を、【本の一部】の文章中から十一字で抜き出して書きなさい。

2 【話し合いの様子】の＝線部について、「単独の〈絵〉」と「〈絵本の画面〉」はどのように違うのか、自分の言葉で説明しなさい。
（　　　　　　）

3 【話し合いの様子】の空欄［Ⅱ］にあてはまる言葉を、次のアからエまでの中から一つ選び、記号で答えなさい。（　　）

ア　絵本は、作家が絵と言葉を思いつきで並べて作っていて、めくったときに読み手にストーリーの創造性を与えられるように工夫しているのだと思います。

イ　絵本は、作家が絵と言葉をよく考えて作り、めくっていくことで読み手にテーマが伝わるよう絵と絵のつながりに必然性をもたせているのだと思います。

ウ　絵本は、作家が絵と言葉を連続するように作っていて、めくりの間に読み手自身がストーリーの方向性を決定できるように仕組んでいるのだと思います。

エ　絵本は、作家が絵と言葉を複数の案の中から選んで作り、めくりながら読み手がつながりのあるストーリーを作る発展性をもたせているのだと思います。

れをある順番でならべてみると、俄然《がぜん》、ストーリーを感じるようになる。つまり、〈絵本の絵〉になる。それぞれの絵が物語を帯びはじめる。
　そしてそこにさらに言葉が加わると、ついに〈絵本の画面〉になる。単独の〈絵〉が、連続して〈絵本の絵〉になり、言葉が明確なストーリーをもたらして〈絵本の画面〉となるわけです。

A

B

C

　たとえばA→B→C。
A〈あかねちゃんはポンちゃんを残して、ひとりで出かけてしまいました。〉→B〈さみしくなったポンちゃんは、あかねちゃんを探しに行きました。〉→C〈あ！　見つけた！　うれしくて手をつないで帰りました。〉
　C→B→Aなら、
C〈あかねちゃんとぬいぐるみのポンちゃんは、とてもなかよし。いつも一緒にお出かけします。〉→B〈あらあら、いつのまにかあかねちゃんがいません！〉→A〈家にもどってみましたが、やっぱりあかねちゃんはいません。どうしよう。〉
　B→C→Aの場合は、
B〈くまのぬいぐるみが、池のそばに捨てられていました。〉→C〈あかねちゃんという女の子が見つけてくれて、ともだちになりました。〉→A〈これからはあかねちゃんの家でくらします。ポンという名前もつけてくれました。うれしいな！〉
　これらは私のつくったサンプルにすぎませんが、同じ絵を使っても、連続の順序によって内容が変わり得る、ということがわかってもらえたらうれしいです。しかしもちろん、絵本作家はこのようにいくつかのサンプルをつくってその中からセレクトしているわけではありません。読者に伝えたい物語やテーマや絵があって、それを連続した〈絵本の画面〉に落とし込んでいくのです。ですから作家がもし、B→C→Aの例のような内容の物語をつくろうとした時に、このB／C／Aのような場面の絵を考えたとしても、当然、練りに練った最終形は、細部にわたってその物語のためだけに描かれた、一画面も入れ換え不可能な画面の連続になっています。
　私はこのようなゆるぎのない画面の連続のことを、〈絵本の展開〉と呼んでいます。

（小野《おの》明《あきら》編「絵本の冒険　『絵』と『ことば』で楽しむ」より）

（注）ヴィジュアル＝ビジュアルに同じ。視覚に訴えるもの。
協働＝協力して働くこと。
オブジェ＝象徴的な効果を出すために、彫刻などに用いる種種の物体。
享受＝受けおさめて自分のものにすること。
セレクト＝よりわけること。

2　まさみさんたちは、次の【本の一部】を読んで、表現の特徴について【ホワイトボード】にまとめ、話し合っています。【本の一部】、【ホワイトボード】、【話し合いの様子】を読んで、後の1から4までの各問いに答えなさい。

【本の一部】

　絵本の基本的な定義は〈静止ヴィジュアルと言葉が協働する画面が、連続していて、読者がそれをめくっていく表現〉となるでしょうか。つまり、

①静止ヴィジュアルのみ（絵・写真・オブジェ……）ではなく、言葉のみ（小説・詩歌・エッセイ……）でもなく、その双方が対等に支え合ってなされる表現である。

②それが十数画面（通常二四ページか三二ページ）連続することによって成り立つものである。

③読者＝うけ手みずからがそのページを順々にめくることで享受される作品世界である。

ということです。②③の連続＋めくりは、つまり本の特徴ですね。

　①は、映画やアニメーションのような動画ではない、ということです。②は、画集・写真集・図鑑のように画面が非連続なものではない、ということ。そして③については、マンガとの比較でより詳しくふれたいと思います。

　というのも、絵本の基本的な定義はマンガにもすべてあてはまるからです。そのうえで絵本とマンガの明らかな違いといえば、コマ割りという手法でしょう。『ゆきだるま』（レイモンド・ブリッグス＝作）のようなコマ割りの絵本もありますが、それはごくまれな例なので、コマ割りはマンガ特有の表現といっていいと思います。で、このマンガのコマ割りという手法のあり方が、絵本の大きな特徴をあぶり出す手がかりになるのです。つまり、〈めくることによる画面のつながりのあり方〉に絵本とマンガでは大きな差がある。どういうことかというと、絵本の場合、ある画面をめくってあらわれる次の画面が、前画面との連続動作であることが少なく、画面と画面の〈間《あいだ》〉に時間や場所の推移があるのがあたりまえ、ということです。めくると、次の画面が十分後だったり、街から森へ移っていたりする。画面と画面の〈間《あいだ》〉にできごとの推移がたたみ込まれているのです。かなりのできごとが省略されている。もちろんそれは、その作品に不必要なできごとと判断されたからですが、マンガでは少ないやり方だと思います。マンガは、あるページの最終コマとめくった次のページの最初のコマの〈間《あいだ》〉に、それなりの時間経過や場所の移動があることは少ないのではないでしょうか。

　このように、絵本はめくることによって時間や場所が変化することがきわめて多い表現である、というのが私の考える絵本とマンガの大きな違いです。絵本では〈めくる〉ことによる前画面と次画面の推移のコントロールが、決定的な要素なのです。ですからすぐれた絵本作家は、この〈めくり／間《あいだ》〉にどのようなできごとをたたみ込むべきかを熟知しています。というわけで冒頭の定義を補足して言い換えると、

〈①静止ヴィジュアルと言葉が協働する画面が、②連続していて、③ページとページのめくりの間にできごとの省略が多い表現〉

となります。

（中略）

　絵本は画面の連続で成り立っています。そのことについて実例をあげてみましょう。左のＡＢＣを見てください。これらがそれぞれ単独で示される時（Ａ／Ｂ／Ｃ）は、ある情景が描かれた〈絵〉です。ところがこ

【資料】

「ことば」は、人間だけが持つものであり、意志を伝える手段の一つです。しかし、この作品を読むと、また別の側面が浮かびあがってきます。

茨木のり子は、おのれの確かなよりどころとなる「ことば」を持っていたようです。しかしそれは、自分の中でのみ、ひそかに守り育てていくものでした。「心の底に　強い圧力をかけて／蔵《しま》ってある」ものであり、決して他人に安易に伝えられるものではなかったのです。ことばをあつかう詩人ならではの、妥協を許さないきびしい姿勢を感じます。

ここで、自らをふりかえってみましょう。詩人がいうところの「私が立つところのもの」「私が生かしめられているところの思念」となりうることばを、果たして今、あなたは持っているでしょうか？　複雑で入り組んだ人間関係や物事の中で、つい周囲に流されそうになった時に、本来の自分自身にぐいと引きもどしてくれる、強い求心力のようなことばを。それは、本の中で偶然出会ったり、親しい人の何気ない一言など、今まで出会ったたくさんのことばの中から抽出された、自分にとってくさびのような存在なのです。そのようなことばを、生きていく上で果たしていくつ、見つけられるか。そこに、人としての〈深みや尺度〉があらわれるのではないでしょうか。

（萩原昌好《はぎわらまさよし》編「日本語を味わう名詩入門16　茨木のり子」より）

（注）この作品＝茨木のり子の詩（「言いたくない言葉」）を指す。

1　【本の一部】の——線部①について、どのようなことですか。書きなさい。

（　　　　）

2　【本の一部】の——線部②とは、どのような言葉ですか。【本の一部】の——線部(ア)から(エ)までの中から一つ選び、記号で答えなさい。（　　）

3　【本の一部】の〰〰線部について、ここには詩人のどのような思いが述べられていると考えられますか。【本の一部】と【資料】をふまえて最も適切なものを、次のアからエまでの中から一つ選び、記号で答えなさい。（　　）

ア　自分にとって大事な言葉は蠟燭のあかりのようにはかないものだが、心の奥底で自分なりの意味を信じ続ければ、いつかは他人に理解してもらえるだろうという期待。

イ　自分の心を明るく照らす言葉を一つだけ探し出し、周囲に流されそうになった時にも、その言葉を心の中で信じ続け、自分のよりどころとして守り抜こうとする覚悟。

ウ　自分にだけわかる意味を伴った特別な言葉を、安易に口に出すことなく、自分の人生を照らす「火」として、生きているかぎり心の中で大切にし続けようとする決意。

エ　自分を支えている言葉だとしても本当のおもいは他人には伝わらないので、他人から理解してもらおうなどとは思わず、心の奥底で消し去るしかないというあきらめ。

4　【本の一部】の——線部③について、【資料】ではどのように述べられていますか。【資料】の文章中から比喩で書かれているところを**十五字**で抜き出して書きなさい。

5　【本の一部】の——線部④について、どのようなことですか。書きなさい。

（　　　　）

声に出せば
文字に記せば
たちまちに色褪《あ》せるだろう

それによって
私が立つところのもの
それによって
私が生かしめられているところの思念

人に伝えようとすれば
あまりに平凡すぎて
けっして伝わってはゆかないだろう
その人の気圧のなかでしか
生きられぬ言葉もある

一本の蠟燭《ろうそく》のように
熾烈《しれつ》に燃えろ　燃えつきろ
自分勝手に
誰の目にもふれずに

（中略）

みなさんに見つけてほしいのは、(ア)綺麗《きれい》な言葉でも、(イ)心を震わせる言葉でもなく、みなさんの③人生の同伴者となるような一語です。

先の詩のなかで、平凡すぎて伝わってゆかない言葉という表現がありました。つまり、すごく凡庸だけど、自分にとって大事な言葉だというのです。それが人生の言葉なのです。

若いうちはどうしても(ウ)かっこいい言葉を探します。私もそうでした。けれど、私たちに必要で、危機から救ってくれる言葉は、耳ざわりのいい言葉ではありません。「おはよう」とか「さようなら」とか「またね」とか「おやすみ」とか、凡庸な言葉です。凡庸な言葉とは、(エ)いつも聞いている言葉のことです。

みなさんは本を朗読することはありますか。「よむ」は漢字で書くとどのようなものがあるでしょう。「歌を詠《よ》む」、「本を読む」。「読む」ことを仮に、目で文字を追うこととしましょう。

では「歌を詠む」とはどのようなことでしょうか。歌を書くことです。そして「誦《よ》む」という言葉もあります。これは声にだして文字を読むことです。私たちが、目で文字を追い、自分で歌を書く、そして、それを声にだして読む。この三つを行うと、言葉と自分との関係は変わります。目で言葉を読んでいるだけでは、④食堂にいるのにウィンドウの中にある蠟細工《ろうざいく》でできた食べものを見て喜んでいるのと同じです。

全部声に出して誦まねばならないとはいいません。けれど、本当に感動した言葉があったら言葉を書き写す。本に付箋をつけるだけでなく、自分のノートに書き写してみてください。

書いて、声にだして読んでみるのです。そうするとみなさんにとって言葉が立体的に、現実的に感じられます。頭をはたらかせるだけではだめです。頭以外の何かも一緒に鍛えていかないと大変に豊かなものを見失うのです。

（若松英輔《わかまつえいすけ》「読むと書く　見えない『おもい』をめぐって」より）

（注）　思念＝心に思うこと。考えること。
熾烈＝勢いがさかんで激しい様。
凡庸＝平凡でとりえのないこと。

国語

時間　五〇分
満点　一〇〇点

1　次は、「読むと書く」ということについて書かれた【本の一部】と【資料】です。これらを読んで、後の1から5までの各問いに答えなさい。

【本の一部】

今日は「読むと書く」をめぐってみなさんと一緒に考えてみたいと思います。何を読むか、どう読むかではなく、「何を」読むか、「何を」書くかを考えてみたいのです。「相手の表情を読む」「先を読む」「行動を読む」。「読む」の裏には、何らかの意味があります。しかしそれは、必ずしも言語の姿をしていません。

言語ではない言葉を、今日はカタカナで「コトバ」と記します。言語の言葉は、漢字の「言葉」としましょう。私たちは言葉を、この世界のなかだけで考えすぎてはいないでしょうか。

みなさんも、絵をみて感動するでしょう。言語を越えたコトバがそこにあるからです。形もない音楽にもとても豊かな意味を感じます。

辛《つら》くて自分のおもいを表現することが出来なかった経験はありますか。そうした時に、もし私が「何も言えないってことは何も感じていないってことですね」と言ったとしたらどうでしょう。とても嫌な感じがします。そのひとは「違います。言葉にならないのです」ときっと言うでしょう。ひとはあまりにおもいが大きいと、言葉としては表現できないのです。言葉は、実は不自由なものだといえるかもしれません。

「書く」ことについて考えてみます。「書く」と、「メモする」は同じことでしょうか。「メモする」は、内容が決まっています。例えば「この数字をメモしてください」と言われれば、全員同じ数字をメモします。ところが「書く」は違います。「書く」は、自分のおもいを遥《はる》かに超える行為です。

手紙を書いて出せなかったことはありますか？　もしみなさんが、書くことが決まっていてその通りに書いたとすれば、出せない手紙などないはずです。

あるひとのことを好きだという手紙を書いた。しかし、好きな気持ちがつのりすぎているような手紙を書いてしまった。前置きなくこんな手紙を送ったら、驚かれ嫌われてしまうかもしれないと思い、出せなくなる。逆もあるでしょう。誰かのことを怒っている。「おまえなんかとは絶交だ」と手紙を書いた。けれど、書いたら「悪いのは相手ではなく、私だ」とわかる。だから出さない。ひとは、書くことで初めて自分の思っていることを知ります。

「読む」とはどういうことか。「読む」とは書いてあることを理解することです。文字にされたことを、文字で理解するのは簡単です。しかし、一番大事なのは書き手が「何が書けなかったのか」あるいは「書かなかったのか」を読むことです。「読む」行為とは、①見えない文字を感じることでもあるのです。

（中略）

茨木《いばらぎ》のり子《こ》という詩人がいます。もう亡くなっていますが、現代日本を代表する書き手です。彼女の詩に「言いたくない言葉」という詩があります。

②言いたくない言葉

心の底に　強い圧力をかけて
蔵《しま》ってある言葉

2021年度／解答

数　学

1 【解き方】(1) 与式 $= -6 + 1 = -5$

(2) 与式 $= \frac{20}{12}a - \frac{9}{12}a = \frac{11}{12}a$

(3) 与式を順に①，②とする。①×2−②より，$-7y = 7$　よって，$y = -1$　これを①に代入して，$x - 3 \times (-1) = 6$ より，$x = 3$

(4) 与式 $= \frac{6 \times \sqrt{2}}{\sqrt{2} \times \sqrt{2}} + \sqrt{2^3} = \frac{6\sqrt{2}}{2} + 2\sqrt{2} = 3\sqrt{2} + 2\sqrt{2} = 5\sqrt{2}$

(5) $x^2 + x - 6 = 0$ より，$(x + 3)(x - 2) = 0$　よって，$x = -3$，2

(6) 与式 $= 15a^3b^2 \times \frac{2}{5ab^2} = 6a^2$

(7) $y = ax^2$ に $x = 4$，$y = 6$ を代入して，$6 = a \times 4^2$ より，$a = \frac{3}{8}$　$y = \frac{3}{8}x^2$ に $x = -6$，$y = b$ を代入して，$b = \frac{3}{8} \times (-6)^2 = \frac{27}{2}$

(8) できる素数は，11，13，23，31，41，43，53，61の8通り。大小2個のさいころの目の出方は全部で，$6 \times 6 = 36$（通り）だから，確率は，$\frac{8}{36} = \frac{2}{9}$

(9) ア，イにあてはまる数をそれぞれ a，b とすると，度数の合計について，$5 + 10 + a + 4 = b$　よって，$a - b = -19$……①　平均値が20分であることから，$\frac{5 \times 5 + 15 \times 10 + 25 \times a + 35 \times 4}{b} = 20$　整理して，$5a - 4b = -63$……②　①，②を連立方程式として解くと，$a = 13$，$b = 32$　これより，20分以上30分未満の階級が13人で最も多くなるから，最頻値は25分。

【答】(1) -5　(2) $\frac{11}{12}a$　(3) $x = 3$，$y = -1$　(4) $5\sqrt{2}$　(5) $x = -3$，2　(6) $6a^2$　(7) $(a =)\ \frac{3}{8}$　$(b =)\ \frac{27}{2}$
(8) $\frac{2}{9}$　(9) ア．13　イ．32　（最頻値）25分

2 【解き方】(1) BC $= x$ cmとすると，円すいの底面の円周と側面の展開図であるおうぎ形の弧の長さは等しいから，$\pi x = 2\pi \times 60 \times \frac{60}{360}$　よって，$\pi x = 20\pi$ だから，$x = 20$

(2) おうぎ形の中心角の二等分線と，おうぎ形の弧の交点がCで，線分ACと切り口の弧との交点がFとなる。さらに，線分FCの中点がPとなる。

(3) 次図Ⅱにおいて，線分ED′が点Eから点Dまでの最短経路となる。△AEE′は1辺40cmの正三角形で，D′はAE′の中点だから，△EAD′は30°，60°の直角三角形となる。よって，$\mathrm{ED'} = \frac{\sqrt{3}}{2}\mathrm{AE} = 20\sqrt{3}$ (cm)

(4) 次図Ⅲのように，展開図を2つ並べたときの線分BE″が，求める最短経路となる。B″Aの延長上に，Bから垂線BHを下ろすと，$\angle\mathrm{BAH} = 180° - 60° \times 2 = 60°$ より，△BAHは30°，60°の直角三角形だから，$\mathrm{AH} = \frac{1}{2}\mathrm{BA} = 30$ (cm)　$\mathrm{BH} = \sqrt{3}\mathrm{AH} = 30\sqrt{3}$ (cm)　$\mathrm{E''H} = 30 + 40 = 70$ (cm)だから，△BE″Hにおいて三平方の定理より，$\mathrm{BE''} = \sqrt{(30\sqrt{3})^2 + 70^2} = \sqrt{7600} = 20\sqrt{19}$ (cm)

図 I
(例)

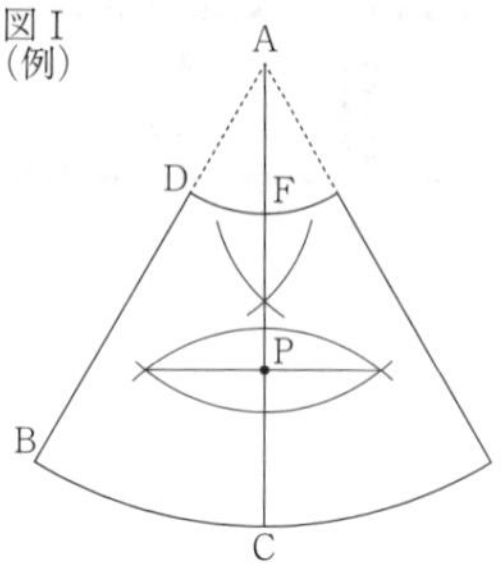

図 II

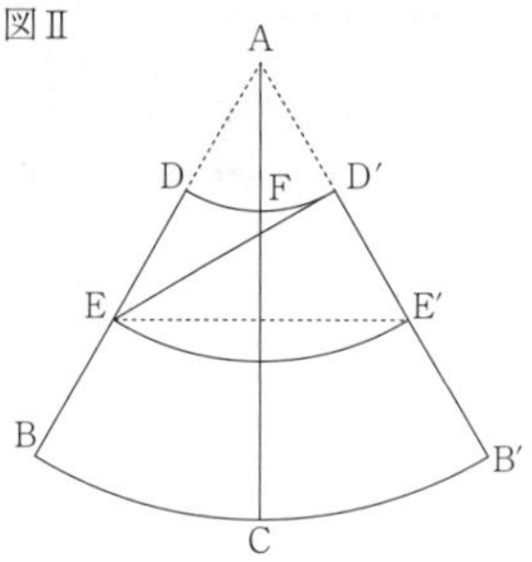

図 III

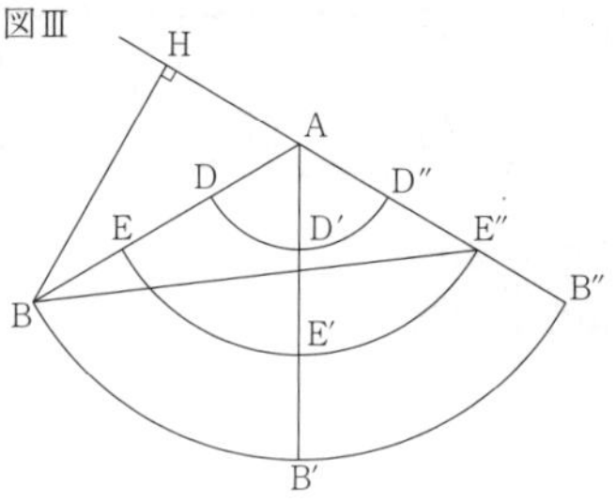

【答】(1) 20 (cm)　(2) (前図 I)　(3) $20\sqrt{3}$ (cm)　(4) $20\sqrt{19}$ (cm)

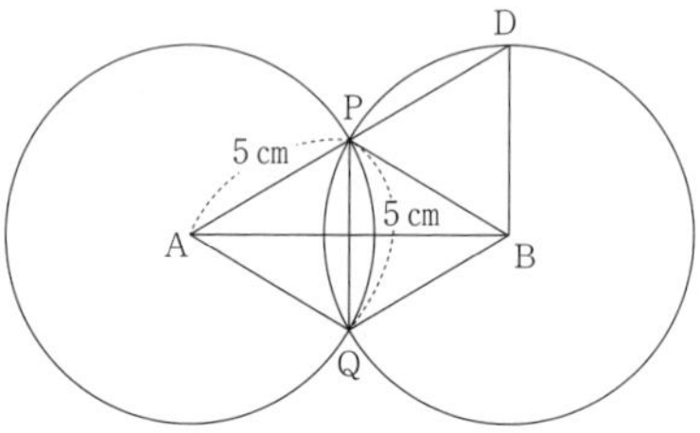

3 **【解き方】**(1) P は AB を直径とする円の円周上の点になるから，$\angle APB = 90°$　$AP = BP$ より，△APB は直角二等辺三角形だから，$AP = \dfrac{AB}{\sqrt{2}} = \dfrac{8}{\sqrt{2}} = 4\sqrt{2}$ (cm)

(3) $AP = PQ = 5$ cm のとき，2 つの円は，右図のようになる。△APQ，△BPQ は，1 辺 5 cm の正三角形となるから，$\angle BPD = 60°$　よって，△BPD は正三角形だから，$PD = 5$ cm

【答】(1) (AP =) $4\sqrt{2}$ (cm)　($\angle APB =$) 90°

(2) △APQ と△BPQ において，仮定より，$AP = BP$……①　$AQ = BQ$……②　PQ は共通……③　①，②，③より，3 組の辺がそれぞれ等しいから，△APQ ≡△BPQ……④　これより，∠APQ =∠BPQ となるから，PQ は∠APB の二等分線である。また，△APC と△BPC において，PC は共通……⑤　∠APC =∠BPC……⑥　①，⑤，⑥より，2 組の辺とその間の角がそれぞれ等しいから，△APC ≡△BPC　よって，∠ACP = ∠BCP だから，$\angle ACP = 180° \div 2 = 90°$ で，$AB \perp PQ$ となる。

(3) 5 (cm)

4 **【解き方】**(1) 点 P は長方形の辺上を，A → B → C と移動するから，$0 \leqq x \leqq 16$

(2) 点 Q が頂点 D に着いたとき，$AP = 6 \times \dfrac{4}{3} = 8$ (cm) で，このときの点 P の位置を E′ とする。$0 \leqq x \leqq 8$ のとき，アの部分は次図 I のように，AP : AQ = 4 : 3 の直角三角形 APQ となる。よって，$y = \dfrac{1}{2} \times x \times \dfrac{3}{4}x = \dfrac{3}{8}x^2$　また，$8 \leqq x \leqq 10$ のとき，アの部分は次図 II のように，台形 APQD となる。四角形 E′PQD は平行四辺形で，$DQ = E'P = x - 8$ (cm) だから，$y = \dfrac{1}{2} \times (x - 8 + x) \times 6 = 6x - 24$

(3) 長方形 ABCD の面積は，$6 \times 10 = 60$ (cm^2) だから，その $\dfrac{5}{8}$ は，$60 \times \dfrac{5}{8} = \dfrac{75}{2} = 37.5$ (cm^2)　(2)のグラフより，$y = 37.5$ になるのは，$x > 10$ のときだから，次図 IV のように，点 P は辺 BC 上を移動している。このとき，$PC = 16 - x$ (cm)，$QC = \dfrac{4}{3}PC = \dfrac{4}{3}(16 - x)$ (cm) で，$\triangle PQC = 60 \times \left(1 - \dfrac{5}{8}\right) = \dfrac{45}{2}$ (cm^2) だから，$\dfrac{1}{2} \times (16 - x) \times \dfrac{4}{3}(16 - x) = \dfrac{45}{2}$ が成り立つ。整理して，$(16 - x)^2 = \dfrac{135}{4}$ より，$16 - x = \pm\sqrt{\dfrac{135}{4}} = \pm\dfrac{3\sqrt{15}}{2}$　よって，$x = 16 \pm \dfrac{3\sqrt{15}}{2}$　$10 \leqq x \leqq 16$ より，$x = 16 - \dfrac{3\sqrt{15}}{2}$

(4) 次図 V のように Q から A′B′ に垂線 QH をひくと，△CHQ と△PB′C について，$\angle CHQ = \angle PB'C = 90°$　△CHQ の内角の和より，$\angle HQC = 180° - \angle CHQ - \angle QCH = 90° - \angle QCH$，一直線上の角より，$\angle B'CP = 180° - \angle PCQ - \angle QCH = 90° - \angle QCH$ だから，$\angle HQC = \angle B'CP$　よって，△CHQ ∽

△PB′C で，相似比は，CQ：PC = 4：3 だから，QH = D′A′ = 6 cm より，CB′ = $\frac{3}{4}$QH = $\frac{9}{2}$ (cm)　ここで，PC = 16 − x (cm)，PB′ = PB = x − 10 (cm) だから，△PB′C において三平方の定理より，$(x-10)^2+\left(\frac{9}{2}\right)^2=(16-x)^2$ が成り立つ。展開して，$x^2-20x+100+\frac{81}{4}=256-32x+x^2$ より，$12x=\frac{543}{4}$　したがって，$x=\frac{181}{16}$

図Ⅰ

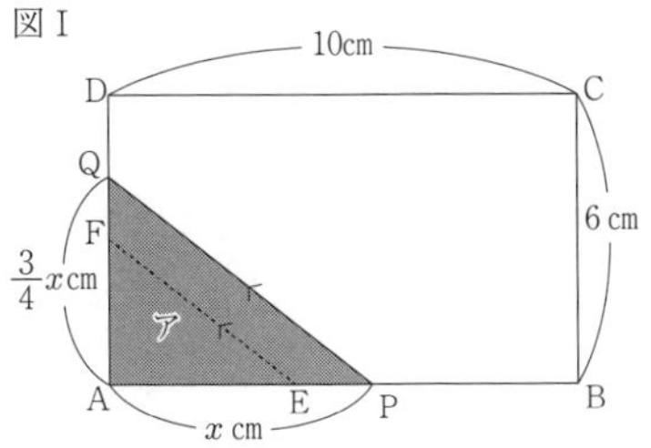

図Ⅱ

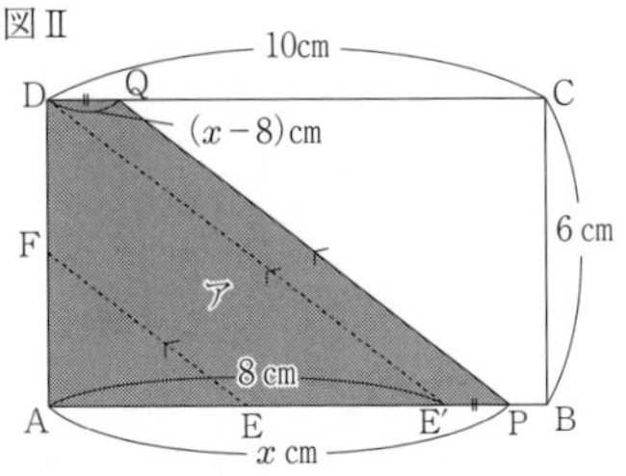

図Ⅲ

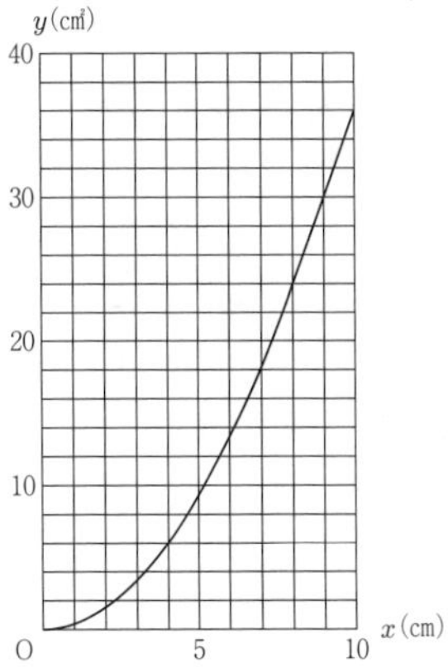

図Ⅳ

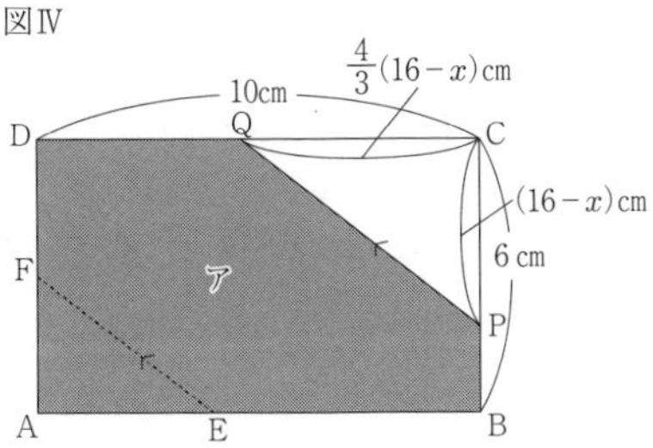

図Ⅴ

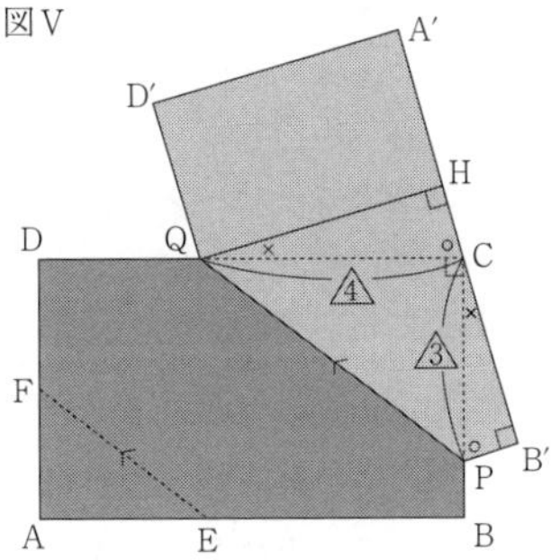

【答】 (1) 0 (≦ x ≦) 16　(2) (前図Ⅲ)　(3) $16-\frac{3\sqrt{15}}{2}$　(4) $\frac{181}{16}$

英　語

1 【解き方】《その 1》1. ユキは「家でコーヒーを飲むときにそれを使う」と言っている。

2. 息子は「彼（父親）がそれ（カメラ）を椅子の上に置いた」と言っている。

3. ジョンは「テーブルをきれいにしてくれる？」と言われ，「もちろん」と答えている。

4.「すべての T シャツが今日はたった 10 ドルです」と店員が説明しており，客は T シャツを 2 枚買った。

《その 2》先生は図書館でできることや本の借り方について話している。エの「図書館の使い方」が適切。

《その 3》1. 剛はコンサートが「公園の近く」のサクラホールで開かれると言っている。

2. メアリーは日本の歌を聞くことは「日本語を学ぶ」よい方法だと言っている。

3. メアリーの自転車が壊れていると聞いた剛は「バス」に乗ろうと提案し，メアリーも同意している。

4. 例として，「コンサートは何時に始まりますか？」や「チケットはいくらですか？」などの質問が考えられる。

【答】《その 1》1. エ　2. ア　3. ウ　4. イ　《その 2》エ

《その 3》1. ウ　2. イ　3. ア　4.（例）What time will the concert start?

◀全訳▶　《その 1》

No.1.

A：誕生日おめでとう，ユキ。これはきみへのプレゼントだよ。それを開けてみて。

B：ありがとう。わあ，すてきね。私は家でコーヒーを飲むときにそれを使うわ。

質問：ユキへのプレゼントは何ですか？

No.2.

A：お母さん，ぼくのカメラがどこにあるか知っている？

B：お父さんが今朝，花の写真を撮るためにそれを使ったわ。

A：ああ，それは向こうにあるね。彼が椅子の上に置いたんだ。

質問：カメラは今どこにありますか？

No.3.

A：ジョン，あなたは今忙しい？

B：いや，ぼくは今テレビを見ているだけだよ。

A：私は今夕飯を作っているの。テーブルをきれいにしてくれる？

B：もちろんだよ。

質問：ジョンは何をするつもりですか？

No.4.

A：お手伝いしましょうか？

B：はい，お願いします。私は T シャツを何枚か探しています。

A：T シャツはこちらです。すべての T シャツはいつもは 15 ドルですが，今日はたったの 10 ドルです。

B：それはいいですね。私はこの 2 枚をもらいます。

質問：T シャツ 2 枚は今日いくらですか？

《その 2》こんにちは，トム。図書館へようこそ。あなたはここで本を読むことができるし，あなたが希望するすべての本を借りることもできます。英語で書かれた本もあり，あなたはそれらを借りることもできます。あなたが本を借りたいときは，それらの本を私まで持ってきてください。私はあなたが本をいつ返さなければならないかを教えるので，その日までにそれらを返してください。図書館について何か質問があれば，私に聞いてください。あなたが本を読むのを楽しんでくれたらと思います。

《その 3》

A：やあ，メアリー。きみは土曜日ひまかい？

B：ええ。私は何の予定もないわ。

A：友だちのケンジがコンサートでピアノを弾くんだ。それは公園の近くのサクラホールで開かれるよ。そこに行かない？

B：ええ，もちろん行くわ。

A：きみは音楽に興味があるの？

B：うん。アメリカでは，私はたいてい夕食後に音楽を聞いて楽しんでいたわ。

A：ああ，本当？　きみは今までに日本の歌を聞いたことがある？

B：あるわ。私は友だちから日本の歌の CD を借りたのよ。私は家で毎日それらを聞いているわ。

A：毎日？

B：そうよ。日本の歌を聞くことは日本語を学ぶよい方法なの。

A：それはすばらしいね。きみがコンサートを楽しんでくれるといいな。

B：ああ，剛，私たちはどうやってそこに行くの？

A：自転車でそこにいくのはどう？

B：私の自転車は壊れているから，今それを使うことはできないわ。

A：それは残念だね。それなら，バスに乗ろう。ぼくは 10 時に図書館の前できみに会うよ。

B：わかったわ。そのときに会いましょう。

質問 1：サクラホールはどこにありますか？

質問 2：メアリーはなぜ毎日，日本の歌を聞くのですか？

質問 3：剛とメアリーはどうやってサクラホールに行きますか？

② **【解き方】** 1. ア．ちらしの冒頭を見る。特別イベントは 9 月 1 日から 30 日まで開かれる。イ．「博物館は 7 月には午後 6 時まで開いている」。ちらしの開館時間の欄を見る。正しい。ウ．ちらしの閉館日の欄を見る。博物館は，毎週月曜日だけでなく，1 月 1 日，2 日も閉館する。エ．「もしあなたが 14 歳ならば，博物館を訪問するのに 8 ドルかかる」。ちらしの入場料の欄を見る。正しい。オ．ちらしの中ほどを見る。詳細な情報を知りたい場合は，博物館を訪問するのではなく，電話をしなければならない。カ．ちらしの後半を見る。歴史クラブの会員になると，特別な歴史の授業を受けることができる。

2.「博物館に最も近い駅はミュージアム駅だ」という意味の文。「～に最も近い駅」= the nearest station to ～。

3. 路線図より，パーク駅で降りると乗り換えの必要がないとわかる。「電車を乗り換える」= change trains。

4. 久美が直前で「20 分間歩くのはいい考えだ」と言っていることから，彼女は「パーク駅」で降りることを提案している。

5. 3 つのものを並列して「A，B，あるいは C」と言う場合，A, B, or C と表す。

6. テレビジョンは，今日情報を得るどのような方法であると言えるか？→アの「人気のある」が適切。

7. インターネットを通してできることの一例をあげる。解答例は「メールを送る」。

【答】 1. イ・エ　2. nearest station to the museum is Museum Station　3. change trains　4. イ　5. or　6. ア　7.（例）send e-mails

◀全訳▶　**【博物館のちらし】**

科学の歴史博物館

―特別イベント―　9 月 1 日から 30 日まで

20 世紀の発明展

20 世紀の発明品は私たちの生活をよりよいものにしました。

開館　午前10時から午後6時（4月から9月）
　　　午前10時から午後5時（10月から3月）
　　　　※月曜日と1月1日，2日は閉館

入場料		
	大人	10ドル
	学生（6～17歳）	8ドル
	子ども（5歳以下）	無料

詳細については，博物館に電話をしてください（123-456-789)。

当館の歴史クラブの会員になりませんか？
会員になると，あなたは…
・特別な授業を受けることができます。
・毎月博物館からのニュースを受け取ることができます。
・有名な科学者のカードを手に入れることができます。
年間の会費は大人が20ドルで学生は15ドルです。

【2人の会話】

久美　：あなたはどうやって博物館に行くか知っているの，マイク？

マイク：うん。博物館に最も近い駅はミュージアム駅だよ。ぼくたちはウォーター駅で電車を乗り換えるんだ。ミュージアム駅から博物館まで歩いて1分しかかからないよ。博物館は駅のすぐ前にあるんだ。

久美　：なるほど。切符を手に入れましょう。

マイク：そうだ，ぼくたちはパーク駅から博物館に行くこともできるよ。その駅から博物館までは歩いて約20分かかるけれど，電車を乗り換えなくてもいいんだ。運賃ももっと安いよ。

久美　：今日は晴れているから，20分間歩くのはいい考えね。パーク駅で電車を降りるのはどうかしら？

マイク：ぼくは賛成だよ。公園を通って博物館まで歩くのはすばらしいだろう。

【博物館での説明の一部】

20世紀の発明展

飛行機

あなたはふつうはどのように旅をしますか，車で，列車で，あるいはバスでですか？　飛行機は遠く離れた場所へ旅するための最もよい方法の一つです。ライト兄弟は飛行機を飛ばした最初の人たちでした。1903年12月17日に世界で初めての飛行機が離陸し，そして世界を変えました。最初の飛行がどれくらい続いたか知っていますか？　彼らの初めての飛行は12秒しか続きませんでした。今日では，私たちは飛行機で世界中を旅することができます。

テレビジョン（テレビ）

テレビジョンは世界中の人々の生活を変えました。それは今日，情報を得る最も人気のある方法の一つです。テレビジョンは1語ですが，それは「テレ」と「ビジョン」の2語からなります。「テレ」は「遠く離れた」を意味し，「ビジョン」は「映像」を意味します。これで私たちがなぜこの機械を「テレビジョン」とよぶかわかりますね。

インターネット

インターネットは1960年代後半から世界中で生活様式に影響を与えてきました。インターネットを通して，今日あなたは多くのことをすることができます。例えば，あなたは（メールを送ったり），情報を得たり，ニュースをチェックしたり，映画を見たり，そして友だちと話したりすることができます。

3 **【解き方】** 1. (1) 質問は「私たちは地球上に多くの問題を抱えていますか？」。【授業で読んだ英文】の冒頭に「地球上には多くの問題があります」とある。Yes で答える。(2) 質問は「それらの目標はいつ立てられましたか？」。【授業で読んだ英文】の3文目を見る。世界の指導者たちは2015年に17の目標を立てた。

2. 直後に「十分な食べ物がないために亡くなる人がいる」とあることから，十分な食べ物『なしに』健康を保つことはできない」とする。「～なしに」= without ～。

3. 後に「老人が増えている国もある」と続くことから，「より多くの人が『より長生きをする』」とする。

4. 地球温暖化を止めるためにできることの一例をあげる。解答例は「私たちは明かりが必要でないときに，エネルギーを節約するためにそれらを消すことができる」。

5. 持続可能な開発目標は何のための目標か？→「世界をよりよくする」ための目標である。第1段落の最終文から make the world better を抜き出す。

6. ア.「地球上の問題を解決するために，私たちは一緒に取り組まなければならない」。【授業で読んだ英文】の第1段落の後半を見る。正しい。イ.【授業で読んだ英文】の No.2 の最初の段落を見る。十分な食べ物がないために亡くなる人がいて，この問題は赤ちゃんや子どもにとって特に深刻である。ウ.【授業で読んだ英文】の No.3 の最初の段落を見る。いくつかの国にはお金がなくて薬が買えず，子どもの健康を保てない家族がいる。エ.「私たちは持続可能な開発目標を実現するために，私たちの生活について考えなければならない」。【授業で読んだ英文】の最後から2つ目の段落を見る。正しい。オ.【優子さんの意見】の最後の2文を見る。小さなことでもし続けると，問題の解決につながっていく。カ.【佐藤先生のコメント】の最終文を見る。世界の問題を解決するためには，17の目標をすべて覚えておく必要がある。

【答】 1.（例）(1) Yes, we do (2) They were set in 2015 2. without 3. ウ

4.（例）we can turn off the lights to save energy when we don't need them.（14語）

5. make the world better 6. ア・エ

◀全訳▶ 【授業で読んだ英文】

持続可能な開発目標

17の目標でだれにとってもよりよい生活を

地球上には多くの問題があります。それらのいくつかはとても大きくて深刻です。世界の指導者たちは2015年に17の目標を立てることを決めました，そして私たちは2030年までにこれらの目標を実現すべきです。私たちはそれらの問題を解決するために何ができるかについて考えなければなりません。私たちはまた，一緒に取り組む必要があります。世界をよりよくするために私たちは何をすることができるでしょうか？

No.2 飢餓をゼロに

飢餓に苦しんでいるたくさんの人が世界中にいます。十分な食べ物なしに健康を保つことはできません。十分な食べ物がないために亡くなる人がいます。この問題は赤ちゃんや子どもにとって特に深刻です。

あなたは「食品廃棄物」のことを聞いたことがありますか？ それはまだ食べられるのに捨てられる食べ物です。多くの人が十分な食べ物を食べていませんが，多くの食べ物が捨てられているのです。

No.3　すべての人に健康と福祉を

いくつかの国には，5歳未満で亡くなる子どもがたくさんいます。彼らは病気のとき，薬をのむことができません。その理由の一つはお金です。彼らの家族は薬を手に入れる十分なお金を持っていません。彼らが子どもたちを健康に保つ方法を学ぶことも大切です。

一方で，より多くの人がより長生きをして，老人が増えている国もあります。そのような国では，彼らは病院や，彼らを世話する人を必要とするでしょう。

あなたには生活の中で，持続可能な開発目標のために何かをする機会がたくさんあります。自分の生活について考えることはこれらの目標を実現することにつながるでしょう。清潔な水を得ることができない人について考えてみてください。あなたが手を洗うとき，水を節約することができます。

これらの問題について家族や友だちと話をすることも大切です。そうすれば，私たちは解決策を見つけるために一緒に取り組むことができます。持続可能な開発目標を実現するために私たちには何ができるか考えましょう。

【優子さんの意見】

私はNo.13の気候変動に具体的な対策を，について話します。

世界では自然災害がますます増えています。その理由の一つは地球温暖化だと言われています。地球がより暖かくなっています。私たちはそれを止めるために何かをする必要があります。私たちは地球を大切にすべきです。私たちは地球温暖化を止めるために何かをすることができると思います。例えば，(私たちは明かりが必要でないときに，エネルギーを節約するためにそれらを消すことができます)。

私たちは小さなことしかできませんが，それらをし続けるべきです。そうすれば私たちの生活はよりよくなるでしょう。

【佐藤先生のコメント】

持続可能な開発目標は世界をよりよくするための目標です。外国にも日本にも多くの問題があります。

世界中では，多くの人が病気で，病院に行くことができない人たちもいます。この問題を解決するために，私たちはどのように人々を健康に保つかについて考えなければなりません。これは目標のNo.3です。人々は健康を保つために十分な食べ物を食べる必要があります。これは目標のNo.2です。病院を建てることもまた別の解決策です。答えは一つだけではありません。世界の問題を解決するために17の目標をすべて覚えておいて，私たちの将来について考える必要があります。

4 **【解き方】**「学校生活での最もよい思い出の一つ」について書く。解答例は「遠足が私の最もよい思い出です。私たちは昨年，市内の城を訪れました。私たちの市の歴史を勉強することは私にとっておもしろかったです」。

【答】(例) Our field trip is my best memory. We visited the castle in our city last year. It was interesting for me to study the history of our city. (28語)

社　会

[1]【解き方】1. ア. 生産量が最も多いのはとうもろこし。イ. アルゼンチンやインドネシア・ブラジルの一部の地域は南半球に位置している。ウ. 小麦は52.3％にしかならない。

2. 同じ土地で年に2種類の異なる作物を作る場合は二毛作という。

3. (2) ① 乾燥したステップ地域。牛の放牧がさかん。② 降水量が多く，丈の長い草が生える草原。小麦，大豆などの産地。③ ほぼミシシッピ川の流域にあたる。

4. ASEANは東南アジア諸国連合の略称。「ベトナム」も加盟している。「インド」はヒンドゥー教徒，「パキスタン」はイスラム教徒が多い国。

5. (1) 年中，気温が高く，降水量も多い特徴がある。(2) チョコレートの原料になる。

6. さとうきびの生産量が増えれば，バイオ燃料等を増産できるが，環境保護の観点からそうはしていないことが資料から読み取れる。

【答】1. エ　2. 二期作　3. (1) 企業　(2) ア　4. タイ　5. (1) 熱帯　(2) ウ

6. 環境に配慮した再生可能エネルギーによる発電量の割合が高く，さとうきびの生産による環境破壊を進めることなく，バイオ燃料によるエネルギー供給も高い割合で維持しようとしている（同意可）

[2]【解き方】1. カードAは(き)，Bは(か)，Cは(お)，Dは(う)，Eは(く)，Fは(い)があてはまる。

2. ① 日本に正式に仏教を伝えた国でもある。② 1543年に種子島に漂着したポルトガル人が鉄砲をもたらした。③ 1792年には同じくロシアのラクスマンが根室に来航していた。

3. 「天武天皇」は天智天皇の弟で，大海人《おおあまの》皇子のこと。壬申の乱で天智天皇の息子である大友皇子と戦い，勝利した。

4. ア. 明が朱印船貿易の相手国の一つであったことに注意。清が中国支配を始めたのは1644年のこと。ウ. このことから日明貿易の別名を勘合貿易という。

5. 「政策」とは楽市・楽座のこと。

6. Y港は博多港。中国や韓国に地理的に近い点がポイント。

7. (X)は蝦夷地。ラクスマンとレザノフは通商を求めたが幕府はこれを拒否し，モリソン号に対しては砲撃を行って追い返した。蛮社の獄とは，江戸幕府が資料5の高野長英らを処罰した事件。

8. 太湖汽船の売上が急激に落ち込んだ理由を考えてみるとよい。

【答】1. (あ)・(え)　2. イ　3. ③，天智天皇　4. ア・ウ　5. 関所　6. (き)

7. ロシアを警戒し蝦夷地を調査したり，幕府への批判にもつながった異国船打払令を出したりすることで，鎖国を続けた。(同意可)

8. 大阪・敦賀間の輸送は江戸時代にも琵琶湖の水上輸送路を利用していたが，明治中頃に大津・長浜間の鉄道が開通したことで水上輸送は減少した。(同意可)

[3]【解き方】1. (1)「憲法改正の発議」には，各議院の総議員の3分の2以上の賛成を必要とするので，衆議院の優越は認められていない。(2) (A)よりも(B)で当選する人数は少ない。また，(B)の当選者数における各政党間の差が少ないことがポイント。小選挙区制は大政党に有利な選挙方式だが，比例代表制は小政党からも当選者が出やすい選挙方式。

2. (1)「裁判員席」があることに注目。裁判員裁判は，重大な刑事事件を対象とした，地方裁判所で行われる第一審で採用されている。(3) ア. 民事裁判の説明。ウ. 被告人の「有罪・無罪のみ」ではなく，有罪の場合は量刑も決める。エ. 「裁判官」ではなく，検察官が正しい。

3. (1) イは自主財源の説明。なお，国庫支出金も国から支払われる財源だが，地方交付税交付金とは異なり，使い道が指定されている。(2) 夏美さんが，「限られた財源のなかで，すべての住民の要望をかなえることは難しい」と述べている点をふまえ，どのような自主財源を増やす取り組みが可能かを考えるとよい。

【答】 1. (1) ①, 予算の議決（同意可） (2) エ　2. (1) (c) (2) ① 控訴　② 上告 (3) イ

3. (1) ウ　(2) ネーミングライツや地方公共団体独自の税の導入といったくふうをするなどして，独自の財源を確保していくこと。(同意可)

理　科

1 【解き方】3. ガスバーナーの炎の色を青色にするためには，炎に空気を供給すればよい。調節ねじXだけを回そうとすると，調節ねじYもいっしょに回ってしまうので，調節ねじYをおさえて，調節ねじXをAの方向に回して開き，炎に空気を供給する。

4. 表より，80℃の水100gにとける塩化ナトリウムの質量は38.0g。このときにできる塩化ナトリウムの飽和水溶液の質量は，100 (g) + 38.0 (g) = 138 (g)　この水溶液の質量パーセント濃度は，$\frac{38.0\,(\mathrm{g})}{138\,(\mathrm{g})} \times 100$ ≒ 28 (%)

5. 表は100gの水に溶解する物質の量なので，40℃の水150gにとけるミョウバンの質量は，23.8 (g) × $\frac{150\,(\mathrm{g})}{100\,(\mathrm{g})}$ = 35.7 (g)　これより，40℃の水150gにミョウバン30gをとかした水溶液を冷やしても，すぐにミョウバンの結晶は出てこないことがわかる。また，20℃の水150gにとけるミョウバンの質量は，11.4 (g) × $\frac{150\,(\mathrm{g})}{100\,(\mathrm{g})}$ = 17.1 (g)　20℃まで冷やしたときに出てくるミョウバンの結晶の質量は，30 (g) − 17.1 (g) = 12.9 (g)

6. 20℃のミョウバンの飽和水溶液中では，ミョウバンの粒子は図3よりも少なくなるが，図3と同様に，水溶液全体に均一に散らばっている。

【答】1. 再結晶

2. 塩化ナトリウムは，温度による溶解度の差が小さく，温度を下げたときに出てくる結晶の量が少ないから。(同意可)

3. ウ　4. 28 (%)　5. エ　6. ウ

2 【解き方】3. ヒキガエルやイヌは，雌や雄がかかわって子をつくる有性生殖。

5. 校庭のシロツメクサの遺伝子の組み合わせを●○と仮定すると，減数分裂によって生殖細胞に入る遺伝子は●か○。花子さんの家のシロツメクサの遺伝子の組み合わせは○○なので，減数分裂によって生殖細胞に入る遺伝子は○。よって，校庭のシロツメクサと花子さんの家のシロツメクサを用いて受粉させたときにできる子の遺伝子の組み合わせは，●○，○○のいずれかとなり，その数の比は，●○：○○ = 1：1

【答】1. 柱頭　2. 花粉管　3. ア・イ・エ　4. 分離の法則

5. 模様ありの個体と模様なしの個体の数の比がおよそ1：1となっていることが言えればよい。(同意可)

3 【解き方】1. 雲が空全体の2割～8割をおおっているときは晴れ。アは雨，イはくもり，エは雪を表す記号。

5. 実験1と実験2の結果から，あたたかい空気は上昇することがわかる。上空の気圧は低いので，地上にあるあたたかくしめった空気が上昇すると，膨張して温度が下がり，露点に達して空気中の水蒸気が水に変化し，雲を発生させる。このときにまわりに熱を放出するので，空気がさらに上昇する。これがくり返されて，垂直に厚い積乱雲が発達していく。

【答】1. ウ　2. 気団　3. イ

4. 水そうの左側の空気の方が，右側の空気よりもあたたかいという条件 (同意可)

5. 水蒸気をふくんだ地上の空気が，強い上昇気流によって空高く運ばれるから。(同意可)

4 【解き方】2. 図1の位置から磁石を矢印の向きに1回転させると，コイルの上部には，N極が近づく→N極が遠ざかる→S極が近づく→S極が遠ざかる，といった動きがおこる。ア～エの選択肢より，まずはじめに磁石のN極がコイルに近づくと，＋側に電流が流れることがわかる。次に，磁石のN極がコイルから遠ざかると，－側に電流が流れる。その後，磁石のS極がコイルに近づくと，－側に電流が流れ，磁石のS極がコイルから遠ざかると，＋側に電流が流れるので，検流計の針はエのように振れる。

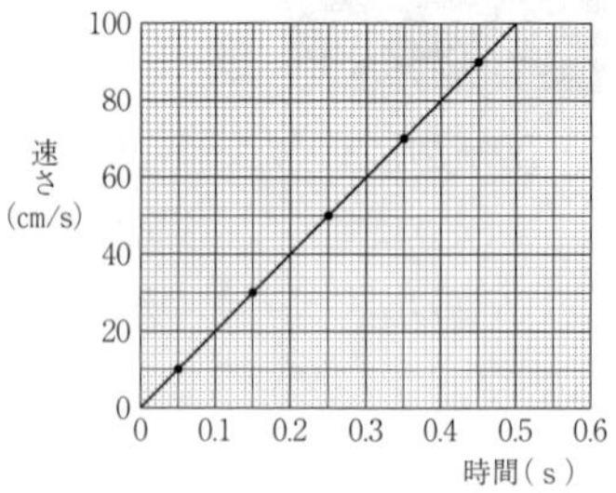

3. 記録タイマーが6打点するのにかかる時間は，$1\,(\text{s}) \times \dfrac{6\,(\text{打点})}{60\,(\text{打点})} = 0.1\,(\text{s})$　斜面Aの記録テープにおいて，0～0.1秒における台車の平均の速さは，$\dfrac{1.0\,(\text{cm})}{0.1\,(\text{s})} = 10\,(\text{cm/s})$　0.1～0.2秒における台車の平均の速さは，$\dfrac{3.0\,(\text{cm})}{0.1\,(\text{s})} = 30\,(\text{cm/s})$　0.2～0.3秒における台車の平均の速さは，$\dfrac{5.0\,(\text{cm})}{0.1\,(\text{s})} = 50\,(\text{cm/s})$　0.3～0.4秒における台車の平均の速さは，$\dfrac{7.0\,(\text{cm})}{0.1\,(\text{s})} = 70\,(\text{cm/s})$　0.4～0.5秒における台車の平均の速さは，$\dfrac{9.0\,(\text{cm})}{0.1\,(\text{s})} = 90\,(\text{cm/s})$　原点とこれらの点を通るグラフをかけばよい。

5. 動滑車を用いて台車を，80cm = 0.8m引き上げたとき，ばねばかりを引いた長さは，$0.8\,(\text{m}) \times 2 = 1.6\,(\text{m})$　よって，台車にした仕事の大きさは，$5\,(\text{N}) \times 1.6\,(\text{m}) = 8\,(\text{J})$

【答】 1. 電磁誘導　2. エ　3. (前図)

4. 斜面の傾きが大きくなると，重力の斜面に平行な分力が大きくなり，おもりが台車を引く力と重力の斜面に平行な分力との合力が小さくなるから。(同意可)

5. 8 (J)

国　語

1 **【解き方】** 1. 前文の「書き手が『何が書けなかったのか』…を読むこと」を言い換えている。

2.「人に伝えようとすれば／あまりに平凡すぎて…伝わってはゆかないだろう」言葉であると詩に書かれており，本文では「すごく凡庸だけど，自分にとって大事な言葉」と説明している。

3.「熾烈に燃えろ」「自分勝手に／誰の目にもふれずに」という表現から考える。また，**【資料】**にある「決して他人に安易に伝えられるものではなかった」や「本来の自分自身にぐいと引きもどしてくれる，強い求心力のようなことば」であることから考える。

4.「すごく凡庸だけど，自分にとって大事な言葉」だと説明している。**【資料】**では「本来の自分自身にぐいと引きもどしてくれる，強い求心力のようなことば」として，直後で具体的に説明している。

5. 筆者は「目で文字を追い」「自分で歌を書く」「それを声にだして読む」という三つが重要だと述べている。「目で文字を追」っているだけでは，「食堂」という食べ物を味わえる場にいながら，見ているだけで食べた気になって喜んでいるようだとたとえているので，それを「目で言葉を読む」ことにあてはめて考える。

【答】 1. 書き手が文字として書けなかった，あるいは書かなかった，言葉として表現できないおもいを読み取るということ。(同意可)

2. (エ)　3. ウ　4. 自分にとってくさびのような存在

5. 言葉の本当の意味を味わうことができる機会を与えられているのに，書かれた文字を目で追うだけで意味を理解したと勘違いし，満足しているということ。(同意可)

2 **【解き方】** 1. 絵本とマンガを比較し，画面のつながりについて述べているところに着目する。絵本の場合，「次の画面が，前画面との連続動作であることが少なく」「画面と画面の〈間〉に…推移があるのがあたりまえ」と述べている。

2. 筆者がABCの絵を用いて説明している部分に着目する。「絵本は画面の連続で成り立っています」とあり，「ある情景が描かれた〈絵〉」を並べることによって，「ストーリーを感じる」ようになり，「言葉が明確なストーリーをもたらして〈絵本の画面〉となる」と述べている。

3. 絵本作家については**【本の一部】**の最後で説明している。作家は「読者に伝えたい物語やテーマや絵」があり，それを「〈絵本の画面〉に落とし込んでいく」ため，絵本は「練りに練った」ものとなり「一画面も入れ換え不可能な画面の連続」になっていると説明している。

【答】 1. 時間や場所の推移がある

2. 単独の〈絵〉は，ある場面の様子が表現されているものであり，〈絵本の場面〉は，順序性をもった複数の絵と言葉によってストーリーになっているもの。(同意可)

3. イ

4. (例)

私は絵で伝えるほうを選ぶ。学校生活の楽しい一コマを切り取って伝えるとき，言葉では表現しにくいことでも，絵だと一目瞭然で，自分の頭の中にあるイメージをそのまま相手に見せることができる。例えば学校行事をテーマに絵を描いたとき，絵を見た人もその場に一緒にいるような感覚になれると思う。(139字)

3 **【解き方】** 3.「ず」「ぬ」と置き換えられる，助動詞「ない」を選ぶ。アは形容詞「切ない」の一部，イは補助形容詞，エは形容詞。

4. ①「や」「かな」「けり」が代表的な切れ字。②「万緑」は夏の生い茂る草木が，見渡す限り緑である様子を表す。③ 我が子の歯が生え始めた様子と，子どもの成長と自然の生命力を重ねて詠んでいることから考える。

【答】 1. ① 弁論　② 保(つ)　③ 類(い)　④ 編(む)　⑤ 模型

2. ① こうたく　② ふ(く)　③ はず(む)　④ うけたまわ(る)　⑤ こぶ　3. ウ

4. ① や　② (季語) 万緑　(季節) 夏　③ イ・カ

~MEMO~

滋賀県公立高等学校
（一般選抜）

2020年度
入学試験問題

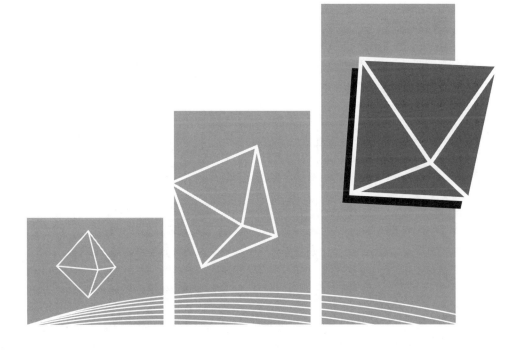

数学

時間　50分　　　　満点　100点

注意　1　解答は，最も簡単な形で表しなさい。

2　答えに根号が含まれる場合は，根号を用いた形で表しなさい。

3　円周率は π とします。

（編集部注）　膳所高校の理数科は120点満点に換算する。

1　次の(1)から(9)までの各問いに答えなさい。

(1)　A市における，3月の1か月間の人口の変化は－11人でした。また，4月の1か月間の人口の変化は＋6人でした。3月と4月の2か月間の人口の変化は何人ですか。求めなさい。なお，人口の変化は，人口が増えた場合を正の数，減った場合を負の数で表すこととします。(　　　　人)

(2)　$\frac{7}{4}a - \frac{3}{5}a$ を計算しなさい。(　　　　)

(3)　次の連立方程式を解きなさい。x ＝(　　　　)　y ＝(　　　　)

$$\begin{cases} 2x - 3y = 1 \\ 3x + 2y = 8 \end{cases}$$

(4)　$\sqrt{3}\,(2 - \sqrt{6})$ を計算しなさい。(　　　　)

(5)　次の2次方程式を解きなさい。x ＝(　　　　)

$$x^2 - 7x + 12 = 0$$

(6)　$x^3 \times (6xy)^2 \div (-3x^2y)$ を計算しなさい。(　　　　)

(7)　関数 $y = ax^2$ について，x の変域が $-3 \leqq x \leqq 1$ のとき，y の変域は $0 \leqq y \leqq 1$ である。このとき，a の値を求めなさい。a ＝(　　　　)

(8)　下の表は，10点満点の小テストにおいて，100人の得点の結果をまとめたものです。小テストの点数の最頻値を求めなさい。(　　　　)

表

小テストの点数(点)	0	1	2	3	4	5	6	7	8	9	10	計
人数(人)	0	3	4	4	6	11	19	28	13	7	5	100

(9)　右の図のように，平行四辺形ABCDの辺AB，BC上にAC∥EFとなるような点E，Fをとります。次に，C，D，E，Fの文字を1つずつ書いた4枚のカードをよくきって，2枚同時に引き，2枚のカードに書かれた文字が表す2つの点と点Aの3点を結んで三角形をつくります。

その3点を頂点とする三角形が，△DFCと同じ面積になる確率を求めなさい。ただし，どのカードを引くことも同様に確からしいものとします(　　　　)

図

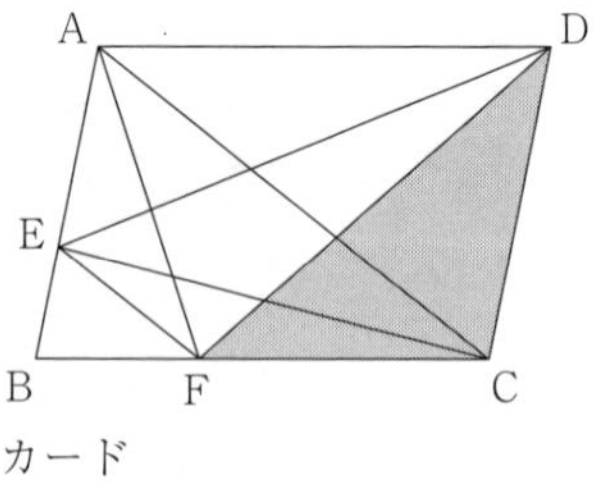

カード

C　D　E　F

[2] 太郎さんは，旅行会社が企画した観光バスツアーの料金について調べました。後の(1)から(4)までの各問いに答えなさい。

調べたこと

○ 観光バスツアーの参加費 [1人あたり 5000円]

○ 観光バスツアーの参加定員 [45人]

○ 旅行会社が観光バスツアーを開催するための費用

○ 参加者1人につき	○ バス1台を運行するのに
・お弁当代 800円	・燃料費
・お土産代 500円	・高速道路料金
・美術館の入場料 600円	・保険費用など
[合計 1900円]	[合計 80000円]

○ 観光バスツアーの参加者を x 人とし，旅行会社の売り上げ金額を y 円として，y を x の式で表すと，

$y = 5000x$ ……①

観光バスツアーの参加者の人数にかかわらず，バスを運行するための費用として，合計80000円かかるそうです。

太郎さん

○ 観光バスツアーの参加者を x 人とし，お弁当代，お土産代，美術館の入場料の合計を y 円として，y を x の式で表すと，

$y = 1900x$ ……②

○ 観光バスツアーの参加者を x 人とし，旅行会社が観光バスツアーを開催するための費用の合計を y 円として，y を x の式で表すと，

$y = 1900x + 80000$ ……③

太郎さん

旅行会社の利益は下の式で求めることができます。

式

旅行会社の利益＝旅行会社の売り上げ金額－開催するための費用の合計

(1) 参加者が15人のときの旅行会社の売り上げ金額を求めなさい。（　　　円）

(2) 旅行会社の利益をプラスにするためには，少なくとも何人の参加者が必要になりますか。求めなさい。（　　　人）

(3)　太郎さんは，調べたことの①，②，③の式を右のグラフのように表し，点A，Bをとりました。点Aのx座標が40，点Bのx座標が0であるとき，点Aのy座標と点Bのy座標の差は何を表していますか。次のアからオまでの中から1つ選び，記号で答えなさい。(　　　)

グラフ

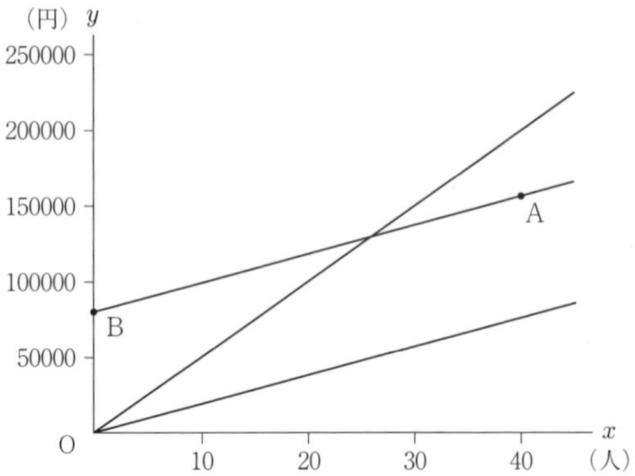

ア　参加者が40人のときの，バスを運行するための費用

イ　参加者が40人のときの，旅行会社の売り上げ金額

ウ　参加者が40人のときの，旅行会社の利益

エ　参加者が40人のときの，お弁当代，お土産代，美術館の入場料の合計

オ　参加者が40人のときの，旅行会社が観光バスツアーを開催するための費用の合計

グラフを見ていると，この観光バスツアーを参加定員いっぱいで開催したとしても，旅行会社の利益が100000円以上にはならないような気がするなあ。

太郎さん

(4)　45人の参加者がいたとき，旅行会社の利益を100000円以上にするためには，1人あたりの参加費を少なくともいくらにする必要がありますか。求めるための方法を説明し，1人あたりの参加費を求めなさい。

【説明】(　　　　　　　　　　　　　　　　　　　　　　　　　　)

1人あたりの参加費(　　　円)

3　花子さんは，美術館へ行きました。図1は展示室を真上から見たもので，壁やパネルに作品が展示されています。花子さんは，展示室の中を移動したとき，パネルで隠れて見えなくなる壁面があることに気がつき，下のような考え方をもとに，見えない壁面の範囲がどのように変化するかを考えました。後の(1)から(3)までの各問いに答えなさい。ただし，パネルの厚さは考えないものとします。

図1

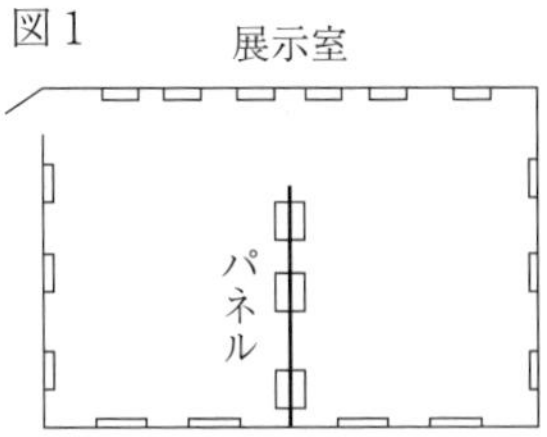

考え方

○　図2のように，展示室を長方形ABCD，パネルを線分EFとします。

○　長方形ABCDの辺上に点Pをとり，半直線PEと長方形ABCDの各辺との交点をGとします。

○　図2のように，点Pにいる人からパネルを見た場合，パネルで隠れて見えない部分を，塗りつぶして（　）表します。

図2

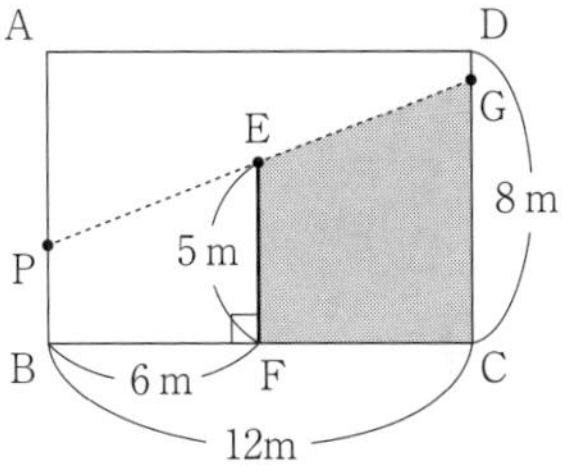

(1)　図3のように，点Pが点Aにあるときの線分CGの長さを求めなさい。

また，点Pは辺AB上を点Aから点Bまで移動します。点Gが点Dに重なったときの線分APの長さを求めなさい。

線分CG（　　　m）　線分AP（　　　m）

図3

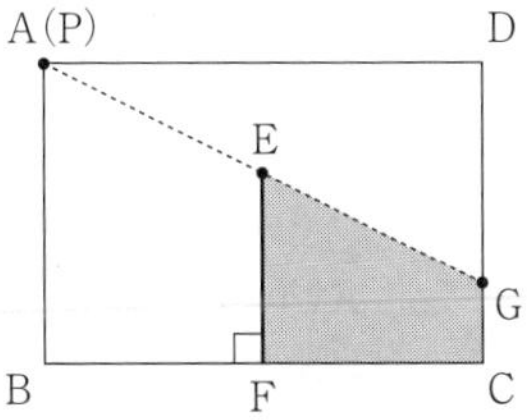

(2)　図4は，点Pが線分BF上を点Bから2m移動したときを示したものです。

半直線FEと辺ADの交点をHとしたとき，△PFEと△GHEが相似であることを証明し，線分DGの長さを求めなさい。

【証明】（　　　　　　　　　　　　　　　　　　　）

線分DG（　　　m）

図4

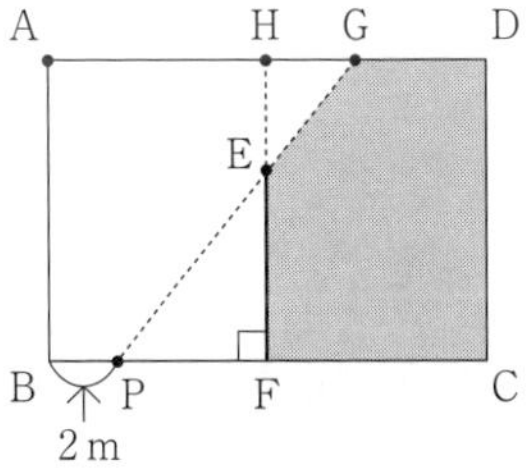

(3)　図5は，点Pが辺CD上を点Cから点Dまで移動するときを示したものです。線分CPの長さが，線分AGの長さと等しくなるとき，線分CPの長さを求めなさい。（　　　m）

図5

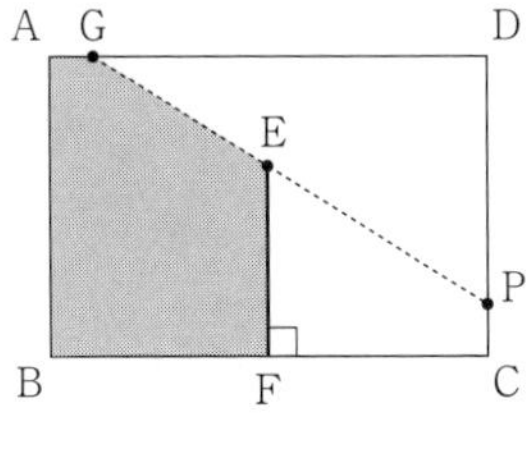

4　太郎さんは，丸いケーキを三等分に切り分けようとしています。そこで，友達から教えてもらった円の面積を三等分する方法を活用することで，丸いケーキを三等分に切り分けることができました。太郎さんは，面積を三等分することに興味をもち，四角形や三角形の面積を三等分することについても考えました。後の(1)から(3)までの各問いに答えなさい。

円の面積を三等分する方法

① 図1のように，円Oの円周上の点Aから，半径OAと長さが等しくなるように，コンパスを使って，点B，Cを円周上にとります。

② 同様に点B，Cから半径OAと長さが等しくなるように，点D，Eを円周上にとります。

③ 点Oと点A，点D，点Eとをそれぞれ結ぶと，円の面積を三等分することができます。

図1

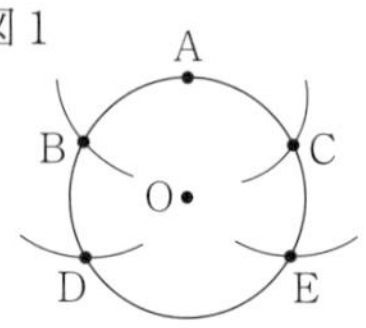

(1) この円の面積を三等分する方法で，円の面積を三等分することができる理由を説明しなさい。

(　　　　　　　　　　　　　　　　)

(2) 図2のように，正方形ABCDの対角線の交点Pを通る線分を使い，面積を三等分します。

$EB = GC$，$\angle PFD = 90^\circ$となるように，辺AB，AD，CD上にそれぞれ点E，F，Gをとります。線分EP，FP，GPで切り分けたときに正方形ABCDの面積が三等分になるような，線分AEと線分EBの長さの比を求めなさい。AE：EB＝(　　：　　)

図2

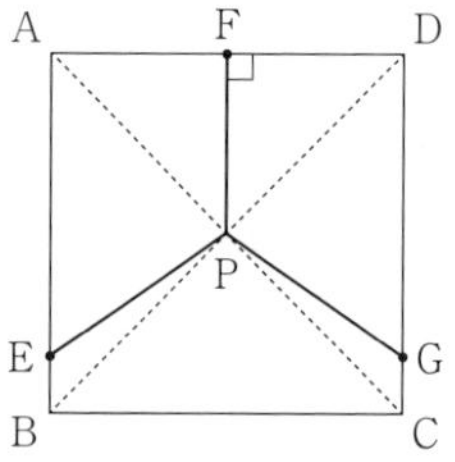

(3) 図3のように，辺の長さがそれぞれ違う△ABCの面積を三等分します。

△ABCの内部に各辺から等しい距離にある点Qをとります。次に，辺BC，CA上で頂点とは違うところに，それぞれ点E，Fをとります。線分BQ，EQ，FQで△ABCを切り分けたときに，△ABCの面積が三等分になるような点Q，E，Fと線分BQ，EQ，FQをコンパスと定規を使って作図しなさい。ただし，作図に使った線は消さないこと。

図3

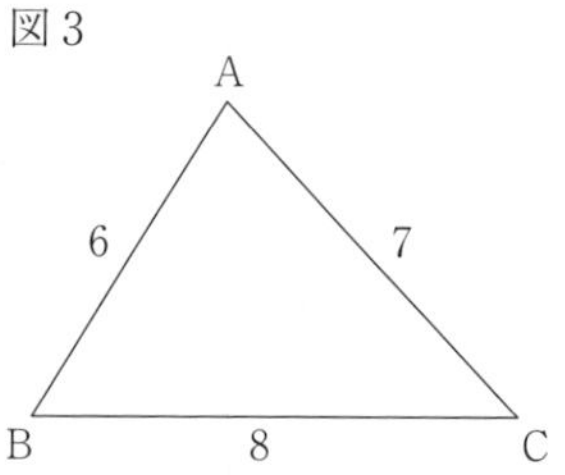

【作図】

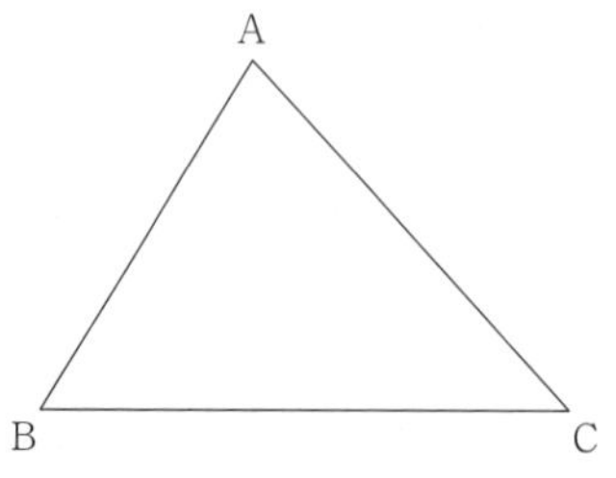

英語

時間　50分　　　　満点　100点

（編集部注）　放送問題の放送原稿は英語の末尾に掲載しています。
音声の再生についてはもくじをご覧ください。

1　放送を聞いて答えなさい。

《その1》　話される英語を聞いて，それぞれの後の質問に対する答えとして最も適当なものを，アからエまでの中からそれぞれ1つ選びなさい。1（　　）　2（　　）　3（　　）　4（　　）

1

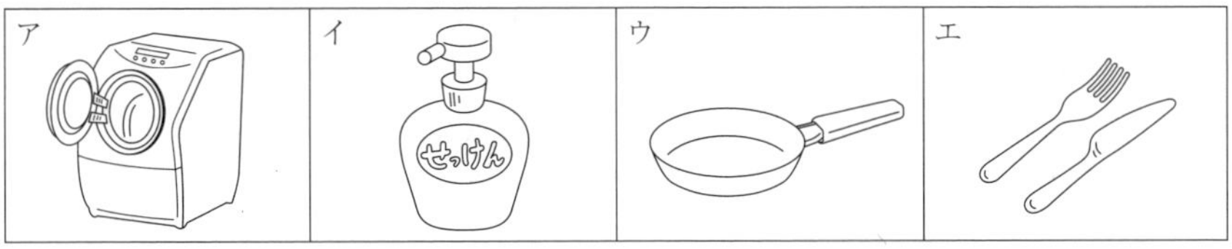

2

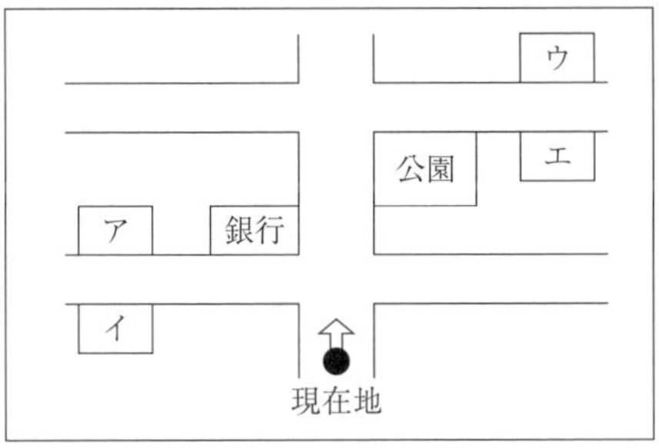

3　（バス停で）

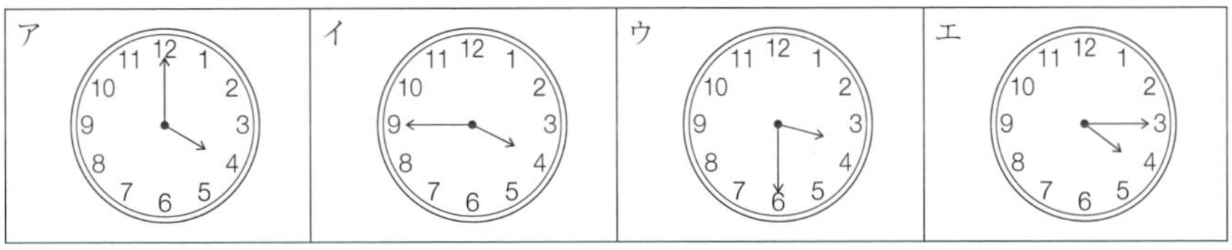

4　（各クラスのアンケート結果）

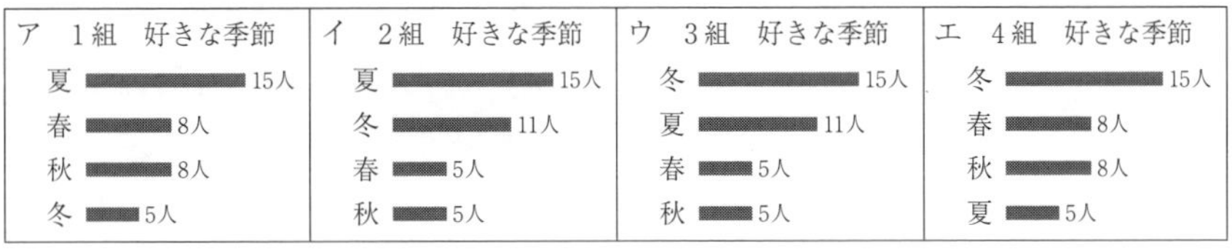

《その2》　アメリカに留学しているユミさんの留守番電話に，マイクさんからメッセージが入っていました。マイクさんがユミさんに頼みたいことは何ですか。最も適当なものを，アからエまでの中から1つ選びなさい。（　　）

ア　To come and enjoy the party tomorrow.

イ　To take pictures at the party tomorrow.

ウ　To bring the pictures of the party tomorrow.

エ　To bring a camera to the party tomorrow.

《その3》　英語のベーカー先生（Mr. Baker）が涼子（Ryoko）さんと話しています。放送を聞いて，会話の後の1から3までの質問に対する最も適当な答えを，アからエまでの中からそれぞれ1つ選びなさい。

また，あなたも涼子さんと一緒にベーカー先生と話しているとして，あなたならどんな質問をベーカー先生にしますか。ベーカー先生と涼子さんのやり取りの内容をふまえて，4の解答欄に5語以上の英語で書きなさい。

1（　　　）2（　　　）3（　　　）

4（　　　　　　　　　　　　　　　　　　　　　　　　　　　　　　　）

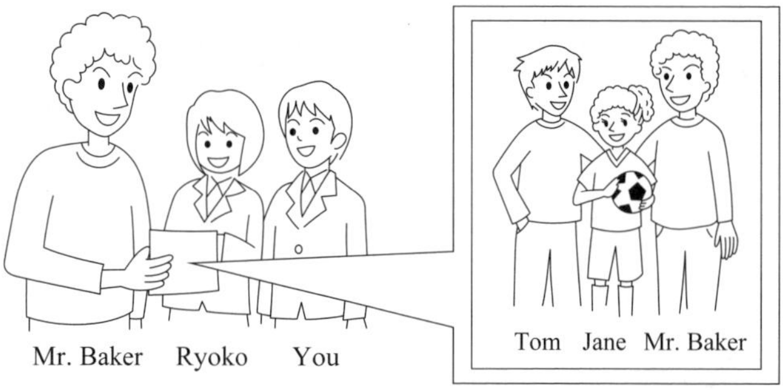

ベーカー先生が見せている写真

1　ア　Soccer player.　　イ　Student.　　ウ　Dancer.　　エ　Music teacher.

2　ア　For two years.　　イ　For seven years.　　ウ　For ten years.

エ　For fourteen years.

3　ア　Because Mr. Baker is in Japan now.

イ　Because the soccer team she wants to join is in Japan.

ウ　Because Ryoko wants to play soccer better.

エ　Because she wants to play soccer with Ryoko in Japan.

4　あなたも涼子さんと一緒にベーカー先生と話しているとして，あなたならどんな質問をベーカー先生にしますか。ベーカー先生と涼子さんのやり取りの内容をふまえて，5語以上の英語で書きなさい。

[2] 高校生の優子（Yuko）さんは，びわこ図書館のホームページで“Meet English Books”という，英語で本を紹介しあうイベントを見つけました。次の1から3までの各問いに答えなさい。

1 次は，ホームページに掲載された【イベントの案内】です。本の紹介者としての参加申し込み方法は，アからオのどの部分を読めばわかりますか。最も適当なものを1つ選びなさい。

（　　）

【イベントの案内】

– Biwako Library October Events –

Meet English Books

ア
Date : October 23, Sunday
Time : 13:00 - 16:00
Place : Biwako Library

イ
Fall has come and it is a good season for reading.
Do you like reading books? Do you want to talk about your favorite book?
Everyone can join this event! You can be a speaker or just come to listen.
Please come and have fun.

ウ
What do you do at this event? You come with your favorite book and talk about the story in five minutes. After all the speakers finish talking, the listeners will be asked, “Which book do you feel like reading the most?” The listeners will choose which book they want to read.

エ
If you want to talk about your favorite book, send an e-mail to our library. Write your name, age, school, the name of the book you want to introduce, and your phone number.

オ
We welcome listeners. Please come to the library and enjoy the presentations.
You can find new books to read!

For more information : ☎ 123-456-7890 ✉ biwako@library.shiga.jp

（注） speaker(s)：発表者　listener(s)：聞く人，聴衆　feel like ～ing：～したいと思う
introduce：紹介する　presentation(s)：発表

2 優子さんと留学生のベン（Ben）さんが，会話をしています。次は二人の会話の内容です。後の(1)，(2)の各問いに答えなさい。

【優子さんとベンさんの会話】

びわこ図書館でのイベントに参加をする優子さんは，びわこ図書館のホームページを見ながら，ベンさんと話しています。

Yuko : Ben, I’m interested in this because I like reading books and English, too.

Ben : “Meet English Books”? That sounds nice. What will you do?

Yuko : I’ll take my favorite English book and talk about the story. After the presentations, the listeners will choose the book they want to read.

Ben : That’s interesting. I’d like to listen to your presentation.

Yuko : I’m excited (①) I’m also worried about the presentation. I’m not good at speaking in front of many people and I often get nervous. The presentation is in English, too. Could you help me with my presentation?

Ben : Don’t worry. I’ll help you with your English. If you practice, your presentation will be great.

Yuko：　Thank you, Ben. Now I'm going to choose my book.

Ben　：　[　　②　　]

Yuko：　I usually read books about the life of a famous person.

Ben　：　Oh, you usually read biographies. I'm looking forward to your presentation.

Yuko：　Thank you. After the presentations, I hope many people will read my favorite book.

Ben　：　I hope so, too. Do your best.

びわこ図書館でのイベントの後，ベンさんが優子さんに話しかけます。

Ben　：　Many listeners liked your presentation. Good job!

Yuko：　Thank you. I got a little nervous, but I did my best.

Ben　：　I really enjoyed your presentation and I want to read the book you introduced in your presentation. [　　③　　]

Yuko：　Sure. I'll take it to school tomorrow. I hope you'll like it.

(注)　get nervous：緊張する　　biographies：biography（伝記）の複数形

(1)　（ ① ）に入る最も適当なものを，次のアからエまでの中から1つ選びなさい。(　　　)

ア　because　　イ　but　　ウ　so　　エ　when

(2)　本文の流れに合うように，[②]，[③] に入る適当な英語を，それぞれ4語以上で書きなさい。

②(　　　　　　　　　　　　　　　　　　　　　　　　　　　　　　　　　　)

③(　　　　　　　　　　　　　　　　　　　　　　　　　　　　　　　　　　)

3　優子さんの学級では，英語の授業で，毎時間一人ずつ英語で1分間の発表をします。優子さんは，イベントに参加をした後，みんなに読書に関心をもってもらいたいと思い，テーマに「日本人の読書量」を選びました。次は，優子さんが発表に使った資料と発表の内容です。後の(1)から(3)までの各問いに答えなさい。

【優子さんが発表に使った資料】

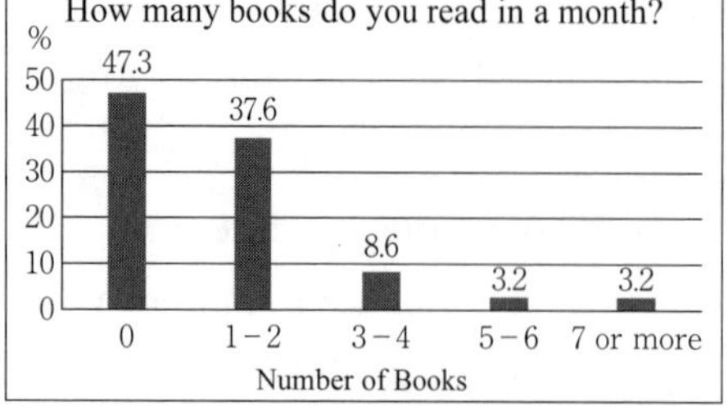

(平成30年度文化庁調査より作成)

【優子さんの発表の内容】

> How many books do you read? Do you like reading books? Today I will talk about reading.
>
> I like reading and I usually read three or four books in a month. Look at this. This is a graph which shows how [④] in a month. According to this graph, about (⑤) percent of people read more than three books in a month. I was surprised to find that almost (⑥) of people read no books. Many people say that [⑦], but I think they can find time for reading. They can read a book while they are on the train or while they are waiting for someone, for example.
>
> I believe we can learn a lot of things from books and reading books is fun. Let's enjoy reading!

(注) graph：グラフ　according to ～：～によると

(1) 本文の流れに合うように，[④] に入る適当な英語を書きなさい。

(　　　　　　　　　　　　　　　　　　　　)

(2) 二人の会話から，(⑤)，(⑥) に入る最も適当な組み合わせを，次のアからカまでの中から1つ選びなさい。(　　　)

ア ⑤ 15 ⑥ all　イ ⑤ 9 ⑥ all　ウ ⑤ 15 ⑥ half

エ ⑤ 9 ⑥ half　オ ⑤ 15 ⑥ quarter　カ ⑤ 9 ⑥ quarter

(3) [⑦] に入る最も適当なものを，次のアからエまでの中から1つ選びなさい。(　　　)

ア they don't need to read a book　イ they have enough time to read a book

ウ they don't know what to read　エ they are too busy to read books

3 真美（Mami）さんの学級では，英語の授業で，順番にスピーチをします。次は，真美さんのスピーチの内容です。これを読んで，後の1から7までの各問いに答えなさい。

【真美さんのスピーチ】

Learning English has become an important part of my life. I really became interested in English when I met a student from Australia. Her name is Nancy.

Nancy is in Japan now. This is her second time to come to Japan. Last time she stayed at my house for two weeks. We have known each other for five years. When she came to Japan for the first time, she was a junior high school student and I was an elementary school student. I couldn't speak English and she couldn't speak Japanese well at that time, but we tried to communicate by using gestures. After going back to Australia, she studied Japanese in high school. She wants to be a Japanese teacher in Australia, so she has come to Japan again to study Japanese and Japanese culture in college.

One day Nancy visited my house. I was very happy to see her again. We enjoyed talking together for a long time. I was very surprised because Nancy spoke Japanese very well. It was difficult for me to speak English then, but I really wanted to speak it well. I asked her how she learned Japanese. She taught me how to study a foreign language. One of the ways is to try to use the language. Nancy doesn't (①) a chance to use Japanese. She often joins festivals and other events in her town and talks a lot with people in Japanese. I told her that I only had a few chances to use English in Japan. Then she said to me, "Why don't you go to the community center next Sunday?"

At the community center, they were having a party called the International Day. On the second Sunday of each month, students from foreign countries and Japanese people get together and cook food from each country, play games, and enjoy some events. The ②【is / language / there / use / we】English. Some students cannot speak Japanese, but we can communicate with each other in English. That was a good chance for me to speak English. I enjoyed talking with students from foreign countries in English on the first day. I felt really happy when they understood what I wanted to say. It's fun and I go there every month now.

One thing I found at the party is that people from different countries speak different kinds of English. I thought they spoke the (③) English all over the world, but it's not true. I'll give you two examples. First, the accents are a little different in each country. Nancy's accent is not like the accent of a student from India. The students from other countries also have other accents. Because of that, it was difficult to understand their English at first. Second, some people use different expressions. For example, English in India has a word, "lakh." This word comes from Hindi, a language spoken in India.

"Lakh" means one hundred thousand. Some people in India say, "Ten lakh people live in my city." That means, "One million people live in my city." I learned that English in each country is influenced by the culture and the [④] people speak.

I study English to communicate with a lot of people. Many people use English around the world. By using English, we can enjoy communication with people from foreign countries. We can learn about a different culture and a different way of life from people who speak a different language. ⑤English is a window to the world. I want to study English harder. Then I can make more friends and learn a lot of things from people all over the world.

（注） communicate（with ～）：（～と）コミュニケーションをとる
gesture(s)：身ぶり，ジェスチャー　college：大学　community center：公民館
accent(s)：発音　expression(s)：表現　Hindi：ヒンディー語
influence(d)：influence（影響を与える）の過去分詞形

1　次の(1)から(3)の質問に対する答えになるように，（　　）に入る適当な英語を書きなさい。

(1) Was Mami an elementary school student when she met Nancy for the first time?
→（　　　　　　　　　　　　　　　　　　　　　　　　）.

(2) What does Nancy study in college?
→（　　　　　　　　　　　　　　　　　　　　　　　　）.

(3) When is the International Day held?
→（　　　　　　　　　　　　　　　　　　　　　　　　）.

2　（ ① ）に入る最も適当なものを，次のアからエまでの中から1つ選びなさい。（　　　）

ア find　イ miss　ウ give　エ have

3　②【　　】内の語を，意味が通るように並べかえなさい。
（　　　　　　　　　　　　　　　　　　　　　　　　）

4　（ ③ ）に入る適当な英語1語を書きなさい。（　　　）

5　[④] に入る最も適当な英語を，本文から抜き出して書きなさい。（　　　）

6　本文の内容に合っているものを，次のアからカまでの中から2つ選びなさい。（　　　）（　　　）

ア Nancy spent time with Mami when she came to Japan five years ago.

イ Nancy was surprised because Mami spoke English well.

ウ Mami learned how to study a foreign language from Nancy.

エ Mami said that she had a lot of chances to use English in Japan.

オ Only foreign students come to the International Day and enjoy it.

カ The English accents were different but Mami could easily communicate with the students.

7　下線部⑤のように真美さんが考えたのはどうしてですか。本文の内容をふまえて，あわせて15語以上25語以内の英語で，2文または3文で書きなさい。

(　　　　　　　　　　　　　　　　　　　　　　　　)

4　次の問いに答えなさい。

アメリカのミシガン州から20名の中学生があなたの学校を訪問します。その歓迎会で，交流を深める活動をすることになったため，英語のスミス先生（Mr. Smith）と英語の時間に話し合いをすることになりました。あなたならどのような活動を提案しますか。あなたの考えを理由も含めて，20語以上の英語で書きなさい。2文以上になってもかまいません。

(　　　　　　　　　　　　　　　　　　　　　　　　)

〈放送原稿〉

注意：〔　　〕内は音声として入れない。

ただいまから，2020年度滋賀県公立高等学校入学試験英語の聞き取りテストを行います。問題は《その1》から《その3》まであります。聞いている間にメモをとってもかまいません。

まず，《その1》から始めます。これから話される英語を聞いて，それぞれの後の質問に対する答えとして最も適当なものを，問題用紙に示されたアからエまでの中からそれぞれ1つ選びなさい。英語は，それぞれ2回放送します。それでは，始めます。〔間2秒〕

No.1　A：　John, wash your hands before cooking.

　　　B：　OK. I will.

Question：What will John use?〔間2秒〕

繰り返します。〔間2秒〕〔英文をもう一度読む。〕〔間4秒〕

No.2　A：　Excuse me. Is there a bookstore near here?

　　　B：　Yes. Go down this street and turn right at the park. Then you'll see it on your left.

　　　A：　Thank you.

Question：Which is the bookstore?〔間2秒〕

繰り返します。〔間2秒〕〔英文をもう一度読む。〕〔間4秒〕

No.3　A：　What time is it?

　　　B：　It's three forty-five.

　　　A：　We have fifteen minutes before the next bus comes.

Question：What time will the next bus come?〔間2秒〕

繰り返します。〔間2秒〕〔英文をもう一度読む。〕〔間4秒〕

No.4　A：　Which season do you like the best, Yoko?

　　　B：　I like spring the best. But winter is the most popular in my class.

　　　A：　Really? Which is more popular in your class, spring or summer?

　　　B：　Spring is. And spring is as popular as fall in my class.

Question：Which is Yoko's class?〔間2秒〕

繰り返します。〔間2秒〕〔英文をもう一度読む。〕〔間4秒〕

次に，《その2》に入ります。アメリカに留学しているユミさんの留守番電話に，マイクさんからメッセージが入っていました。マイクさんがユミさんに頼みたいことは何ですか。最も適当なものを，問題用紙に示されたアからエまでの中から1つ選びなさい。英語は，2回放送します。それでは，始めます。〔間2秒〕

Hi, Yumi. This is Mike. Thank you for coming to the party yesterday. I had a great time. Did you enjoy it? I hope you did. By the way, we took pictures together with your camera at the party. I want to look at the pictures. Can you show me the pictures at school tomorrow? Thank you.〔間2秒〕

繰り返します。〔間2秒〕〔英文をもう一度読む。〕〔間4秒〕

次に，《その3》に入ります。英語のベーカー先生（Mr. Baker）が涼子（Ryoko）さんと話しています。放送を聞いて，会話の後の１から３までの質問に対する最も適当な答えを，問題用紙に示されたアからエまでの中からそれぞれ１つ選びなさい。また，あなたも涼子さんと一緒にベーカー先生と話しているとして，あなたならどんな質問をベーカー先生にしますか。ベーカー先生と涼子さんのやり取りの内容をふまえて，４の解答欄に５語以上の英語で書きなさい。会話と質問は通して２回放送します。それでは，始めます。〔間２秒〕

A：　What are you looking at, Mr. Baker?

B：　Ah, Ryoko. I'm looking at a picture. This is my friend, Tom and this girl is my sister, Jane. She is a high school student. They are in America.

A：　What does Tom do in America?

B：　He teaches music at a junior high school. Last year, he played the piano for Jane and we danced together at her birthday party.

A：　Wow, that was a nice present. Well, Jane is holding a soccer ball. Does she play soccer?

B：　Yes, she has played it for seven years.

A：　Really? I play soccer, too. I've played soccer for ten years.

B：　For ten years? You've played it for a long time!

A：　Yes. But I want to play soccer better.

B：　Oh, good! Well, Jane wants to play soccer in Japan. Her favorite team is in Japan and she wants to be a member of that team.

A：　Oh, really? I hope I can play soccer with her someday.

B：　That would be great!〔間２秒〕

Question 1：What is Tom's job in America?〔間４秒〕

Question 2：How long has Ryoko played soccer?〔間４秒〕

Question 3：Why does Jane want to play soccer in Japan?〔間４秒〕

繰り返します。〔間２秒〕〔英文をもう一度読む。〕〔間７秒〕

以上で，聞き取りテストの放送を終わります。

社会

時間　50分　　　満点　100点

1　若菜さんの班では，社会科の調べ学習で茶をテーマに調べています。若菜さんが調べた資料や略地図を見て，後の１から５までの各問いに答えなさい。

資料１　茶の説明

茶は，１年を通して温暖で，雨が多い地域で栽培されます。緑茶・ウーロン茶・紅茶など，さまざまなお茶に加工されており，世界中で飲まれています。

資料２　国内の茶の生産量上位４県と全国に占める割合（2017年）

県名	生産量（t）	割合（%）
A	30,800	37.6
B	26,600	32.4
C	6,130	7.5
D	3,770	4.6

[「データでみる県勢 2019」より作成]

略地図

※ ▒：資料２のAからDの４県。

資料３　国別の茶の生産割合（2016年）

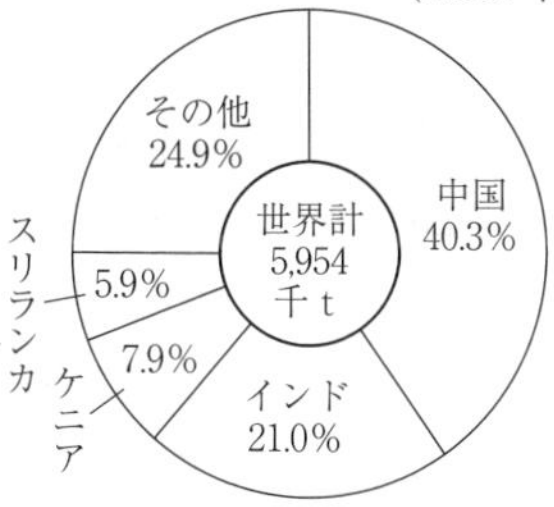

[「データブック　オブ・ザ・ワールド 2019」より作成]

資料４　国別の茶の輸出割合（2016年）

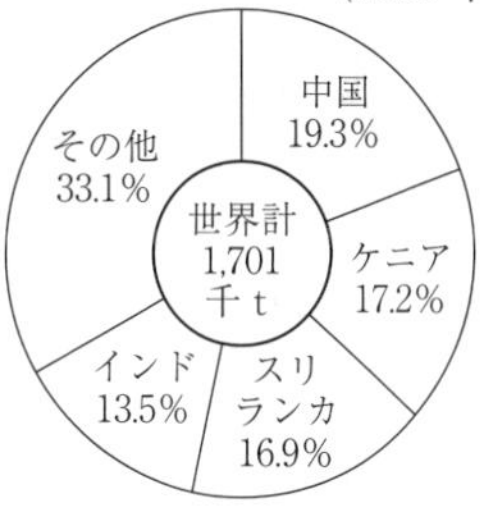

[「データブック　オブ・ザ・ワールド 2019」より作成]

1　若菜さんは，資料１から茶の栽培には気温や降水量が関係していることがわかりました。後の雨温図と資料２のAからDは，それぞれ同じ県です。４県に共通する特徴を説明した文のうち最も適切なものはどれか。次のアからエまでの中から１つ選びなさい。なお，雨温図はそれぞれの県内にある都市のものである。（　　　）

ア　４県とも月平均気温は１月に最も低くなり，月降水量は100mmを下回る月はない。

イ　４県とも月平均気温は８月に最も高くなり，月降水量は６月に最も多くなる。

ウ　４県とも年平均気温は20℃以下で，年降水量は2000mm以上ある。

エ　４県とも月平均気温が０℃以下になる月はなく，９月の月降水量は200mm以上ある。

雨温図

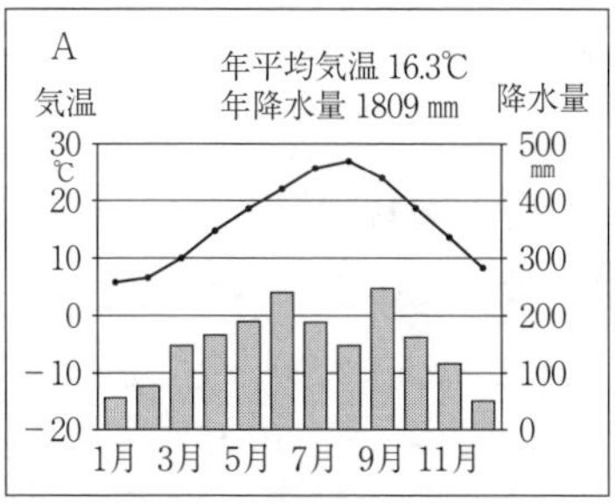

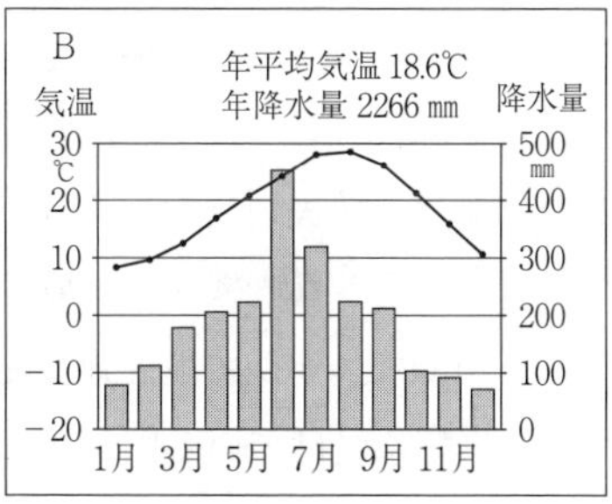

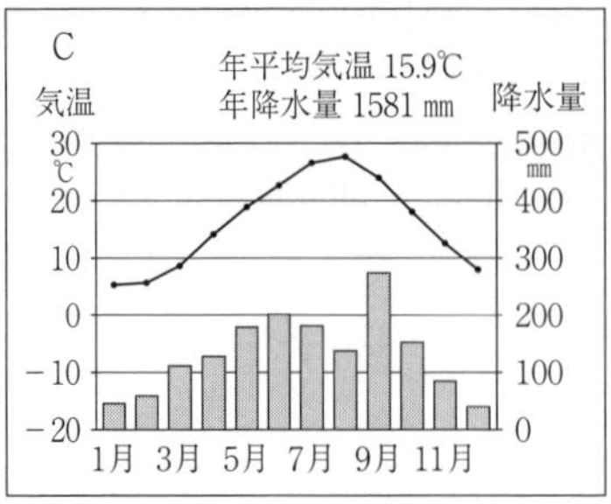

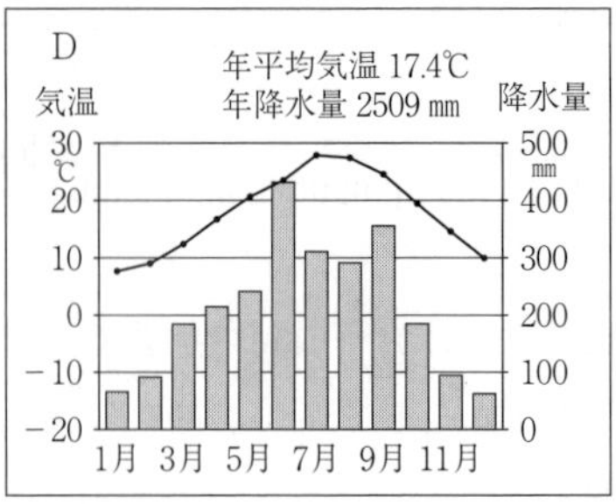

[「理科年表　平成30年」より作成]

2　資料5は，資料2で示されているAからDの4県における茶以外の農産物生産量と全国に占める割合を示したものです。資料5と略地図を参考にして，資料2のAとDにあてはまる県名を書きなさい。A(　　　)　D(　　　)

資料5　農産物生産量と全国に占める割合（2017年）

	食用にわとり		さつまいも		みかん	
県名	生産量(千羽)	割合(%)	生産量(t)	割合(%)	生産量(t)	割合(%)
A	1,027	0.8	10,500	1.3	81,700	11.0
B	26,645	19.7	282,000	34.9	10,100	1.4
C	569	0.4	2,340	0.3	17,600	2.4
D	27,684	20.5	90,000	11.2	10,000	1.3

[「データでみる県勢 2018」「データでみる県勢 2019」より作成]

3　若菜さんは，資料3，資料4で示されている国について調べてみると，次のことがわかりノートにまとめました。後の(1)から(3)の問いに答えなさい。

ノート

●茶の生産割合，輸出割合が高い国のうち，ケニア，スリランカ，インドは，いずれもイギリスの植民地であった。
●これらの国の茶の大規模な栽培は，イギリスの植民地時代に始まり，大規模農園で生産が拡大されていった。

(1)　ノートの下線部で示された農園のことを何というか。書きなさい。(　　　)

(2)　植民地について述べた文のうち正しいものはどれか。次のアからエまでの中からすべて選びなさい。(　　　)

ア　アジア州の東南アジアでは，植民地支配をうけていたころから栽培していた天然ゴムなどの作物を，今でも栽培している国がある。

イ　アフリカ州では，植民地支配をうけていたときに緯線や経線をもとに境界線が引かれていたが，今はもとに戻され直線的な国境線はなくなっている。

ウ　南アメリカ州では，かつて植民地支配をうけたことにより，今でも言語や宗教などでヨーロッパ文化の影響を受けている国がある。

エ　オセアニア州では，植民地支配をうけたことがある国はなく，それぞれ今でも独自の文化を保っている。

(3) 資料6のように，ケニアは茶が主要輸出品目となっており，ケニアと同じアフリカ州にあるナイジェリアは，原油が主要輸出品目となっています。これらの国は，経済状況が不安定になることがあります。資料6から資料8を参考にして，経済状況が不安定になる理由を，「モノカルチャー経済」という語を用いて書きなさい。

(　　)

資料6　主要輸出品目の割合（2016年）

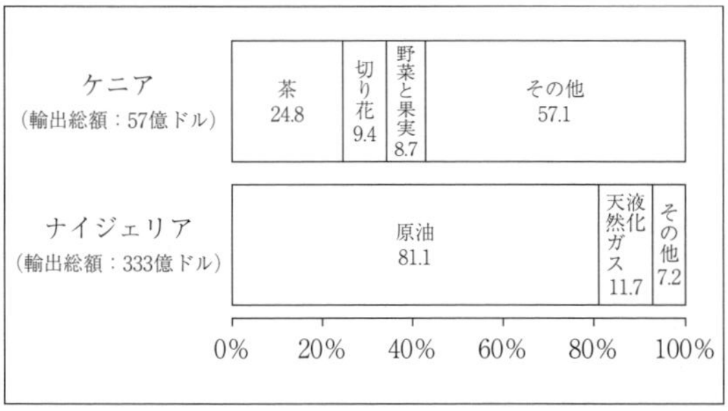

[「データブック　オブ・ザ・ワールド　2019」より作成]

資料7　原油価格の推移

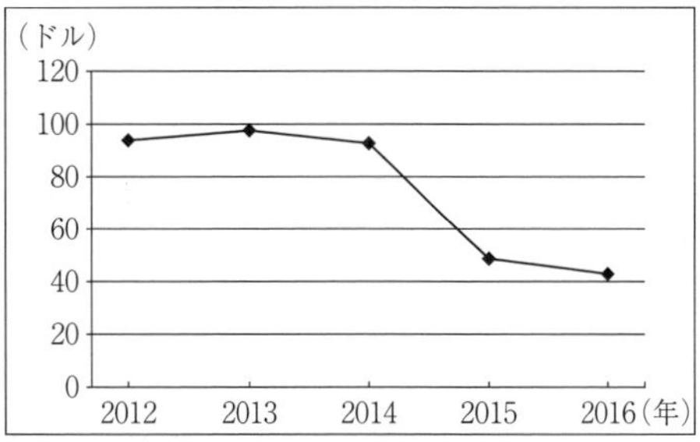

※1バレル（約159ℓ）あたりの米ドル／年平均

[「世界国勢図会 2019／20」より作成]

資料8　貿易額の推移　　　単位：百万ドル

		2012年	2014年	2016年
ケニア	輸出(a)	6,126	6,046	5,695
	輸入(b)	16,288	18,397	14,107
	a － b	－10,162	－12,351	－8,412
ナイジェリア	輸出(a)	114,000	103,100	33,302
	輸入(b)	35,703	46,505	35,532
	a － b	78,297	56,595	－2,230

[「世界国勢図会 2017／18」「世界国勢図会 2019／20」より作成]

4　若菜さんは今回の調べ学習で，かつてイギリスなどヨーロッパの多くの国が香辛料や茶を求めてアジアに航海する大航海時代について学んだことを思い出しました。

大航海時代の帆船《はんせん》はインド周辺で風の影響を受けました。夏に海洋から大陸へ，冬に大陸から海洋へ向かって吹くこの風を何というか。書きなさい。(　　　)

5　若菜さんは，今回調べた国が原産国となっている紅茶を買いに行きました。ラベルに「フェアトレード」のマークがついている商品を見つけました。若菜さんは，「フェアトレード」のことを班で説明しようと思い，次の「フェアトレード」を説明する文章を考えました。(　　) にあてはまる適切な内容を考え，書きなさい。(　　　　　　　　　　　　　　　　　　　　　　)

フェアトレードのマーク

「フェアトレード」を説明する文章

> 「公正貿易」といわれているもので，(　　　　　) ことです。フェアトレード商品の取り引きを進めることで，生産者の生活を支えることにつながっています。

2　健太さんのクラスでは，歴史の授業で各班が決めたテーマにそって，日本の歴史を表にまとめました。健太さんの班は「政治のようすと人々のくらしのようす」をテーマに，次の表を作成し，発表しました。表の中の各時代区分について，後の１から４までの各問いに答えなさい。

表

時代区分	政治のようす	人々のくらしのようす	
古代	・律令政治のしくみが定められる	a 租庸調という税や兵役を負担する 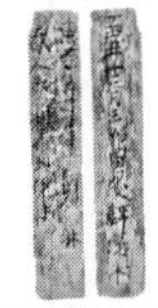 調の納入について記された木簡	かな文字が発達する 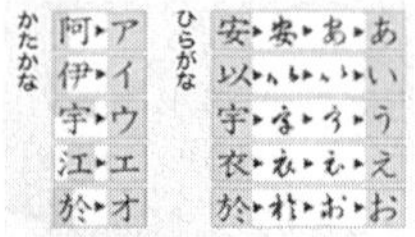 漢字からかな文字への変化
中世	・武家政権による支配が広がる	諸産業が発達する  馬借の活動	b 惣がつくられる  今堀惣掟（おきて）の書案
近世	・幕府や藩のしくみが整う	農具が改良される  千歯こきによる効率化	c 各地の大名が大阪に蔵屋敷を置く  蔵屋敷のようす
近代	・中央集権国家のしくみづくりが進められる	欧米の文化を取り入れる  東京銀座のようす	d ラジオ放送が始まる  ラジオのあるくらし
現代	・民主化がより一層進展する	e 高度経済成長が始まる  (写真提供：読売新聞社) 都市部の交通渋滞	技術革新が進む  (写真提供：読売新聞社) 家庭電化製品のならぶ店頭

1　古代について，次の(1)，(2)の問いに答えなさい。

(1)　下線部ａが，当時の人々のくらしにおいて重い負担となっていたことがわかりました。資料1は，３年間九州北部で唐や新羅から日本を守る任務についていた人がよんだ歌です。その人たちは当時何と呼ばれていたか。書きなさい。

資料１

> から衣　すそに取りつき　泣く子らを
> 置きてぞ来《き》ぬや　母《おも》なしにして

[「万葉集」より]

(　　　　)

(2)　外国との関係の変化が，人々のくらしや文化に影響を与えたことがわかりました。次のアからウまでのできごとを年代の古い順にならべかえなさい。(　　→　　→　　)

ア　飛鳥地方を中心に，法隆寺の釈迦三尊像などの仏像に代表される仏教文化が栄えた。

イ　日本語の発音を表現しやすくしたかな文字が生まれ，女性によるかな文字を使った文学作品が多く生まれた。

ウ　遣唐使などによってもたらされた国際的な文化の影響を強くうけた。正倉院の宝物のなかにはインドなどの影響をうけた品もみられる。

2　中世について，次の⑴，⑵の問いに答えなさい。

⑴　この頃はさまざまな産業が発達し，民衆の生活が大きく変化しました。中世の商業について，正しく説明しているものを，次のアからエまでの中から２つ選びなさい。(　　　)

ア　九十九里浜でとれたいわしは肥料として加工され，綿の生産地に売られた。

イ　問とよばれる運送業を兼ねた倉庫業者や，土倉とよばれた質屋が登場した。

ウ　五街道には宿場が置かれ，手紙や荷物を運ぶ飛脚が行き来した。

エ　決められた日に開かれる定期市の回数が増え，市では宋銭や明銭が使われた。

⑵　下線部ｂについて，惣とはどのような組織か。資料２を参考に，「寄合」という語を用いて説明しなさい。

(　　　　　　　　　　　　　　　　　　　　　　　　　　　　　　　　　　　　)

資料２　惣のおきて

一　森林の苗木を切りとった者は，500 文の罰金とする。
一　家を売却した者は，100 文につき３文ずつ，１貫文につき 30 文ずつ惣へ出すものとする。
一　堀から東には，屋敷をつくってはならない。

[「今堀日吉神社文書」より一部要約]

3　近世について，次の⑴から⑶の問いに答えなさい。

⑴　この頃農業以外にも，鉱山での採掘や精錬の技術が進歩し，開発が進みました。なかでも銀の産出量が多かった石見銀山の場所を，略地図のアからエまでの中から１つ選びなさい。(　　　)

⑵　下線部ｃについて，大阪が「天下の台所」として栄えた理由を，略地図を参考にして，「蔵屋敷」という語を用いて説明しなさい。

(　　　　　　　　　　　　　　　　　　　　　　　)

略地図

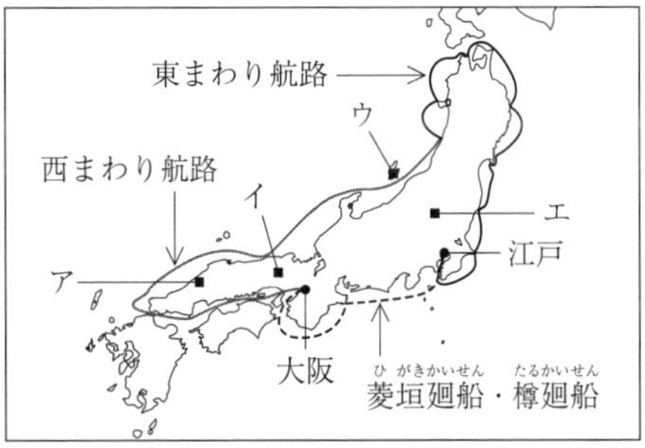

⑶　18 世紀になると，問屋から原料や道具などを借りて家内で商品作りを行う問屋制家内工業が始まりました。19 世紀には作業場に道具や農村からきた働き手を集め，製品を分業で大量に仕上げる生産のしくみが生まれました。このしくみのことを何というか。書きなさい。(　　　)

4　近代と現代について，次の⑴，⑵の問いに答えなさい。

⑴　下線部ｄについて，当時の人々のくらしのようすを説明した文として最も適切なものを，次のアからエまでの中から１つ選びなさい。(　　　)

ア　れんがづくりの建物が登場し，ランプやガス灯がつけられた。

イ　通信では，郵便制度や電信が整備された。

ウ　大衆娯楽として映画を鑑賞するようになった。

エ　牛肉を食べることが広がるなど食生活の変化がみられた。

(2)　下線部eは，1955年から1973年にかけて続き，人々のくらしが大きく変わりました。日本の国民総生産（GNP）は1968年に世界第2位となりました。このように経済大国となった背景には産業の変化が大きく影響しています。高度経済成長期における日本の産業の特徴は何か。資料3を参考にして説明しなさい。

（　　　　　　　　　　　　　　　　　　　　　　　　　　　　　　　　　　）

資料3　日本の輸出額上位10品目と総額（単位：億円）

順位	輸出品(1960年)	輸出額	輸出品(1970年)	輸出額
1	鉄鋼	1,397	鉄鋼	10,237
2	綿織物	1,265	船舶	5,075
3	船舶	1,037	自動車	4,815
4	衣類	794	金属製品	2,569
5	魚介類	629	ラジオ受信機	2,502
6	金属製品	532	精密機械	2,261
7	ラジオ受信機	521	合成繊維織物	2,252
8	精密機械	346	衣類	1,664
9	自動車	281	テープレコーダー	1,623
10	陶磁器	243	プラスチック	1,536
	その他	7,551	その他	35,010
	総額	14,596	総額	69,544

［「数字でみる日本の100年」より作成］

3　国際機構の設立について学習した太郎さんと花子さんは，国際連盟と国際連合を比較しながら，日本と国際社会について調べています。後の1から5までの各問いに答えなさい。

太郎さんが調べたこと

国際連盟と国際連合の比較

国際連盟		国際連合
1920年	設立	1945年
ジュネーブ	本部	ニューヨーク
全会一致制	議決方法	総会は1国1票 安全保障理事会は5か国の常任理事国に拒否権あり
紛争を解決するための手段が限られており，影響力は大きくなかった	課題	拒否権発動が多いと，安全保障理事会が機能しない

第二次世界大戦後の日本の独立回復と国際社会復帰にかかる条約・宣言

1951年	サンフランシスコ平和条約を締結
	日米安全保障条約を締結
1956年	日ソ共同宣言に調印

国連通常予算分担率（2019年）

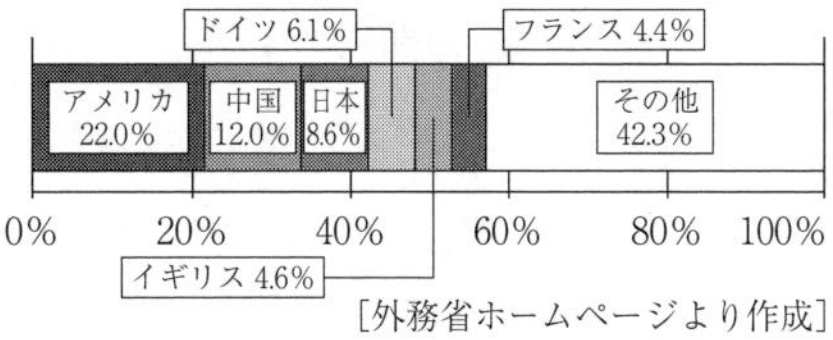

［外務省ホームページより作成］

1　国際連盟では，その設立を提案した国が，国内の議会の反対で不参加となりました。その国は，国際連合では拒否権をもつ5か国の常任理事国の一つとなっています。その国の名前を書きなさい。（　　　）

2　太郎さんが調べたことの第二次世界大戦後の日本の独立回復と国際社会復帰にかかる条約・宣言の中から，日本が国際連合へ加盟することにつながった条約または宣言を書きなさい。

（　　　）

3　太郎さんは，条約を締結することが日本の国内にどのように影響するか調べました。

日本国憲法では，条約の締結は内閣の仕事としていますが，国会の承認を必要とします。その理由を資料1，資料2を参考に，60字以上，80字以内で説明しなさい。

資料1　日本国憲法

第41条　国会は，国権の最高機関であって，国の唯一の立法機関である。

第59条1項　法律案は，この憲法に特別の定めのある場合を除いては，両議院で可決したとき法律となる。

第73条　内閣は，他の一般行政事務の外，左の事務を行ふ《(う)》。

（略）

3　条約を締結すること。但《ただ》し，事前に，時宜《じぎ》によっては事後に，国会の承認を経ることを必要とする。

4　法律の定める基準に従ひ《(い)》，官吏《かんり》に関する事務を掌理《しょうり》すること。

資料2　条約とそれに関わる日本の法律の整備の例

1985年　女子差別撤廃条約を批准
1986年　男女雇用機会均等法を施行
1999年　男女共同参画社会基本法を施行

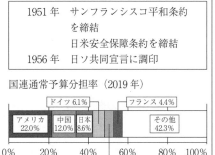

4　太郎さんは，国際連合で行われているさまざまな活動について調べました。次の(1)，(2)の問いに答えなさい。

(1)　紛争後の平和の実現のために，停戦や選挙の監視を行う活動が行われています。この活動の略称を，次のアからエまでの中から１つ選びなさい。(　　　)

ア　NGO　　イ　WHO　　ウ　IMF　　エ　PKO

(2)　ユニセフは，世界の人々のくらしを向上させるための活動を行っています。ユニセフについて述べた文として最も適切なものはどれか。次のアからエまでの中から１つ選びなさい。

(　　　)

ア　世界遺産などの文化財の保護などを行っている。

イ　国と国との間の争いを法に基づいて解決する活動を行っている。

ウ　子どもたちの健やかな成長を守るために教育支援などを行っている。

エ　難民の受け入れを求めたり，支援したりする活動を行っている。

5　花子さんは，日本と国際社会について調べました。次の(1)から(3)の問いに答えなさい。

(1)　現在の日本経済は，世界各国と貿易をしたり，世界各国に投資をしたり，逆に，世界からの投資を受け入れたりしています。為替相場の変動は，日本経済に大きな影響をあたえます。資料３は為替相場と貿易について説明したものです。資料３の（ ① ）と（ ② ）にあてはまる数字と語を書きなさい。また，資料３の（ ③ ）と（ ④ ）にあてはまる語の正しい組み合わせを，後のアからエまでの中から１つ選びなさい。①(　　　)　②(　　　)　記号(　　　)

資料３　為替相場と貿易

日本で製造した１台200万円の自動車をアメリカに輸出した。

為替相場が１ドル＝ 125円から１ドル＝100 円になった場合，アメリカでの日本の自動車の販売価格は，１台あたり（ ① ）ドル（ ② ）くなることになる。このように為替相場の変動が（ ③ ）になるときは，日本の輸出企業にとっては（ ④ ）になる。

日本からアメリカに自動車を輸出した場合

	日本		アメリカ
	１台		１台
１ドル＝125円のとき	200万円	→	ドル
	１台		１台
１ドル＝100円のとき	200万円	→	ドル

ア　③　円高　　④　有利　　イ　③　円高　　④　不利　　ウ　③　円安　　④　有利

エ　③　円安　　④　不利

(2)　地域紛争などがおこる背景には貧困問題があり，これらを解決するために日本政府は政府開発援助（ODA）を行っています。日本が発展途上国を直接支援する二国間援助では，無償資金協力と技術協力が行われています。資料４，資料５より日本の二国間援助について読み取れることとして適切なものはどれか。後のアからエまでの中から１つ選びなさい。(　　　)

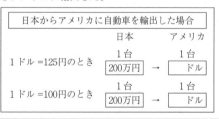

資料4　日本の二国間援助とタイ・ベトナム・カンボジアの1人あたりのGDP

国名	二国間援助(2017年)(百万ドル)			1人あたりのGDP(2017年)(ドル)
	無償資金協力	技術協力	合計	
タイ	9.9	28.4	38.3	6,595
ベトナム	19.6	76.2	95.8	2,342
カンボジア	83.2	41.6	124.7	1,382
日本の二国間援助の合計(上記3か国以外を含む)	2,620.6	2,884.8	5,505.4	

合計は四捨五入の関係であわない場合がある。
※無償資金協力：返済義務を課さない資金協力。
※技術協力：技術，知識をもつ専門家の派遣など。

[「世界国勢図会 2019／20」「日本国勢図会 2019／20」より作成]

資料5　タイ・ベトナム・カンボジアの国内総生産（GDP）の変化

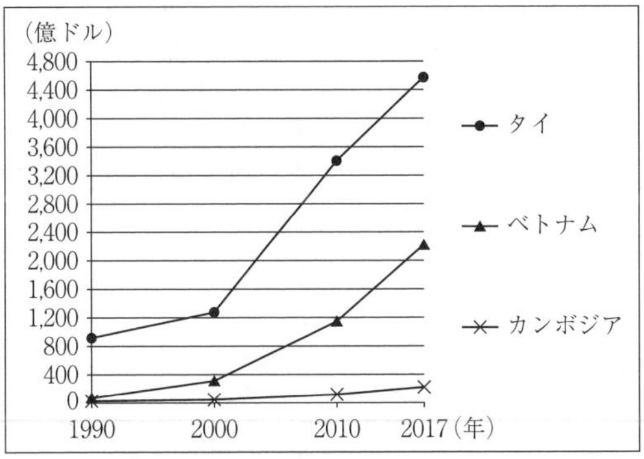

[「世界国勢図会 2019／20」より作成]

ア　日本の二国間援助については，国全体では無償資金協力が中心で，技術協力の割合は全体で3割以下である。

イ　タイは経済成長がめざましいので，日本の二国間援助では無償資金協力を1割程度とし，技術協力に9割程度の資金を使っている。

ウ　カンボジアの経済成長は小さいので，日本の二国間援助では無償資金協力と技術協力の割合を同じにして経済成長を促している。

エ　日本の二国間援助については，相手国の経済発展や状況により，無償資金協力と技術協力の割合を変えている。

(3)　花子さんが日本と国際社会について調べると，資料4にある「技術協力」とは「技術，知識を発展途上国の人々に伝える」ものでした。そうしたことをふまえ，貧困など世界の課題に対して，「持続可能な社会を形成する」とはどのようなことか。「先進国」，「自立」の両方の語を用いて書きなさい。

(　　　　　　　　　　　　　　　　　　　　　　　　　　　　　　　　　　)

理科

時間　50分　　　　満点　100点

（編集部注）膳所高校の理数科は120点満点に換算する。

1　太郎さんと花子さんは，季節によって日の出や日の入りの時刻が変化することに興味をもち，調べ学習をしました。後の1から5までの各問いに答えなさい。

私の祖父が住んでいる千葉県にある犬《いぬ》吠《ぼう》埼《さき》は，初日の出を早く見ることができることで有名で，犬吠埼より東にある北海道の納《の》沙《さっ》布《ぷ》岬《みさき》よりも初日の出の時刻が早いんだって。

普通は，東にある地点の方が日の出の時刻は早いと思うんだけど。

確かに同じ緯度なら東の方が日の出が早くなるけれど，緯度が違う地点を比べると話が変わります。冬至をはさんだ11月下旬から1月中旬ごろまでは，納沙布岬より犬吠埼の日の出の時刻の方が早くなります。国立天文台のWebページでは，日本各地の日の出や日の入りの時刻がわかるから調べてみるといいよ。

【調べ学習】

表　日の出と日の入りの時刻（2019年）

		3/21 春分	6/22 夏至	9/23 秋分	12/22 冬至
秋田市	日の出 日の入り	5:43 17:52	4:12 19:11	5:27 17:36	6:57 16:19
仙台市	日の出 日の入り	5:40 17:49	4:13 19:03	5:24 17:33	6:50 16:20
千葉市	日の出 日の入り	5:43 17:52	4:24 18:59	5:27 17:36	6:45 16:30
鳥取市	日の出 日の入り	6:06 18:15	4:48 19:22	5:51 18:00	7:08 16:54

（国立天文台暦計算室Webページより作成）

図1

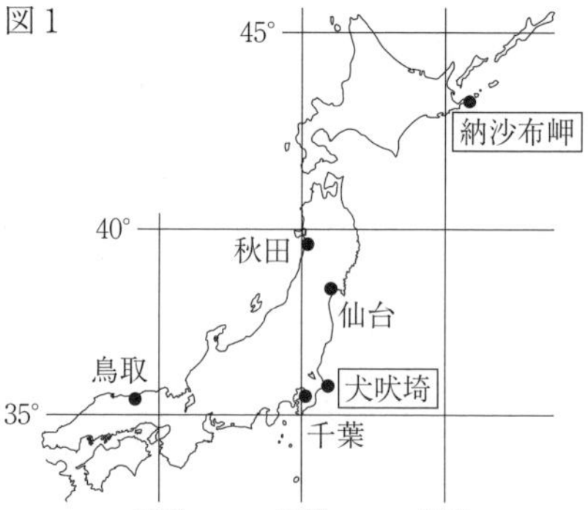

【話し合い1】　太郎さんたちは，調べ学習の表と図1を見ながらわかることについて話し合いました。

太郎さん：同じ緯度なら東の方が日の出の時刻が早いね。

花子さん：同じ経度にある都市は，春分と秋分のときは，日の出の時刻が同じだね。

太郎さん：a夏至と冬至のときは，東にある都市の方が日の出の時刻が遅いことがあるよ。

花子さん：不思議だね。どうしてそうなるのかな。

1　太陽のように自ら光を出してかがやいている天体を何といいますか。書きなさい。(　　　)

2　下線部aにあてはまるのはどれですか。夏至のときと冬至のときについて，それぞれ下のアからカまでの中から１つ選びなさい。夏至(　　　)　冬至(　　　)

ア　秋田市と鳥取市　　イ　秋田市と千葉市　　ウ　秋田市と仙台市　　エ　仙台市と千葉市
オ　仙台市と鳥取市　　カ　千葉市と鳥取市

【話し合い２】　太郎さんたちは，さらに話し合いをして，考えを深めることにしました。

花子さん：地球は，図２のように，太陽のまわりを公転しているよ。

太郎さん：図３は夏至，図４は冬至の地球と地球に届く太陽の光を模式的に表したものだけど，夏至と冬至では，同じ地点でも太陽の光の当たり方がずいぶん違うね。

花子さん：そうだね。だから，b季節の変化があるんだね。

太郎さん：昼と夜の境界は，季節によって傾きがずいぶん異なるね。

図２

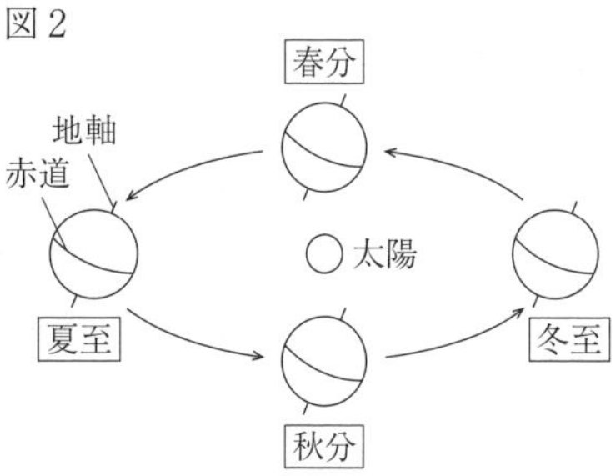

図３

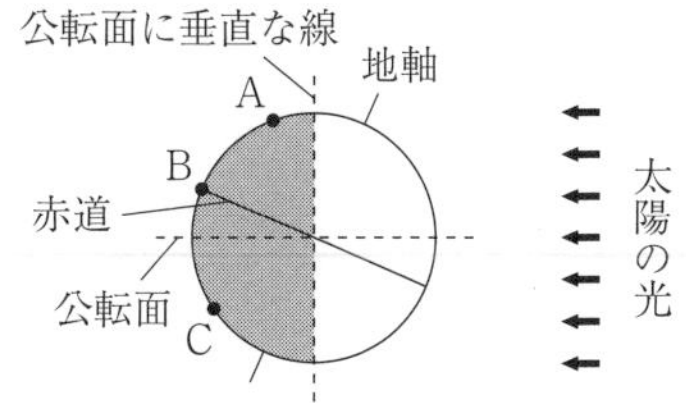

図４

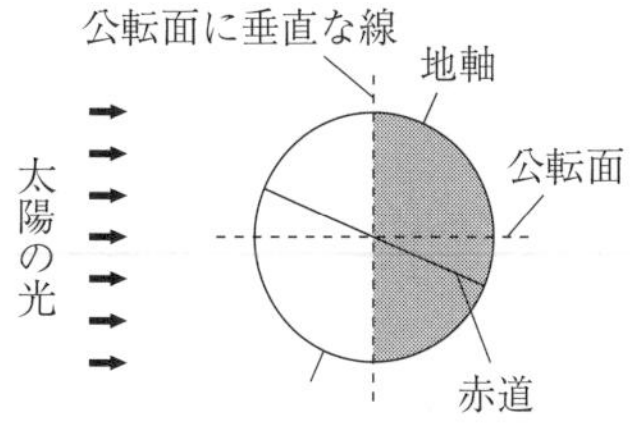

3　下線部bについて，夏に気温が高くなる理由を，調べ学習と図３，図４から考えて２つ書きなさい。(　　　　　　　　　)(　　　　　　　　　)

4　夏至のときの，図３のAからCの３地点を，日の出をむかえる順に並べ，記号で書きなさい。ただし，AからCまでの３地点は，同じ経線上にあるものとする。(　　→　　→　　)

5　太郎さんは，花子さんに，納沙布岬より犬吠埼で初日の出が早く見られる理由を説明するために，１月１日に，日本付近で太陽がのぼり始める日の出のころのようすを示した図５を使うことにしました。図５を使って，納沙布岬より犬吠埼で初日の出が早く見られる理由をどのように説明しますか。「地軸」，「昼と夜の境界」という２語を使って書きなさい。

(　　　　　　　　　　　　　　　　　　　　)

図５

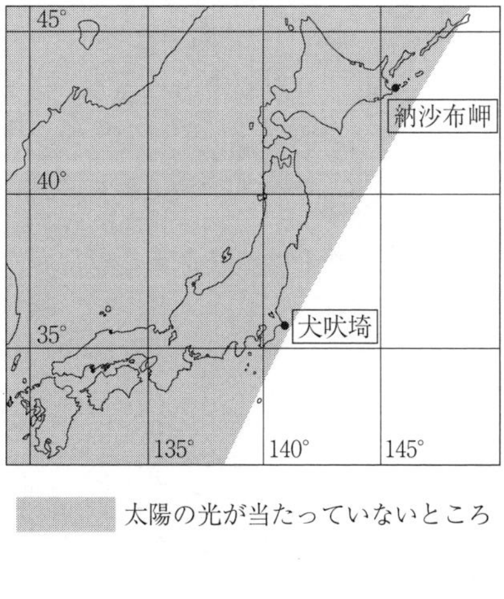

2　太郎さんと花子さんは，植物のさまざまなはたらきに興味をもち，実験して調べることにしました。図1は，太郎さんがかいたかいわれ大根のスケッチです。後の1から5までの各問いに答えなさい。

図1

太郎さん：かいわれ大根は大根とは別の植物だと思っていたら，発芽したばかりの大根の芽で，小さい葉は子葉だそうだよ。

花子さん：食べずに育てれば大根ができるということだね。

太郎さん：子葉以外の部分が大きくなっていくそうだよ。大根は消化を助けると聞くけれど，本当かな。もし本当なら，かいわれ大根はどうだろう。発芽したばかりのときから，消化を助けるはたらきはあるのかな。

花子さん：消化を助けるということは，消化液に似たはたらきをするのかな。消化液といえば，だ液のはたらきを調べる実験をしたね。

1　子葉の数が，かいわれ大根と同じものを，下のアからオまでの中からすべて選びなさい。(　　　)

ア　エンドウ　　イ　トウモロコシ　　ウ　イネ　　エ　タンポポ　　オ　ユリ

太郎さんと花子さんは，だ液のはたらきを調べる実験を振り返りました。次は，そのレポートの一部です。

【レポート】

〈方法〉

① 2本の試験管にデンプン溶液を3 cm^3 ずつ入れる。

② 一方の試験管には水，もう一方には薄めただ液をそれぞれ3 cm^3 加えてよく混ぜる。

③ 2本の試験管を，体温に近い36℃の湯に10分間つける。

④ ヨウ素液とベネジクト液の反応のようすを調べる。

図2

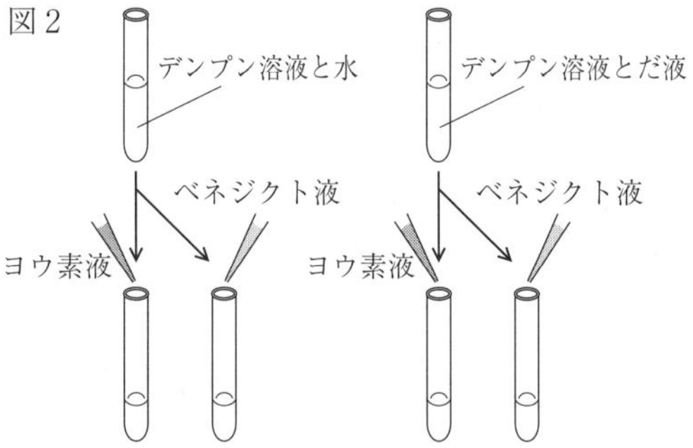

〈結果〉

表1は結果をまとめたものである。

表1

	ヨウ素液	ベネジクト液
デンプン溶液と水	青紫色	変化なし
デンプン溶液とだ液	変化なし	赤褐色の沈殿ができた

【話し合い】

太郎さん：レポートを参考にして，デンプン溶液に大根やかいわれ大根のしぼり汁を加えて実験しよう。結果をレポートと比べることで，大根やかいわれ大根のしぼり汁がだ液に似たはたらきをするかがわかるね。

花子さん：まずヨウ素液の色の変化から調べよう。

太郎さん：大根とかいわれ大根を比べるために，かいわれ大根の子葉以外の部分を使おう。

花子さん：私たちは食物から養分を得る生物だから，だ液はよくはたらくようだね。a 大根は食物から養分を得ることはない生物だから，時間がかかるかもしれないね。時間を長くして実験しよう。

太郎さん：b デンプン溶液と水の試験管については，だ液のはたらきを調べる実験で調べているから，用意しなくてもよいね。

2　消化とは，どのようなことをいいますか。書きなさい。

（　　　　　　　　　　　　　　　　　　　　　　　　　　　　　　　　　　　　）

3　下線部aについて，植物のように，生態系において無機物から有機物をつくり出す生物のことを何といいますか。書きなさい。（　　　　）

4　下線部bについて，大根やかいわれ大根のしぼり汁を使った実験のときに，デンプン溶液と水の試験管を用意しなくてもよいのは，だ液のはたらきを調べる実験で，どのようなことがわかっているからですか。書きなさい。

（　　　　　　　　　　　　　　　　　　　　　　　　　　　　　　　　　　　　）

太郎さんと花子さんは，次の仮説を立てて，実験を行いました。

仮説：「大根には消化を助けるはたらきがある。そのはたらきは，発芽したばかりのときからある。」

【実験】

〈予想〉

デンプン溶液に大根やかいわれ大根のしぼり汁を入れると，ヨウ素液の色は変化しない。

〈方法〉

① 大根をすりおろし，ガーゼでろ過して大根のしぼり汁をつくる。

② 子葉の部分を切りとった50本のかいわれ大根を乳鉢ですりつぶし，ガーゼでろ過してかいわれ大根のしぼり汁をつくる。

③ 試験管AとBにデンプン溶液を3 cm^3 ずつ入れる。

④ 試験管Aに大根のしぼり汁，試験管Bにかいわれ大根のしぼり汁をそれぞれ3 cm^3 加えて，よく混ぜる。

⑤ 試験管立てに，20分間置く。

⑥ 試験管の中の液を一部とり，ヨウ素液を加え，色の変化を調べる。

⑦ ヨウ素液の色が変化しなくなるまで，20分おきに⑥をくり返す。

⑧　ヨウ素液の色が変化しなくなったら，残りの液にベネジクト液を加え，沸とう石を入れてガスバーナーで加熱し，変化を調べる。

〈結果〉

表2は結果をまとめたものである。

表2

	ヨウ素液	ベネジクト液
試験管A	40分後に変化しなくなった	赤褐色の沈殿ができた
試験管B	3時間後に変化しなくなった	赤褐色の沈殿ができた

5　大根やかいわれ大根のしぼり汁のはたらきについて，実験の結果からいえることは何ですか。仮説をもとに，書きなさい。

(　　　　　　　　　　　　　　　　　　　　　　　　　　　　　　　　　　　　)

3 太郎さんと花子さんは，塩酸に亜鉛を入れると水素が発生することに興味をもち，実験を行いました。後の1から5までの各問いに答えなさい。

花子さん

試験管の中の塩酸に亜鉛を入れると，a水素が発生し，亜鉛はbとけていくよね。あの水素は，どこからきたのかな。

太郎さん

塩酸の中の水素イオンが変化して，水素が発生したと思うよ。それを確かめるいい方法はないかな。

花子さん

水素イオンについて調べることができるといいよね。中和の反応を利用できないかな。中和の実験を振り返ってみよう。

1 下線部aについて，発生した気体が水素であることをどのような方法で確かめることができますか。書きなさい。(　　　　　　　　　　　　　　　　　　　　)

2 下線部bについて，亜鉛は塩酸にとけると亜鉛イオンになります。亜鉛イオンについて，正しく説明しているものはどれですか。下のアからエまでの中から1つ選びなさい。(　　　)

ア 亜鉛原子が，電子を2個受けとって，+の電気を帯びた陽イオンになったもの。

イ 亜鉛原子が，電子を2個受けとって，－の電気を帯びた陰イオンになったもの。

ウ 亜鉛原子が，電子を2個失って，+の電気を帯びた陽イオンになったもの。

エ 亜鉛原子が，電子を2個失って，－の電気を帯びた陰イオンになったもの。

太郎さんと花子さんは，中和の実験を振り返りました。次は，そのレポートの一部です。

【レポート】

〈方法〉

① うすい塩酸をメスシリンダーで10.0cm^3はかりとり，ビーカーに入れる。

② 緑色のBTB溶液を数滴加え，水酸化ナトリウム水溶液をこまごめピペットで3.0cm^3ずつ加えていき，ビーカーの中の溶液の色の変化を調べる。

〈結果〉

表は結果をまとめたものである。

表

水酸化ナトリウム水溶液の体積(cm^3)	0	3.0	6.0	9.0	12.0	15.0
溶液の色	黄	黄	黄	黄	緑	青

3 レポートで使ったものと同じうすい塩酸10.0cm^3に水酸化ナトリウム水溶液12.0cm^3を加えた溶液を，スライドガラスに1滴とり，水を蒸発させるとスライドガラスに残る結晶は何ですか。化学式を書きなさい。(　　　)

【話し合い】

花子さん：塩酸に水酸化ナトリウム水溶液を加えていったときのようすをモデルで表してみよう。

太郎さん：塩酸 10.0cm^3 中のイオンを模式的に表したものを図1とすると，水酸化ナトリウム水溶液 6.0cm^3 を加えたときは図2のようになって，12.0cm^3 を加えたときは図3となると思うよ。

花子さん：図1から図3をみると，水素イオンの数が減っていくようすがわかるね。

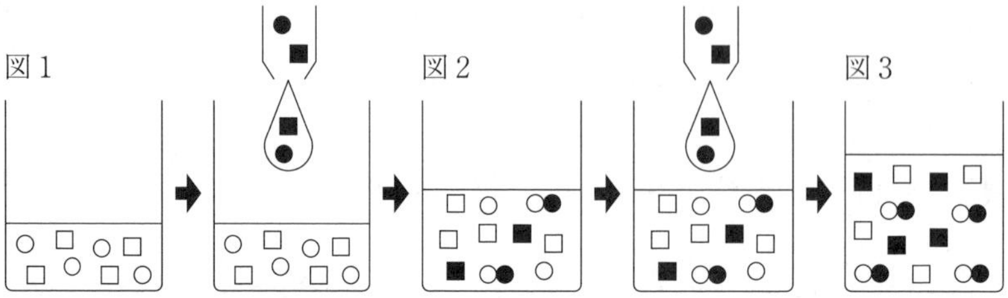

ただし，○は水素イオン，□は塩化物イオン，■はナトリウムイオン，●は水酸化物イオン，○●は中和によって生じた水分子を表している。

4　レポートで，水酸化ナトリウム水溶液 15.0cm^3 を加えたときのようすは，モデルでどのように表すことができますか。レポートと話し合いの内容から考えて，かきなさい。

花子さん

中和の実験を利用すれば，水素イオンの数を比べることができそうだね。レポートで使ったものと同じうすい塩酸と水酸化ナトリウム水溶液を用意して，実験をしよう。

【実験】

〈方法〉

① うすい塩酸をメスシリンダーで 6.0cm^3 はかりとり，試験管に入れる。

② 亜鉛板を①の試験管に入れる。

③ 水素が発生している途中で亜鉛板をとり出し，試験管に緑色の BTB 溶液を数滴加える。

④ 溶液の色が黄色から緑色になるまで，こまごめピペットで水酸化ナトリウム水溶液を少しずつ加え，加えた水酸化ナトリウム水溶液の体積を調べる。

〈結果〉

水酸化ナトリウム水溶液 6.4cm^3 を加えたとき，中性になった。

この結果から，c発生した水素は，塩酸中に含まれていた水素イオンから生じたものだとわかるね。

太郎さん

5　下線部cのように考えたのはなぜですか。レポートと実験からわかる数値を用い，「水素イオンの数」という語を使って説明しなさい。

(　　　　　　　　　　　　　　　　　　　　　　　　　　　　)

4 太郎さんと花子さんは，電気ストーブについて興味をもち，実験を行いました。後の1から5までの各問いに答えなさい。

花子さん

電気ストーブaは，電熱線が1本で消費電力が600Wあるよ。電気ストーブbは，電熱線が2本あって，消費電力が400Wと800Wに切りかえることができるよ。400Wのときは電熱線が1本だけ，800Wのときは2本とも熱くなるね。

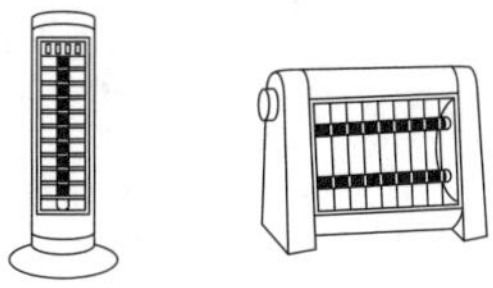
電気ストーブa　電気ストーブb

消費電力が大きい方が暖かいね。どんな電熱線がどのようにつながっているのかな。実験室の電熱線を使って調べよう。電熱線を水の中に入れて，水の温度変化を調べればいいね。

太郎さん

1 電気ストーブは，電熱線の熱を離れているところに伝えています。このように熱が伝わる現象を何といいますか。書きなさい。(　　　)

【実験1】

〈方法〉

① 抵抗が4.0Ωの電熱線Aを使って図1のような回路をつくる。発泡ポリスチレンのコップには，室温と同じ温度の水100gを入れる。

② 電熱線Aに6.0Vの電圧を加える。

③ ガラス棒でゆっくりかき混ぜながら，1分ごとに5分間，水温を測定する。

④ 電熱線Aを抵抗が6.0Ωの電熱線Bにかえて，同様の実験を行う。

図1

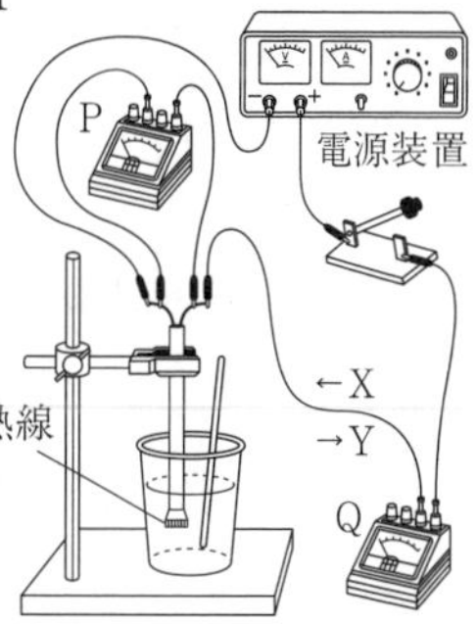

〈結果〉

表1は実験の結果をまとめたものである。

表1

電流を流した時間(分)		0	1	2	3	4	5
水温(℃)	電熱線A	20.0	21.2	22.4	23.6	24.8	26.0
	電熱線B	20.0	20.8	21.6	22.4	23.2	24.0

2 実験1の図1について，電圧計の位置，および，電流の向きは，どのようになりますか。正しい組み合わせを右のアからエまでの中から1つ選びなさい。(　　　)

	ア	イ	ウ	エ
電圧計の位置	P	P	Q	Q
電流の向き	X	Y	X	Y

3 電熱線Aが消費した電力は何Wですか。求めなさい。

(　　　W)

4 電熱線Bに6.0Vの電圧を加えて，8分間電流を流したとき，室温と同じ温度の水100gは何℃になりますか。求めなさい。また，そのときに電熱線Bが消費した電力量は何Jですか。求めな

さい。(　　　℃)(　　　J)

花子さん

400W と 800W を切りかえる電気ストーブｂは，2 本の電熱線をどのようにつなげているのかな。

電熱線Bを 2 本用意して，つなぎ方をかえて確かめてみよう。直列につなぐ場合と，並列につなぐ場合が考えられるね。

太郎さん

【実験 2】

〈方法〉

① 抵抗が 6.0 Ω の電熱線 B を 2 本用意し，図 2 のように直列につなぎ，実験 1 と同じ回路をつくる。発泡ポリスチレンのコップに室温と同じ温度の水 100g を入れる。

② 回路全体に 6.0V の電圧を加える。

③ ガラス棒でゆっくりかき混ぜながら，1 分ごとに 5 分間，水温を測定する。

④ 2 本の電熱線 B を図 3 のように並列につなぎかえて，同様の実験を行う。

図 2

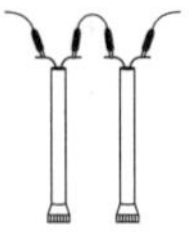

図 3

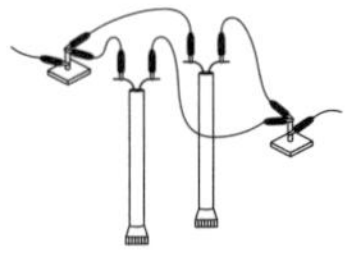

〈結果〉

表 2 は実験の結果をまとめたものである。

表 2

電流を流した時間(分)		0	1	2	3	4	5
水温(℃)	直列つなぎ	20.0	20.4	20.8	21.2	21.6	22.0
	並列つなぎ	20.0	21.6	23.2	24.8	26.4	28.0

花子さん

2 本の電熱線を並列につなげた方が，温度上昇が大きく，電力も大きいね。電気ストーブｂは，抵抗が同じ電熱線を並列につなげているのかな。

5　2 本の電熱線 B を並列につなげると回路全体の電力が大きくなるのはなぜですか。「電圧」という語を使って理由を書きなさい。

(　　　　　　　　　　　　　　　　　　　　　　　　　　　　　　　　　　　　)

3 次の1から4までの各問いに答えなさい。

1 次の①から⑤までの文中の――線部のカタカナを漢字に直して書きなさい。

① シュウイを見渡す。(　　　)
② 気力をフルう。(　　う)
③ シャソウから外を見る。(　　　)
④ 年月をツイやす。(　　やす)
⑤ メンミツな計画を立てる。(　　　)

2 次の①から⑤までの文中の――線部の漢字の正しい読みをひらがなで書きなさい。

① 書類を申請する。(　　　)　② 商品を陳列する。(　　　)
③ 歓迎会を催す。(　　す)　④ 注意を喚起する。(　　　)
⑤ 現地に赴く。(　　く)

3 次の文中の――線部の活用の種類と活用形は何ですか。活用の種類は、後の①のアからオまでの中から一つ選び、記号で答えなさい。活用形は、後の②のaからfまでの中から一つ選び、記号で答えなさい。

「ありがとう、友よ。」二人同時に言い、ひしと抱き合い、それからうれし泣きにおいおい声を放って泣いた。

(太宰《だざい》　治《おさむ》「走れメロス」より)

① 活用の種類(　　　)

ア 五段活用　イ 上一段活用　ウ 下一段活用
エ カ行変格活用　オ サ行変格活用

② 活用形(　　　)

a 未然形　b 連用形　c 終止形
d 連体形　e 仮定形　f 命令形

4 次は、中国の『韓非子《かんぴし》』という本にある話の【A】と、その現代語訳【B】です。これらを読んで、後の①と②の各問いに答えなさい。

【A】

楚人《そひと》に、盾と矛とをひさぐ者あり。これをほめていはく、「わが盾の堅きこと、よくとほすものなし。」と。またその矛をほめていはく、「わが矛の利《と》きこと、物においてとほさざるなし。」と。ある人いはく、「子《し》の矛をもつて、子の盾をとほさばいかん。」と。その人、こたふることあたはざりき。

(竹内照夫《たけうちてるお》「新釈漢文体系　第12巻　韓非子(下)」より)

【B】

楚の国の人で、盾と矛とを売る者がいた。その盾を自慢して言うには、「私の盾の堅いことといったら、突き通せるものはないのだ。」と。また、その矛を自慢して言うには、「私の矛の鋭いことといったら、どんなものでも突き通さないものはないのだ。」と。ある人が、「あなたの矛であなたの盾を突いたら、どうなるか。」と尋ねた。その人は答えることができなかった。

① 【A】の――線部は、【B】のどの部分と対応していますか。適切な部分を【B】の中から抜き出して書きなさい。

(　　　)

② 【A】の話から生まれた故事成語を漢字で答え、意味を書きなさい。

故事成語(　　　)　意味(　　　)

りょうさん：確かに、調査の結果を示すと説得力があるね。そうすると、第②段落も第④段落も同じように身近なことでいいのかな。ひなたさんは、第④段落ではどのようなことを書こうと思ったのですか。

ひなたさん：ちょっと見方を変えて、敬語は使わなくてもいいと思っている人のことを書こうと思いました。それで、あるお店に服を買いに行ったときのことを思い出して、その出来事を書いたのです。

りょうさん：なるほど。あまり敬語を使わない人とかいるし、人なつっこく話しかけてくる人もいるよね。身近なことだから、みんなにわかりやすくていいと思うな。

なつきさん：でも、店員さんの話は、そんなにいつもあることではないと思うな。やっぱり、どのお店でも丁寧な言葉で話されていることが多いし。私は、りょうさんが言ったように、調査の結果を使って、自分の考えを書いた方がいいと思う。

1 【本の一部】の（　）に当てはまるように、適切な謙譲語を一語で書きなさい。（　　）

2 【本の一部】の――線部について、筆者はどのように言い換えていますか。【本の一部】から**二十五字以内**で抜き出して書きなさい。

3 ひなたさんは、交流した後、【意見文の下書き】の第④段落を書き直すことにしました。次の条件1と条件2にしたがって書きなさい。

条件1　第④段落の一文目に続けて書き、第⑤段落につながるように書くこと。

条件2　【敬語についての調査】の内容を引用し、その内容についてどう考えるかを含めて、**八十字以上、百字以内**で書くこと。

では、敬語を使わなくてもよいのだろうか。

4 ひなたさんの学級では、この後の学習で、意見文の書き方についてまとめることになりました。あなたがまとめるとしたら、どのように書きますか。次の条件1から条件3にしたがって書きなさい。

条件1　第一段落には、【意見文の下書き】の構成や【話し合っている様子】の内容をふまえ、意見文を書くときの工夫点を**三つ**取り上げること。

条件2　第二段落には、工夫点として**三つ**のことを取り上げた**理由**を書くこと。

条件3　原稿用紙の正しい使い方にしたがい、**百字以上、百四十字以内**で書くこと。

100

140

【敬語についての調査】

敬語を使うことが，人間関係を作っていくのに，かえってマイナスになると感じることがあるか
－マイナスになると感じることは「ない（計）」と7割台前半が回答－

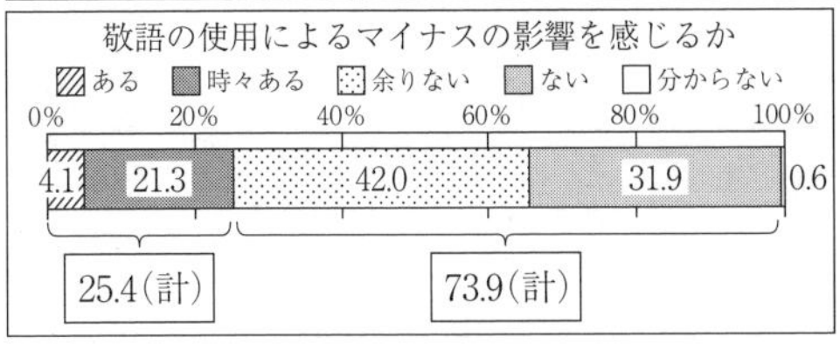

合計は四捨五入の関係で100％にならない。

〔全体〕

敬語を使うことが，人間関係を作っていくのに，かえってマイナスになってしまうと感じることがあるかを尋ねた。

「ある」（4.1％）と「時々ある」（21.3％）を合わせた「ある（計）」は25.4％となっている。一方,「ない」(31.9％）と「余りない」（42.0％）を合わせた「ない（計）」は73.9％となっている。

敬語を使うことが，人間関係を作っていくのに，マイナスと感じるのはどのようなときか
－「敬語を使っているために，相手との距離を縮めることができないとき」が5割台半ばと最も高い－

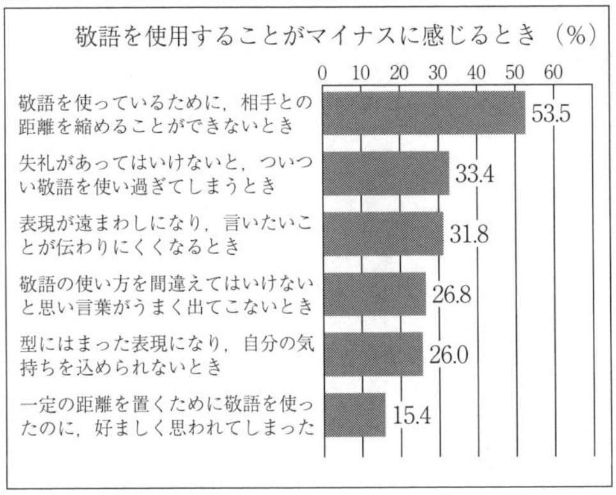

（文化庁平成28年「国語に関する世論調査」による。）

〔全体〕

敬語を使うことが，人間関係を作っていくのに，かえってマイナスになってしまうと感じることが「ある」「時々ある」と答えた人（全体の25.4％）に，それはどのようなときかを尋ねた（選択肢の中から幾つでも回答）。

「敬語を使っているために，相手との距離を縮めることができないとき」が53.5％と最も高く，次いで「失礼があってはいけないと，ついつい敬語を使い過ぎてしまうとき」(33.4％)，「表現が遠まわしになり，言いたいことが伝わりにくくなるとき」(31.8％）がそれぞれ3割台前半,「敬語の使い方を間違えてはいけないと思い，言葉がうまく出てこないとき」(26.8％),「型にはまった表現になり，自分の気持ちを込められないとき」(26.0％）がそれぞれ2割台半ばとなっている。

【意見文の下書き】（①から⑤は、段落の番号を表します。）

① 敬語は、相手に敬意を表す言葉である。【本の一部】では、敬語によって人間関係が明らかになるといっている。私は相手に敬意を払いながら、その場にふさわしい敬語を使うことが大切だと思う。

② 例えば、先生や職場体験でお世話になった方など、目上の人に対しては敬語を使っている。また、初対面の人と話すときも、相手がどのような人かわからないので、失礼がないように敬語を使っている。

③ 一方、【敬語についての調査】には、敬語を使うことが、人間関係を作っていくのに、かえってマイナスになってしまうと感じている人がいるという結果が載っている。その人たちの五割以上が、「敬語を使っているために、相手との距離を縮めることができないとき」を理由として挙げている。

④ では、敬語を使わなくてもよいのだろうか。先日、服を買いに行ったとき、初めて対応してくれた店員さんが、友達のように親しく話しかけてきて、どう受け答えすればよいのか困ってしまった。店員さんなりの接客だったのだろうが、私としては、なんとなく不快に感じた。

⑤ 敬語は、相手との関係をスムーズにし、相手のことを大切に思う気持ちを表す言葉だ。人間関係ができてくると、相手への敬意を払いながら、親しみを込めつつ緩やかに敬語を使っている。敬語は、同じ人に対してでも、時間の経過とともに変化するものであり、状況に応じて、その場にふさわしい敬語を使っていきたい。

【話し合っている様子】

ひなたさん：私は、身近なことがいいと思って、第②段落と第④段落に自分が生活の中で経験したことを書きました。

なつきさん：第③段落に、【敬語についての調査】のことを書いているね。

と述べるといいのではないか。
　と、こんなことを常々考えていたら、敬語に関して、ずいぶんと明快に記述した書籍が現れた。
『敬語はこわくない』（井上史雄《いのうえふみお》著）は、敬語を、社会制度の変化に応じて変わっていく動的なものとして捉え、その変化をわかりやすく解説している。
　この文中に、
「明治時代に日本語の敬語を研究した欧米の言語学者の中には、敬語は人称を示すと考えた人がいたくらいである。」
という記述があった。まず私の説明も、あながち間違ってはいなかったということだろう。
　井上氏も書いていることだが、逆の見方をすれば、私たち日本人は、敬語を使用することによって、主語を明確にしているのだ。
　特に、日本語の話し言葉においては、主語はほとんど省略されるが、それでも意味が通じるのは、敬語（丁寧語などを含む広い意味での）によって関係を明瞭《めいりょう》にしている点が大きい。
　井上氏は、この点について、さらに次のように記している。
「ところが、自分と相手が同じ程度の敬語を相互的に使って話すようになると、敬語で人称を示すことが難しくなる。コミュニケーションの場で誰のことをいっているかが分かりにくくなり、誤解を避けるには主語を明示する必要が生じる。」
（中略）
　日本語は、「Ｉ」や「ＹＯＵ」のような、単純で汎用《はんよう》性のある人称代名詞を持っていない。「私」「僕」「オレ」「あなた」「君」「おまえ」と、私たちはいつも使い分けに苦労する。親しくもない奴《やつ》に、急に「おまえ」よばわりされても困るし、「君」や「あなた」も、よそよそしい感じがする。
　だが、もしかすると、敬語の変化のなかで、五〇年、一〇〇年のちには、もっと使いやすい（誰に対してでも使うことのできる）人称代名詞だって生まれてくるかもしれない。敬語も、丁寧語を中心として、外国人にも学びやすい、より体系的なものに変わっていくだろう。
　肝心なことは、私たちが、他者を大事に思い、他者とのコミュニケーションを円滑に進めたいと願う意思、気持ちの側にあるのだ。そこを出発点として、敬語の変化を捉えていくなら、まさに「敬語はこわくない」のである。

（平田《ひらた》オリザ「対話のレッスン」より）

（注）話者＝話をする人。
汎用＝一つのものを広くいろいろの方面に用いること。

のみ得られる情報はどれですか。最も適切なものを、次のアからエまでの中から一つ選び、記号で答えなさい。（　　）

ア　プラスチックは分解に数百年、数千年かかるということ。

イ　プラスチックが食品の保存に役立っているということ。

ウ　プラスチックは人工物で最終的にごみになるということ。

エ　プラスチックのリサイクルが進んでいないということ。

4　【本の一部】の［B］の〰〰線部について、本文から読み取れる理由はどのようなことですか。最も適切なものを、次のアからエまでの中から一つ選び、記号で答えなさい。（　　）

ア　再生可能な資源と再生不可能な資源の両方を使い続けるために、供給源の問題として解決策を議論すべきだから。

イ　環境問題には二つの側面があることを意識し、一側面に着目するのではなく、それぞれの面から考える必要があるから。

ウ　使用した資源の量と排出された廃棄物の量を分けて分析することで、科学的根拠に基づいた経済活動が可能になるから。

エ　環境問題においては二つの側面を同時に解決することはできないので、どちらか一方を優先することが重要だから。

5　【本の一部】の［B］の══線部について、「レジ袋をやめよう」という動きが起こったのはなぜですか。その理由を、【本の一部】の［B］と【資料の一部】の内容をふまえて、**八十字以上、百二十字以内**で書きなさい。

2　ひなたさんの学級では、敬語について意見文を書く学習をしています。次は、ひなたさんが意見文を書くために読んだ【本の一部】、資料として見つけた【敬語についての調査】、ひなたさんが書いた【意見文の下書き】、ひなたさんの【意見文の下書き】を読んでグループで交流しているときの【話し合っている様子】です。これらを読んで、後の1から4までの各問いに答えなさい。

【本の一部】

日本語の場合には、人称による変化はない。

私が行く

君が行く

彼が行く

というように、人称が変わっても、動詞がそれに応じて変わるわけではない。

しかし、敬語による動詞の使い分けは、動詞の活用に近いものがある。たとえば、

一人称……今日、私は、会社に（　　）ます。

二人称……今日、（あなたは、）会社にいらっしゃいますか？

三人称……今日、彼は、会社に行きます。

といった具合である。

だから、欧米の人々に、日本語の敬語体系について簡単に説明するときには、

「あなた方の言語は、人称によって動詞の語尾が変化する。一方、日本語では、話者と相手との関係によって、あるいは話者と話題の人物との関係によって動詞や助動詞そのものを使い分けるときがある。難しいだろうけど」

【資料の一部】

【グラフ①】プラスチック世界年間生産量　(2015年)
合計　4億トン

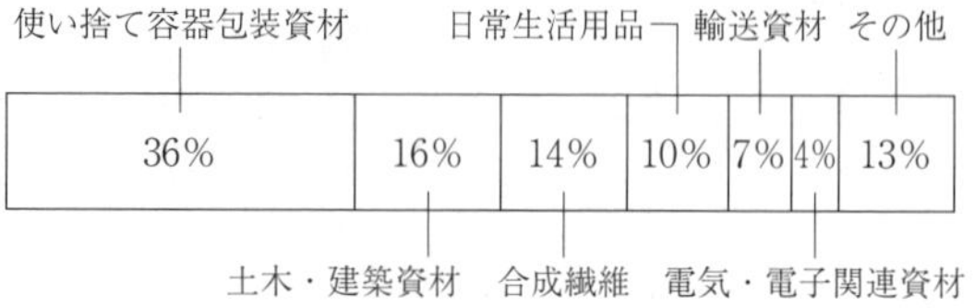

【グラフ②】世界の容器包装プラごみの行方　(2015年)
合計　1億4100万トン

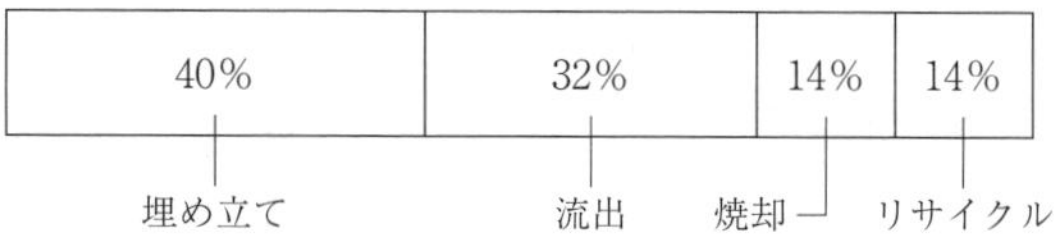

人類がこれまでに生産したプラスチックのうち，約半分は21世紀になってからのものだと算出されています。なかでも驚異的な伸び率を示しているのが，飲料ボトル，ボトルキャップ，食品トレイ，外装フィルム，レジ袋など，容器や包装に使われているプラスチックです。

上の【グラフ①】は，2015年に生産されたプラスチック約4億トンを部門別に分類したもの。最大の36%，全体の3分の1以上を占めるのが容器包装部門です。

これらの容器包装プラスチックは，商品の輸送や保存，衛生管理に役立ち，いまや日々の暮らしの中で目にしない日はありません。しかし，これらは使い捨てであり，生産されたその年のうちに，ごみになってしまうものがほとんどです。生産量が多くなれば，当然，ごみの量も増えます。

同じ2015年に，ごみになったプラスチック約3億トンのうち，容器包装が占めるのは，実に47%に及びます。

しかし本当に問題なのは，これらのごみの行方です。2015年の全世界の容器包装プラごみ(【グラフ②】)のうち，リサイクルされたのは14%に過ぎません。残り86%のうち，埋め立てや焼却に回されたものを除くと，なんと32%が「流出」しているというのです。

容器包装プラごみは，軽量で風に飛ばされやすく，特にレジ袋は風船のように風をはらんで予想外に遠くまで移動します。しかもその寿命は定かではなく，数百年ないし千年たっても分解されないともいわれています。こうして流出したごみのうち，あるものは土壌に堆積し，あるものは海にたどりつきます。

(インフォビジュアル研究所『図解でわかる14歳からのプラスチックと環境問題』による。)

1　【本の一部】の［A］の――線部はプラスチックの特性について述べています。この特性のうち，軽量であるということによるプラスチックの利点について，【本の一部】の［A］の中ではどのように説明されていますか。具体例を含めて書きなさい。

（　　　　　　　　　　　　　　）

2　【本の一部】の［A］から読み取れることとして最も適切なものを，次のアからエまでの中から一つ選び，記号で答えなさい。（　　）

ア　プラスチックを利用した生活は，地球環境への負担があまりにも大きいということが最近の研究によって明らかになってきたので，早急に人間の暮らしを見直さなければならない。

イ　もともと環境保護という面も持ち合わせていたプラスチックであるが，人間にとって有用な特性をもつがゆえに生じた弊害が，現在，地球環境に対する大きな問題となっている。

ウ　プラスチックの歴史を振り返ると，その技術開発の中で環境保護を目的とする意外な一面もあったので，今一度初心に戻り，環境に配慮したプラスチックの開発を考えるべきだ。

エ　科学技術の進歩には，人間の意図にかかわらず，必ず功罪が現れてくるものであり，プラスチックも結果的に自然環境に悪い影響を及ぼしてしまったという経緯をたどっている。

3　【本の一部】の［A］と【資料の一部】について，【資料の一部】から

どの化石燃料や鉱物資源といった「再生不可能な資源」もある。言うまでもなく、再生不可能な資源は使い切ったら、あとは使えなくなる。再生可能な資源は、その資源が再生するペースを超えなければ持続可能に使い続けることができる。

他方、「吸収源」としての地球に吸収してもらう廃棄物も、地球が吸収し、無害化できるペースを超えずに排出していれば、問題ない。しかし、それを超えてCO_2が排出されているために温暖化が生じるように、地球の吸収能力を超えて廃棄物を排出するのは持続可能ではない。また、自然由来ではない人工物のように、そもそも地球には吸収できないものもある。言うまでもなく、そういったものを排出し続けるのは持続可能ではない。

「これは環境問題だ」と言うとき、「供給源としての問題」と「吸収源としての問題」を区別することが肝要だ。ごっちゃになったままでは議論がかみ合わないことがよくあるからだ。

プラスチックの問題で言えば、数十年前に「レジ袋をやめよう」という運動が広がったことがあった。そのときの主な理由は「化石資源は枯《こ》渇《かつ》するから」であった。そこで、業界団体から、「レジ袋は原油を精製する過程で生じるナフサを使って製造しているのだから、レジ袋をやめても化石資源の保全には関係ない」という声が上がり、運動の勢いは失われた。ここでの問題は「供給源としての問題」であった。

昨今の「レジ袋をやめよう」という動向は、「吸収源としての問題」への対処として出てきていることに留意したい。たとえ、資源面で問題がなくても、製造・使用・廃棄されたレジ袋が道ばたや世界中の海に散逸し、もともと自然環境では分解されないプラスチックごみとしてたまり続けていることが問題となっているのである。

（枝廣《えだひろ》淳子《じゅんこ》「プラスチック汚染とは何か」より）

（注）成形＝形を作ること。
ビスフェノールA、フタル酸エステル＝どちらもプラスチックを加工する際に添加する物質。
元凶＝悪いことのおおもと。
目する＝注意を向ける。
ペレット＝小さな粒の形をしたもの。
温室効果ガス＝地球から熱が逃げないような働きをする気体のこと。
食品ロス＝食べ残しや売れ残りなどで、本来食べられるにも関わらず捨てられてしまう食べ物。
負荷＝負担になること。
枯渇＝つき果てて、なくなること。
ナフサ＝石油を精製する際に得られるガソリンの一種。
散逸＝ばらばらになってどこかへいってしまうこと。

国語

時間　五〇分
満点　一〇〇点

1　次は、プラスチックについて書かれた【本の一部】と【資料の一部】です。これらを読んで、後の1から5までの各問いに答えなさい。

【本の一部】

[A]

　プラスチックは軽量で耐久性があり、好きな形に成形することができ、かつ安価に生産できるなど、極めて有用で、革命的とさえ言える素材だ。また、プラスチックに添加剤を混ぜることで、私たちの望む特性をもたせることができる。たとえば、ビスフェノールAとフタル酸エステルを添加することで、「水に強く、燃えにくい」プラスチックができる。こうしてプラスチックは「何にでも使える」素材となってきた。

　現在は、環境問題の元凶のように目されているプラスチックだが、実は「環境保護のためにその利用が増えてきた」経緯もあると聞くと驚くかもしれない。初期の頃、プラスチックが多用されるようになった理由には主に二つあるという。

　一つは、野生動物の保護だ。従来、装飾品などの材料として使われていた象牙やウミガメの甲羅をプラスチック材料で代用することで、ゾウやウミガメなどをできるだけ殺さずにすむ、というものだ。もう一つは、どのみち廃棄物になるしかなかった製油所からの副産物をプラスチックペレットとして利用し、経済的な価値に転換するという、廃棄物の有効活用である。

　今世紀最大の課題と言われる温暖化の問題に対しても、軽量で耐久性の高いプラスチックは社会・経済活動に伴う温室効果ガスの排出量低減に役立ってきた。たとえば飲料ボトルがガラスからプラスチックに代わることで、軽量化が進み、輸送時のCO_2排出量が削減される。容器包装に高性能プラスチックを使用することで、食品貯蔵寿命を延ばすことができ、食品ロス削減につながる。

　このように、プラスチックは多くの分野や製品・用途において、環境負荷低減に役立ってきた。しかし、プラスチックは人間が創り出した人工物であり、自然の中には存在しない。プラスチックをこれほどまでに特別で有用な素材にしているその特性ゆえに、プラスチックは基本的に自然に還《かえ》ることができないのだ。プラスチックごみの大きな問題の一つは、「完全に分解されることはない」ことだ。より細かく砕かれていっても、消えることはない。たとえ肉眼では見えなくなったとしても、環境中に残り続ける。たとえば発泡スチロール製の容器は、分解するのに数千年もかかり、その間、水や土壌を汚染し続けるという。

　プラスチックは基本的に自然に還らないため、これまでに生産されたプラスチックのほぼすべてが――埋め立て場であれ、海の中であれ――今でも存在し続けているのだ。

[B]

　私たちの暮らしも経済活動も、地球から資源やエネルギーを取り出すことで営まれている。また、暮らしや経済活動で不要になったものは、廃棄物として地球に戻される。私たちの暮らしや経済活動から見ると、地球は資源やエネルギーの「供給源」であり、廃棄物の「吸収源」でもある。

　「供給源」としての地球から供給されるものは、木材、魚、淡水、太陽光や風力といった「再生可能な資源」もあれば、石油・石炭・天然ガスな

2020年度／解答

数　学

1 【解き方】(1) $(-11)+6=-5$ (人)

(2) 与式 $=\dfrac{35}{20}a-\dfrac{12}{20}a=\dfrac{23}{20}a$

(3) 与式を順に①，②とする。①×2＋②×3より，$13x=26$　よって，$x=2$　これを①に代入して，$2\times2-3y=1$ より，$-3y=-3$　よって，$y=1$

(4) 与式 $=2\sqrt{3}-\sqrt{18}=2\sqrt{3}-3\sqrt{2}$

(5) 左辺を因数分解して，$(x-3)(x-4)=0$　よって，$x=3,\ 4$

(6) 与式 $=x^3\times36x^2y^2\div(-3x^2y)=-\dfrac{x^3\times36x^2y^2}{3x^2y}=-12x^3y$

(7) y の変域が0以上だから，$a>0$ で，$-3\leqq x\leqq1$ における y の値は，$x=-3$ で最大値1をとるから，$1=a\times(-3)^2$　よって，$9a=1$ より，$a=\dfrac{1}{9}$

(8) 7点の人が28人で最も多いから，最頻値は7点。

(9) BC∥ADより，△DFC＝△AFC，AC∥EFより，△AFC＝△AEC，AB∥DCより，△AEC＝△AEDだから，△AFC，△AEC，△AEDは△DFCと面積が等しくなる。また，取り出した2枚のカードに書かれた文字の組み合わせは，(C，D)，(C，E)，(C，F)，(D，E)，(D，F)，(E，F)の6通りで，下線を引いた3通りのとき，条件を満たすから，求める確率は，$\dfrac{3}{6}=\dfrac{1}{2}$

【答】(1) -5 (人)　(2) $\dfrac{23}{20}a$　(3) $(x=)\ 2$　$(y=)\ 1$　(4) $2\sqrt{3}-3\sqrt{2}$　(5) $(x=)\ 3,\ 4$　(6) $-12x^3y$

(7) $(a=)\ \dfrac{1}{9}$　(8) 7　(9) $\dfrac{1}{2}$

2 【解き方】(1) $y=5000x$ に，$x=15$ を代入して，$y=5000\times15=75000$ (円)

(2) 参加者が x 人のときの旅行会社の利益は，$5000x-(1900x+80000)=3100x-80000$ (円)だから，$3100x>80000$ のとき，利益がプラスとなる。$80000\div3100=25.8\cdots$ だから，参加者は少なくとも26人必要。

(3) 2点A，Bは，③の式を表すグラフ上にあり，点Bの y 座標はバス1台を運行するための費用を表しているから，点Aの y 座標と点Bの y 座標の差が表しているものとして，エが正しい。

【答】(1) 75000 (円)　(2) 26 (人)　(3) エ

(4)【説明】1人あたりの参加費を z 円とすると，旅行会社の売り上げ金額は $45z$ 円。また，開催するための費用の合計は，$1900\times45+80000=165500$ (円)　よって，このときの利益が100000円とすると，$100000=45z-165500$ が成り立つ。これを解いて，$z=5900$ より，1人あたりの参加費は少なくとも5900円。(1人あたりの参加費) 5900 (円)

3 【解き方】(1) 右図Iのように，直線AE，直線DEと直線BCとの交点をそれぞれS，Tとし，ABとDTとの交点をIとする。ここで，SC $=x$ m とすると，SF：SB＝EF：ABより，$(x+6):(x+12)=5:8$ だから，$5(x+12)=8(x+6)$ より，$3x=12$　よって，$x=4$　GC：EF＝SC：SF＝4：(4＋6)＝2：5より，GC：5＝2：5だから，5GC＝10より，GC＝2 (m)となる。また，点Gが点Dに重なったときの点Pの位置

図I

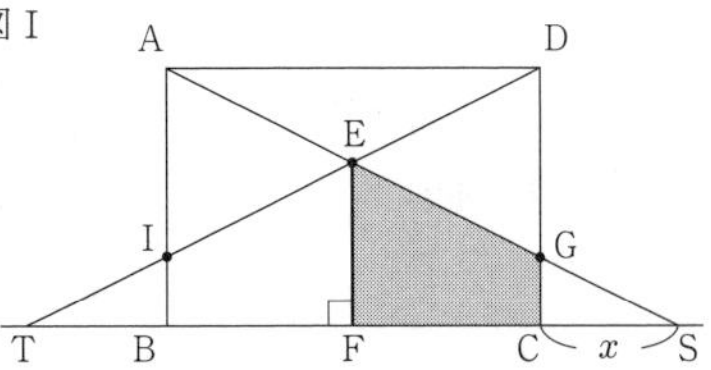

が点Iで，対称性より，BI = CG だから，このとき，AP = $8-2=6$ (m)

(2) $\triangle$PFE $\backsim$ $\triangle$GHE より，PF : GH = FE : HE で，PF = $6-2=4$ (m)，EH = $8-5=3$ (m)より，4 : GH = 5 : 3 だから，5GH = 12 より，GH = $\dfrac{12}{5}$ (m)　よって，DG = DH − GH = $6-\dfrac{12}{5}=\dfrac{18}{5}$ (m)

(3) 右図Ⅱのように，P を通り BC に平行な直線と，G を通り AB に平行な直線との交点を J，EF と JP との交点を K とする。ここで，CP = AG = x m とすると，PK : PJ = EK : GJ より，$6:(12-x)=(5-x):(8-x)$だから，$(12-x)(5-x)=6(8-x)$より，$x^2-11x+12=0$　解の公式より，$x=\dfrac{-(-11)\pm\sqrt{(-11)^2-4\times1\times12}}{2\times1}=\dfrac{11\pm\sqrt{73}}{2}$　$\sqrt{64}<\sqrt{73}<\sqrt{81}$ より，$8<\sqrt{73}<9$ だから，$\dfrac{11+\sqrt{73}}{2}>8$ となり不適。よって，CP = $\dfrac{11-\sqrt{73}}{2}$ m

図Ⅱ

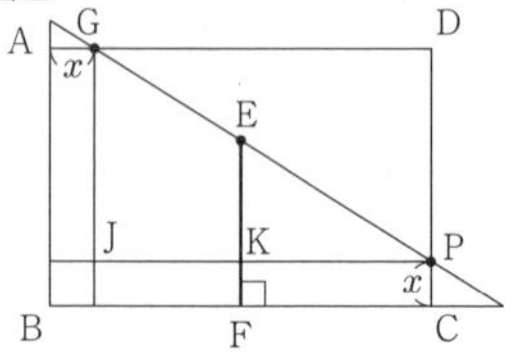

【答】(1) (線分 CG) 2 (m)　(線分 AP) 6 (m)

(2)【証明】$\triangle$PFE と $\triangle$GHE において，対頂角だから，$\angle$FEP = $\angle$HEG……①　AD ∥ BC より，錯角は等しいから，$\angle$EPF = $\angle$EGH……②　①，②より，2 組の角がそれぞれ等しいから，$\triangle$PFE $\backsim$ $\triangle$GHE　(線分 DG) $\dfrac{18}{5}$ (m)　(3) $\dfrac{11-\sqrt{73}}{2}$ (m)

4 【解き方】(2) 四角形 AEPF と四角形 DGPF は対称性より合同だから，四角形 AEPF と五角形 PEBCG の面積が等しい場合を考える。次図Ⅰのように P を通り AD に平行な直線を引き，AB，DC との交点をそれぞれ M，N とすると，四角形 AMPF，$\triangle$PBC は，どちらも正方形 ABCD の面積の $\dfrac{1}{4}$ だから，$\triangle$PME = $\triangle$PEB + $\triangle$PGC　ここで，EB = GC だから，ME = 2EB　よって，MB = 3EB より，AB = 6EB となる。したがって，AE : EB = 5 : 1

(3) 次図Ⅱにおいて，四角形 ABQF，四角形 FQEC，$\triangle$QBE の面積が等しいとする。Q は三角形の 2 つの内角の二等分線の交点として求めることができ，$\triangle$AQB : $\triangle$CQA : $\triangle$BQC = 6 : 7 : 8 となるから，$\triangle$AQB = 6S，$\triangle$CQA = 7S，$\triangle$BQC = 8S と表せる。よって，$\triangle$ABC = 6S + 7S + 8S = 21S だから，三等分されたそれぞれの図形の面積は 7S となる。B を中心とした半径 AC の円と BC との交点を E，C を中心とした半径 AB の円と AC との交点を F とすると，EC = AF = 1 だから，四角形 ABQF = 6S + S = 7S，四角形 FQEC = 7S − S + S = 7S，$\triangle$QBE = 8S − S = 7S となり，三等分されたことになる。

図Ⅰ

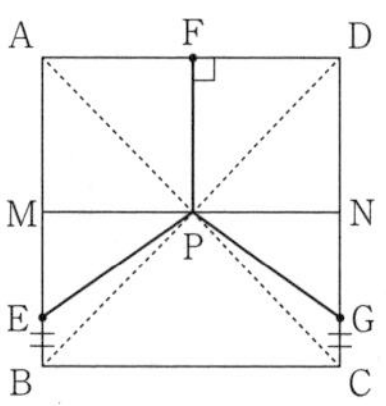

図Ⅱ

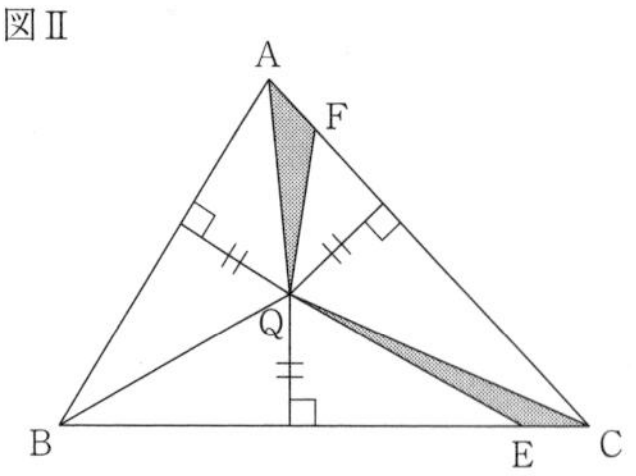

図Ⅲ
(例)

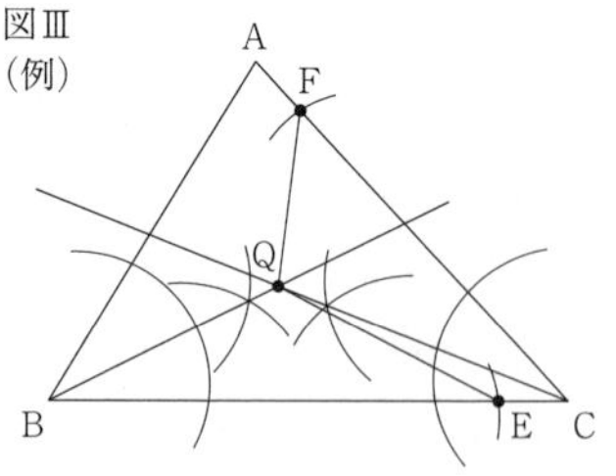

【答】(1) $\triangle$AOB，$\triangle$BOD は 3 辺が等しく正三角形となるから，$\angle$AOB = 60°，$\angle$BOD = 60°　よって，$\angle$AOD = 120°　同様に，$\angle$AOE = 120° だから，$\angle$DOE = 360° − 240° = 120°　したがって，3 つのおうぎ形は中心角が等しいから面積は等しくなる。

(2) (AE : EB =) 5 : 1　(3) (前図Ⅲ)

英　語

1 【解き方】《その1》1.「料理をする前に手を洗いなさい」という言葉に対してジョンは「わかった。そうする」と答えている。手を洗うときに使うものは「せっけん」。2.「通りをまっすぐ行って，公園を右に曲がる」，「そうすると左側に見える」と案内している。3. 現在の時刻は3時45分。「次のバスが来るまで15分ある」と言っていることから，次のバスは4時に来る。4.「冬は一番人気がある」，「春と夏とでは春の方が人気がある」，「春は秋と同じくらいの人気だ」という条件に合うものを選ぶ。

《その2》マイクはユミのカメラで撮ったパーティーの写真について「明日，学校でそれらの写真を見せてくれますか？」と言っている。

《その3》1. ベーカー先生がトムのことを「彼は中学校で音楽を教えている」と紹介している。2. 涼子が「私は10年間サッカーをしています」と言っている。3.「ジェーンの大好きなチームが日本にあり，彼女はそのチームのメンバーになりたがっている」とベーカー先生が説明している。4. 例として，「ジェーンの大好きなサッカーチームの名前は何ですか？」や「ジェーンは週に何回サッカーを練習していますか？」などの質問が考えられる。

【答】《その1》1. イ　2. ウ　3. ア　4. エ　《その2》ウ

《その3》1. エ　2. ウ　3. イ　4.（例）What is the name of Jane's favorite soccer team?

◀全訳▶ 《その1》

1.

A：ジョン，料理をする前に手を洗いなさい。

B：わかった。そうするよ。

質問：ジョンは何を使うでしょうか？

2.

A：すみません。この近くに書店はありますか？

B：はい。この通りをまっすぐ行って，公園を右に曲がってください。そうすると左側に見えます。

A：ありがとう。

質問：どれが書店ですか？

3.

A：今，何時ですか？

B：3時45分です。

A：次のバスが来るまで15分あります。

質問：次のバスは何時に来ますか？

4.

A：ヨウコ，あなたはどの季節が一番好きですか？

B：春が一番好きです。でも私のクラスでは冬が一番人気があります。

A：本当ですか？　あなたのクラスでは春と夏とではどちらの方が人気がありますか？

B：春です。そして私のクラスでは春が秋と同じくらいの人気です。

質問：ヨウコのクラスはどれですか？

《その2》もしもし，ユミ。マイクです。昨日はパーティーに来てくれてありがとう。僕は楽しく過ごすことができました。あなたも楽しめましたか？　そうだといいのですが。ところで，パーティーのとき，あなたのカメラで一緒に写真を撮りましたね。僕はその写真が見たいです。明日，学校でそれらの写真を見せてくれますか？　ありがとう。

《その3》

A：ベーカー先生，何を見ているのですか？

B：ああ，涼子。写真を見ているのです。これは私の友人のトムで，この女の子は私の妹のジェーンです。彼女は高校生です。彼らはアメリカにいます。

A：トムはアメリカで何をしているのですか？

B：彼は中学校で音楽を教えています。昨年，彼はジェーンの誕生日パーティーで彼女のためにピアノを演奏してくれて，私たちは一緒にダンスをしました。

A：わあ，それは素敵なプレゼントでしたね。ところで，ジェーンはサッカーボールを持っています。彼女はサッカーをするのですか？

B：はい，彼女は7年間サッカーをしています。

A：本当ですか？　私もサッカーをします。私は10年間サッカーをしています。

B：10年間？　長い間しているのですね！

A：はい。でももっと上手にサッカーがしたいです。

B：ああ，いいですね！　実は，ジェーンは日本でサッカーをしたいと思っているのです。彼女の大好きなチームが日本にあって，彼女はそのチームのメンバーになりたいと思っているのです。

A：まあ，本当に？　いつか私も彼女と一緒にサッカーができたらいいと思います。

B：それは素晴らしいですね！

質問1：アメリカでのトムの仕事は何ですか？

質問2：涼子はどれくらいサッカーをしているのですか？

質問3：なぜジェーンは日本でサッカーがしたいと思っているのですか？

2 **【解き方】** 1. エの1文目に「自分の大好きな本について話したい場合は，図書館までメールを送ってください」とあり，次の文でそのメールに書くべき内容を続けている。

2. ⑴「私はわくわくしています」と「私は発表のことが心配でもあります」という2つの内容をつなぐもの。逆接の接続詞 but が入る。⑵ ② 優子の「私はたいてい有名な人の人生に関する本を読みます」という返答から考える。「あなたはたいていどんな種類の本を読むのですか？」などの疑問文が入る。「どんな種類の～」＝ What kind of ～。③「あなたが発表の中で紹介した本が読みたいです」という言葉に続く文。優子が「いいですよ。明日それを学校に持っていきます」と答えていることから，「それを借りてもいいですか？」などの疑問文が入る。「～を借りる」＝ borrow ～。

3. ⑴ 優子さんが発表に使った資料の題名から考える。「これは1か月に人々が何冊の本を読んでいるのかを示したグラフです」という意味の文にする。「人々が何冊の本を読んでいるのか」＝ how many books people read。⑵ 資料より，1か月に3冊以上の本を読んでいる人は15パーセント。また，1冊も本を読んでいない人は約半数。⑶ 直後の「しかし読書の時間を見つけることは可能だと思います」という表現から考える。「多くの人は『忙しすぎて本が読めない』と言っている」とする。「～すぎて…できない」＝ too ～ to …。

【答】 1. エ　2. ⑴ イ　⑵ (例) ② What kind of books do you usually read?　③ Can I borrow it?

3. ⑴ many books people read　⑵ ウ　⑶ エ

◀全訳▶　1. 【イベントの案内】

びわこ図書館10月のイベント

英語の本に出会おう

日付：10月23日，日曜日

時間：13時～16時

場所：びわこ図書館

秋になり，読書によい季節となりました。
あなたは読書が好きですか？　あなたの大好きな本について話してみたいとは思いませんか？
このイベントには誰でも参加できます！　あなたが発表者になることもできますし，聞きにくるだけでもかまいません。
参加して楽しい時間を過ごしてください。

このイベントでは何をするのでしょう？　あなたの大好きな本を持参し，その物語について５分で話します。発表者全員が話し終えたら，聞いている人たちが「どの本を最も読みたいと思いますか？」と質問されます。聞いている人たちは自分たちが読みたいと思う本を選ぶのです。

あなたの大好きな本について話してみたい場合は，図書館までメールを送ってください。お名前，年齢，学校名，あなたが紹介したい本の名前，そして電話番号を記入してください。

私たちは聞き手も歓迎します。図書館に来て，発表を楽しんでください。
読みたい新たな本が見つかりますよ！

より詳しい情報は：☎123-456-7890　✉biwako@library.shiga.jp　まで

2.【優子さんとベンさんの会話】

優子：ベン，私は読書も英語も好きなので，これに興味があります。

ベン：「英語の本に出会おう」？　楽しそうですね。何をするのですか？

優子：自分の大好きな英語の本を持っていき，その物語について話すのです。発表の後で，聞き手が読みたい本を選びます。

ベン：それは面白い。あなたの発表が聞きたいです。

優子：私はわくわくしているのですが，発表のことが心配でもあります。私は大勢の人の前で話すのが得意ではなく，よく緊張するのです。それに発表は英語です。私の発表の手助けをしてもらえませんか？

ベン：心配はいりません。あなたの英語の手助けをしてあげます。練習すれば，あなたの発表は素晴らしいものになりますよ。

優子：ありがとう，ベン。今から本を選ぶことにします。

ベン：(あなたはたいていどんな種類の本を読むのですか？)

優子：私はたいてい有名な人の人生に関する本を読みます。

ベン：ああ，あなたはたいてい伝記を読むのですね。あなたの発表を楽しみにしています。

優子：ありがとう。発表の後で，多くの人が私の大好きな本を読んでくれるといいです。

ベン：僕もそうなればいいと思います。頑張ってください。

ベン：たくさんの聞き手があなたの発表を気に入っていました。よく頑張りましたね！

優子：ありがとう。少し緊張しましたが，全力で頑張りました。

ベン：あなたの発表は本当に楽しかったし，あなたが発表の中で紹介した本が読みたいです。(それを借りてもいいですか？)

優子：いいですよ。明日それを学校に持っていきます。あなたが気に入ってくれるといいです。

3.【優子さんの発表の内容】

あなたはどれくらい多くの本を読みますか？　あなたは読書が好きですか？　今日，私は読書について話します。

私は読書が好きで，１か月にたいてい３冊か４冊の本を読みます。これを見てください。これは１か月に人々が何冊の本を読んでいるのかを示したグラフです。このグラフによれば，約15パーセントの人が1か月に3冊以上の本を読んでいます。ほぼ半数の人が1冊も本を読んでいないことを知って私は驚きました。多くの人は忙しすぎて本が読めないと言いますが，読書の時間を見つけることは可能だと思います。例えば，電車に乗っている間や誰かを待っている間に本を読むことができます。

私たちは本から多くのことが学べると思いますし，読書は楽しいものです。読書を楽しみましょう！

③【解き方】1. (1) 第2段落の5文目を見る。ナンシーが初めて日本に来たとき，真美は小学生だった。(2) 第2段落の最終文を見る。ナンシーは大学で日本語や日本文化を勉強している。(3) 第4段落の2文目を見る。インターナショナルデーが行われているのは毎月第2日曜日。

2. 直後の「彼女は自分の町のお祭りやその他のイベントによく参加して，日本語で人々とたくさん話しています」という文から考える。ナンシーは日本語を使うチャンスを逃さない。「～を逃す」= miss ～。

3. 「私たちがそこで使う言語は英語です」という意味の文。「私たちがそこで使う言語」= the language we use there。language の後ろには目的格の関係代名詞が省略されている。

4. 同じ段落で，英語を話していても「国によって発音が異なること」，「人によって異なる表現を使うこと」が述べられている。真美は世界中で人々が「同じ」英語を話しているのだと思っていたが，そうではなかった。「同じ」= same。

5. インドの英語で使われる「ラーク」という言葉が，インドのヒンディー語に由来していることから考える。各国の英語は，文化や人々の話す「言語」に影響を受けている。

6. ア.「5年前に日本に来たとき，ナンシーは真美と一緒に過ごした」。第2段落の前半を見る。ナンシーは5年前に日本に来たとき，真美の家に2週間滞在した。正しい。イ. 第3段落の4文目に「真美はナンシーがとても上手に日本語を話すので驚いた」とあるが，ナンシーが真美の英語に驚いたという記述はない。ウ.「真美はナンシーから外国語の勉強方法を学んだ」。第3段落の中ほどを見る。正しい。エ. 第3段落の最後から2文目を見る。真美は日本では英語を使うチャンスが少ししかないと言った。オ. 第4段落の2文目を見る。インターナショナルデーには外国の生徒だけでなく日本人も集まっている。カ. 第5段落の前半を見る。国によって発音が異なるため，真美が外国の生徒たちの英語を理解するのは困難だった。

7. 「英語は世界に通じる窓である」とは，世界中で話されている英語を使うことによって世界中の人々から多くのことを学ぶことができるという意味である。同段落の内容をまとめて書く。

【答】1. (例) (1) Yes, she was　(2) She studies Japanese and Japanese culture　(3) It is held on the second Sunday of each month

2. イ　3. language we use there is　4. same　5. language　6. ア・ウ

7. (例) English is spoken all over the world. If we can speak English, we can learn a lot of things from people around the world. (24語)

◀全訳▶　英語を学ぶことは私の生活の重要な一部となっています。オーストラリアから来た生徒と出会ったとき，私は英語にとても興味を持つようになりました。彼女の名前はナンシーです。

ナンシーは今，日本にいます。彼女が日本に来るのはこれが2度目です。前回，彼女は私の家に2週間滞在しました。私たちは5年来の知り合いです。初めて日本に来たとき，彼女は中学生で私は小学生でした。当時，私は英語を話すことができず，彼女は上手に日本語が話せなかったのですが，私たちはジェスチャーを使ってコミュニケーションをとろうとしました。オーストラリアに戻ってから，彼女は高校で日本語を勉強しました。彼女はオーストラリアで日本語の先生になることを希望しているので，大学で日本語や日本文化を勉強するため，再び日本にやってきました。

ある日，ナンシーが私の家を訪れました。私は彼女と再会できてとてもうれしく思いました。私たちは長い間楽しく話しました。ナンシーがとても上手に日本語を話すので，私はとても驚きました。そのとき，私にとって英語を話すのは難しいことでしたが，私は英語を上手に話したいと強く思いました。私は彼女にどのように日本語を勉強しているのか尋ねました。彼女は外国語の勉強方法を私に教えてくれました。その方法の 1 つは，その言語を使うようにすることです。ナンシーは日本語を使うチャンスを逃しません。彼女は自分の町のお祭りやその他のイベントによく参加し，日本語で人々とたくさん話しています。私は彼女に，日本では英語を使うチャンスが少ししかないのだと伝えました。すると彼女は「次の日曜日に公民館へ行くのはどうでしょう？」と私に言いました。

公民館ではインターナショナルデーと呼ばれるパーティーをしていました。毎月第 2 日曜日に，外国の生徒と日本人が集まって，各国の料理を作ったり，ゲームをしたり，何らかのイベントを楽しんだりしています。私たちがそこで使う言語は英語です。日本語が話せない生徒もいますが，私たちは英語でお互いにコミュニケーションをとることができます。それは私にとって英語を話すよいチャンスでした。初日に，私は外国から来た生徒たちと英語で話をして楽しみました。私の言いたいことを彼らが理解してくれたとき，私はとてもうれしく感じました。それは楽しいので，私は今では毎月そこに行っています。

そのパーティーで気づいたことは，さまざまな国の人々がさまざまな英語を話していることです。私は世界中で人々は同じ英語を話しているのだと思っていましたが，そうではありません。2 つの例を挙げてみましょう。まず，各国で発音が少し異なります。ナンシーの発音はインドの生徒の発音と同じではありません。他の国の生徒たちも違う発音で話します。そのため，最初は彼らの英語を理解するのが困難でした。第二に，人によって異なる表現を使います。例えば，インドの英語には「ラーク」という単語があります。この単語はインドで話されている言語であるヒンディー語に由来します。「ラーク」は 10 万を意味しています。インドの人の中には「私の街には 10 ラークの人が暮らしている」と言う人もいます。それは「私の街には 100 万人が暮らしている」という意味です。私は各国の英語が文化や人々の話す言語に影響を受けていることを知りました。

私は多くの人々とコミュニケーションをとるために英語を勉強しています。世界中で多くの人々が英語を使っています。英語を使うことによって，私たちは外国の人々とのコミュニケーションを楽しむことができます。私たちは異なる言語を話す人々から，異なる文化や異なる生活様式を学ぶことができます。英語は世界に通じる窓です。私はもっと熱心に英語を勉強したいと思います。そうすればより多くの友だちができ，世界中の人々から多くのことを学ぶことができるのです。

4 **【解き方】** 例として「お互いの学校生活について話し合い，その違いについて学ぶ」，「写真を見せながら町の観光地や訪れるべき場所の紹介をする」，「好きなスポーツや好きなテレビ番組などについて話し合う」などの活動が考えられる。

【答】（例）How about showing some pictures of our school and talking about them in English? The students from America will talk about their school, too. We can find the differences between Japanese schools and American schools.（35 語）

社　会

1 **【解き方】** 1．ア．4県とも12月や1月の降水量は100mmを下回っている。イ．D県は7月の月平均気温が1年で最も高くなっている。また，A県やC県は，9月の降水量が1年で最も多い。ウ．A県とC県の年降水量は2000mm未満。

2．A．茶は牧ノ原台地，みかんは駿河湾沿岸の丘陵地が主な産地。B．「さつまいも」の生産量が日本一多い鹿児島県。C．農業よりは工業がさかんな三重県。D．「食用にわとり」などの畜産物や野菜の生産がさかん。

3．⑴ ヨーロッパの人々が植民地において現地の人々を働かせ，特定の商品作物を大量に生産した。コーヒーや綿花，カカオなども栽培された。⑵ イ．現在でも直線的な国境線は多く見られ，民族の分布と関係なく引かれたものが多いため，紛争の要因となっている。エ．例えば，オーストラリアはかつてイギリスの植民地であった。⑶ 近年では，農業における多品種生産に切り替え，モノカルチャーからの脱却を図る国も出てきている。

5．農作物や製品を安く販売するため，発展途上国の生産者に適正な対価が支払われない，といった問題の解決策として期待されている。

【答】 1．エ　2．A．静岡県　D．宮崎県

3．⑴ プランテーション　⑵ ア・ウ　⑶ 特定の商品作物や鉱産資源などの輸出にたよるモノカルチャー経済では，商品作物の輸出量や鉱産資源の価格下落などの影響を受けやすいため。(同意可)

4．季節風(または，モンスーン)

5．発展途上国でつくられた農作物や製品を，適正な価格で取り引きする（同意可）

2 **【解き方】** 1．⑵ アは飛鳥時代，イは平安時代，ウは奈良時代の各文化の説明。

2．⑴ ア・ウは江戸時代のようす。⑵ 惣の寄合では，燃料や飼料をとるための森林の利用方法や管理の仕方，農業用水路の建設や管理方法などが話し合われていた。

3．⑴ 石見銀山は，現在の島根県に位置し，世界遺産にも登録されている。イは兵庫県の生野銀山，ウは新潟県の佐渡金山，エは栃木県の足尾銅山。⑵ 海上交通の要所であった大阪には，西まわり航路を使って，東北地方や北陸地方の年貢米や各地の特産物が運ばれた。北陸地方や西日本の大名は，それらの年貢米や特産物の販売拠点として，大阪に倉庫を備えた蔵屋敷を置いた。⑶ 絹織物業や綿織物業などで多くみられたしくみ。

4．⑴ 日本のラジオ放送は，1925（大正14）年に東京，名古屋，大阪で始まった。ア・イ・エは，明治時代初期のようす。⑵ 資料3より，1960年と1970年の輸出品の上位品目や輸出額を比較するとよい。特に繊維製品の順位が下がっていることがわかる。

【答】 1．⑴ 防人　⑵ ア→ウ→イ

2．⑴ イ・エ　⑵ 村の寄合でおきてをさだめたりした自治組織のこと。(同意可)

3．⑴ ア　⑵ 海上の航路の整備とともに，その拠点となる大阪に各地の大名が蔵屋敷を置き，年貢米や特産物の取り引きが行われたから。(同意可)　⑶ 工場制手工業(または，マニュファクチュア)

4．⑴ ウ　⑵ 技術革新が進み，鉄鋼や自動車などの重化学工業が発展し，海外への輸出額を大きく伸ばした。(同意可)

3 **【解き方】** 1．国際連合の安全保障理事会の常任理事国は，アメリカ合衆国，ロシア，イギリス，フランス，中国の5か国。

3．条約を結ぶことに立法府が関与することで民主的統制を加えることは，19世紀以降に各国で一般的なこととなった。

4．⑴ PKOは，平和維持活動の略称。アは非政府組織，イは世界保健機関，ウは国際通貨基金の略称。⑵ アは国連教育科学文化機関（UNESCO)，イは国際司法裁判所，エは国連難民高等弁務官事務所（UNHCR）の活動。

5. (1) ①・② アメリカでの自動車の販売価格は，1ドル＝125円のときは16000ドル（200万円÷125円），1ドル＝100円のときは20000ドル（200万円÷100円）となる。外国通貨に対する円の価値が高まることを「円高」といい，日本の輸出産業には不利に，輸入産業には有利になる。(2) ア．国全体では，無償資金協力よりも技術協力の割合の方が少し高い。イ．タイへの無償資金協力は25％程度になっている。ウ．カンボジアに対しては無償資金協力の割合の方が高い。(3)「持続可能な社会」とは，将来の世代の幸福と現在の世代の幸福とを両立できる社会のこと。発展途上国における現在の世代および将来の世代の幸福と，それらに対する先進国の関わり方について考えるとよい。

【答】 1. アメリカ合衆国　2. 日ソ共同宣言

3. 条約を締結することで，その内容にそった法律の整備等も行うことになる。国内法の内容に影響するため，唯一の立法機関である国会に認めてもらう必要があるから。(75字)（同意可）

4. (1) エ　(2) ウ　5. (1) ① 4000　② 高　（記号）イ　(2) エ　(3) 先進国による発展途上国への支援において，技術協力などを通して自立を促すことにより，現在の世代の貧困を解消しながら，将来的に継続して幸福な生活がおくれるようになること。（同意可）

理　科

1 【解き方】2. アの秋田市と鳥取市では，秋田市の方が東，オの仙台市と鳥取市では，仙台市の方が東，カの千葉市と鳥取市では千葉市の方が東にあり，春分・夏至・秋分・冬至で東にある都市の方が日の出の時刻は早い。イの秋田市と千葉市の経度はほぼ同じ。

3. 調べ学習の表より，秋田市，仙台市，千葉市，鳥取市の昼の時間を求めると，夏至では，19時11分－4時12分＝14時間59分，19時3分－4時13分＝14時間50分，18時59分－4時24分＝14時間35分，19時22分－4時48分＝14時間34分になり，冬至では，16時19分－6時57分＝9時間22分，16時20分－6時50分＝9時間30分，16時30分－6時45分＝9時間45分，16時54分－7時8分＝9時間46分になるので，夏至の昼の長さの方が冬至の昼の長さより長くなっている。また，図3と図4より，夏至の太陽の南中高度のほうが，冬至の太陽の南中高度より高くなる。

4. 図3で，A・B・Cの各点を通る地軸に垂直な直線を引き，その線と公転面に垂直な線との交点を考える。A点を通る直線の交点はA点と地軸の間にあり，B点を通る直線（赤道）の交点は地軸と同じところにあり，C点を通る直線の交点は地軸に対してC点と反対側にある。よって，日の出の時刻はA点が最も早く，C点が最も遅くなる。

【答】1. 恒星　2.（夏至）ウ　（冬至）エ　3. 昼の時間が長い・太陽の南中高度が高い（それぞれ同意可）

4. A → B → C

5. 地球は地軸が傾いたまま太陽のまわりを公転しているため，初日の出のときは，昼と夜の境界の傾きが，犬吠埼と納沙布岬を結ぶ線の傾きより大きくなるから。(同意可)

2 【解き方】1. かいわれ大根は双子葉類。トウモロコシ・イネ・ユリは単子葉類。

4. 表1より，デンプン溶液に水を加えた試験管では，ヨウ素液が青紫色に変化し，ベネジクト液は変化していないので，水がデンプン溶液を変化させないということがわかる。

【答】1. ア・エ　2. 食物の栄養分を吸収されやすい形に変えること。(同意可)　3. 生産者

4. 水がデンプン溶液を変化させないこと。(同意可)

5. 大根のしぼり汁には，デンプンを分解するだ液に似たはたらきがある。デンプンを分解するはたらきは発芽したばかりのときからあるが，大根のしぼり汁の方が，デンプンを早く分解する。(同意可)

3 【解き方】1. 水素に火のついたマッチを近づけると，ポンと音をたてて燃える。

2. 原子が電子を失うと陽イオンになり，電子を受けとると陰イオンになる。

3. うすい塩酸に水酸化ナトリウム水溶液を加えると塩化ナトリウムと水ができる。うすい塩酸10.0cm^{3}に水酸化ナトリウム水溶液12.0cm^{3}を加えると中性になるので，蒸発させたときに残る固体は中和によってできた塩化ナトリウムのみ。

4. 図1より，塩酸10.0cm^{3}に含まれる水素イオンや塩化物イオンは4個ずつで表されているので，塩酸10.0cm^{3}と過不足なく反応する水酸化ナトリウム水溶液12.0cm^{3}に含まれるナトリウムイオンや水酸化物イオンも4個ずつになり，水酸化ナトリウム水溶液15.0cm^{3}に含まれるナトリウムイオンや水酸化物イオンは，$4\,(\text{個}) \times \dfrac{15.0\,(\text{cm}^3)}{12.0\,(\text{cm}^3)} = 5\,(\text{個})$　よって，塩酸10.0cm^{3}に水酸化ナトリウム水溶液15.0cm^{3}を加えたときのモデル図では，ナトリウムイオンが5個，塩化物イオンが4個，水分子が4個，水酸化物イオンが1個存在する。

(例)

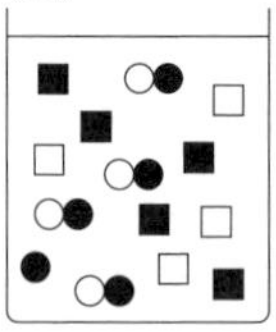

5. うすい塩酸10.0cm^{3}と過不足なく反応する水酸化ナトリウム水溶液は12.0cm^{3}なので，うすい塩酸6.0cm^{3}と過不足なく反応する水酸化ナトリウム水溶液の量は，$12.0\,(\text{cm}^3) \times \dfrac{6.0\,(\text{cm}^3)}{10.0\,(\text{cm}^3)} = 7.2\,(\text{cm}^3)$

【答】1. 火のついたマッチを近づけて，気体が燃えるかどうかを確かめる。(同意可)　2. ウ　3. NaCl

4. （前図）

5. うすい塩酸 $6.0\mathrm{cm}^3$ をすべて中和させるために必要な水酸化ナトリウム水溶液の体積は $7.2\mathrm{cm}^3$ だが，反応後の溶液においては，その量よりも少ないので，水素の発生によってその分だけ水素イオンの数が減っていたことがわかるから。（同意可）

4 【解き方】2. 電圧計は電熱線に対して並列につなぎ，電流計は電熱線に対して直列につなぐので，P が電圧計，Q が電流計を表している。電流は＋極から－極に向かって流れる。

3. 電熱線 A の抵抗は 4.0 Ω，加える電圧は 6.0V なので，流れる電流の大きさは，オームの法則より，$\dfrac{6.0\,(\mathrm{V})}{4.0\,(\Omega)} = 1.5\,(\mathrm{A})$　よって，$6.0\,(\mathrm{V}) \times 1.5\,(\mathrm{A}) = 9\,(\mathrm{W})$

4. 表 1 より，$20.8\,(℃) - 20.0\,(℃) = 0.8\,(℃)$，$21.6\,(℃) - 20.8\,(℃) = 0.8\,(℃)$，$22.4\,(℃) - 21.6\,(℃) = 0.8\,(℃)$ なので，電熱線 B に 6.0V の電圧を加えたとき，100g の水が 1 分間に上昇する温度は 0.8 ℃になる。よって，8 分間電流を流したときの水温は，$0.8\,(℃) \times \dfrac{8\,(分)}{1\,(分)} = 6.4\,(℃)$ 上昇するので，$20.0\,(℃) + 6.4\,(℃) = 26.4\,(℃)$　また，電熱線 B に流れる電流の大きさは，$\dfrac{6.0\,(\mathrm{V})}{6.0\,(\Omega)} = 1.0\,(\mathrm{A})$ なので，電熱線 B が消費した電力量は，8 分 = 480 秒より，$6.0\,(\mathrm{V}) \times 1.0\,(\mathrm{A}) \times 480\,(秒) = 2880\,(\mathrm{J})$

【答】1. 放射　2. ア　3. 9（W）　4. 26.4（℃），2880（J）

5. 2 本の電熱線 B を並列につなげる場合は，2 本の電熱線 B に加わる電圧がそれぞれ 6.0V となり，回路全体の電力は 2 本の電熱線 B の電力の和となるから。（同意可）

国　語

1 【解き方】1.「軽量で耐久性の高いプラスチックは…温室効果ガスの排出量低減に役立ってきた」とした上で，「飲料ボトル」はプラスチックに代わったことで軽量化が進み，「輸送時の CO_2 排出量」が削減された例を挙げている。

2. プラスチックは「野生動物の保護」や「廃棄物の有効活用」「環境負荷低減」などに役立ってきたことを挙げた反面，「人工物」で「特別で有用な素材」であるプラスチックは「自然に還ることができない」ため，環境中に残り続けて「水や土壌を汚染し続ける」と述べている。

3.【資料の一部】には，「容器包装プラごみ」のうち，「リサイクルされたのは 14 %に過ぎません」とあるが，【本の一部】には「リサイクル」についての記述はない。

4. 直後の「ごっちゃになったままでは議論がかみ合わないことがよくあるからだ」に注目。「環境問題」と言っても実は「供給源としての問題」と「吸収源としての問題」の二つがあり，これらは分けて議論すべきなので，二つの環境問題は区別しておくべきだということ。

5.【本の一部】では，「自然環境では分解されない」というレジ袋が，道ばたや世界中の海に散逸してたまり続けているという「吸収源としての問題」を解決するために，「レジ袋をやめよう」という動きが起こったと述べている。また【資料の一部】では，生産量が驚異的に伸びている「容器包装プラスチック」であるレジ袋は，「予想外に遠くまで移動」し，「分解されない」まま「あるものは土壌に…海にたどりつきます」と環境への悪影響を指摘している。こうしたことから，レジ袋は「吸収」されない容器包装プラスチックであること，レジ袋は自然界に散逸してたまり続けてしまうこと，したがって大量のごみとなるレジ袋は環境に多大な悪影響を与えてしまうことをおさえる。

【答】1. 飲料ボトル輸送時の CO_2 排出量が削減され，温室効果ガスの排出量低減に役立つこと。(同意可)

2. イ　3. エ　4. イ

5. レジ袋は，現在，大量に生産され，大量のごみとなっている容器包装プラスチックの一つである。そうした中で，地球を廃棄物の吸収源と考えると，吸収できない人工物であるレジ袋が，自然の中に流出し，分解されずにたまり続けることが問題となっているから。(119 字)(同意可)

2 【解き方】1.「行く」の謙譲語。

2. この意見を受けて「私の説明」と同様であることを確認した上で，「井上氏も書いていることだが…」と日本語の敬語について見解を示し，言い直していることに着目する。

3. 第⑤段落の最後で，「状況に応じて，その場にふさわしい敬語を使っていきたい」と述べている。敬語について肯定的な回答が多いことを示した調査結果を引用し，この結果が意味することについて述べる。

4. 第②段落と第④段落で「自分が生活の中で経験したこと」を取り上げていることや，第③段落で「調査の結果」を引用していること，また，第④段落で「敬語を使わなくてもよいのだろうか」と読み手に問いかけていることなどに着目して考える。

【答】1. 参り　2. 敬語を使用することによって，主語を明確にしている(24 字)

3. (では，敬語を使わなくてもよいのだろうか。)同じ調査では，そもそも七割台前半の人が，敬語を使うことが人間関係を作っていくのに，マイナスではないと回答している。このことは，社会生活の中で多くの人が敬語の必要性を感じていることの表れだと考える。(98 字)(同意可)

4. (例)

自分が生活の中で経験したことを取り上げる，調査の結果を示す，そして，読み手に問いかける，といった工夫をして意見文を書くとよいと思います。

経験談は意見を身近なものと感じさせるし，調査結果は説得力を生みます。また，問いかけは読み手の関心を引いて効果的です。(138 字)

3 **【解き方】** 3. ①「ない」をつけると，直前の音が「ア段」の音になる。② 文中で，文をいったん中止するときの形。

4. ①「わが矛」の鋭いことを示し，自慢している。②「突き通せるものはない」という盾と，「どんなものでも突き通さないものはない」という矛とが同時に存在することは，ありえないはずなのに，それがともに存在するかのように言った商人が，ある人から理屈に合わないと追及されて困ってしまったという話である。

【答】 1. ① 周囲　② 奮(う)　③ 車窓　④ 費(やす)　⑤ 綿密

2. ① しんせい　② ちんれつ　③ もよお(す)　④ かんき　⑤ おもむ(く)　3. ① ア　② b

4. ① 突き通さないものはないのだ　② (故事成語) 矛盾　(意味) 前後のつじつまが合わないこと。(同意可)

~MEMO~

2025年度 受験用

公立高校入試対策シリーズ(赤本) ラインナップ

入試データ	前年度の各高校の募集定員,倍率,志願者数等の入試データを詳しく掲載しています。
募集要項	公立高校の受験に役立つ募集要項のポイントを掲載してあります。ただし,2023年度受験生対象のものを参考として掲載している場合がありますので,2024年度募集要項は必ず確認してください。
傾向と対策	過去の出題内容を各教科ごとに分析して,来年度の受験について,その出題予想と受験対策を掲載してあります。予想を出題範囲として限定するのではなく,あくまで受験勉強に対する一つの指針として,そこから学習の範囲を広げて幅広い学力を身につけるように努力してください。
くわしい解き方	模範解答を載せるだけでなく,詳細な解き方・考え方を小問ごとに付けてあります。解き方・考え方をじっくり研究することで応用力が身に付くはずです。また,英語長文には全訳,古文には口語訳を付けてあります。
解答用紙と配点	解答用紙は巻末に別冊として付けてあります。 解答用紙の中に問題ごとの配点を掲載しています(配点非公表の場合を除く)。合格ラインの判断の資料にしてください。

府県一覧表

3021 岐阜県公立高
3022 静岡県公立高
3023 愛知県公立高
3024 三重県公立高【後期選抜】
3025 滋賀県公立高
3026-1 京都府公立高【中期選抜】
3026-2 京都府公立高【前期選抜 共通学力検査】
3027-1 大阪府公立高【一般選抜】
3027-2 大阪府公立高【特別選抜】
3028 兵庫県公立高
3029-1 奈良県公立高【一般選抜】
3029-2 奈良県公立高【特色選抜】
3030 和歌山県公立高
3033-1 岡山県公立高【一般選抜】
3033-2 岡山県公立高【特別選抜】
3034 広島県公立高
3035 山口県公立高
3036 徳島県公立高
3037 香川県公立高
3038 愛媛県公立高
3040 福岡県公立高
3042 長崎県公立高
3043 熊本県公立高
3044 大分県公立高
3046 鹿児島県公立高

滋賀県特色選抜・学校独自問題

2001 滋賀県立石山高
2002 滋賀県立八日市高
2003 滋賀県立草津東高
2004 滋賀県立膳所高
2005 滋賀県立東大津高
2006 滋賀県立彦根東高
2007 滋賀県立守山高
2008 滋賀県立虎姫高
2020 滋賀県立大津高

京都府前期選抜・学校独自問題

2009 京都市立堀川高・探究学科群
2010 京都市立西京高・エンタープライジング科
2011 京都府立嵯峨野高・京都こすもす科
2012 京都府立桃山高・自然科学科

2025 年度
受験用

公立高校入試対策シリーズ 3025

滋賀県公立高等学校
（一般選抜）

別冊

解答用紙

● この冊子は本体から取りはずして
ご使用いただけます。

● 解答用紙（本書掲載分）を
ダウンロードする場合はこちら↓
https://book.eisyun.jp/

※なお，予告なくダウンロードを
終了することがあります。

英俊社

●解答用紙の四隅にあるガイドに合わせて指定の倍率で拡大すると，実物とほぼ同じ大きさでご使用いただけます(一部例外がございます)。

令 6　**数　学**　解 答 用 紙

※印の欄には何も記入しないこと。

受検番号

1

(1)	
(2)	
(3)	
(4)	$x =$　　　，$y =$
(5)	
(6)	
(7)	
(8)	点
(9)	B地点 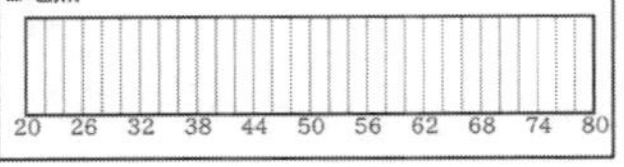

※

2

(1)		
(2)		
(3)		
(4)	(確率)	(記号)

※

3

(1)	$x =$	
(2)	①	$b =$
	②	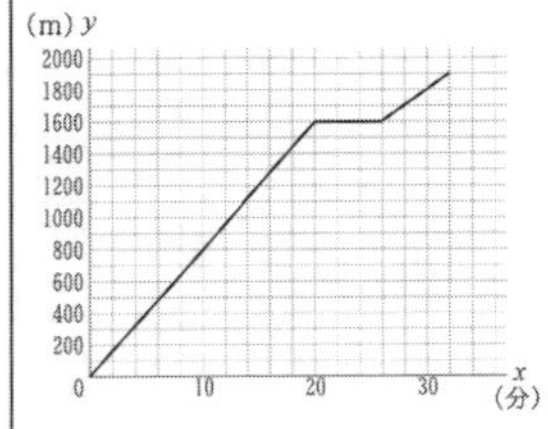 分後

※

4

(1)	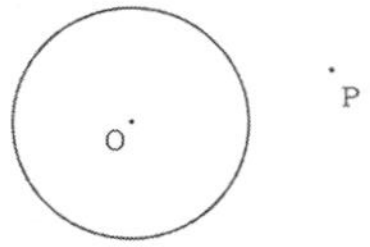
(2)	
(3)	

※

※

※実物の大きさ：195% 拡大（A3 用紙）

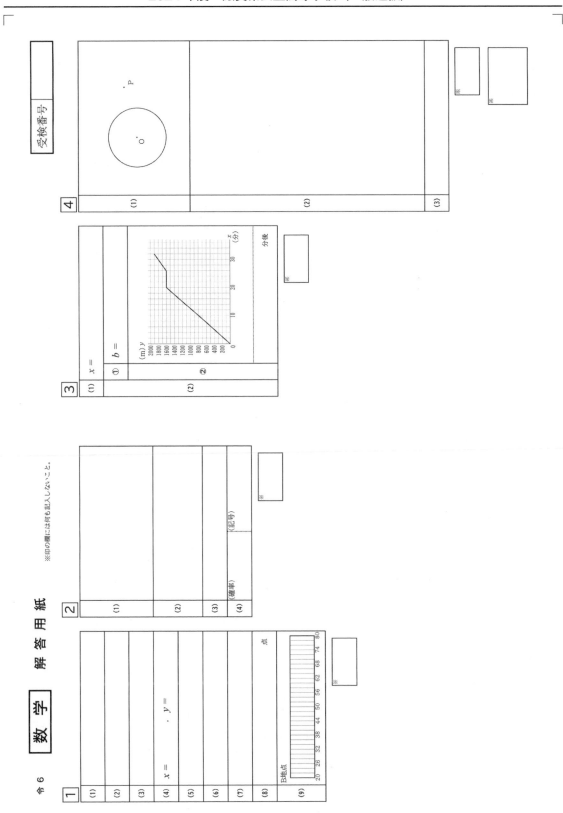

令6

英語　解答用紙

受検番号

※印の欄には何も記入しないこと。

1 ※

《その1》	1		2	
	3		4	
《その2》				
《その3》	1		2	
	3			
	4			

2 ※

1	(1)	(　　　　).
	(2)	(　　　　).
2		
3		
4		
5		
6		
7		

3 ※

1	
2	(　　　　)
3	
4	
5	
6	
7	
8	

4 ※

※

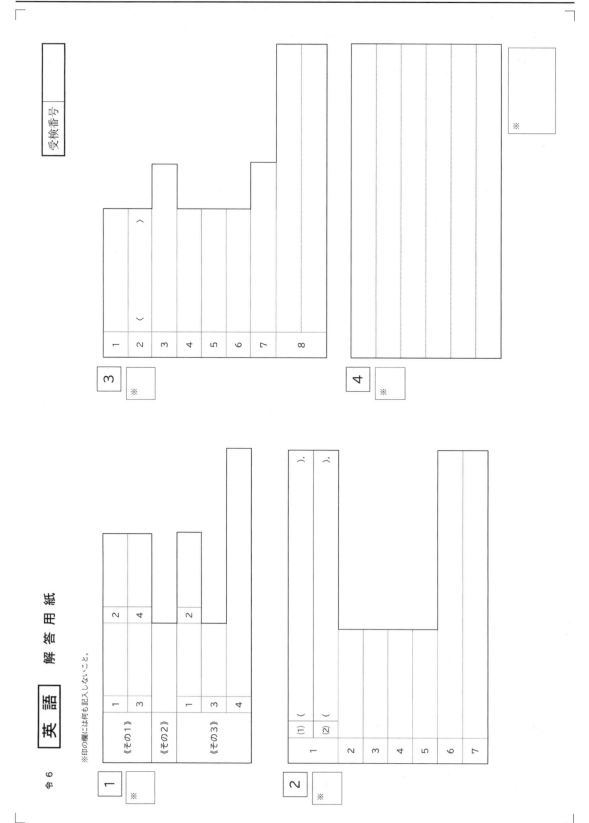

令 6

社 会　解 答 用 紙

受検番号

※印の欄には何も記入しないこと。

1

※

1		
2	(1)	
	(2)	
3		
4	(1)	
	(2)	ブラジルの1965年
		ブラジルの2017年
5	(1)	
	(2)	25 40

2

※

1		
2		
3		
4	誤っている語句の記号	正しい語句
5		
6	(1)	
	(2)	

7		
8	(1)	45 60
	(2)	→ →

3

※

1	(1)	
	(2)	
2	(1)	
	(2)	① ② ③
	(3)	
3	(1)	
	(2)	
	(3)	15 25

※

※実物の大きさ：195% 拡大（A3 用紙）

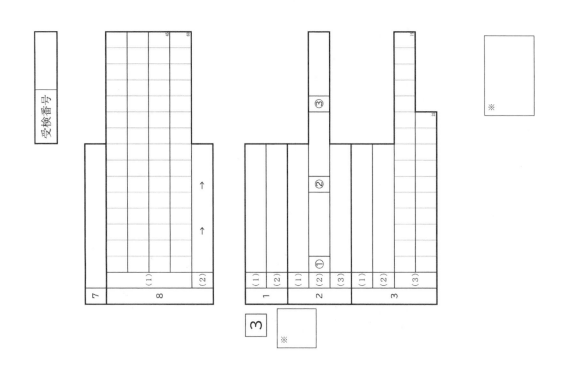

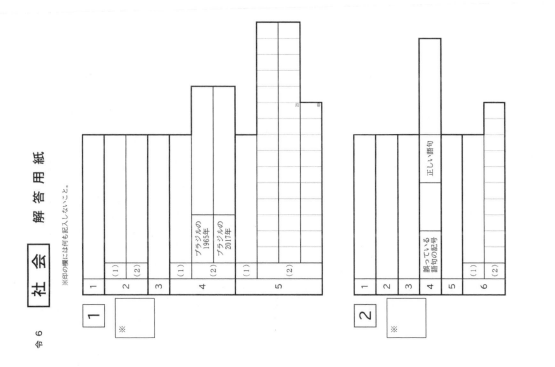

令６　**理　科**　解答用紙

受検番号

※印の欄には何も記入しないこと。

1

※

1

2

3　15　30

4

5　40　60

2

※

1

2

3

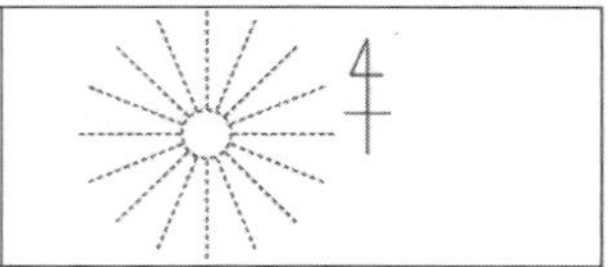

4　35　50

5

3

※

1

2　N

3

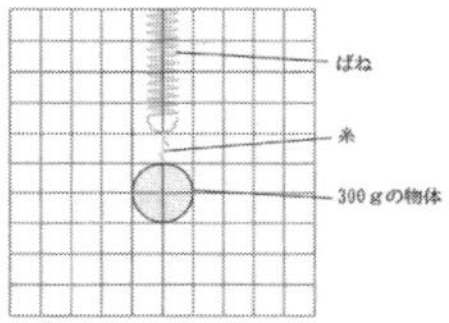

4　N

5　角度が大きくなると，　60　75

4

※

1

2

3　25　35

4　35　45

5　(1)　(2)　g

※

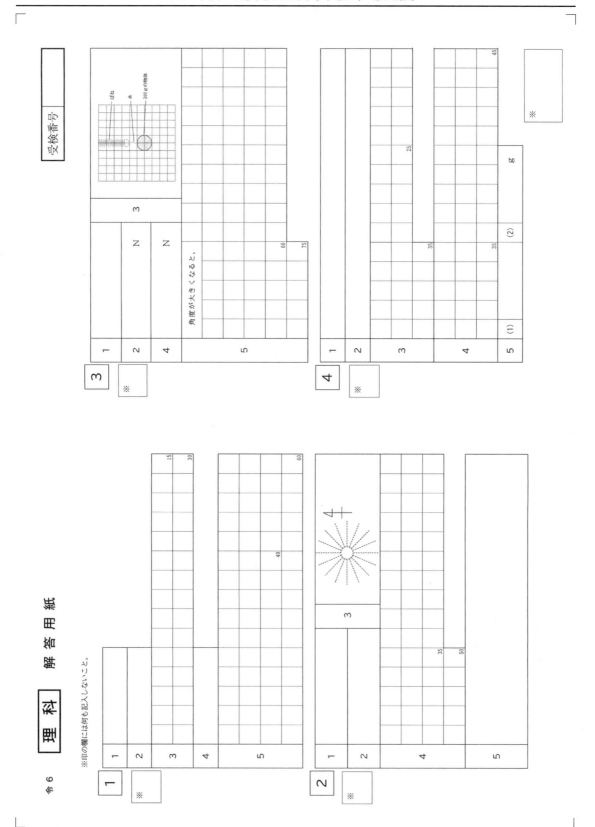

受検番号

令六 国語 解答用紙

※印の欄には何も記入しないこと。

一

1

2 〜 と考えること。

3

4

5

※

二

1

2

3

4

5

100字

140字

※

三

1 ① ② ③ ④ める ⑤

2 ① ② ③ ④ う ⑤

3 ① ②

4 ① ② ③

※

※

※実物の大きさ：195% 拡大（A3 用紙）

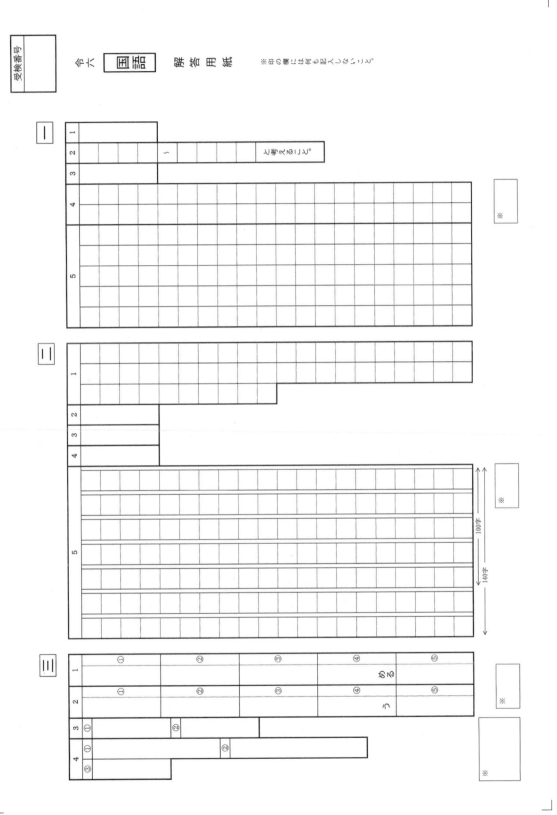

【数　　学】

1 (1)〜(7) 4点×7　(8) 5点　(9) 5点　　2 (1) 5点　(2) 5点　(3) 6点　(4) 7点
3 (1) 6点　(2) ① 5点　② 8点　　4 (1) 5点　(2) 8点　(3) 7点

【英　　語】

1 《その1》3点×4　《その2》3点　《その3》1〜3. 4点×3　4. 6点
2 1. 3点×2　2. 3点　3. 4点　4. 3点　5. 3点　6. 4点　7. 4点
3 1. 3点　2. 3点　3. 4点　4. 3点　5. 3点　6. 4点　7. 4点　8. 6点　　4 10点

【社　　会】

1 1. 3点　2. (1) 3点　(2) 4点　3. 4点　4. 4点×2（(2)は完答）　5. (1) 3点　(2) 6点
2 1. 4点　2. 3点　3. 3点　4. 4点（完答）　5. 3点　6. 4点×2　7. 3点　8. (1) 8点　(2) 4点
3 1. (1) 4点　(2) 3点　2. (1) 3点　(2) 4点（完答）　(3) 3点　3. (1) 3点　(2) 3点　(3) 6点

【理　　科】

1 1. 5点　2. 4点　3. 6点　4. 4点　5. 6点　　2 1. 4点　2. 4点　3. 5点　4. 6点　5. 6点
3 1. 4点　2〜4. 5点×3　5. 6点　　4 1. 4点　2. 3点　3. 6点　4. 6点　5. 3点×2

【国　　語】

一 1. 4点　2. 5点　3. 4点　4. 6点　5. 12点　　二 1. 8点　2. 4点　3. 4点　4. 5点　5. 16点
三 1〜3. 2点×12　4. ① 2点　② 3点　③ 3点

令 5　**数　学**　解 答 用 紙

※印の欄には何も記入しないこと。

受検番号	

1

(1)	
(2)	
(3)	$x =$
(4)	$x =$　　　，$y =$
(5)	
(6)	
(7)	
(8)	冊
(9)	

※

2

(1)	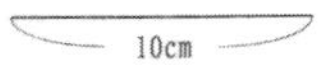
(2)	cm
(3)	【答え】　cm
(4)	

※

3

(1)	
(2)	$a=$ 【グラフ】 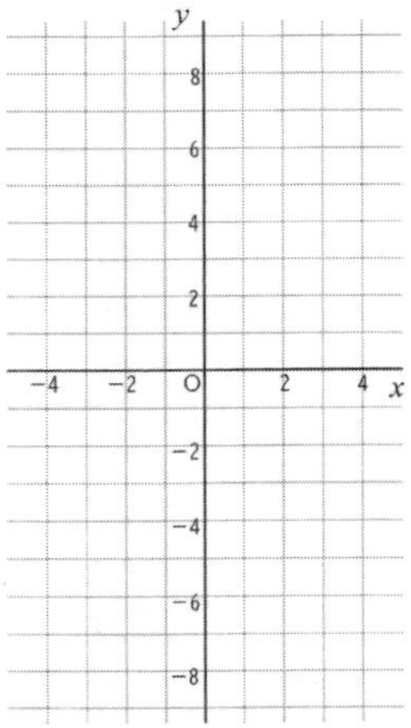
(3)	$t=$
(4)	$b=$ $c=$

※

4

(1)	【証明】	
(2)	①	△ABC：△NBM=　　：
	②	

※

※

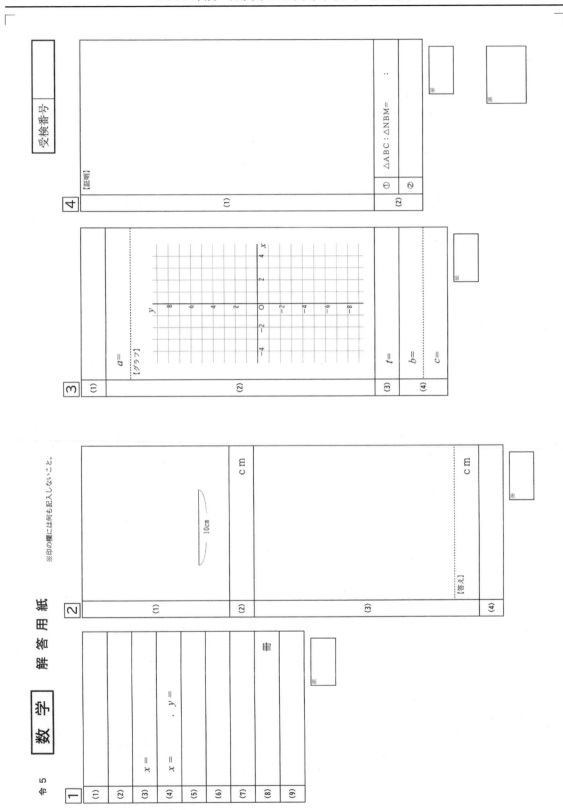

令５　**英　語**　解 答 用 紙

受検番号 ＿＿＿＿

※印の欄には何も記入しないこと。

1

※

《その1》	1		2	
	3		4	
《その2》				
《その3》	1		2	
	3			
	4			

2

※

1	
2	
3	
4	
5	(　　　　　　　　).
6	
7	

3

※

1	(1)	(　　　　　　　　).
	(2)	(　　　　　　　　).
2		
3		
4		
5		
6	④	
	⑤	

4

※

I'm going to tell you about something important to me.

※

※実物の大きさ：195% 拡大（A3 用紙）

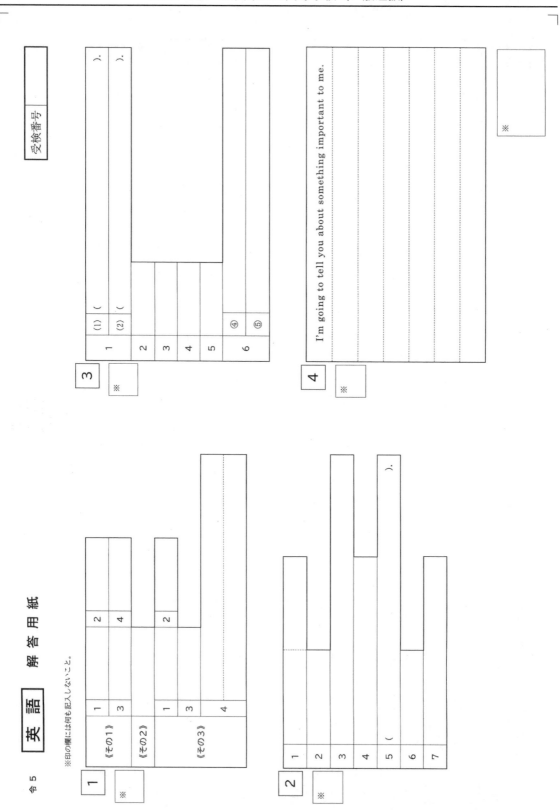

令5

社会　解答用紙

※印の欄には何も記入しないこと。

受検番号

1

※

1		
2		
3		
4	誤っている語句の記号	正しい語句
	誤っている語句の記号	正しい語句
5	(1)	
	(2)	
	(3)	30 40

2

※

1	(1)	
	(2)	誤っている語句の記号　正しい語句
	(3)	
	(4)	
	(5)	→ → →
2	(1)	
	(2)	
	(3)	
	(4)	
	(5)	15 30

3

※

1	(1)	
	(2)	
2	(1)	
	(2)	
	(3)	
3	(1)	
	(2)	
	(3)	35 45

※

※実物の大きさ：195% 拡大（A3 用紙）

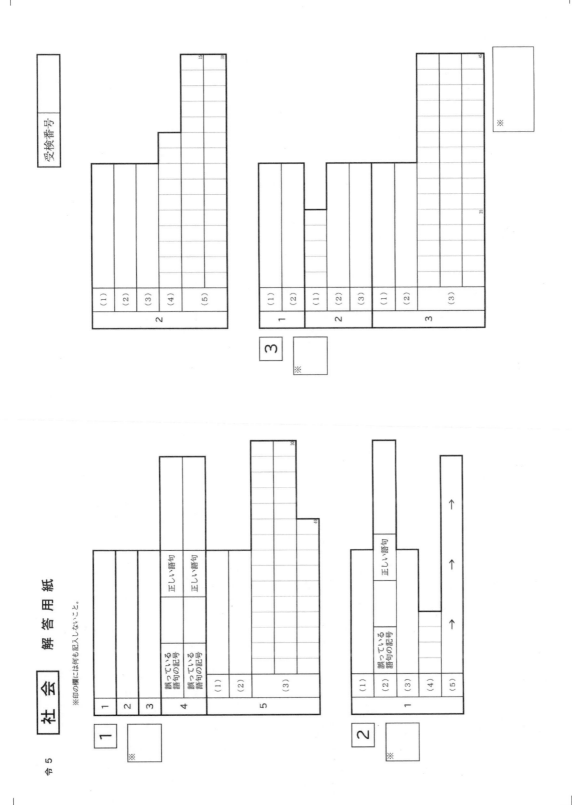

令5

理科　解答用紙

受検番号	

※印の欄には何も記入しないこと。

1　※

1		
2		
3		
4		g
5	(1)	
	(2)	

2　※

1	
2	
3	
4	
5	

3　※

1	
2	
3	
4	
5	

4　※

1	
2	
3	
4	
5	

※

※実物の大きさ：195% 拡大（A3 用紙）

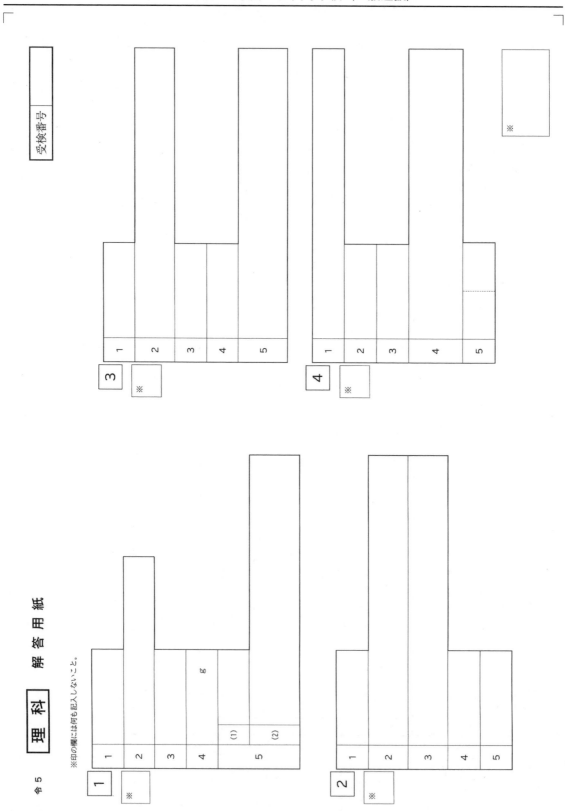

受検番号

令五　国語　解答用紙

※印の欄には何も記入しないこと。

一

1

2

3

4

5 われわれは、

※

二

1

2

3

4

100字

140字

※

三

1 ①　② く　③　④ む　⑤

2 ①　② う　③　④　⑤ れ

3 ①　②

4 ①　②　③

※

※

※実物の大きさ：195% 拡大（A3 用紙）

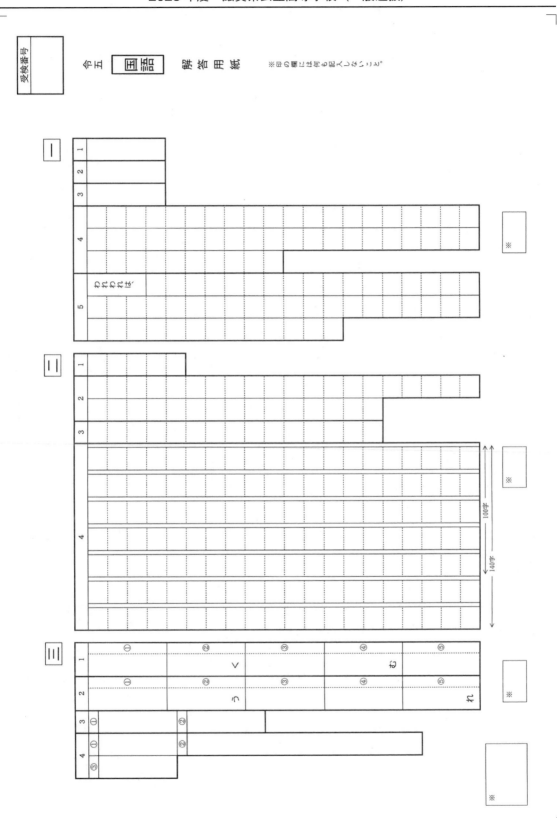

【数　　学】

[1] 4点×9　[2] (1) 5点　(2) 5点　(3) 求め方：5点　xの長さ：2点　(4) 6点

[3] (1) 4点　(2) aの値：3点　グラフ：3点　(3) 7点　(4) 3点×2　[4] (1) 8点　(2) ① 4点　② 6点

【英　　語】

[1]《その1》3点×4《その2》3点《その3》1～3. 4点×3　4. 6点

[2] 1. 3点×2　2. 3点　3～5. 4点×3　6. 3点　7. 5点

[3] 1. 4点×2　2～5. 3点×4　6. 4点×2　[4] 10点

【社　　会】

[1] 1～3. 3点×3　4. 4点×2（各完答）　5. (1) 3点　(2) 4点　(3) 7点

[2] 1. (1) 3点　(2)～(5) 4点×4（(2)は完答）　2. (1) 3点　(2) 3点　(3) 4点　(4) 4点　(5) 6点

[3] 1. (1) 4点　(2) 3点　2. (1) 4点　(2) 3点　(3) 3点　3. (1) 3点　(2) 3点　(3) 7点

【理　　科】

[1] 1. 4点　2. 5点　3. 4点　4. 5点　5. (1) 3点　(2) 4点　[2] 5点×5

[3] 5点×5　[4] 1. 5点　2. 4点　3. 5点　4. 5点　5. 3点×2

【国　　語】

[一] 1. 3点　2. 5点　3. 5点　4. 10点　5. 10点　[二] 1. 5点　2. 8点　3. 6点　4. 16点

[三] 1～3. 2点×12　4. ① 2点　② 3点　③ 3点

令 4　**数　学**　解 答 用 紙　　※印の欄には何も記入しないこと。

受検番号

1

(1)	
(2)	
(3)	
(4)	
(5)	
(6)	$x =$
(7)	$\leqq y \leqq$
(8)	
(9)	(ア)

※

2

(1)	（aの 値）
	（ $3a+b$の 値）
(2)	aの 値 は
	bの 値 は
(3)	S ： T ＝　　：
(4)	【説明】

※

3

(1)	人
(2)	（食パン）　斤
	（ロールパン）　個
(3)	cm

※

4

(1)	m
(2)	【証明】
(3)	m
(4)	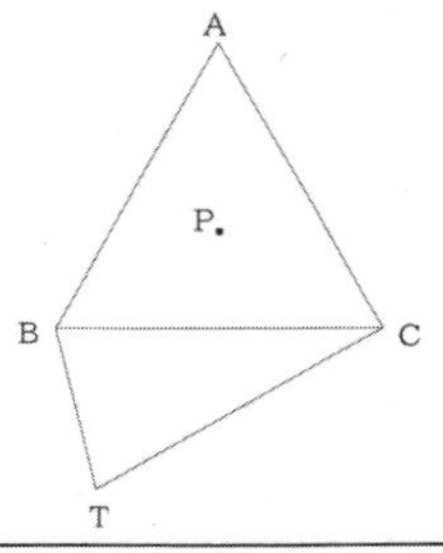

※

※

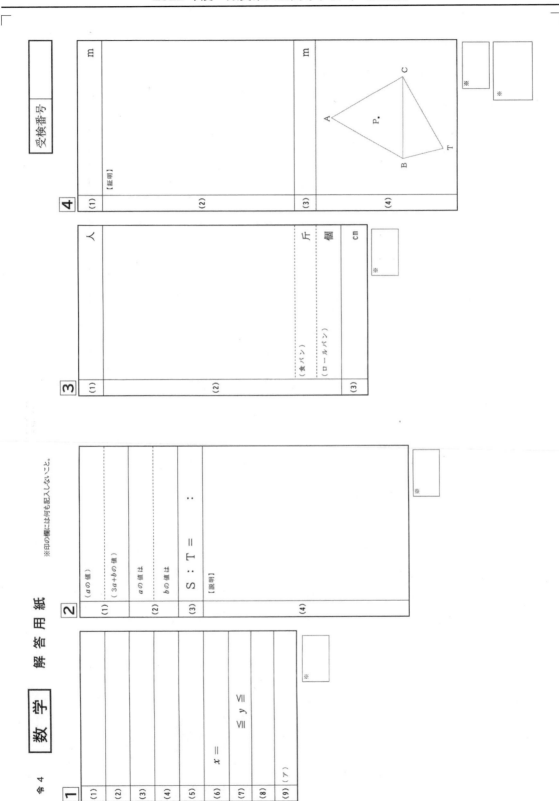

令4

英語　解答用紙

受検番号

※印の欄には何も記入しないこと。

1 ※

《その1》	1		2	
	3		4	
《その2》				
《その3》	1		2	
	3			
	4			

2 ※

1	
2	
3	
4	
5	
6	
7	

3 ※

1	(1)	(　　　　).
	(2)	(　　　　).
2		
3		
4		
5		
6		

4 ※

※

※実物の大きさ：195% 拡大（A3 用紙）

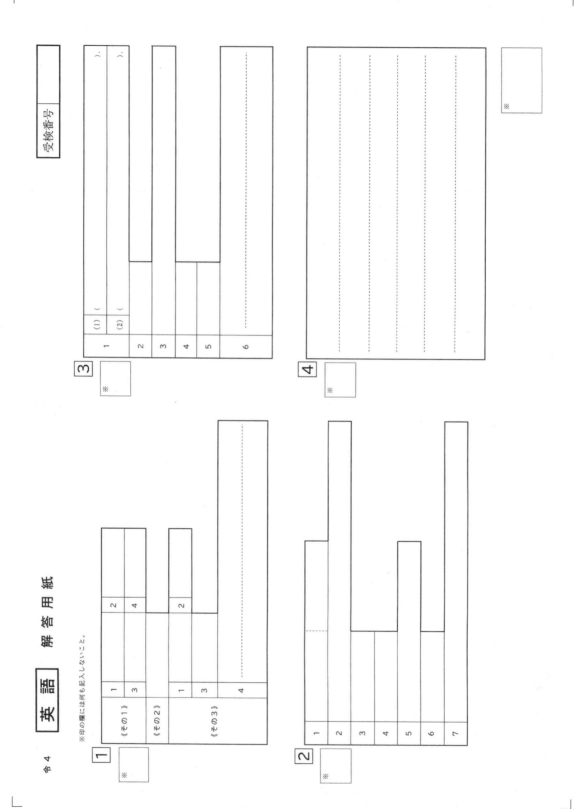

令 4

社 会　解 答 用 紙

※印の欄には何も記入しないこと。

1

※

1	(1)			(2)	
	(3)				
	(4)	記号		県名	
2	(1)	記号		国名	
	(2)	誤っている語句の番号		正しい語句	
3					
4	①				
	②				

2

※

1					
2	(1)			(2)	
3	(1)			(2)	
	(3)				
4	(1)	→ →			
	(2)	(あ)		(い)	
		(う)			

受検番号

5	(1)	
	(2)	

3

※

1				
2	(1)		(2)	
	(3)			
3	(1)			
	(2)			
4	(1)			
	(2)			

※

※実物の大きさ：195% 拡大（A3 用紙）

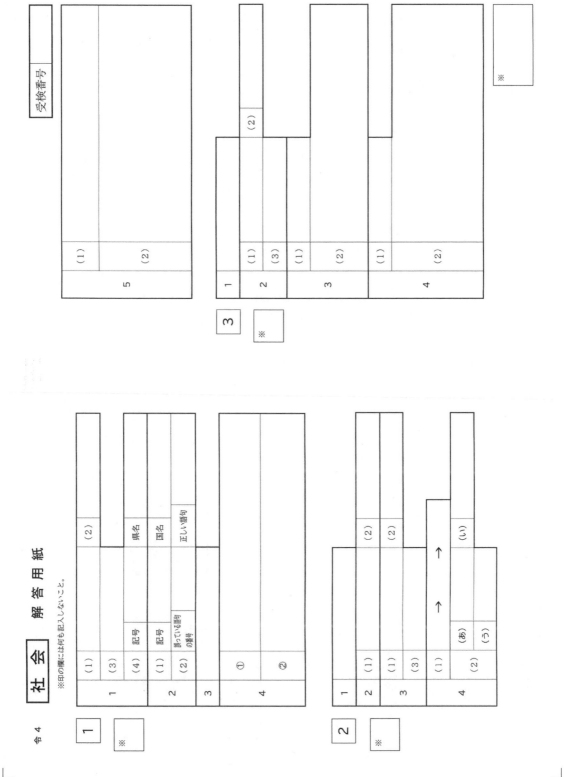

令 4　**理　科**　解 答 用 紙

受検番号

※印の欄には何も記入しないこと。

1 ※

1		
2	つくりの名前	
	つくりの役割	
3		
4		

2 ※

1		
2		
3	凸レンズの軸に平行な3本の光 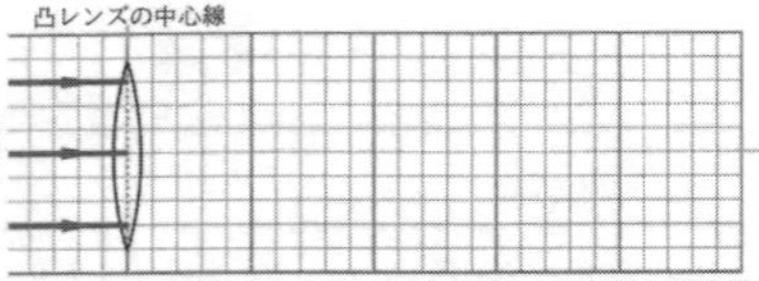 凸レンズの軸	
4		
5	(1)	cm
	(2)	（　　　　）cm よりも大きく，（　　　　）cm よりも小さい範囲

3 ※

1		4	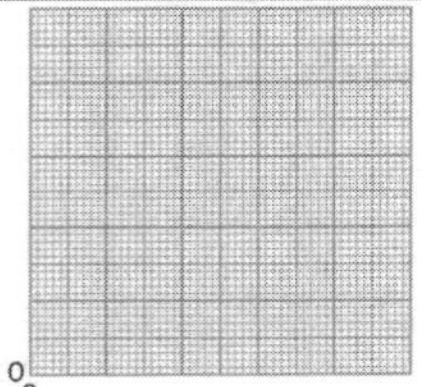
2			
3			
5			

4 ※

1				
2	理由			
	物質名			
3				
4				
5				
6	(1)		(2)	

※

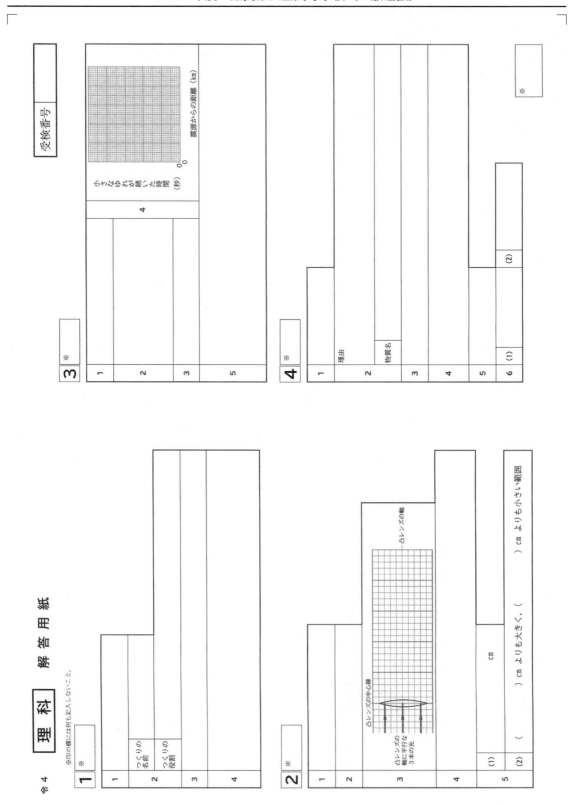

令四

国語　解答用紙

受検番号

※印の欄には何も記入しないこと。

一 ※

1

2

3

4

5

二 ※

1

2

3

40

50

4

100字

140字

三 ※

1 ①　②　く　③　④　う　⑤

2 ①　る　②　い　③　④　⑤　やかな

3 ①　②

4 ①　②

※

※実物の大きさ：195% 拡大（A3 用紙）

2022 年度　滋賀県公立高等学校（一般選抜）［配点］

【数　学】

[1] (1)～(6) 4 点×6　(7)～(9) 5 点×3

[2] (1) a の値：3 点　$3a+b$ の値：2 点　(2) 4 点（完答）　(3) 6 点　(4) 6 点

[3] (1) 5 点　(2) 過程：5 点　答え：3 点　(3) 5 点　　[4] (1) 4 点　(2) 8 点　(3) 5 点　(4) 5 点

【英　語】

[1] 《その 1》3 点×4　《その 2》3 点　《その 3》1 ～ 3. 4 点×3　4. 6 点

[2] 1. 3 点×2　2. 4 点　3. 3 点　4. 3 点　5. 4 点　6. 3 点　7. 5 点

[3] 1. 4 点×2　2. 3 点　3. 4 点　4. 3 点　5. 3 点　6. 8 点　　[4] 10 点

【社　会】

[1] 1. (1)～(3) 3 点×3　(4) 4 点　2. 4 点×2（各完答）　3. 3 点　4. 4 点×2

[2] 1 ～ 4. 3 点×8（4(2)は完答）　5. (1) 4 点　(2) 8 点

[3] 1. 3 点　2. 3 点×3　3. (1) 3 点　(2) 6 点　4. (1) 3 点　(2) 8 点

【理　科】

[1] 1. 4 点　2. 4 点×2　3. 6 点　4. 7 点　　[2] 1. 4 点　2. 4 点　3. 6 点　4. 5 点　5. 3 点×2

[3] 1. 4 点　2. 5 点　3. 4 点　4. 6 点　5. 6 点

[4] 1. 3 点　2. 理由：3 点　物質名：2 点　3. 4 点　4. 5 点　5. 4 点　6. 2 点×2

【国　語】

[一] 1. 6 点　2. 8 点　3. 4 点　4. 6 点　5. 12 点　　[二] 1. 4 点　2. 6 点　3. 10 点　4. 16 点

[三] 2 点×14

令 3　**数　学**　解 答 用 紙

※印の欄には何も記入しないこと。

受検番号	

1

(1)	
(2)	
(3)	$\begin{cases} x = \\ y = \end{cases}$
(4)	
(5)	$x =$
(6)	
(7)	$a =$
	$b =$
(8)	
(9)	（ア）
	（イ）
	最頻値

※

2

(1)	cm
(2)	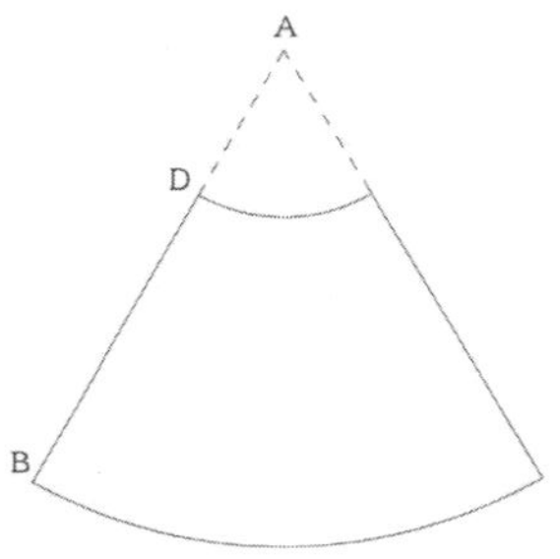
(3)	cm
(4)	cm

※

3

(1)	AP＝　cm
	∠APB＝　°
(2)	【証明】
(3)	cm

※

4

(1)	$\leqq x \leqq$
(2)	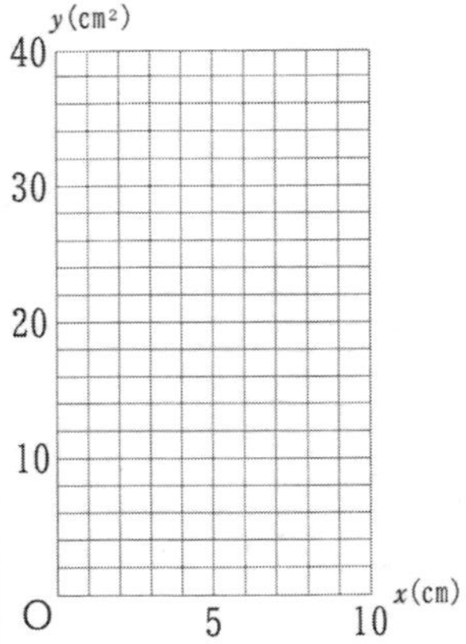
(3)	$x =$
(4)	$x =$

※

※

※実物の大きさ：195% 拡大（A3 用紙）

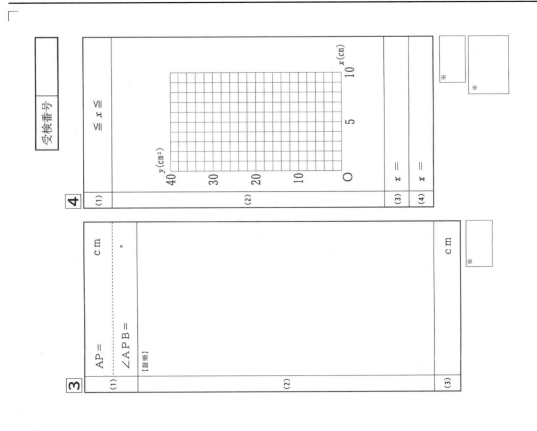

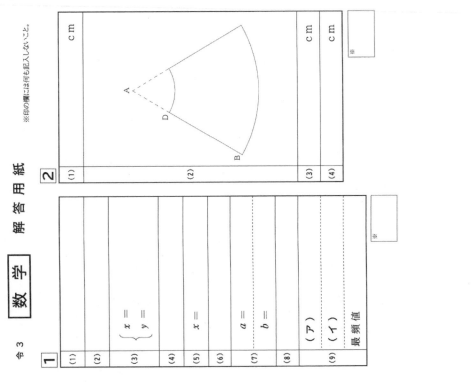

令 3　**英　語**　解答用紙

受検番号	

※印の欄には何も記入しないこと。

1　※

《その1》	1		2	
	3		4	
《その2》				
《その3》	1		2	
	3			
	4			

2　※

1	
2	
3	
4	
5	
6	
7	

3　※

1	(1)	(　　　　).
	(2)	(　　　　).
2		
3		
4	For example,	
5		
6		

4　※

※

※実物の大きさ：195% 拡大（A3 用紙）

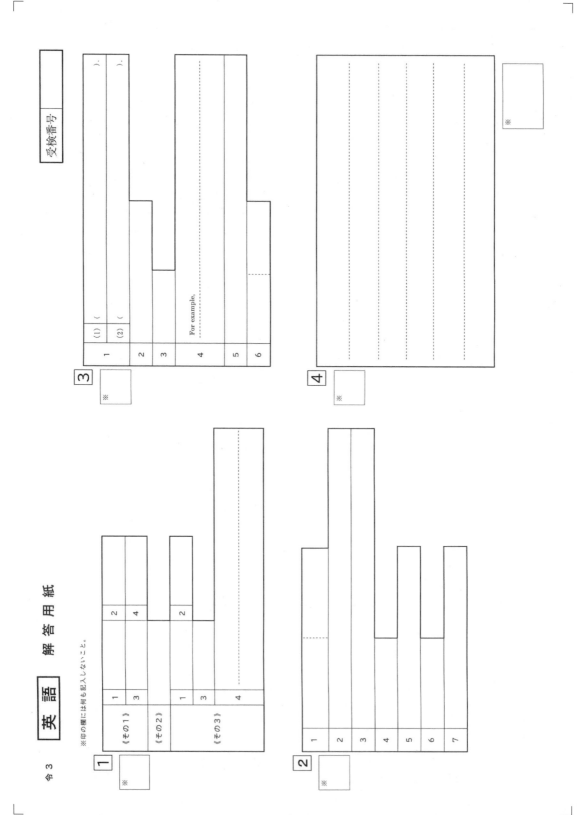

令 3

社会　解答用紙

※印の欄には何も記入しないこと。

受検番号	

1

※

1				
2				
3	（1）		（2）	
4				
5	（1）		（2）	
6				
7				
8				

2

※

1				
2				
3	誤っている語句		正しい語句	
4				
5				

3

※

1	（1）	誤っている語句		正しい語句	
	（2）				
2	（1）				
	（2）	①		②	
	（3）				
3	（1）				
	（2）				

※

※実物の大きさ：195% 拡大（A3 用紙）

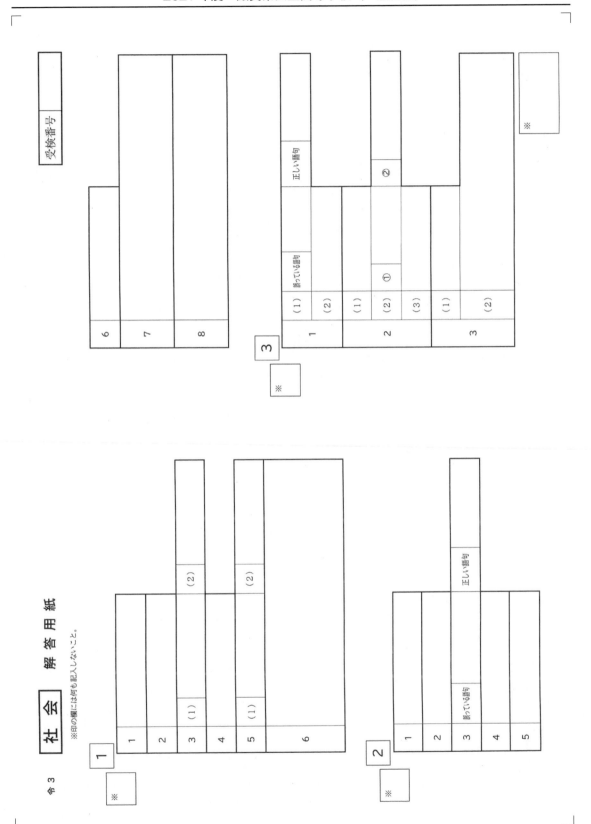

令３ **理　科**　解 答 用 紙

受検番号	

※印の欄には何も記入しないこと。

1　※

1	
2	
3	
4	%
5	
6	

2　※

1	
2	
3	
4	
5	

3　※

1	
2	
3	
4	
5	

4　※

1	
2	
3	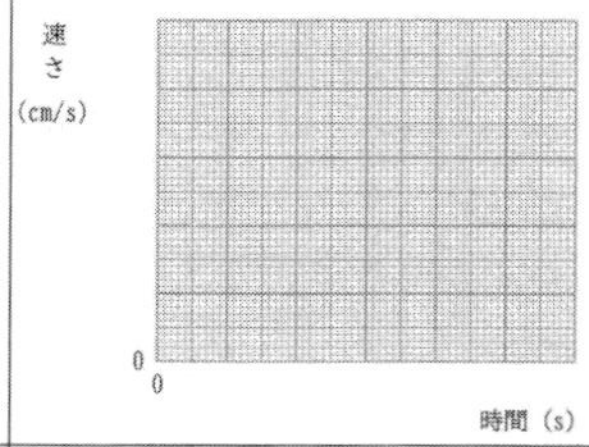
4	
5	J

※

※実物の大きさ：195% 拡大（A3 用紙）

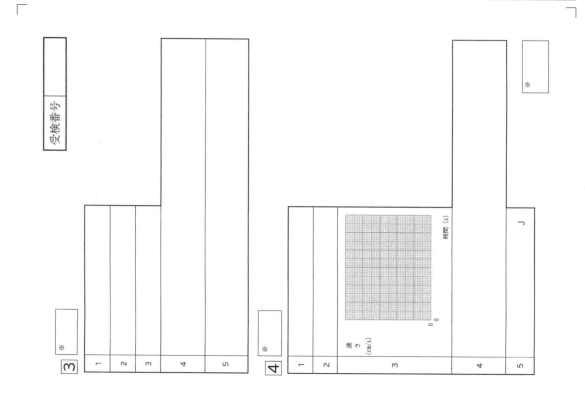

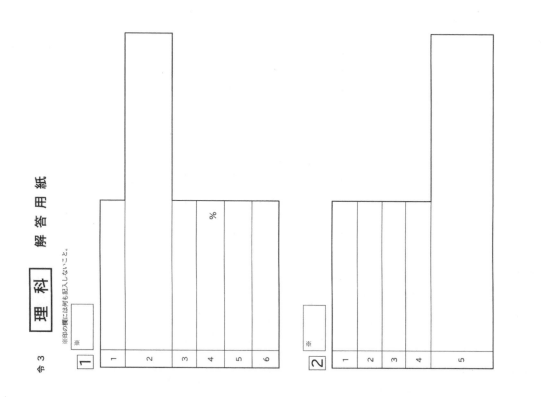

令三

国語　解答用紙

受検番号

※印の欄には何も記入しないこと。

一 ※

1	
2	
3	
4	
5	

二 ※

1	
2	
3	
4	

100字
140字

三 ※

	①	②	③	④	⑤
1		つ	い	む	
2		く	む	る	

3			
4	①		
	②	季語	季節
	③		

※

※実物の大きさ：195% 拡大（A3 用紙）

2021 年度　滋賀県公立高等学校（一般選抜）［配点］

【数　　学】

[1] (1)～(7) 4 点×7　(8) 5 点　(9)(ア)(イ)：3 点　最頻値：2 点　[2] (1) 4 点　(2) 5 点　(3) 6 点　(4) 6 点
[3] (1) 6 点　(2) 8 点　(3) 6 点　[4] (1) 4 点　(2) 5 点　(3) 6 点　(4) 6 点

【英　　語】

[1]《その 1》3 点×4　《その 2》3 点　《その 3》1 ～ 3. 4 点×3　4. 6 点
[2] 1. 3 点×2　2. 4 点　3. 4 点　4 ～ 6. 3 点×3　7. 4 点
[3] 1. 3 点×2　2. 4 点　3. 3 点　4. 7 点　5. 4 点　6. 3 点×2　[4] 10 点

【社　　会】

[1] 1. 4 点　2. 3 点　3. (1) 3 点　(2) 4 点　4. 4 点　5. 3 点×2　6. 8 点
[2] 1. 4 点　2. 3 点　3. 4 点　4. 4 点　5. 3 点　6. 4 点　7. 6 点　8. 8 点
[3] 1. 4 点×2　2. (1) 3 点　(2) 3 点×2　(3) 4 点　3. (1) 3 点　(2) 8 点

【理　　科】

[1] 1. 3 点　2. 5 点　3. 4 点　4. 5 点　5. 4 点　6. 4 点
[2] 1. 5 点　2. 5 点　3. 4 点　4. 5 点　5. 6 点　[3] 1. 4 点　2. 5 点　3. 4 点　4. 6 点　5. 6 点
[4] 1. 5 点　2. 4 点　3. 5 点　4. 6 点　5. 5 点

【国　　語】

[一] 1. 8 点　2. 4 点　3. 6 点　4. 8 点　5. 10 点　[二] 1. 7 点　2. 8 点　3. 6 点　4. 16 点
[三] 1 ～ 3. 2 点×11　4. 1 点×5

令２　**数　学**　解答用紙

※印の欄には何も記入しないこと。

受検番号	

1

(1)	人
(2)	
(3)	$x =$ $y =$
(4)	
(5)	$x =$
(6)	
(7)	$a =$
(8)	
(9)	

※

2

(1)	円
(2)	人
(3)	
(4)	【説明】 1人あたりの参加費　円

※

3

(1)	線分CG　m 線分AP　m
(2)	【証明】 線分DG　m
(3)	m

※

4

(1)	【説明】
(2)	AE：EB ＝
(3)	【作図】

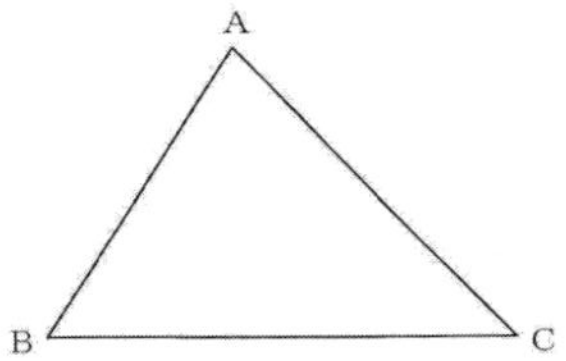

※

※

※実物の大きさ：195% 拡大（A3 用紙）

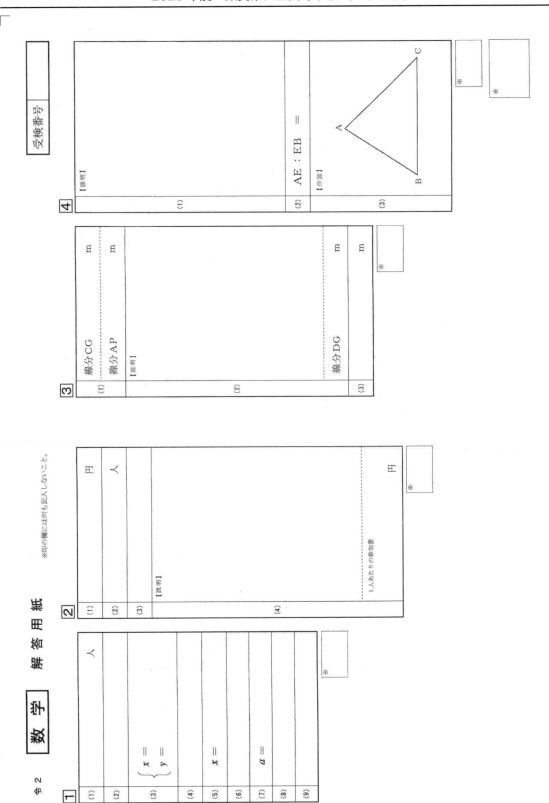

令 2　**英　語**　解答用紙

受検番号

※印の欄には何も記入しないこと。

1

※

《その１》	1		2	
	3		4	
《その２》				
《その３》	1		2	
	3			
	4			

2

※

1			
2	(1)		
	(2)	②	[　　　　]
		③	[　　　　]
3	(1)		
	(2)		
	(3)		

3

※

1	(1)	(　　　　).
	(2)	(　　　　).
	(3)	(　　　　).
2		
3		
4		
5		
6		
7		

4

※

※

※実物の大きさ：195% 拡大（A3 用紙）

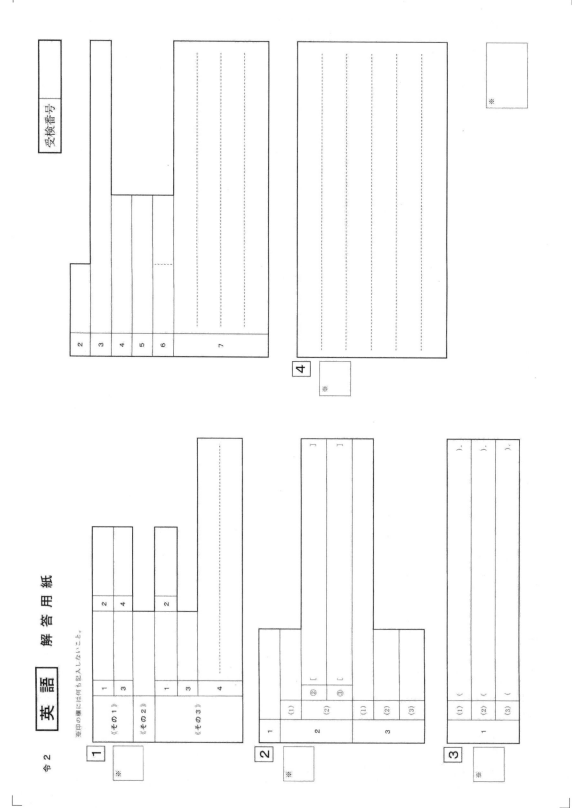

令 2　**社　会**　解答用紙

受検番号

※印の欄には何も記入しないこと。

1

1			
2	A		D
3	(1)		
	(2)		
	(3)		
4			
5			

※

2

1	(1)	
	(2)	→ →
2	(1)	
	(2)	
3	(1)	
	(2)	
	(3)	

※

4	(1)	
	(2)	

3

1		
2		
3		60 80
4	(1)	
	(2)	
5	(1)	（① ）ドル（② ）くなる　記号
	(2)	
	(3)	

※

※

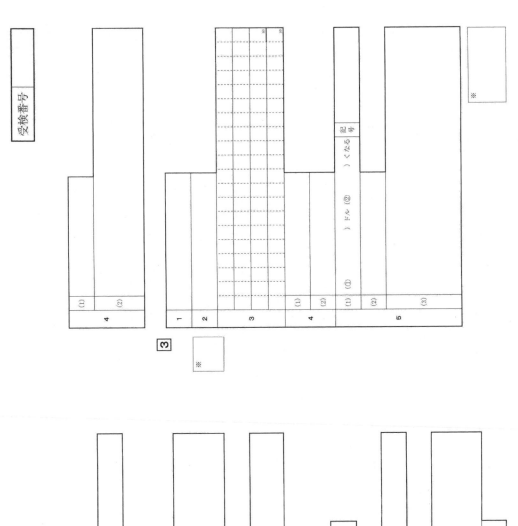

令2 **理　科**　解答用紙

受検番号

※印の欄には何も記入しないこと。

1 ※

1		
2	夏至	冬至
3		
4	→ →	
5		

2 ※

1	
2	
3	
4	
5	

3 ※

1	
2	
3	
4	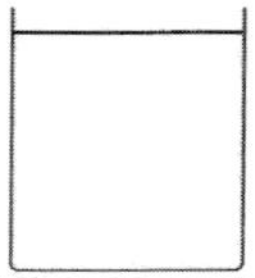
5	

4 ※

1		
2		
3	W	
4	℃	J
5		

※

※実物の大きさ：195% 拡大（A3用紙）

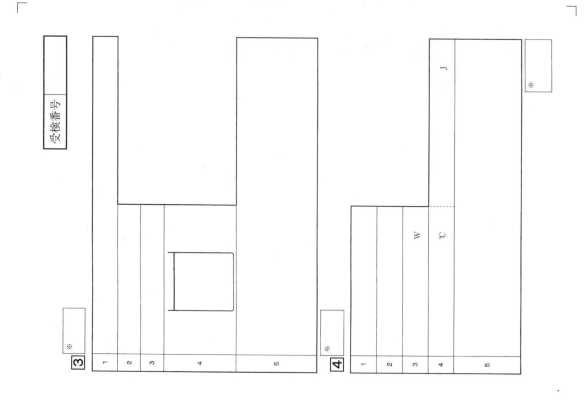

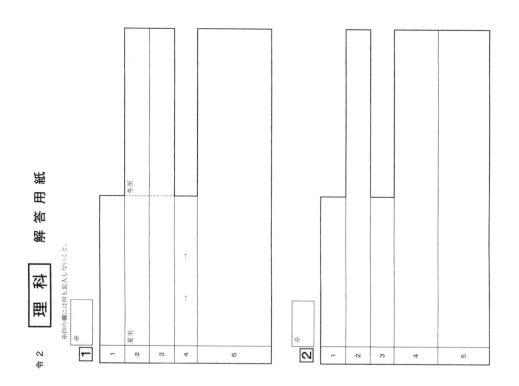

令二

国語　解答用紙

受検番号

※印の欄には何も記入しないこと。

一

1

2

3

4

5

80

120

二

1

2

3

では、敬語を使わなくてもよいのだろうか。

80

100

4

100字

140字

三

1　①　②　う　③　④　やす　⑤

2　①　②　③　す　④　⑤　く

3　①　②

4　①

②　故事成語　意味

※実物の大きさ：195% 拡大（A3 用紙）

【数　　学】

1 (1)～(8) 4点×8　(9) 5点　　2 (1)～(3) 4点×3　(4) 8点　　3 (1) 7点　(2) 10点　(3) 6点
4 (1) 6点　(2) 6点　(3) 8点

【英　　語】

1 《その1》3点×4　《その2》3点　《その3》1～3. 4点×3　4. 6点
2 1. 3点　2. (1) 3点　(2) 4点×2　3. (1) 4点　(2) 3点　(3) 3点
3 1. 3点×3　2. 3点　3. 4点　4. 4点　5. 3点　6. 3点×2　7. 7点　　4 7点

【社　　会】

1 1. 3点　2. 3点×2　3. (1) 3点　(2) 4点　(3) 7点　4. 4点　5. 6点
2 1. 3点×2　2. (1) 4点　(2) 5点　3. (1) 2点　(2) 6点　(3) 3点　4. (1) 2点　(2) 6点
3 1. 3点　2. 3点　3. 7点　4. 2点×2　5. (1) ①②：3点　記号：2点　(2) 3点　(3) 8点

【理　　科】

1 1. 3点　2. 2点×2　3. 3点×2　4. 6点　5. 6点
2 1. 4点　2. 5点　3. 4点　4. 6点　5. 6点　　3 1. 4点　2. 3点　3～5. 6点×3
4 1. 4点　2. 5点　3. 4点　4. 3点×2　5. 6点

【国　　語】

一 1. 8点　2～4. 5点×3　5. 14点　　二 1. 4点　2. 8点　3. 10点　4. 14点
三 1. 2点×5　2. 2点×5　3. 1点×2　4. ① 2点　② 故事成語：1点　意味：2点